制裁论

Theory of Sanctions

〔日〕佐伯仁志 著　丁胜明 译

横跨刑事法、民事法、行政法三大领域
探索制裁制度的系统理论

序

日本东京大学法学院佐伯仁志教授的《制裁论》一书经西南政法大学丁胜明博士翻译，即将在北京大学出版社出版，对此我感到由衷的高兴。本书的日文版出版于2009年，出版后不久正逢我到日本参加刑法学术交流活动，佐伯仁志教授当时曾以此书相赠。若干年后，我指导的博士生丁胜明有意翻译此书，我对此事予以了积极的鼓励。现在，经过丁胜明的辛勤翻译，此书的中文版就要与我国读者见面了，这对于中日两国之间的刑法学术交流来说是一件值得庆贺的事情。因此，当丁胜明邀我写序之时，我欣然接受。

《制裁论》一书是佐伯仁志教授关于法律上的制裁制度研究论文的汇集，集中展示了佐伯仁志教授在法律制裁问题上的学术研究成果，值得我国学者参考借鉴。佐伯仁志教授在本书中并不是专门讨论作为犯罪的法律后果意义上的制裁制度（这种对犯罪行为的制裁，刑法理论称为刑事制裁），而是在法理学意义上一般性地讨论对违法行为的制裁，因此，本书的内容及其理论意义与现实意义都已经超越了刑事制裁的范畴。传统的刑事制裁就是刑罚，包括生命刑、自由刑、财产刑和资格刑。刑事制裁等同于刑罚，这是一种单一的或者一元的刑事制裁概念。随着刑罚理念的进化，刑事制裁呈现出多元化的趋势，刑事制裁也不再等同于刑罚，除了刑罚之外还包括经济补偿等内容。不仅如此，刑事制裁与行政制裁、民事制裁之间也具有非常密切的联系。当然，虽然本书是在一般意义上讨论制裁制度，但刑事制裁显然是重头戏，刑事制裁的相关问题在本书中得到了充分的讨论。

制裁制度是一个国家法律制度不可或缺的组成部分，因此，对制裁制度的研究不能离开一个国家的法律语境。例如，本书研究的行政制裁就是如此。根据佐伯仁志教授在书中的描述，日本的行政制裁，即对行政违法行为的处罚,是由刑事罚、秩序罚、反则金、课征金、加算税、取消或者停止许可、公表等制度构成的。这里的刑事罚是指行政刑罚,其他行政制裁措施都属于非刑事制裁。在日本,相对于刑事罚而言,其他行政制裁措施显得较为单薄。因此,佐伯仁志教授认为日本的行政制裁制度存在过度依赖于刑罚的问题,并由此表现出了以下两个方面的缺陷:一是由于刑罚是制裁中最严厉的一种,因此人们在使用刑罚时过度谨慎,进而导致了义务的不履行被放任不管的结果;二是罚金虽然也属于刑罚,但由于日本的罚金刑科处的额度一般较低,故即使科处罚金也无法产生足够的抑制力。因此,对于完善日本的行政制裁制度来说,当务之急在于建立合理、有效的行政制裁制度。在实施非犯罪化的场合,在推进行政犯的非犯罪化、恢复刑法的本来机能的同时,对于行政制裁来说,有必要准备好与其作为制裁的性质相适应的实体规定和合理程序。应该说,这是基于日本行政制裁制度的现状而提出的合理对策。但中国的刑事制裁和行政制裁的状况不同于日本,在我国,与强大的行政权相对应,存在着一个强大的行政制裁制度体系,我国的行政制裁措施不仅包括财产罚,甚至还包括人身罚。在这种背景下,对于中国来说,当前的课题不是要强化行政制裁,而是要对行政制裁进行合理的限制;不是要实施非犯罪化,而是要推动犯罪化。这些区分是微妙的,是由国情的不同所决定的。因此,在阅读本书时,我们应当注意这些问题。

《制裁论》一书的视野极为开阔,涉及制裁制度的不同向度和不同层面。虽然本书讨论的核心是日本的制裁制度,但却大量引用了美国、德国的法律和判例,比较法的视角贯彻全书始终,这对于我国学者而言无疑具有重要的参考价值。即使本书中有些问题涉及的是与我国不同的日本法律制度,相关研究对我们也会有所启发。例如,本书设专节讨论了法人犯罪的制裁问题。在《日本刑法典》中,并没有对法人犯罪进行专门规定,然而这并不意味着法人犯罪问题在日本就不存在。事实上,正如佐伯仁志教授在书中所言,日本的有关法律(应指附属刑法规范)中含有大量法人处罚的规定,而日本最高裁判所也有相关的判例。在这种情况下,研究法人犯罪的处罚问题是十分必要的。本书对法人犯罪的处罚根据问题进行了较为深入的探讨,这些研究对于《刑法》中规定了单位犯罪的我国刑法理论来说,具有重要的参考价值。例如,我国《刑法》对单位犯罪采取的是以双罚制为原则、以单罚制为补充的模式,对绝大多数单位犯罪都设置了双罚条款,不仅处罚自然人,也处罚单位,即对单位判处罚金。如此一来,如何正确解释双罚制中自然人的处罚根据与单位的处罚根据之间的关系,便成了一个值得推敲的问题。目前,我国刑法学界的通说认为,只要单位直接负责的主管人员或其他直接责任人员构成犯罪,则单位必然同时也构成犯罪。其理由是,自然人的行为直接代表单位,体现单位意志,单位因自然人实施犯罪行为而承担刑事责任。这种观点虽然阐述了自然人行为对于单位的代理性,为单位承担刑事责任提供了实体性的事实根据,但并未解决单位与自然人各自、单独的刑事责任根据问题,因而在说服力上有所欠缺。在此问题上,佐伯仁志教授认为处罚法人和处罚自然人的根据是不同的,并指出:在认定法人固有的责任时,仅仅能认定自然人行为人具有故意或过失是不够的,哪怕这个自然人是代表人。而且,对法人本身必须能够作出独立于该自然人行为人的非难。因此,必须能够对法人作出这样的非难,即该法人本来可以不实施某违法行为,却仍然将此行为付诸实施。在自然人的场合,意欲实施行为的主体和应该形成反对动机、打消实施该行为的念头的主体当然是统一的。与此相对,在法人的场合,从内部监视行为人的行为并打消行为念头的机制并不仅仅存在于该行为人的内心,也存在于法人组织性的犯罪预防措施中。可以说,在法人的场合,自然人的人格被组织化了。在此基础上,佐伯仁志教授对法人犯罪中法人的责任根据问题提出了以下观点:①就不能视为法人行为的末端职员的违法行为而言,在职员的监督责任人存在监督上的过失,并且法人本身违反了设置组织制度性措施的义务因而未能防止这种监督过失的场合,法人应当承担责任;②就可以视为法人行为的代表人或其他高级管理人员的违法行为而言,法人违反了设置组织制度性措施的义务因而未能防止这种行为的场合,法人应当承担责任。我认为,这些理论观点对于深化我国刑法的单位犯罪理论具有重要的启发:不能简单地把自然人的行为归结为单位的行为,并以此作为单位承担刑事责任的根据,而应从单位对于自然人违法行为的监督管理义务的违反或缺失中寻找其刑事责任的根据,这是更为合理的。

目前,我国刑法理论的注意力主要还是集中在犯罪论体系的研究上,试图建立刑法教义学的知识体系。对于以刑罚为中心的制裁制度,我国的研究是相当薄弱的,这是一个不争的事实。但在日本,犯罪论体系与知识都已经成熟和定型,在这种情况下,学者将学术精力投向刑罚论的研究是十分正常的。佐伯仁志教授的《制裁论》一书就是该领域的前沿性成果,此书在我国的翻译出版对于激发我国学者对刑罚论问题的研究兴趣将会起到积极的作用。因此,对于我国刑法学界来说,此书的翻译出版可谓雪中送炭。

此外,此书还有一个翻译的技术问题值得探讨。丁胜明在翻译相关日文概念时,有很多都直接使用了日文的汉字,例如"过料""反则金"等。日文中这些法律用语本身就是用汉字表达的,但这些汉字在中文中却没有对应的词汇,因此,丁胜明在翻译时便直接使用了日文中的汉字。这种译法与其他语言翻译中的直译还是不同的。应该说,有些日文汉字虽然没有对应的中文词汇,但这些汉字的字面含义可以望文生义,所以可以逐渐被中文消化,直至演化为中文。但有些日文汉字的字面含义在中文中完全无法理解,此时直接使用这些汉字就会带来中文阅读上的障碍,本书中也有这样的问题。例如"过料"这个词,过去就有这么直接移植使用的译法。该词指的是行政法上的一种罚款,不同于刑法上的罚金。对于该词,我个人认为翻译为"罚款"较为合适。本书中另外一个直接移植使用的日文汉字"反则金",如果仅从字面上来看,无论如何也是难以理解其含义的。丁胜明在该词的脚注中指出:"反则,日语也称'犯则',意为违反规定、触犯规则等,含义接近于中文的'违规''违章',为避免意译之后词语转换造成不必要的误解,翻译时直接采用了日语原文的表述。"我个人认为,对"反则金"一词的翻译不宜直接移植,而是应该选择意译,即译为"违规罚款"。总之,因为日语与汉语直接的亲缘关系,日文的翻译工作具有一定的特殊性,在翻译时可能需要加以注意。当然这只是我个人的陋见,不一定正确。

佐伯仁志教授目前在日本东京大学法学院担任教职,东大是日本刑法研究的重镇。随着西田典之教授的早逝和山口厚教授退休并就任日本最高裁判所的法官,佐伯仁志教授当仁不让地成为东大刑法学科的领头羊。我与佐伯仁志教授在中日刑事法交流中多有接触,感受到佐伯仁志教授为学功力深厚,为人谦顺和善。本书是佐伯仁志教授第三部在我国翻译出版的著作,其中第一部是佐伯仁志教授和道垣内弘人教授合著的

《刑法与民法的对话》(于改之、张小宁译,北京大学出版社2012年版),该书也是我作的序,出版之后,该书受到了广泛好评。现在,佐伯仁志教授的《制裁论》一书也由北京大学出版社出版,我相信,本书同样会受到我国刑法学界的好评。

是为序。

陈兴良
谨识于北京海淀锦秋知春寓所
2018年1月3日

中文版序

本书是在参考美国法律制度的基础上,研究如何合理地构建日本的制裁制度的论文集。全书共五章。第一章研究了日本制裁制度的现状和未来走向;第二章聚焦于制裁制度背后的理论性问题,特别是日本争论比较激烈的二重处罚和法人处罚问题;第三章讨论了在刑事程序中对被害人的救济问题以及惩罚性损害赔偿制度;第四章分析了经济犯罪制裁的路径选择问题;第五章解剖了对医疗过失的制裁问题。其中第一、二、三章可以视为制裁论的总论,第四、五章可以视为制裁论的分论。

正如本书第一章所述,日本的制裁制度是以刑罚为中心的,所以应当一般性地适用于所有制裁方式的原则这一问题未能得到充分地讨论。不仅如此,在这种主要依赖于刑罚的制裁制度中,由于刑罚被视为最严厉的制裁方式,因此在其适用上过于谨慎,从而导致了违法行为被放任不管的局面。另一方面,在即便适用了刑罚的场合,由于实际科处的刑罚多是附加缓刑的自由刑或者低额罚金,因此对违法行为也未能产生足够的抑制力。为了解决上述问题,本书对应当普遍适用于所有制裁方式的理论展开了研究,同时,提倡充实刑罚以外的制裁手段,将刑罚的运用限定在恶质、重大违法行为的场合,从而同时实现制裁的实效性和刑法的谦抑性。近年来规定课征金这种行政制裁的法律逐渐增多等现象表明,日本的制裁制度正朝着本书提倡的方向推进。

由于违法行为的实际状况以及与之对应的制裁制度因国而异,因此本书所提倡的观点中想必也有不适合中国的地方。但是,如果中国的读者能够通过阅读本书获得一些有益的启发,笔者将感到无比的欣喜。

由于本书内容涉及刑法以外的诸多法学领域,而且,翻译本书除了日本法之外还需要美国法等方面的知识,想必本书的翻译工作是非常辛苦的。对于承担了如此困难的翻译工作的丁胜明先生,我想表示诚挚的感谢。陈兴良先生一直以来致力于中日两国的学术交流,并且对本书的出版给予了大力支持,在此我也想对陈兴良先生表示诚挚的感谢。最后,我还要对出版本书的北京大学出版社表示诚挚的感谢。

佐伯仁志

2017 年 12 月 21 日

日文版序

本书试图超越刑事制裁、行政制裁、民事制裁(损害赔偿)等部门法领域之间的藩篱,通过对制裁制度进行综合性地研究,探寻理想的制裁制度的建构路径。这种关于制裁制度的综合性研究至今为止几乎还处于空白状态,所以,如果说本书有什么价值,我想可能就在于此。

如果用一句话来陈述本书的主张,那就是应该通过实现制裁方式的多样化,以及寻求各种制裁方式各自合理的角色分担,从而构筑合理且有效的制裁制度。制裁制度不仅应该是有效的,也必须是合理的,本书对此问题也作了理论性的检讨。

最近,我国强化了《反垄断法》的课征金,在《证券交易法》《金融商品交易法》中也引入了课征金制度,正不断寻求着制裁方式的多样化。另外,刑事程序中也引入了以救济犯罪被害人为目的的制度,民事和刑事之间的藩篱已经不像以前那样难以逾越。我认为,我国的制裁制度正在朝着本书所主张的方向推进,虽然每次只是一小步。如果本书将来对于构建更加理想的制裁制度能起到哪怕是微小的作用,那都将是我的荣幸。

我对制裁理论的研究兴趣,始于在学生时代读到并触动于田中英夫和竹内昭夫老师的《法的实现中个人的角色》。在被东京大学聘为指导老师平野龙一教授的助手之时,我的助手论文题目是《隐私和名誉的保护》,这是一个民事和刑事交错的领域,可以说这也加深了我对制裁论的兴趣。从1987年开始的两年美国留学经历,又进一步提供了研究制裁论的良机。回国后,为平野老师的古稀祝贺文集所写的论文,即是本书所收录的"作为刑罚的损害赔偿"。此后,非才的我迈着缓慢的脚步,在长达二十年的时间里持续研究着制裁论,终于形成了本书。

我有五位恩师。作为指导老师将我带上学术研究道路的平野龙一老师,对我偏离刑法主流的研究经常给予温暖的鼓励。能够成为平野老师的关门弟子,真的是一件非常幸运的事情。在平野老师就任东京大学校长后,继任导师内藤谦老师放任我自由地进行研究,同时,内藤老师还通过自身对学问的真挚态度,让我领略了研究者的严谨和风范。从助手时代至今,松尾浩也老师在刑事法学的各方面对我进行全方位的指导,经常和我进行各种各样的交流。能够将学术研究坚持到现在,完全是受恩于松尾老师的帮助。西田典之老师在教养学部就教授我法学,我成为助手之后,又一对一地对我进行了德国刑法的启蒙,此后,在公私事务方面也都指导着我。成为东京大学副教授之后,我受到了芝原邦尔老师的恳切指导。不用多说,芝原老师是经济刑法的第一人,本书在很大程度上借重于芝原老师的研究。

除了五位恩师之外,我还受教于很多前辈。成为助手之后,井上正仁老师教会了我研究的方法和品酒之道,一直以来都承蒙他的照顾。师兄山口厚老师在学问上自不必说,在其他方面也教会了我很多。在助手时代结束后去神户大学工作时,我受到了三井诚老师的费心照顾。从町野朔老师和中森喜彦老师那里,我也受教颇多。

此外,我还受教和得助于很多前辈和后辈。每当回忆自己的研究生涯时,我总是深切地感受到周围的人一直以来都在给予我莫大的帮助。借这个机会,我想向诸位表示诚挚的谢意。

本书的出版,自策划阶段开始就让有斐阁书籍编辑第一部的土肥贤先生倾注了很多心力。如果没有土肥贤先生的鼓励,本书恐怕难以完成。另外,在校正阶段,铃木淳也先生也付出了辛勤的劳动。在此,我想对两位表示衷心的感谢。

作为迟到的研究报告,我想把本书献给已故的平野龙一老师。

佐伯仁志
2009 年 4 月

凡 例

1. 法令名的简称

法令名的简称大体遵从有斐阁版《六法全書》的简称规范。

2. 判例来源的简称

  最大判（决） 最高裁判所大法庭判决（决定）
  最判（决）   最高裁判所判决（决定）
  高判（决）   高等裁判所判决（决定）
  地判（决）   地方裁判所判决（决定）
  支判（决）   支部判决（决定）

  刑（民）集   最高裁判所刑事（民事）判例集
  高刑（民）集 高等裁判所刑事（民事）判例集
  判时   判例时报
  判夕   判例タイムズ

3. 杂志的简称

杂志的简称大体遵从法律编辑恳谈会汇总的《法律文献等の出典の表示方法》的简称规范。

目 录

序论 ·· 001
第一章 理想的新型制裁制度 ··· 005
第一节 我国的行政制裁体系 ······································ 005
一、绪论 ·· 005
二、制裁的意义和种类 ·· 005
三、行政制裁的基本原则 ··· 015
四、行政制裁制度的完善 ··· 020
五、结语 ·· 028
第二节 规制缓和与刑法的角色 ··································· 029
一、绪论 ·· 029
二、规制缓和导致的处罚范围的变化 ······························ 029
三、规制缓和与制裁的强化 ·· 033
四、规制缓和与规则的明确化 ······································· 041
五、结语 ·· 044
第三节 刑事制裁和处遇今后的路径选择 ······················· 045
一、绪论 ·· 045
二、死刑 ·· 046
三、自由刑 ··· 048
四、罚金刑 ··· 050
五、更生保护 ·· 053
六、制裁的多样化 ·· 055
七、结语 ·· 064

第二章 理论的课题 ·· 065
第一节 二重处罚的禁止 ·· 065

一、绪论 …………………………………………… 065
　　二、美国的判例 …………………………………… 069
　　三、行政制裁与刑事罚的并科 …………………… 075
　　四、解释我国问题的尝试 ………………………… 085
　第二节　二重处罚的禁止与罪刑均衡原则 ………… 088
　　一、绪论 …………………………………………… 088
　　二、Halper案件后判例的发展 …………………… 088
　　三、Hudson案件判决 …………………………… 091
　　四、罪刑均衡原则 ………………………………… 097
　　五、结语 …………………………………………… 101
　第三节　《反垄断法》的修正与二重处罚的禁止 …… 102
　　一、绪论 …………………………………………… 102
　　二、我国判例中二重处罚的禁止 ………………… 105
　　三、美国的判例 …………………………………… 110
　　四、若干的检讨 …………………………………… 111
　　五、结语 …………………………………………… 120
　【补论】《反垄断法》修正之后的动向 ……………… 121
　第四节　法人处罚问题的考察 ……………………… 123
　　一、问题所在 ……………………………………… 123
　　二、法人的行为和责任 …………………………… 129
　　三、法人处罚和求偿 ……………………………… 143
　　四、结语 …………………………………………… 148

第三章　民事和刑事的交错 ……………………………… 149
　第一节　作为刑罚的损害赔偿（一）………………… 149
　　一、绪论 …………………………………………… 149
　　二、美国联邦法律中的损害恢复命令 …………… 151
　　三、损害赔偿成为刑罚的可能性 ………………… 170
　　四、结语 …………………………………………… 176
　第二节　作为刑罚的损害赔偿（二）………………… 177
　　一、绪论 …………………………………………… 177
　　二、损害恢复命令制度概述 ……………………… 178

三、损害恢复命令制度的适用范围 …………………………… 180
　　四、必要的损害恢复命令制度 ………………………………… 182
　　五、损害恢复命令制度的性格 ………………………………… 185
　　六、执行程序 …………………………………………………… 186
　　七、结语 ………………………………………………………… 188
　第三节　对被害人的被害恢复支援 ……………………………… 188
　　一、绪论 ………………………………………………………… 188
　　二、《犯罪被害人基本计划（草案）（纲要）》的内容 ………… 189
　　三、利用没收和追征的被害恢复制度 ………………………… 190
　　四、损害赔偿命令 ……………………………………………… 194
　　五、财源问题 …………………………………………………… 197
　　六、结语 ………………………………………………………… 202
　第四节　犯罪被害恢复的新制度 ………………………………… 202
　　一、绪论 ………………………………………………………… 202
　　二、与被害恢复有关的立法 …………………………………… 204
　　三、若干评论 …………………………………………………… 211
　第五节　惩罚性损害赔偿制度 …………………………………… 212
　　一、绪论 ………………………………………………………… 212
　　二、美国的惩罚性损害赔偿制度 ……………………………… 216
　　三、若干分析 …………………………………………………… 233
　　四、结语 ………………………………………………………… 239

第四章　经济犯罪的制裁 ……………………………………………… 241
　第一节　经济犯罪的制裁方式 …………………………………… 241
　　一、绪论 ………………………………………………………… 241
　　二、美国的制裁金制度 ………………………………………… 245
　　三、对金融、证券犯罪的制裁 ………………………………… 250
　　四、我国引进制裁金制度的可能性 …………………………… 256
　　五、结语 ………………………………………………………… 265
　　【补论】此后的动向 …………………………………………… 265
　第二节　美国经济犯罪的重罚化动向 …………………………… 266
　　一、绪论 ………………………………………………………… 266

二、经济犯罪重罚化的事例 …………………………………… 266
　　三、重罚化的主要原因 ………………………………………… 269
　　四、与我国的比较 ……………………………………………… 271

第五章　医疗过失的制裁 ………………………………………… 273
　第一节　医疗过失的法律应对 ………………………………… 273
　　一、绪论 ………………………………………………………… 273
　　二、医疗过失的刑事责任追究 ………………………………… 275
　　三、医疗过失的预防措施 ……………………………………… 285
　　四、对我国的启示 ……………………………………………… 293
　　五、结语 ………………………………………………………… 296
　第二节　医疗安全领域刑事司法的现状 ……………………… 296
　　一、绪论 ………………………………………………………… 296
　　二、刑事医疗过失案件的现状 ………………………………… 296
　　三、医疗过失的责任追究方式 ………………………………… 300
　　【补论】此后的动向 …………………………………………… 302

原始出处一览 ………………………………………………………… 305
法令名称对照表 ……………………………………………………… 307
索引 …………………………………………………………………… 311
后记 …………………………………………………………………… 315

序　论

　　本书是笔者研究制裁理论的论文集。因为跨越的年份较长，所以本书也包含了一些过时的内容，但考虑到这些内容在发表时具有建议性的意义，因此，本书出版时只是删除了同一主题的论文中部分重复性的内容，改正了一些不合适的表述，除此之外，基本上是按照原样收录的。对于论文发表后出现的新动向，笔者在书中以【　】的形式或者以补充注释①的方式进行了提示，需要更加详细说明的内容，笔者在相应节次的最后加上了"补论"。另外，本书在第三章设置了独立的第四节，对与犯罪被害人有关的被害恢复支援制度近期的动向作了介绍。

　　如果用一句话来概括本书的主张，那就是提倡制裁的多样化和合理化。我国以往的制裁体系完全依赖于刑罚，这一方面存在超出必要性使用刑罚进而导致制裁过度之虞；另一方面由于担心制裁过度，又导致陷入了违法行为被放任不管、没有被科处任何制裁的境地。另外，由于在制裁问题上惯性地完全只考虑刑罚，所以很少有研究尝试探索能贯通所有制裁方式的理论。第一章收录了基于上述问题意识，一般性地研究制裁制度应然构造的论文。

　　在第一节中，本书提出，在把制裁定位为实现行政目的的保障手段的场合，通过充实行政制裁的内容，以及合理地界分行政制裁与刑事制裁的功能，可以促使制裁得到更为有效和合理地执行。对行政制裁而言，也应当适用与刑事制裁共通的、制裁制度的基本原则。第一节还讨论了整备制裁体系时应该考虑的事项。通过上述研究，本节对制裁制度今后的路径选择提出了建议。

---

① 这种对论文发表后出现的新动向的补充注释在本书中标注为【补】。——译者注

第二节中,本书研究了在1990年代之后规制缓和或规制改革的趋势中,刑事法的角色如何转变的问题。由于规制缓和的目的是将事前的规制转为事后的规制,事前规制的缓和、撤销和废除在引发了担保这些规制效力的罚则非犯罪化的同时,也导致以担保事后规制的效力为目的的罚则的强化成为必要。此时,以往那种完全依赖于刑罚的制裁制度就不再合适,因而也就有必要寻求制裁方式的多样化。本节的最后指出,伴随着上述规制改革的贫富差距的扩大有招致犯罪率上升之虞,因此必须采取相应的对策。论文发表后,我国的社会情势和犯罪情势表明,上述担忧不幸言中,对此迫在眉睫地需要采取相应的对策。

第三节的内容是以2007年迎来《刑法》制定100周年为契机,研究了刑事制裁和处遇制度的理想状态,讨论了包括死刑在内的刑罚制度整体的应然构造。我国的刑罚制度在《刑法》制定后的100年间几乎没有什么变化,但是,在国外,除了作为刑罚的损害恢复命令制度外,还导入了分割刑、日额罚金制、社会服务命令等多样化的制度。我国也必须应对时代的变化,实现刑罚制度的多样化。

第二章收录的论文研究了在实现制裁方式多样化的过程中,存在争议的理论性课题。

第一节研究了刑事制裁和行政制裁的并科与禁止二重处罚原则的关系问题。在我国,有力的见解认为,刑事制裁与行政制裁的并科违反了《宪法》禁止二重处罚的原则,这种观念对行政制裁的积极运用形成了阻碍。本节通过对作为日本《宪法》母法的美国《宪法》的相关判例进行研究后指出,并科刑事制裁与行政制裁的做法并不必然会违反《宪法》,两者的并科是否具有妥当性,应该作为罪刑均衡的问题来讨论。由于印证笔者主张的美国联邦最高法院判例的倾向在第一节的论文发表之后发生了变化,本书第二节对该动向作了介绍,在收录于本书时,删除了与第一节内容有重复的部分。

第三节针对一直以来被认为是二重处罚问题中最有实际意义的《反垄断法》的课征金与刑罚的并科问题,整理了日本经济法学会的报告。本节指出,课征金应该纯化为行政制裁金,这种制裁金与刑罚的并科本身并不构成违反《宪法》的二重处罚。在此基础上,本节研究了两者的关系在立法政策上应该如何定性的问题。在本节的补论中,还介绍了《反垄断法》后来的修改动向。

第四节中,本书提出并研究了有关法人处罚的理论性问题的个人模式和组织模式这两种理论框架,并指出,法人处罚的立法论和解释论应该立足于组织模式。在笔者的论文发表后,关于法人处罚问题的正式研究不断涌现,但笔者认为,个人模式和组织模式这样的分析框架至今仍然是有效的,所以本书原封不动地收录了发表时的原文。

第三章的研究对象是刑事制裁与民事的损害赔偿制度的关系。在美国,以刑罚的形式设置了命令被告人对被害人进行被害恢复的损害恢复(赔偿)命令制度。同时,还存在具有与刑罚相同的、以处罚和抑制违法行为为目的的惩罚性损害赔偿制度。作为制裁多样化的一种可能性,本章参照美国的法律制度,研究了刑事制裁制度与损害赔偿制度融合的可能性。

第一节中,本书在介绍美国损害恢复命令制度的基础上,研究了在我国导入此种制度的可能性。损害恢复命令制度是犯罪被害人权利运动的一项重要成果,笔者曾于1980年代末在美国留学,对犯罪被害人权利运动的兴盛有很深的感触。第一节就是笔者对我国是否也应该在刑事程序中寻求犯罪被害恢复的问题进行思考,在回国之后发表的论文。第二节对第一节的论文发表之后美国损害恢复命令制度的新动向作了介绍,在收录于本书时,删除了与第一节内容有重复的部分。

此后,我国的犯罪被害人权利运动也开始兴盛起来,2004年,国会颁布了《犯罪被害人基本法》。第三节基于应该法律的要求而拟定的《犯罪被害人基本计划(草案)》(论文发表后的2005年12月,该草案被内阁通过,成为正式的《犯罪被害人基本计划》),研究了下列针对犯罪被害人的被害恢复支援制度:①利用没收和追征的损害赔偿制度;②在刑事程序中寻求恢复犯罪被害人损害的制度;③以罚金为财源的犯罪被害人补偿制度;等等。

第四节对第三节的论文发表之后犯罪被害恢复制度的新动向进行了介绍。第三节的论文所研究的第一个制度经过法制审议会的审议之后实现了立法化,第二个制度也已经在法制审议会的审议之后实现了立法化,但立法所采取的不是以刑罚的形式命令被告人进行损害赔偿的制度,而是在刑事裁判之后由同一法院继续就损害赔偿问题进行民事审判的"损害赔偿命令"制度。

作为制裁论的各论,第四章收录了两篇研究应当如何构建经济犯罪制裁制度的论文。

第一节对美国在经济犯罪中同时活用行政制裁和刑事制裁的情况进行了介绍,并指出,我国也应该扩充行政制裁,实现制裁的多样化。此后,我国《反垄断法》的课征金得到了强化,《证券交易法》《金融商品交易法》》和《公认会计师法》中也引入了课征金制度,笔者认为,这些动向表明,我国的制裁制度正朝着本书所主张的方向推进。

第二节与第一节相关,探讨了美国1980年代以后出现的经济犯罪的重罚化现象,并指出,这种现象根源于经济构造的变化,而我国也可能发生同样的变化。

第五章研究的也是制裁论各论的问题,收录了两篇对医疗过失的制裁制度进行检讨的论文。医疗过失的刑事制裁问题近来引发了很多讨论,本书的主张依然是改变完全依赖于刑罚的制裁制度,扩充行政制裁,采取只对重大过失动用刑罚的制度设计,寻求以合理的方式预防医疗过失。

第一节通过对美国法律制度的研究,对上述主张进行了论证。第二节则是笔者在东京大学召开的"医疗安全和法"主题研讨会中所作演讲的整理,此外,本节的补论还介绍了我国近期准备设置医疗安全调查委员会的动向。笔者认为,近期的这种动向与本章的主张在方向上也是一致的。

第一章　理想的新型制裁制度

第一节　我国的行政制裁体系

一、绪论

　　国家或者地方自治体为了实现政策的目的,在通过制定法律、条例对国民赋课一定义务的场合,为了保证这种规定的效力,大多对违反义务的行为规定了制裁。到目前为止,以确保行政上的义务得到履行为目的的制裁,主要是以刑罚的形式规定的。因此,围绕行政制裁的一般原则的议论,主要停留在与行政刑罚有关的层面,而对一般性地适用于行政制裁的原则的讨论则是不充分的。另外,就主要依赖于刑罚的制裁制度而言,一方面,由于采取的是刑罚这种最严厉的制裁方式,所以在适用上显得过于谨慎,导致了对不履行义务的行为放任不管的结果;另一方面,由于目前的罚金虽然在名义上是刑罚,但多数额度较低,所以即使被使用也难以发挥足够的抑制力。[①] 下面,笔者将在概观制裁的意义以及行政制裁制度的基础上,对行政制裁的一般原则进行研究,然后探讨一下行政制裁制度的构建今后应选择何种路径的问题。

二、制裁的意义和种类

　　（一）制裁的定义

　　对于制裁可以被定义为是"针对违反社会规范的行为,以否定或者促

---

① 盐野宏:《行政法Ⅰ》(第2版),有斐阁1994年版,第206页。

使行为人放弃此种行为为目的而启动的反作用力,其内容是剥夺一定的价值、利益或者赋课一定的负价值或者不利益"。① 制裁可以分为以国家为主体、作为法律制度被组织化的法律制裁和除此之外的社会性制裁。

虽然这里研究的对象是法律制裁,但在研究法律制裁制度时,社会性制裁的存在是不能被忽视的。我国的法律制裁与美国相比,在种类、发动的频率、严厉性的任何一个方面都要稍逊一筹,其中一个原因可能就是我国的社会性制裁比美国的社会性制裁更为严苛。另外,后文涉及的作为制裁的公表制度,也可以视为是试图让社会性制裁发挥法律制裁的功效的一种制度。

此外,在社会性制裁中,还存在诸如日本证券业协会或证券交易所对其会员所科处的过怠金②这种具有准法律制裁性质的制度。比如,1997年的《证券交易法》的修正将针对法人的罚金(以下简称"法人罚金"——译者注)的上限提高到了5亿日元,与此同时,过怠金的上限也被提高到了5亿日元,在考虑制裁违反《证券交易法》的行为之时,不可能无视过怠金的存在【《证券交易法》后来更名为《金融商品交易法》,法人罚金的上限也被提高到了7亿日元(第207条第1项第1号③)】。

作为以保障规范效力为目的的手段,存在对违反规范的行为科处不利益的否定性的sanction,同时还存在为了肯定和鼓励遵守规范的行为而对其给予奖励等的肯定性的sanction。然而,两者的边界未必清晰。比如,消防机关授予的"防火措施合格"的标志有对采取了合格的防火措施的旅馆进行表彰的性质,但如果正常情况下都会被授予安全标志,那么没有被授予此种标志就会带来反射性的负面利益,因此便间接地具备了制裁的效果。④ 但是,在英语中,"sanction"一词同时具备上述两个层面的含义,而在日语中,难以认为"制裁"一词中也包含了给予奖励的含义,此外,从实体层面和程序层面的保障的必要性的程度来说,对两者进行区别对待也是更加合适的,因此,这里仅讨论作为否定性sanction的制裁。

制裁针对的是过去的违法行为,因此,即便是科处某种负面利益,但

---

① 田中成明:《法的空間——強制と合意の狭間で》,东京大学出版会1993年版,第141页。
② 过怠金指的是自治组织对违反义务或者规约的成员科处的一种财产性的惩戒。——译者注
③ 为方便读者查找法条原文,本书对法条编号的译法未采取我国法律"条、款、项"的标准,而采用了日本法律"条、项、号"的规范。——译者注
④ 阿部泰隆:《行政の法システム(下)》(新版),有斐閣1997年版,第451页。

如果不是针对过去的行为,也并非制裁。比如,告知行为人如果不履行某种义务将被科处一定额度的过料,以间接地督促行为人履行义务,如果行为人拒不履行义务便强制征收过料,这种制度被称为"执行罚",但这并非针对过去的行为的制裁,而是强制执行的一种(间接强制)。又如,为了将某种活动控制在社会可以接受的量的范围内而征收的税款或者课征金(比如环境税或者公害课征金制度),虽然和制裁一样是为了抑制某种行为而赋课的负面利益,但由于不是为了禁止某种行为、针对违反此种禁止而科处的,所以并非制裁。①

(二)行政制裁的种类

对违反行政法义务的行为科处的制裁,被一般性地称为行政罚,但行政罚中究竟包含了哪些内容,在学说上存在争议。下面,笔者分别对刑事罚、秩序罚、反则金、课征金、加算税、取消或者停止许可、公表制度进行探讨。

1.行政刑罚

对违反行政法义务的行为科处的刑罚,被称为行政刑罚。在过去,有力的学说认为,要将作为行政刑罚对象的行政犯和以《刑法》上的犯罪为中心的刑法犯在性质上进行区别,并对行政犯和刑法犯适用不同的原则。换言之,在刑法犯的场合,被科处刑罚的行为本身就具有反社会性,与此相对,在行政犯的场合,行为本身并不具有反社会性,只是为了实现某种行政上的目的而设置了一定的义务,对这种义务的违反会阻碍行政目的的实现,因此要处罚违反义务的行为。在这种理解的基础上②,有观点认为,在刑法犯中处罚过失必须要有明文规定(参见《刑法》第38条第1项),但在行政犯的场合则是不必要的③,还有观点认为行政犯不适用《刑法》总则关于共犯的规定。④ 但是,上述观点现在都被一般性地否定了。

---

① 有关不考虑强制的对象违法还是合法而积极运用行政强制制度的建议,参见畠山武道:《行政强制论的将来》,载《公法》第58号(1996年),第172页以下。
② 田中二郎:《新版行政法(上)》(全订第2版),弘文堂1974年版,第186页;福田平:《行政刑法》(新版),有斐阁1978年版,第30页以下。
③ 美浓部达吉:《行政刑法概论》,劲草书房1949年版,第111页;田中二郎:《新版行政法(上)》(全订第2版),弘文堂1974年版,第192页。
④ 美浓部达吉:《行政刑法概论》,劲草书房1949年版,第24页以下、第84页、第89页、第94页、第102页。

理由是,行政犯也是犯罪,刑法犯和行政犯的界限未必是明确的,等等。①

在行政法规中,经常见到对于职员的违法行为同时处罚事业主②的两罚规定,基于这种规定,具有法人性质的事业主也会被处罚。部分观点认为,由于行政犯的伦理性格较弱,所以只能在行政犯的范围内允许对法人进行处罚③,但是,由于在公害犯罪或者无体财产法上的犯罪这种被划分为刑法犯的犯罪中也存在两罚的规定,所以现在的通说已经一般性地承认法人的犯罪能力。

2.秩序罚

对违反行政义务的行为,有时并不是科处刑罚,而是科处作为行政罚的过料,这种过料被称为秩序罚。比如,《住民基本台账法》规定,违反该法规定的申报义务的,将被处以5万日元以下的过料(第52条第2项),除此之外,还有很多规定对违反申报、通知、登记、登录等义务的行为规定了小额的过料。另外,《地方自治法》规定,地方公共团体的长官在地方公共团体的规则中可以规定,对于违反规则者可以科处5万日元以下的过料(第15条第2项)。过料额度多数是比较低的,但也有诸如《商法》第498条【《公司法》第976条】及《银行法》第65条那种,上限达到了100万日元的过料规定。

秩序罚,正如其名称所揭示的那样,被科以秩序罚的行为并非本身就当然具有反社会性,也并不是说此种行为本身就会直接阻碍行政目的的实现,其被理解为仅仅是为了维持行政上或者诉讼上的秩序而科处的制裁。确实,现行法上的过料规定多数是针对轻微违反行政法义务的行为设置的小额过料,但是,就像刑法犯和行政犯的区别一样,行政刑罚和秩序罚之间也并非是泾渭分明的。比如,对违反申报义务的行为既有法律规定科处刑罚,也有法律规定科处过料,但能否对两者进行质的区别,是有疑问的。并且更为重要的是,作为行政罚的过料,在立法论上也并非必

---

① 福田平:《行政刑法》(新版),有斐阁1978年版,第101页;盐野宏:《行政法Ⅰ》(第2版),有斐阁1994年版,第205页;小早川光郎:《行政法講義(上)Ⅱ》,弘文堂1994年版,第209页。

② 事业主指的是从事某种事业的主体,既可能是自然人,也可能是法人。——译者注

③ 美浓部达吉:《行政刑法概論》,劲草书房1949年版,第65页以下;福田平:《行政刑法》(新版),有斐阁1978年版,第28页;大塚仁:《刑法概説総論》(第3版),有斐阁1997年版,第134页。

须限定性地只适用于那些轻微的违反秩序的行为。在立法论上,也可以考虑将现在被定性为犯罪的行为广泛地纳入过料的制裁范围。

作为秩序罚的过料,因为不是刑罚,所以不适用《刑法》和《刑事诉讼法》。除非其他法律有特殊规定,过料一般是根据《非讼案件程序法》规定的程序,由法院的裁判来科处(第161条以下)。地方公共团体的规则中规定的过料,由地方公共团体的长官来决定科处。在准备科处过料的场合,必须事先告知受处分人相关事项,并提供辩解的机会(《地方自治法》第255条之3)。

3.反则金

反则金也是一种替代刑罚的行政制裁措施。比如,《道路交通法》将特定的违法行为规定为反则①行为,同时规定,警察总部的长官可以通知实施了反则行为的人缴纳反则金,如果行为人缴纳了反则金,则不再提起公诉(第125条以下)。另外,根据《国税犯则取缔法》的有关规定,国税局长或者税务署长在与间接国税有关的反则案件中,可以通知行为人缴纳金额相当于罚金或者科料的反则金,如果行为人缴纳了反则金,就不再提起公诉(第14条以下,有关关税的反则案件,参见《关税法》第137条以下)。无论何种情形,如果在一定的期间内没有缴纳反则金,则将被移送至通常的刑事程序。

4.课征金

根据《反垄断法》的规定,对于事业者②实施的不当的交易限制等行为,可以命令其缴纳课征金,课征金金额的计算标准为事业者在上述行为实施期间内的营业额乘以一定的比例(第7条之2第1项)。这是一种试图通过剥夺以不正当手段获取的利益的方式来抑制违法行为的制度。虽然对于《反垄断法》规定的课征金在性质上是否是制裁存在争议,但笔者认为,这种国家通过剥夺过去的违法行为所得的不当利益,以试图抑制将来的违法行为的制度,应该理解为是一种制裁。

另外,根据《国民生活安定紧急措施法》第11条第1项的规定,"当经

---

① 反则,日语也称"犯则",意为违反规定、触犯规则等,含义接近于中文的"违规""违章",为避免意译之后词语转换造成不必要的误解,翻译时直接采用了日语原文的表述。——译者注

② 日语"事業者"类似于中文的"经营者",根据日本《反垄断法》第2条的规定,该法所称的事业者是指"从事商业、工业、金融业等事业的主体"。——译者注

12 营者以超过特定的价格标准贩卖特定种类的物资时,主管大臣必须命令其……向国库缴纳相当金额的课征金"。如果像一般的理解那样,认为超过特定价格标准的贩卖行为并不违法,则这种对合法行为科处的课征金就不能认为是制裁。

5.加算税、加算金

违反国税法上的申报义务、缴纳义务的行为,将被科处加算税。根据违法样态的不同,可以分为过少申报加算税、无申报加算税、不缴纳加算税和重加算税。加算税的税额为应缴税款的一定比例(过少申报加算税是5%或者10%,无申报加算税是15%,不缴纳加算税是10%,重加算税是35%或者40%)(《国税通则法》第65条以下)。加算税的缴纳义务由税务署长决定(《国税通则法》第32条)。在地方税中,同样也存在类似的加算金制度(《地方税法》第72条之46等)。虽然从形式上来说,加算税是税金的一种,但和延滞税不同的是,其实质上具有针对税法上的义务违反行为的制裁的性质。①

6.取消或者停止许可

通过行政机关的营业许可而获得从事某种业务的经营者,在实施了与业务有关的违法行为时,有可能被取消(准确地说是撤回)许可或者被要求停止营业。在违法的原因事实仍在持续,为了防止将来出现新的违法行为而取消经营者的营业许可或命令其停止营业直到此种违法的原因事实消失的场合,上述措施具有消除现在及将来的危险的预防性措施的性质。比如,在餐馆发生食物中毒事故的情况下,对其发出改善命令,要求在情况得到改善之前暂停营业就是这种情况(参见《食品卫生法》第55条)。

如果认为营业许可的取消和停止是为了消除现在及将来的危险的预防性措施,则在处分决定之前的听证程序中,就不能仅关注过去的违法事

---

① 有学者认为制裁具有伦理上的中立性,在此基础上,认为加算税在性质上都是制裁。参见佐藤英明:《脱税と制裁:租税制裁法の構造と機能》,弘文堂1992年版,第29页以下。

实,还应该确认将来出现违法行为的危险性,至少应该允许受处分者提出反证。① 另外,停止营业的期间也不应该以违法行为的程度,而应该以实施改正措施所需要的期间为基准,在改正措施实施后,就应该解除停止营业的命令。与此相对,如果是不考虑违法行为发生之后再次出现违法行为的危险性,而是对应过去的违法行为的程度来实施取消许可或者停止营业的措施,则此种措施就具有了制裁的性质。实际上,停止营业处分多是被当做制裁来使用的。

对违反《道路交通法》行为的行政处分中的取消或者停止驾驶资格,并不是针对过去的违法行为的制裁,而应该理解为是以防止将来的道路交通上的危险为目的的行政处分。② 但是,从实际效果来看,取消或者停止驾驶资格很多时候具备了超过刑罚的制裁效果和抑制效果,在立法论上,从正面将其作为制裁加以制度化也是可能的。

7.公表③

行政机关在行为人拒不履行义务或者不服从行政指导的场合,可以对相关事实进行公开通告,这便是公表制度。比如,《国土利用计划法》第26条规定:"都道府县的首长在根据第24条第1项的规定实施劝告的场合,如果被劝告方拒不遵从劝告,可以将有关事实和劝告的内容予以公表。"另外,条例中公表制度的设置也越来越多,在信息保护条例或者城镇建设条例等规范性文件中,可以发现设置了很多对不服从行政指导的行为进行公表的规定。

公表制度具有与执行罚等制度同样的由金钱产生心理压迫的机能,可以作为间接强制的一种形式来使用。④ 另外,公表制度还可以作为信息公开的手段。比如,以提醒消费者为目的,公开通报反复对消费者实施不适当的推销行为的经营者的名称,可以说是一种信息公开性质的公表制度。而对那些违反《消防法》、没有采取必要的消防措施的事实进行公表,

---

① 在是否具有制裁性的问题上和停止营业许可一样存在争议的行政措施还有指名停止措施,但美国判例在对联邦规则的解释中认为,如果实施了违法行为的经营者一方能够证明完成了整改措施,没有再次发生违法行为的危险时,就不科处指名停止措施〔Robinson v. Cheney,867 F.2d 152,160(D.C.Cir.1989)〕。
② 参见长仓真一:《免許の取消・停止》,载《交通法研究》第13号(1985年),第15页。
③ 日语中的"公表",意为公开通告、通报、发布、披露。——译者注
④ 盐野宏:《行政法Ⅰ》(第2版),有斐阁1994年版,第200页。

也具有向社会提供关于危险建筑物有关信息的意义。① 与此相对,如果完全是针对过去的违法行为,为了对违法行为人科处不利益而实施公表,则有必要将其理解为一种制裁。

公表之所以具备制裁的机能,是因为公表会导致被公表者的社会评价降低,并由此给其带来不利益(比如销售额的减少)。无论何种制裁,在伴随着自由和财产被剥夺这种不利益的同时,科处制裁也都会附随性地带来烙印效果,但在公表制度中,制裁的内容就是打上烙印本身。历史上也曾有将打上烙印当做制裁的例子,比如,在17世纪的马萨诸塞州的殖民地,对实施了通奸行为的女子会要求其穿上胸口缝着字母"A"的裙子,以示对其制裁,霍桑(Hawthorne)的小说《红字》中对此作过描述。就不再使用违者的身体这一点而言,现代的公表制度与过去的制裁相比要温和许多,但在本质上两者仍然具有相同的性质。

以公表的方式实施制裁的优点是,如果利用宣传或者报道机关作为公表手段,则执行成本几近为零。但另一方面,公表制度也存在缺陷,比如,制裁效果依赖社会上的反应等行政机关无法控制的因素,以及,对于不在乎社会评价的人,公表无法发挥制裁的效果,等等。②

(三)比较法的特征

我国行政制裁制度的特征在于强烈地依赖行政刑罚。在与对我国法律制度产生了巨大影响的德国及美国制度的比较之下,这种特征显得更加突出。③ 由于德国和美国的制度中有很多地方对于完善我国的制裁制度有参考借鉴的价值,在此简单地对其进行介绍。

1.德国的制裁制度

德国将科处刑罚的犯罪与科处过料(Geldbuße)的秩序违反行为(Ordnungswidrigkeit)进行了区分,在我国被科以行政刑罚的行为中的多数在德国被定性为秩序违反行为。我国并没有关于行政制裁的一般性法律,但德国制定了《秩序违反法》作为规制秩序违反行为的一般法,其中包含

---

① 参见北村喜宣:《行政執行過程と自治体》,日本评论社1997年版,第226页以下。
② 有学者批评指出,规定于条例的公表制度几乎没有被使用过。参见三边夏雄:《自治体行政の実効性の確報手法》,载《公法》第58号(1996年),第249页。
③ 有关两国的行政制裁制度,参见村上历造:《行政庁による処罰——行政法令違反に対する非刑事的金銭罰について》,载《ジュリスト》第764号(1982年),第110页以下。

了有关秩序违反行为的总则、分则以及程序性规定。如无特别规定,过料的额度,在故意犯的场合是 5 欧元以上 1000 欧元以下,过失犯则为上述额度的一半。在有特别规定的场合,过料的上限也有达到 100 万欧元的情况。在对秩序违反行为的制裁方面,除了过料之外,还有作为附加处分的没收以及禁止驾驶。

对于秩序违反行为,由主管的行政机关实施调查并责令违法者缴纳过料。如果相对人对行政机关发出的缴纳过料的命令提出了异议,则案件将在经过该行政机关以及检察机关的审查后被移送到法院处理。法院并不对行政处分的合法性进行审查,只审查秩序违反行为本身是否存在,在认为适当的时候,法院将科处制裁。因此,由行政机关科处秩序罚的程序,"可以被认为是行政机关实施的作为第一审的略式程序"[①]。另外,对于轻微的秩序违反行为,行政机关在征得违法者的同意后,可以科处附带警告金(Verwarnungsgeld)的警告(Verwarnung),此种警告在违法者缴纳警告金后生效。违法者未缴纳警告金的场合,将被移送至通常的科处过料的程序,在这一点上,这种制度类似于我国的反则通告制度。

另外,德国还存在针对怠于履行私法上的登记义务而科处的强制金(Zwangsgeld)制度(《德国民法典》第 78 条第 1 号),但这并不是一种制裁,而应该被理解为是一种间接强制性质的执行罚。

德国的秩序违反法将行政犯,特别是交通犯罪的大部分作了非犯罪化的处理,以及在科处制裁的程序方面下了很大工夫,笔者认为这些做法值得我国借鉴。

2. 美国的制裁制度

美国的制裁制度有以下特点。

第一,针对违反行政法规的行为,除了刑罚之外,还大量使用制裁金

[①] 平野龙一:《経済活動と刑事制裁——ドイツ経済刑法における過料制度》,载竹内昭夫主编:《現代商法学の課題·鈴木竹雄先生古稀記念(下)》,有斐阁 1975 年版,第 1591 页。

16（行政罚金①，civil penalty）。这是一种由行政机关向法院起诉违法行为，再由法院命令违法者向国家缴纳罚金的行政制裁制度。近年来，赋予行政机关本身以科处制裁金权限的法律也在增加。②

第二，除刑事没收制度之外，民事没收制度（civil forfeiture）也是一种被广泛运用的执法手段。民事没收是行政机关请求法院没收对象财产的制度，但在一定的限额内，行政机关也可以自己实施行政没收（administrative forfeiture）。民事没收的对象包括违禁品、用于实施违法行为的物品、违法行为获得的不当利益等。民事没收制度在以税法及药物规制法为中心的诸多领域得到了广泛的运用。③

第三，对不正当利益的剥夺制度较为完善。在民事和刑事没收制度之外，为了使得罚金制度也发挥剥夺犯罪利益的功能，设计了罚金额的上限可以随着犯罪利益的额度浮动的制度。另外，作为民事性的剥夺不正当利益的制度，在行政机关针对违法行为提起的停止侵害之诉中，作为附随的救济手段，法院可以命令违法行为人交出违法所得的利益（disgorgement）。国家基于此命令收缴的利益用于对被害人进行赔偿，如有剩余则充入国库。

---

① 对于"civil penalty"一词，佐伯仁志教授在原著中有"民事罚金""民事制裁金""行政制裁金"和"制裁金"这四种译法。单从字面意思来看，将"civil penalty"译为"民事罚金"或"民事制裁金"亦无不可，但由于此种处罚多是由行政机关自行或请求法院对违法行为者科处，从有利于我国读者理解的角度来说，译为"行政罚金""行政制裁金"或"制裁金"似乎更合适。基于这种考虑，译者在翻译时统一采用了"行政罚金""行政制裁金"和"制裁金"的译法，并将原著中译为"民事罚金"和"民事制裁金"之处均相应地作了替换，请读者注意。当然，对于"civil penalty"一词还有一种更加简洁明了的译法，即译为"罚款"，中国也有很多学者采取这种译法。但是，civil penalty 与中国的罚款在制度上还是存在着不少的差异，为避免混淆，译者未采用这一译法。另外需要提醒读者注意的是，对于美国法中的"fine"一词，中国学界通常都译为"罚金"，本书也遵从了这一译法，但美国法并未像中国一样严格区分刑事罚金和行政罚款，而是将两者笼统地都称为"fine"，因此本书在美国法部分提到的罚金，并不一定指罚金刑。——译者注

② 比如，有关租税法领域，参见佐藤英明：《脱税と制裁：租税制裁法の構造と機能》，弘文堂1992年版，第154页以下；有关证券交易法领域，参见宇贺克也：《SECによる法執行の改革——1990年法改正を中心として》，载《ジュリスト》第990号（1991年），第38页以下；芝原邦尔：《行政の実効性確保——刑事法の視点から》，载《公法》第58号（1996年），第259页以下；有关环境法领域，参见北村喜宣：《環境管理の制度と実態——アメリカ水環境法の実証分析》，弘文堂1992年版，第123页以下。

③ 有关美国的没收制度，参见佐伯仁志：《アメリカにおける没収制度》，载町野朔、林干人主编：《現代社会における没収・追徴》，信山社1996年版，第286页以下。

第四,设置了奖励私人的法执行的制度。① 比如,允许就损害额提出三倍赔偿的三倍赔偿制度,以及为了处罚恶意的加害者,在基本的损害赔偿之外命令其支付高额赔偿金的惩罚性损害赔偿制度。② 其中,由于陪审团往往命令违法者作出极其高额的惩罚性赔偿,这种制度引起了很多的争议。作为私人的法执行制度,还有法律规定了允许私人代替行政机关要求法院执行制裁金的市民诉讼制度。

美国制裁制度的制裁额度非常高,并且不那么重视与违法行为的关联性,从我国的标准来看,这些特性在罪刑均衡上存在很多问题。虽然美国联邦最高法院近来开始从罪刑均衡的角度出发对民事没收和惩罚性赔偿制度进行审查,但是其所采用的罪刑均衡标准的幅度是非常大的。③ 尽管如此,美国在刑罚之外广泛使用多种多样的制裁制度,特别是有较为完善的对不正当利益的剥夺制度,以及借助私人力量助力法的执行等做法,对于我国而言仍有参考意义。

三、行政制裁的基本原则

（一）实体面的正当性

1.刑法的基本原则和行政制裁

在我国,并不存在关于刑罚之外的行政制裁制度的一般性法律,所以讨论行政制裁的一般原则问题的研究较少。在这个领域作出先驱性贡献的美浓部达吉博士曾尝试建立行政制裁的一般性原则,并认为其与刑法的基本原则在本质上是不同的。④ 笔者认为,美浓部达吉博士试图建立行政刑罚和过料共通的一般性原则的尝试是正确的,但是,与美浓部达吉博士的观点相反,笔者认为这里妥当的一般性原则应该是刑法的基本原则。

把刑法犯和行政犯视为本质上不同的事物这种观念的背后,是将刑法犯的本质定位为对伦理秩序的违反。但是,刑法的功能是保护法益,而不是维护伦理秩序本身。而且,虽然刑罚是作为对过去行为的非难而被科处的,但是,即便是在刑法犯中,刑罚的目的也是预防将来的犯罪。另一方面,行政犯以及被科

---

① 参见田中英夫、竹内昭夫:《法の実現における私人の役割》,东京大学出版会1987年版。
② 【补】有关惩罚性损害赔偿制度,参见本书第三章第五节。
③ 有关民事没收的判例,参见 Austin v. U.S.,113 S.Ct. 2801(1993),有关惩罚性损害赔偿的判例,参见 BMW of North America,Inc. v. Gore,116 S.Ct.1589(1996)。
④ 参见美浓部达吉:《行政刑法概論》,劲草书房1949年版,第16页以下。

处过料等行政罚的义务违反行为,其本质并非单纯的行政上的义务违反,而是具有侵害法益的危险性,虽然这种危险性相对于刑法犯而言较为一般和抽象。比如,车辆靠右通行这种行为本身既谈不上好也谈不上坏,但在一个规则是左侧通行的道路上靠右通行时,就会产生道路交通上的危险。认为可以完全不考虑一个行为对法益的侵害危险,而仅仅以其违反了行政上的命令为由就对其科处制裁的观点,恐怕是过于倾向权威主义的观点。

刑法的功能是保护法益,并不意味着对于刑罚的动用来说,社会伦理的非难就不重要了。因为刑法是试图通过赋课刑罚传达法的非难来影响人们的行动的制度。但是,这一点还不能说是能够从本质上区分刑罚和刑罚之外的行政制裁的要素。因为在刑罚之外的行政制裁中,多多少少也都存在法的非难。既然设定了一定的命令或禁止规范,并以违反这种规范为由而科以制裁,那么就不可能在这种制裁中排除非难的要素。

不可否认的是,在刑法犯、行政犯和秩序违反行为之间,一般来说在法益侵害或者社会伦理的非难程度上是存在差异的,但是,应当认为,这种差异只是量上的,而不是本质上的。这样的话,则刑法的原则中由制裁的性质所推导出的那部分基本性原则,也应该适用于行政制裁。当然,《刑法》总则的规定并非都适用于行政制裁,但至少罪刑法定主义、责任主义以及罪刑均衡这些近代刑法的大原则应当一般性地适用于行政制裁。

2.罪刑法定主义

罪刑法定主义包含了法律主义、禁止溯及既往、禁止类推解释等多项内容。一般认为,罪刑法定主义构成了《宪法》第31条①的正当程序保障的内容,而《宪法》第39条②前半段则规定了禁止溯及既往的原则。《宪法》第73条第6号③的但书规定,在法律有特别授权的情况下,政令可以设定罚则。这里的"罚则",即便是从法律用语规则的角度来说,也应当解释为包含了过料。④ 如此,则第73条第6号的规定也应当适用于过料之外的其他行政制裁。一般认为,从侵害保

---

① 日本《宪法》第31条的内容是:"非依法律规定程序,不得剥夺任何人的生命或自由,或科以其他刑罚。"——译者注

② 日本《宪法》第39条的内容是:"对任何人在实行之时合法或已经被定性为无罪的行为,不得追究刑事责任。对同一犯罪,不得重复追究刑事责任。"——译者注

③ 此处涉及的日本《宪法》第73条第6号的内容是:"内阁除执行一般行政事务外,还负责下列各项事务:……六、为实施本宪法及法律的规定而制定政令。但此种政令中,除非法律特别授权,不得设定罚则。"——译者注

④ 宫泽俊义(芦部信喜补订):《全訂日本国憲法》,日本评论社1978年版,第578页。

留的原则出发,行政制裁必须要有法律上的根据,但是,从罪刑法定原则的角度来说,制裁的要件及法律效果必须在法令中进行明确规定,只不过相较于刑罚的规定来说,其明确性的程度稍微缓和一点也是可以的。

《地方自治法》第14条第3项一般性地规定,对违反条例的行为,可以科处刑罚。由于条例是由作为住民代表的议会制定的,因此即便是这种一般性的授权,也并不违反罪刑法定主义。基于同样的理由,即便是在条例中规定过料等行政制裁,也并不违反罪刑法定主义。① 与此相对,《地方自治法》第15条第2项关于允许地方公共团体的首长通过规则设置过料的规定,就并非完全没有问题。如果法律主义的基础仅仅是民主主义,则由于地方公共团体的首长是住民直接选举产生的,因此还不存在什么问题,但如果认为法律主义还包含了三权分立的思想,即犯罪和刑罚应该由与行政机关相独立的立法机关来制定,则过料在原则上也应该由议会来规定。

3.责任主义

无非难可能性则无刑罚的责任主义原则,应当理解为宪法性原则。刑法学说上大多从《宪法》第31条探讨责任主义的根据,但实际上也可以认为责任主义的基础在第13条②③。行政刑法中也有过排除《刑法》总则的适用,而未采纳责任主义的立法例(旧《烟草专卖法》第78条等),但是站在把责任主义理解为宪法原则的立场来看,这种法律是违宪的。

责任主义不仅适用于刑罚,也适用于其他的行政制裁。有观点认为,科处秩序罚时不需要存在主观上的责任④,但笔者并不赞成这种观点。行政制裁所要求的责任内容虽然可能比刑法所要求的责任内容稍微缓和一些,但在完全不能非难行为人的场合,是不能科处制裁的。德国的《秩序违反法》将责任的存在作为构成秩序违反行为的要件(第10条、第12条),联邦宪法法院也将这一点理

---

① 肯定现行法上可以通过条例规定过料的观点,参见兼子仁:《行政法総論》,筑摩书房1983年版,第215页。

② 日本《宪法》第13条规定:"一切国民都作为个人受到尊重。对于国民谋求生存、自由以及幸福的权利,只要不违反公共福祉,在立法及其他国政上都必须予以最大尊重。"——译者注

③ 认为责任主义的根据在于对人的尊严的尊重的观点,参见西田典之:《団体と刑事罰》,载《岩波講座基本法学2》,岩波书店1983年版,第265页。另外,关于与处罚业务主(指从事某种业务的主体,既包含自然人,也包含法人——译者注)的相关判例(最判昭和32·11·27,《刑集》第11卷第12号,第3113页)的关系,参见田中利幸:《行政と刑事制裁》,载雄川一郎等编:《现代行政法大系(2)》,有斐阁1984年版,第282页以下。

④ 田中二郎:《新版行政法(上)》(全订第2版),弘文堂1974年版,第198页。

解为宪法上的要求(BVerfGE20,333)。

即使认为行政制裁应当适用责任主义的原则,但因为《刑法》总则并不适用于过料,因此可能出现在欠缺明文规定的场合对过失的违法行为科处过料的情况。但是,从罪刑法定主义的立场出发,很多罚则的规定方式应当理解为以故意为必要。比如,以"伪造或其他不正当手段"的使用作为科处过料的构成要件的场合,存在故意应当是其前提。

在肯定适用责任主义原则的场合,要科处制裁,除了故意、过失之外,也应当具备责任能力和违法性认识可能性等要素。对无责任能力者科处过料等制裁是没有意义的。当然,在行政措施(比如取消或者停止许可)并不是作为制裁,而是作为防止将来的危险的预防性措施而使用的场合,无需责任这个要件。

4.罪刑均衡

罪刑均衡原则不仅适用于刑罚,也应当一般性地适用于其他制裁方式。虽然由于现行法中过料的处罚额度一般比较小,所以不太会出现牵涉罪刑均衡原则的问题,但这并不意味着在行政罚中就不需要罪刑均衡原则。如果像德国或者美国那样,引入处罚额度较高的行政制裁,罪刑均衡自然就会成为一个问题。

在现行法上,行政制裁可能涉及的罪刑均衡问题,主要是《反垄断法》上的课征金和刑罚的并科,以及税法上的重加算税和刑罚的并科问题。对这个问题的讨论,一直以来是以行政制裁和刑罚的并科是否违反《宪法》第39条后半段的禁止二重处罚原则为核心来展开的。判例认为,行政制裁和刑罚的目的及宗旨是不同的,因此二者的并科并不违反禁止二重处罚原则。[①] 学说上也有观点对上述判例的立场持强烈批判的态度[②],但是,正如刑法可以并科自由刑和罚金,甚至还可以进一步并科没收一样,恐怕不能说并科两种以上制裁这种做法本身就直接违反《宪法》。如果可以一次性并科三种制裁,那么至少在实体面上没有理由认为不能将其分成两次科处。如此一来,则并科的一方是刑罚、另一方是非刑事的制裁的情形,也并不存在什么问题。既然可以允许并科罚金和对不正当利益的没收刑,当然也应该允许同时科处罚金和课征金。

制裁并科的真正问题,在于这种并科是否违反罪刑均衡原则,以及是否违

---

① 有关追征税和刑罚的并科,参见最大判昭和33・4・30,《民集》第12卷第6号,第938页;有关课征金和刑罚的并科,参见东京高判平成5・5・21,《判例时报》第1474号,第31页。

② 参见田中利幸:《行政制裁と刑罚の併科》,载平场安治等编:《团藤重光博士古稀祝贺论文集(3)》,有斐阁1984年版,第109页以下;盐野宏:《行政法Ⅰ》(第2版),有斐阁1994年版,第202页;阿部泰隆:《行政の法システム(下)》(新版),有斐阁1997年版,第447页;等等。

反立法者所预设的制度目的。比如,认为对同一个不正当利益不允许同时科处课征金和没收,就是从制度目的的角度得出的结论。又如,在并科重加算税和刑罚的场合,从罪刑均衡的角度出发,就会认为应该在罚金刑的量刑中考虑已科处的重加算税的额度。①

虽然行政制裁和刑罚的并科原则上并不违反《宪法》,但在立法政策上,允许两者的并科是否妥当仍然存在疑问。目前,《道路交通法》的反则金和刑罚的并科在法律上是被禁止的。但是,恐怕不能认为,对于重大的违法行为,在行政程序中对其科处了行政制裁后,由于此种行政制裁力度还不够的原因,进一步通过刑事程序对其科处刑罚的这种做法是欠缺合理性的。②

(二)程序上的正当性

学说上的有力说认为,《宪法》第31条所规定的正当程序原则,不仅适用于刑事程序,也应当适用或者准用于行政程序,至少,学说上没有争议地认为,科处行政制裁的程序应当适用《宪法》第31条。当然,科处行政制裁的程序应当适用《宪法》第31条的规定,并不意味着这些程序必须和刑事程序完全相同。对于刑事裁判中的正当程序保障应该在何种程度上延伸到行政制裁的科处程序中的问题,应当基于个案的情况来讨论,但从一般意义上来说,"排除合理怀疑的证明"或者特殊的证据法则等刑事裁判上的程序保障,本来是为了避免错误地剥夺被告人的自由、在其身上烙上刑罚这种耻辱印记,在财产性制裁的场合,也只有准备动用刑罚这种耻辱印记之时才需要上述等级的正当程序保障。因此,即便认为在科处过料等行政制裁的程序中也需要正当程序的保障原则,也不必采取与刑事裁判相同的程序保障。

在行政制裁的处罚程序中一直以来都存在的一个问题是,过料的裁判原则上是通过非讼案件程序来处理的,而非讼案件程序并不公开审理,也不采取对审构造(《非讼案件程序法》第162条第2号规定,法院的义务仅限于听取当事人

---

① 包含相关文献等在内的详细内容,参见佐伯仁志:《二重処罰について》,载松尾浩也、芝原邦尔主编:《刑事法学の现代的状况·内藤谦先生古稀祝贺》,有斐阁1994年版,第275页以下(本书第二章第一节)。另外,参见白石忠志:《独禁法講義》(第2版),有斐阁2000年版,第158页以下。

② 参见佐藤英明:《脱税と制裁:租税制裁法の構造と機能》,弘文堂1992年版,第276页以下。认为在并科行政制裁和刑罚的场合,理想的做法是由类似公正交易委员会这样的专业委员会来决定是否动用作为最后手段的刑罚的观点,参见芝原邦尔:《行政の実効性確保——刑事法の視点から》,载《公法》第58号(1996年),第264页。

的陈述、征求检察官的意见），因此其与《宪法》第31条及第82条①的关系便成为一个问题。判例（最大决昭和41·12·27，《民集》第20卷第10号，第2279页）认为这种做法是合宪的，但学说上对此几乎都持怀疑态度。这个问题有两种解决方案：①和地方公共团体的首长科处的过料一样，赋予行政机关科处过料的权限，但将这种处罚纳入行政诉讼的范围；②认为过料和刑罚一样，由法院而不是行政机关来科处毫无疑问更加有利于权利的保护，因此应该在非讼案件程序中引入公开审理和对审程序。② 如果开展关于过料程序的立法，则最好是要制定有关过料的通则和有关处罚程序的一般法。③

除此之外，反则金和通告处分的程序一直以来也是行政制裁的处罚程序中存在的一个问题。根据判例，在不服通告处分等的场合，不能对此处分提起取消之诉，而必须在刑事程序中提出无罪的主张（最判昭和57·7·15，《民集》第36卷第6号，第1169页）。对此做法，学说上有意见认为，反则金的缴纳事实上是由于刑事程序的心理压迫而被强制的，因此对通告合法性的审查制度必须在刑事程序之外单独设置。④ 但是，如果认为"反则行为本来应该按照刑事程序来处理，而反则金制度是由于案件数量较多，从便利当事人的角度出发而特别设立的制度"⑤，也并非不能说明现行制度的合理性。另外，在实务上，因为拒不缴纳《道路交通法》上的反则金而被提起公诉，进而被判有罪而科处的刑罚，在惯例上都是与反则金等额的。《道路交通法》上的反则通告制度，不如说，应该从作为反则金的对象的违法行为是否应该进行非犯罪化的角度进行研究。

四、行政制裁制度的完善

如前所述，我国主要依赖刑罚的行政制裁制度有两个方面的问题：一

---

① 日本《宪法》第82条规定："法院的审讯及判决在公开法庭进行。如经全体法官一致决定认为有妨碍公共秩序或善良风俗之虞时，法院得进行不公开审讯。但对政治犯罪、有关出版犯罪或涉及本宪法第三章所保障的国民权利问题的案件，一般必须公开审讯。"

② 包含相关文献等在内的详细内容，参见石川明：《判评》，载《民事訴訟法判例百選Ⅰ》（新法对应补正版），有斐阁1998年版，第12页以下。

③ 市桥克哉：《行政罚——行政刑罚，通告处分，過料》，载《公法》第58号（1996年），第244页。

④ 芝池幸一：《行政法総論講義》（第2版），有斐阁1994年版，第212页；阿部泰隆：《行政の法システム（下）》（新版），有斐阁1997年版，第463页；等等。

⑤ 盐野宏：《行政法Ⅰ》（第2版），有斐阁1994年版，第206页。

是由于刑罚是制裁中最严厉的一种,因此人们在使用刑罚时过度谨慎,进而导致了义务的不履行被放任不管的结果;二是罚金虽然也属于刑罚,但由于现在的罚金刑科处的数额一般较低,故即使科处罚金也没有足够的抑制力。就像法谚"刑法是保护生活利益的最后手段(ultima ratio)"所说的那样,谨慎地使用刑法这种做法本身并无可厚非①,但问题是,代替刑罚的有效的制裁手段缺位了。对此,唯有积极地活用刑罚以外的行政制裁措施,同时,在有必要运用刑罚的场合,提高刑罚的抑制力,尤其是财产刑的抑制力。②

(一) 行政刑罚的改善

1. 自由刑

我国量刑实务中的刑罚的轻重程度,按照自由刑实刑、自由刑缓刑、基于审判程序的罚金刑、基于略式命令的罚金刑的顺序依次减轻。刑罚对于行政犯缺乏充分的抑制力的一个重要原因,在于自由刑实刑的比例太少了。《司法统计年报》的分类项目中的特别法犯虽然和行政犯在范围上并非完全一致,但是根据1996年的年报,经过普通第一审程序而被定罪判处刑罚的特别法犯的人数是28 823人,其中科处惩役28 564人,禁锢10人,罚金588人,拘留65人,科料3人。惩役和禁锢中约33%科处的是实刑,但是这个数字中包含了科处实刑率较高的违反《兴奋剂取缔法》的毒品犯罪和违反枪支、刀具管制法的犯罪,剔除两罪之后,因为违反特别法被科处实刑的人数是1 592人(实刑率是13%)。而且,其中有1 342人是因为违反了《道路交通法》(其中大部分被科处的是6个月以下的惩役,推测应该是违反《道路交通法》的累犯)。可见,因通常的行政犯而被科处实刑的人确实少之又少。但是,考虑到自由刑的弊害,恐怕不能因此就说应该对行政犯更加积极地运用实刑。③

---

① 参见芝原邦尔:《行政の実効性確保——刑事法の視点から》,载《公法》第58号(1996年),第262页以下。

② 参见碓井光明:《行政上の義務履行確保》,载《公法》第58号(1996年),第144页。关于设立兼具刑罚和民事损害赔偿性质的"强制执行金"的主张,参见曾和俊文:《経済的手法による強制》,载《公法》第58号(1996年),第223页以下。

③ 有学者主张在逃税罪问题上采取自由刑实刑中心主义,参见佐藤英明:《脱税と制裁:租税制裁法の構造と機能》,弘文堂1992年版,第299页以下。

2. 罚金刑

我国的罚金刑缺乏抑制力的一个重要原因,无疑在于罚金的额度较低。自1907年《刑法》制定以来,虽然为了应对经济的变动曾多次提高罚金的额度,但始终找不回《刑法》制定当时罚金刑所具有的"痛感"。比如,就伤害罪而言,在《刑法典》制定时其罚金刑的上限是500日元,这是当时一个新警察的月工资12日元的40倍以上,其下限的20日元也接近新警察工资的两倍。而现在的伤害罪罚金刑的上限是30万日元【后经过修正提高到50万日元】,下限是1万日元,显然与前者有云泥之别。① 而且,很多行政犯的罚金刑上限也不过就是几万日元而已。

罚金刑抑制力的低下,除了其额度较低之外,另一个很重要的原因在于大部分罚金刑都是通过略式程序来科处的。通过略式程序科处的罚金刑的上限是50万日元【后经过修正提高到100万日元】,因此略式处理也会对罚金额产生影响。更为重要的是,不经法官公开审理,而是经过事务性的处理、仅仅缴纳罚金就了事的略式命令,对于被告人来说缺乏作为刑罚的感铭力。②

从《司法统计年报》来看,1996年通过略式程序处理的案件总数约102万件,其中90%是特别法犯,违反《道路交通法》的案件为85万件,占总数的83%。而经过普通一审程序被科处罚金的只有910人(其中特别法犯588人)。就罚金的额度来看,科处30万日元以上罚金的案件只占总数的2.5%,多数案件科处的罚金额度区间在5万日元以上10万日元以下(约60%),其次是额度区间在1万日元以上5万日元以下的案件(约25%)。

由于对普通市民大量地使用通过略式命令的罚金刑,导致其几乎丧失了耻辱烙印的机能,这是造成罚金刑缺乏抑制力的另一个原因。这个问题很早就被意识到了,在引入交通反则行为通告制度之时,除为了减轻处理违反《道路交通法》的行为的负担之外,恢复罚金刑的效力也是其目的之一。引入交通反则行为通告制度之后,因违反《道路交通法》被请求科处略式命令的人数从1967年的约390万人剧减到1969年的约97万

---

① 池田茂穗:《我が国における罚金刑運用の実情と問題点》,载法务省法务综合研究所监修:《刑事政策ってこんなものです》,大藏省印刷局1991年版,第66页以下。

② 河上和雄:《現在の刑罚は機能しているか》,载《判例タイムズ》第609号(1986年),第16页。

人。过去那种将近400万的国民受到刑罚处罚的状况显然是不正常的，但1996年经过略式命令受到处理的人数仍高达85万人，而同年经过普通一审程序被判处刑罚的是63 000人，相比之下，仍然存在很大问题。

在因交通事故导致的业务上过失致死伤罪这一刑法犯中，多经过略式命令而运用罚金刑，由于检察机关追诉基准的变更，其起诉率大幅度下降（从1987年的54%下降到1997年的14%），被判罚金刑的人数也剧减。但是，无论因为此种交通上的业务过失而被判处罚金刑的人数如何减少，如果因为违反《道路交通法》而被判处罚金的人数规模维持现状，就很难找回罚金刑的感铭力。如果想要改变这种状况，有必要将作为《道路交通法》的反则行为的对象的行为进行非犯罪化处理，减少通过略式程序而判处罚金刑的人数。

在德国，只是将醉酒驾驶、在能见度较低的地方高速驾驶等对道路交通具有重大危险的行为作为犯罪处理，其他诸如违章停车、不按规定速度驾驶等行为全部被非犯罪化，仅仅作为违反秩序的行为而科以过料。在美国，多数州也将不具有重大危险的行为作非犯罪化处理，仅科处制裁金。因此，我国也应该果断地思考非犯罪化的问题。

提高罚金刑抑制力的另一个方法就是提高罚金额的上限。实际上，在特别法中近来已经出现了大幅度提高罚金额的例子。比如，《证券交易法》的罚金额的上限一开始被提高到300万日元，1998年修正后，又被提高到500万日元（第197条）。《证券交易法》修正为《金融商品交易法》后，罚金额的上限被提高到了1 000万日元】。《废弃物处理法》最初规定的罚金额上限是50万日元，1991年被提高到300万日元，1997年又进一步被提高到1 000万日元（第25条）。在罚金额的上升方面更值得注意的是，部分法律改变了过去两罚规定中法人罚金和自然人罚金相等的做法，而对法人规定了高额罚金。《证券交易法》最初规定的法人罚金的上限是3亿日元，1998年被提高到了5亿日元（第207条第1项第1号）【现在是7亿日元，《金融商品交易法》第207条第1项第1号】。此外，《废弃物处理法》对法人规定了1亿日元的罚金额上限（第32条第1号），而《商标法》则规定是15 000万日元（第82条第1项第1号）【现在是3亿日元】。从认为对法人的处罚是基于法人固有的责任的立场来看，这种法人重罚化的趋势可谓是理所当然的。一般来说，法人比自然人拥有更大的资力，而且，无法对法人科以自由刑，因此，为了保证刑罚的抑制力，自然有必要规定高于自然人的高额罚金刑。

但是,如果提高罚金额的上限,罚金的效果受到被告人资力的左右这种缺陷就会显现出来。在未缴纳罚金的场合,就会转为劳役场留置,但如果被告人是因为被科处了无法缴纳的高额罚金而被转为劳役场留置,不仅在刑事政策上是不妥当的,也有违反宪法上平等原则的重大嫌疑。从理论上来说,无论罚金额的高低,都会产生劳役场留置的问题,为了避免违反宪法的嫌疑,有必要将被告人具有缴纳能力但是怠于缴纳作为转为执行劳役场留置的要件。

在提高罚金额的抑制力程度的同时,为了避免因为资力的不同而产生的不平等,可以采取日额罚金制。在这种罚金制度中,法院根据行为人的违法性和罪责先确定罚金刑的日数,然后根据行为人的资力状况决定每一日的罚金的额度,将两者相乘,便得到了实际的罚金额。①

可以预想,引入日额罚金制度会面临如何把握行为人的资力状况等实务上的难题。但是,既然这种制度在国外已经在实际运行了,说明这种困难也不是完全没有办法克服的。我们面对的真正问题恐怕是,在当前罚金刑多是基于略式命令而被科处的情况下,引入日额罚金制度并不现实。从这一点来看,我们也有必要研究通过略式程序科处罚金的行政犯的非犯罪化问题。

3.没收、追征

行政犯大多以获取利益为目的,违反《反垄断法》或者《证券交易法》的经济犯罪自不必说,多数环境犯罪其实也是如此。为了有效抑制这些犯罪,必要、不可或缺的做法是剥夺因实施这些犯罪而获得的不正当利益。但是,《刑法》中没收和追征的对象仅限于有体物,这种规定已经跟不上时代了。《麻药特例法》已经将没收和追征的对象扩展到无形的利益,并且设立了针对作为没收对象的财产的保全程序,这种做法可以作为今后法律修正的模型【此后,《有组织犯罪处罚法》也设置了类似《麻药特例法》的没收和追征规定】。

如果检察官和法官无意裁量使用没收的规定,无论法律的规定如何完善,都会成为一纸空文。在现在的实务中,即使可能实施没收和追征,

---

① 另外,参见岩桥义明:《財産刑をめぐる基本問題について——法制審議会刑事法部会財産刑検討小委員会の検討結果報告》,载《ジュリスト》第1023号(1993年),第63页以下。

实际被酌定执行没收的案件也非常稀少。为了促进积极地利用有关没收的规定,可能有必要给予执法机关以某种形式的激励。

在我国,罚金或者没收、追征的财产是被纳入国库的一般会计,并不是专用于刑事司法的开支。唯一的例外是,对于根据《道路交通法》收取的反则金,从中减去发生的费用后,将被作为都道府县或者市町村的交通安全对策特别交付金(附则第 16 条)。在美国,没收的财产将被转入犯罪利益没收基金,用于侦查的目的,罚金则被转入犯罪被害人基金,用于救济被害人。各州的环境法中,也有很多法律规定了将因违反环境法被科处的行政制裁金转入环境保护基金的制度。我国也应当考虑将没收的非法利益用于救济犯罪被害人的制度。①

在对不正当利益的剥夺制度中,除了作为刑罚的没收,还有《反垄断法》规定的课征金制度。授予证券交易委员会对因内幕交易等而获得的不正当利益科处课征金的权限,是一种值得考虑的做法。② 另外,如果将来要将行政犯大范围地非犯罪化,有必要学习德国的《秩序违反法》将没收作为附随处分的做法,将没收和追征作为过料的附随处分予以确认。

(二) 非犯罪化的研究课题

前文已述,应该研究违反《道路交通法》的行为的非犯罪化问题,但除此之外的其他领域,如果是相对轻微的行政犯,也有考虑进行非犯罪化的必要。刑法理论有力地认为,只有在其他的社会统制手段不够用,并且行为具有高度的违法性和有责性因而值得动用刑罚时,才能科以刑罚,除此之外的大部分违反行政义务的行为应该作为行政罚的对象。③ 如果是作为立法的指导思想,上述观点可谓是非常正确的,但是在实践运用中可能并不那么简单。在研究对行政犯的非犯罪化问题时,不仅要考虑行为违法性和有责性的程度,还有必要考虑以下问题:

1. 调查的主体和权限

如果实施非犯罪化,并非仅仅是制裁的种类和程度会发生变化,对违

---

① 【补】我国于 2006 年新设了将没收的不正当利益用于救济犯罪被害人的制度,参见本书第三章第三节、第四节。

② 【补】2004 年《证券交易法》的修正中已经引入了课征金制度,参见本书第二章第三节。

③ 参见井户田侃:《行政法规違反と犯罪——行政刑法序説》,载团藤重光等编:《犯罪と刑罰·佐伯千仭博士還曆祝賀(上)》,有斐阁 1968 年版,第 158 页以下。

法事实的调查主体、调查权限、行使与发动制裁有关的裁量的主体也会改变。

除了主管行政机关是警察（比如违反《道路交通法》或者《风俗业规制法》）的领域，一旦实施非犯罪化，则警察就将不再是侦查（调查）的主体。德国的《秩序违反法》规定，警察可以作为其他行政机关的辅助机关来对违法行为进行调查，但是，这种制度在我国可能难以实行。

在调查权限上同样也存在问题。现行法律对于阻止行政机关进入或者检查的行为，仅仅是以罚则的形式来威慑的，一般认为，行政机关不能行使强制力来排除这种抵抗。① 有权在获得法官的许可状之后实施临时检查、搜查、查封、扣押的，仅限于《国税犯则取缔法》第 2 条、《关税法》第 121 条、《证券交易法》第 211 条【《金融商品交易法》第 211 条】等对违法行为调查的情形中，而这些又是与刑事程序联动的。在现行法的这种行政调查制度下，有必要运用强制力对违法事实进行调查的场合，只限于违法行为属于犯罪的情况，警察才能运用搜查、扣押、逮捕等侦查手段。因此，一旦非犯罪化，警察就无法再运用上述的侦查手段。当前，也有观点主张在现行法的框架下将强制调查的权限扩大到其他领域②，在推进行政犯的非犯罪化之际，这将成为一个更加重要的问题。如果将行使强制力的权限只授予那些具备相应资质的人员的机关，那么能够实施非犯罪化的范围，有可能就要因为调查主体的关系而受到限制。③

即使行政机关通过法官的许可状而获得了进行强制调查的权限，我国的现行法律也不允许其对嫌疑犯进行人身约束，恐怕在将来也不应该允许这种做法。这样一来，一旦实施非犯罪化，就意味着我国司法实务所

---

① 早坂禧子：《行政調査——強制の視点を中心として》，载《公法》第 58 号（1996 年），第 196 页以下。

② 有关公正交易委员会，参见碓井光明：《行政上の義務履行確保》，载《公法》第 58 号（1996 年），第 161 页；曾和俊文：《経済的手法による強制》，载《公法》第 58 号（1996 年），第 229 页；包含对人身的约束在内的有关内容，参见市桥克哉：《行政罰——行政刑罰，通告処分，過料》，载《公法》第 58 号（1996 年），第 243 页；等等。有关对建议将强制调查权限扩大到一般性的行政调查的观点的批判，参见《討論要旨》，载《公法》第 58 号（1996 年），第 267 页以下（芝原邦尔发言部分）。

③ 有学者认为，由于多数的一般公务员并不担任行使强制力的职务，不具备相应的知识和技能，所以轻易地制定行政处罚法，广泛地赋予一般公务员行使强制措施的权限的做法，在当前还为时过早。参见市桥克哉：《行政罰——行政刑罰，通告処分，過料》，载《公法》第 58 号（1996 年），第 243 页。

常用的通过人身约束中的调查而获得供述这种侦查手段将无法使用。另外,通过逮捕和拘留的方式而体现出来的"人身约束对违法者的惩罚效果,在现场会实现最大化"①,如果实施非犯罪化,这种事实上的惩罚也将消失。但是,不如说这是一种被期待的事情。

在犯罪的场合,警察和检察机关有决定是否立案和进行追诉的权力。由于警察和检察机关的资源是有限的,如果主管的行政机关没有进行通报或控告,则多数案件可能不会受到侦查和追诉,但这说到底仍然不过是事实上的问题。像《反垄断法》那种,如果公正交易委员会没有进行控告,则不能进行刑事追究的规定(第96条),是特殊的例外。与此相对,如果对相关行为进行非犯罪化处理,则只有主管的行政机关才具有与启动调查以及发动制裁相关的权限。

对行政机关执法行为的实态调查发现,即使行政机关发现了违法事实,往往也不作出正式的命令而过度依赖于行政指导,也很少提出刑事控告。② 如果行政机关的这种态度不改变,则一旦将发动制裁的权限赋予行政机关,则有可能导致制裁几乎被搁置的现象。但是,如果行政机关过去对刑事控告持消极态度的理由是对把自己的问题交给侦查机关这种制度的抵抗感,以及过去警察、检察机关消极的应对态度,则行政机关获得自行科处制裁的权限之后,制裁发动的频率也不是没有增加的可能性。

2. 执行的担保

如果实施非犯罪化,则执行制裁的担保手段就成为一个问题。法院作出的过料处罚,在和债务名义有同样的效果这一点上,与罚金是相同的,地方公共团体的首长科处的过料,在参照滞纳处分执行这一点上,和课征金是相同的。虽然作出这种有区别的制度设计是否存在合理的理由还存在疑问,但无论如何,在没有主动缴纳的情况下,行政机关的强制执行是有必要的,在这一点上两者并无区别。但是,在交通案件这种案件数量较多的情形中,实际上能否强制执行,恐怕是一个问题。关于这个问

---

① 北村喜宣:《行政執行過程と自治体》,日本評論社1997年版,第133页。
② 参见六本佳平:《規制過程と法文化——排水規制に関する日英の実態研究を手掛かりに》,载内藤謙等编:《平野龍一先生古稀祝賀論文集(下)》,有斐閣1991年版,第25页以下;宮崎良夫:《行政法の実効性の確保——行政法違反とその是正をめぐる問題点》,载《行政法の諸問題(上)(雄川一郎先生献呈論集)》,有斐閣1990年版,第203页;北村喜宣:《行政執行過程と自治体》,日本評論社1997年版,第239页以下。

题,根据现行的反则金制度,如果被处罚人没有主动缴纳,将被移送刑事程序,而在刑事程序中科处的罚金,是由劳役场留置来担保的。可以说是用被告人的身体来缴纳的。

如果将行政犯非犯罪化,则这种担保手段就消失了。针对这个问题,德国的《秩序违反法》规定,如果被处罚人拒不缴纳过料,可以对其科处作为间接强制手段的"强制拘禁"。"强制拘禁"是由负责执行的行政机关提出请求,由法院进行裁判,期限最高为 6 周,并罚时不超过 3 个月。如果存在这种制度,无论实际上是否运用,无疑都会对过料的缴纳产生相当的心理强制效果。但是,我国能否引入此种制度,还存在很大疑问。罚金及法院科处的过料的征收,和地方公共团体的首长科处的过料一样,都应该参照滞纳处分执行,并且应该寻求与被害人救济制度相协调。

对于违反《道路交通法》的行为,可以考虑将驾驶资格作为缴纳反则金的担保手段。换言之,对拒不缴纳反则金者,可以考虑吊销其驾驶资格。美国的密歇根州正是采取了这种手段①,这种做法也值得我国研究。②

五、结语

32 今后,随着规制向着缓和的方向推进,可以预见,政策实现手段的重心也会由行政上的事前控制向制定规则以及对违反规则的行为科处制裁这种事后的控制倾斜,制裁在行政政策实现中的作用将会比现在重要得多。在此过程中,也可能会存在需要强化刑事制裁的情况。③ 如果想要建立有实际效果并且合理的行政制裁制度,在非犯罪化能够实施的场合,在推进行政犯的非犯罪化、恢复刑法的本来机能的同时,对于行政制裁来说,有必要准备好与其作为制裁的性质相适应的实体规定和合理程序。

---

① 参见デニス・ドゥルーリー:《交通事犯の非犯罪化(下)》,川出敏裕译,载《ジュリスト》第 1129 号(1998 年),第 90 页以下。

② 【补】在 2004 年《道路交通法》的修正中,引入了对实施了违章停车行为的车辆的所有人、使用人科处违法放置金的制度(第 51 条之 4)。与反则金制度不同,该制度在设计上与刑事程序相分离,于是便存在前文所说的如何确保缴纳的问题。值得注意的是,该法规定,急于缴纳违法放置金而受到公安委员会督促的行为人,在车辆检验时如果不提交证明违法放置金已经缴纳或者被征收的文书,将无法获取机动车检查证(第 51 条之 7)。

③ 有学者指出,为了确保交易的公正,有必要进一步强化刑事制裁的行使,并建议将《商法》(当时)在对计算文件中进行虚假记载行为所规定的制裁由过料升级为刑罚。参见芝原邦尔:《经济刑法の保护法益》,载《法学协会雑誌》第 115 卷第 4 号(1998 年),第 450 页以下。

第二节 规制缓和与刑法的角色

一、绪论

20世纪90年代以后,为了实现"我国经济社会根本性的构造改革,建立向国际开放、立足于自己责任原则和市场原理之上的自由、公正的经济社会的同时,实现行政制度从所谓的事前规制型向事后检查型转换"的基本目的,规制缓和成为政府核心的政策课题。最近,为了表明在事前规制缓和或者被撤废的同时,自由、公正的经济社会所必要的新规则的确立也是基本目的之一,规制改革这个词比以往用得更加频繁。本节将探讨此种规制缓和或者规制改革对刑事法律的影响。

下文将研究以下问题:第一伴随规制缓和而产生的经济刑法的处罚范围的变化;第二如果规制的缓和引发了强化制裁的必要性,则这种制裁的强化从刑法的角度来看应该如何实现;第三对于事后规制型社会来说具有重要意义的规则的明确化问题。最后,在以上研究结果的基础上,对规制缓和导致的社会构造的变化可能给刑事政策带来的影响进行探究。

二、规制缓和导致的处罚范围的变化

(一)伴随规制缓和的非犯罪化

规制缓和给刑法带来的最直接的影响是,由于各种事前规制被撤销或废除,为了保障这种规制的效力而设定的刑罚规定也随之被废止,从而形成了非犯罪化的效果。在我国很多经济领域中都设有行业准入规制或者营业活动许可制度,随着这些规制的缓和或者废除,其所对应的处罚范围也会随之缩小。但是,在国家的规制体系中,也存在像以保护国民的安全、健康为目的的规制(社会的规制)这种不能被缓和(反而应该被进一步强化)的规制,难以得知我国总体上实际推动了多少规制的缓和化。[①] 因

[①] 法令条文中以"项"为单位来计算的许可等规制的数量,在1985年12月31日是10 054件,1999年3月31日,该数量上升到了11 581件。参见总务厅编:《规制缓和白书2000年版》,第132页以下。

此,下面以《外汇和对外贸易管理法》的修正过程为例,看看规制缓和是如何导致非犯罪化的。

我国规制社会的基本框架,始于1930年代,确立于战时体制之下,在战后这种框架也依然存续。外汇管理制度也是始于1932年制定的《资本逃避防止法》,次年,该法被《外汇管理法》所替代,在战时体制下,规制得到了强化。在战后经济复苏期的1949年,制定了作为现行法律的基础的《外汇和对外贸易管理法》,该法采取了原则上禁止对外贸易的方针。

随着我国经济的发展,《外汇和对外贸易管理法》的规制通过政省令的修正而逐渐自由化。1979年,以原则上自由的方针,对对外贸易的法律体系进行了全面修正。通过这次修正,之前作为违反《外汇和对外贸易管理法》的主要行为类型的违反对支付等的限制、禁止性规定的犯罪的处罚范围被收缩,违反《外汇和对外贸易管理法》的案件数量大幅减少。① 但是,在这次修正中,外汇公认银行制度(所谓的汇银制度)、指定证券公司制度、换汇商制度等作为《外汇和对外贸易管理法》根基的主干制度被延续了下来,违反业务规制的犯罪和通过特殊结算方法违反支付规则的犯罪等多数刑罚规定仍然被保留。

此后,由于欧美国家的对外贸易急速地向自由化的方向推进,我国的自由化进程便显得相对迟缓,为此,作为金融大改革首当其冲的措施,在1997年对《外汇和对外贸易管理法》进行了全面修正。此次修正的结果是,通过原则上废止事前的许可、申报制度实现了资本交易的自由化,通过废止外汇银行制度等实现了外汇业务的完全自由化(法律的名称也改为《外汇和对外贸易法》),而作为上述制度的保障的刑罚规定也随之被废止。这次非犯罪化虽然对实际违法行为的数量几乎没有带来什么影响,但外汇管理制度由业务规制转变为市场规制的理念性意义,对于经济刑法的理解来说却不可小觑。

(二)伴随规制缓和的犯罪化

由于规制缓和更加重视市场自身的调节而不是事前的行政控制,因此,确保市场的公正性、透明性、健全性相比过去变得更加重要,由此有时也会实施新的犯罪化。其中,有的是因为《反垄断法》排除适用制度的废

---

① 参见鹤田六郎:《経済取引をめぐる各種経済関係法令違反事件》,载石原一彦等编:《現代刑罰法大系(第2卷)·経済活動と刑罰》,日本评论社1983年版,第132页以下。

止、限缩而导致的《反垄断法》的处罚范围的扩张,有的是创设了新的刑罚法规。

这种规制缓和伴随的犯罪化的动向中特别值得注意的是,基于作为规制缓和的背景的经济全球化,市场所要求的规则需要与国际标准接轨,而以保障这些规则为目的的犯罪化的范围,也强烈需要通过条约、国际会议(比如发达国家首脑会议)等形成的合意与国际标准接轨。

其中一个代表性的事例是内幕交易的犯罪化。在美国的《证券交易法》中,一般性禁止欺诈的条款对内幕交易行为规定了罚则,而将美国法视为母法的我国《证券交易法》中,过去并未对此种行为设置处罚。但是,随着进入1980年代之后证券市场的国际化,日本的证券市场受到了"内幕交易天堂"的国际非难,此后,以タテホ化学工业内幕交易案件为契机,1988年《证券交易法》的修正将内幕交易行为进行了犯罪化。

内幕交易行为的处罚必要性得到国际性的认同,可以说是始于1980年代。这个时期,随着金融、证券市场规制缓和的推进,人们逐渐意识到运用刑罚来确保市场公正性的必要性。英国是在1980年将内幕交易行为新设为犯罪,而在美国,把内幕交易行为当做真正意义上的犯罪,对其动用自由刑实刑和高额的罚金也是1980年代以后的事情。① 另外,基于欧洲共同体理事会通过的关于内幕交易行为的指令,欧洲共同体各国也于1989年实施了规制内幕交易行为的准备工作。② 我国新设内幕交易罪,也属于这个全球性动向的一部分。

经济领域国际性地新设规则的另外一个事例是对洗钱行为的规制。根据1988年的毒品犯罪新公约③,各加盟国有义务将与毒品犯罪收益有关的洗钱行为犯罪化,我国也通过1991年制定的《麻药特例法》创设了处罚与毒品犯罪收益有关的洗钱行为的规定,同时,对金融机构设置了报告可疑交易的义务。虽然该法没有对违反可疑交易报告义务的行为设置罚

---

① 参见佐伯仁志:《経済犯罪における重罰化の動向》,载《アメリカ法》1998年第2期,第220页以下(本书第四章第二节)。

② 参见黑沼悦郎:《証券市場の機能と不公正取引の規制》,有斐阁2002年版,第79页以下;川口恭弘等:《インサイダー取引規制の比較法研究》,载《民商法雑誌》第125卷第4・5号(2002年),第424页以下。

③ 指1988年的《联合国禁止非法贩运麻醉药品和精神药物公约》。——译者注

则,但对怠于履行报告义务的金融机构,监管部门可以提出业务改善命令①,甚至可以作出停止营业的行政处罚。另外,作为反洗钱的一种措施,1992年7月1日,大藏省银行局局长发出通告,要求金融机构对顾客实施本人身份确认。

此后,由1989年巴黎峰会②的经济宣言设立的反洗钱金融行动特别工作组(FATF)提出的"40项建议",在1996年进行了修改,将洗钱罪的上游犯罪从毒品犯罪扩展到重大犯罪。我国也于1999年制定的《有组织犯罪处罚法》中大幅扩张了洗钱罪的上游犯罪的范围。③ 在此次修正之前,可疑交易报告的数量到1998年为止不过10件左右,由于此次修正,可疑交易报告的数量在1999年以后剧增,到2001年已达12 373件。④⑤

规制洗钱行为的直接动机在于取缔毒品犯罪和有组织犯罪,规制缓和与对洗钱行为的规制并无直接的关联。但是,在反洗钱成为国际性规则的背后,是这样一种国际性的共识,即由于规制的缓和,地下经济和合法经济活动出现了融合的现象,为了保障经济社会的健康发展,有必要防止因犯罪而被污染的资金流入市场。在这个意义上,将犯罪收益逐出市场,被认为是确保规制缓和后的市场的健全性的基本条件,而对金融机构等设定的本人身份确认义务及可疑交易报告义务,则是确保市场健全的重要手段。

另外,金融机构对顾客本人身份的确认义务一直以来都没有在《银行法》等法律中加以规定,对不履行此种义务的行为也没有罚则⑥,但以

---

① 由于对某侵占了公款的公务员多次、高额向海外汇款的行为怠于履行可疑交易报告义务,金融厅对みちのく银行和青森银行发出了业务改善命令。参见《朝日新闻》2002年6月21日夕刊、6月22日朝刊。

② 指的是1989年七国集团巴黎峰会。——译者注

③ 另外,我国签署的《联合国打击跨国有组织犯罪公约》规定,各缔约国应当将最高刑可以科处4年以上自由刑的犯罪扩展为洗钱罪的上游犯罪(第6条第2款第2项),因此,有必要进一步扩张《有组织犯罪处罚法》规定的上游犯罪范围【此后,该法的修正案草案被提交到国会,目前处于继续审议的状态】。

④ 数据来源于金融厅特定金融情报室的资料。

⑤ 【补】可疑交易报告的数量此后仍持续增长,2007年达到了158 041件。参见警察厅网站(http://www.npa.go.jp/sosikihanzai/jafic/sonoto/tokei.htm)。

⑥ 不过,1998年《外汇和对外贸易法》的修正中规定,在外汇交易超过一定额度的场合,必须履行本人确认义务(《外汇和对外贸易法》第18条),对资本交易实施状况的报告义务在法律中也有规定(旧法第55条之2)。

2001年的"9·11"事件为契机,根据同年10月签订的《制止向恐怖主义提供资助的国际公约》的要求,2002年我国制定了《金融机构顾客本人身份确认法》,该法将顾客本人身份的确认以及记录的保存设定为法律上的义务,同时,为了保障此种义务的履行,规定在金融机构违反相关义务时,监管部门有权提出改正命令,在金融机构拒不改正,或者顾客以隐蔽为目的伪造本人特定事项的场合,将受到处罚。

三、规制缓和与制裁的强化

（一）制裁强化的必要性

经常被人们提到的一个问题是,由于规制的缓和,有必要强化制裁。究其理由,大概有以下几个方面:

1.对法益价值的重新审视

对保护法益的重要性有关的评价发生改变时,有可能提高制裁的程度。比如,为了从行政的控制向市场的调节转变,必须充分发挥市场竞争的功能,由此,维护竞争秩序的这个《反垄断法》所保护的法益的价值就相对地会水涨船高。实际上,1990年代以后也实施了一系列旨在强化《反垄断法》的执行力的政策。1990年,公布了促进刑事控告积极化的方针,1991年,提高了课征金金额的计算标准。此后,在1992年把针对事业者的罚金上限从500万日元提高到1亿日元,2002年又进一步提高到5亿日元。

另外,为了根据规制缓和的要求确立市场的自己责任原则,对市场参与者的信息公开是不可或缺的,由此,对违反信息披露规则行为的违法性评价相较过去也变得更加严厉。① 《证券交易法》规定的出示虚假的有价证券报告书罪(第197条第1项第1号)的法定刑,通过1997年的修正从3年以下的惩役或者300万日元以下的罚金或者两者的并罚,提高到5年以下惩役或者500万日元以下的罚金或者两者的并罚,而两罚规定(第207条第1项第1号)

---

① 参见芝原邦尔:《経済刑法の保護法益》,载《法学協会雑誌》第115卷第4号(1998年),第428页以下。

中法人罚金的上限从3亿日元提高到了5亿日元。①②

此外,为了使事后的监督有效地发挥作用,经营者向监管部门进行适当的报告和监管部门实施适当的检查是不可或缺的,因此,违反报告义务或者妨害检查的犯罪的刑罚有上升的倾向。比如,在1997年《银行法》的修正中,不向监管部门进行报告或者进行虚假报告的犯罪(第63条第2号)以及妨害监管部门进行检查的犯罪(第63条第3号)的法定刑,从50万日元以下的罚金(两罚规定中对法人规定的罚金同样)大幅提高到1年以下的惩役或者300万日元以下的罚金(两罚规定中对法人规定的罚金是2亿日元以下)。在实际运用中,比如,在瑞士信贷银行东京支店的逃避检查、虚假报告案中,原支店店长和该行总店被起诉违反了《银行法》,金融厅对该支店作出了战后第一个取消营业资格的处分,表明了当局对违反报告义务和妨害检查的行为前所未有的严厉姿态。③

2. 参与者的增加

市场准入规制的缓和及撤废引发了市场参与者数量的增长,导致实施违法行为的劣质参与者混入市场的可能性升高,同时,监管力量的覆盖变得更加困难,由此,发现违法行为的可能性便降低了。比如,《外汇和对外贸易法》的外汇银行制度的目的,一方面在于将外汇业务只授权给具有相应的国际信用和能力的银行经营,另一方面监管部门能够从有利于进行充分的指导和监管的角度严选对象,但随着外汇银行制度的废除,这种监管上的优势便消失了。

在这种状况下,为了确保规制具有与改革前同样的抑制力,就有必要强化监管体制或者制裁。但是,即便能够从某种程度上强化监管体制,但受到预算和人力资源的制约,至少在短期内,很可能难以达至理想的效

---

① 但是,由于受到所谓的金融、证券丑闻事件的影响,在1997年的法律修正中对《商法》《证券交易法》《银行法》等的罚则也进行了修正,违反信息披露规则的行为之外的其他的犯罪的罚则也得到了强化,与金融有关的法律的修正,被赋予促进金融体系改革、确保其健全性,以及作为金融、证券市场的公正、透明性的保障的地位。参见《特集•企业犯罪の抑止と対策》,载《ジュリスト》第1129号(1998年),第4页以下。

② 【补】此后,《证券交易法》更名为《金融商品交易法》,出示虚假的有价证券报告罪的法定刑被进一步提高到10年以下的惩役或者1 000万日元以下的罚金,法人罚金的上限被提高到7亿日元。另外,本节所提到的《证券交易法》的条文编号与《金融商品交易法》的条文编号相同。

③ 参见《朝日新聞》1999年12月9日朝刊。

果。另外,即使监管体制的充分强化能够实现,这在经济上可能是低效的,在政策上可能也并非理想选择。如果是这样,则有必要通过强化制裁来确保抑制力。

曾经出现过的一个因为规制缓和而强化制裁的事例,是损毁名誉罪,虽然这个罪并不是经济犯罪。在战前,言论自由受到明显的制约,报纸的发行采取许可制,而且报纸刊发的内容本身要受事前检查,因此,实践中很少发生言论损毁名誉的案件。战后,随着新《宪法》的颁布,事前的检查被禁止,言论自由得到了保障,违法的言论变成了只在事后受到规制,因此,有必要加重刑罚以提高法律的抑制力,所以,在1947年《刑法》的修正中,损毁名誉罪法定刑的上限从1年被提高到了3年。

最近一个由于准入规制的缓和而导致强化罚则的事例,是酒类零售许可相关规制的缓和导致了相应罚则的强化。在1998年的规制缓和推进三年计划中,酒类零售业许可的距离基准(需给调整规则)要在2000年9月1日废止,但由于执政党的提议,最终决定上述规制缓和要在包含强化《禁止未成年人饮酒法》的罚则等防止未成年人饮酒的相关政策措施彻底实施的基础上再实行。① 由此,2000年对《禁止未成年人饮酒法》进行了修正,将向未成年人提供、销售酒类行为的罚则(第3条)从科料提高到50万日元以下的罚金,同时,《酒税法》修正后规定,在违反《禁止未成年人饮酒法》而被科处罚金的场合,将取消行为人销售酒类的许可(第14条第3号)。此后,在2001年《禁止未成年人饮酒法》的修正中,追加了经营者有义务确认年龄的条款以及采取其他必要措施的规定(第1条第4项)。

3.犯罪收益的增加

由于规制缓和带来的市场的自由化,通过违法交易所获得的利益也有增加的趋势。比如,由于金融市场的自由化,出现了以金融衍生产品交易为代表的能获得高额利益的商品,通过违法行为而获得的利益变得显著高额化。为了抑制此种行为,有必要科处比以前高得多的严厉制裁。这可能也是1980年代以后美国经济犯罪的处罚出现重刑化趋势的一个重要原因。②

---

① 参见总务厅编:《规制缓和白书2000年版》,第42页。
② 参见佐伯仁志:《経済犯罪における重罰化の動向》,载《アメリカ法》1998年第2期,第222页(本书第四章第二节)。

(二) 强化制裁的路径

如上，如果随着规制缓和而有必要强化制裁，则应该如何实行呢？下面，笔者从刑事制裁的强化和刑事制裁之外的制裁强化两个方面展开论述。

1. 自由刑实刑的运用

我国和美国对于经济犯罪的处理方法中一个显著的差异是，美国对公司的领导层和职员积极地运用自由刑实刑，而我国除了财产犯罪之外，几乎没有对此类人员使用过自由刑实刑。比如，我国没有出现过因为违反《反垄断法》被定罪判处自由刑实刑的案件[1]，而美国同类案件判处自由刑实刑的比例相当高。[2] 由于美国的量刑不仅仅是在经济犯罪中，而是一般都比较重，所以不能进行简单的比较，但是，美国重视保障对经济犯罪的抑制力而积极地运用实刑是毫无疑问的。

在我国经济犯罪的刑罚运用中，也出现了自由刑实刑的使用率急速上升的事例，比如逃税犯罪。1976年到1979年，与直接税有关的违法案件每年自由刑实刑的运用率均为0或者不满1%，但1980年到1983年间上升到了2%或者3%（1981年惩役刑的上限从3年提高到了5年），到了1985年，这个数字达到了8%。[3] 此后，这个数字维持在10%左右，其中1992年达到了约15%的峰值。这种变化背后的一个重要因素是，逃税犯罪不再被理解为单纯的行政犯，而是被理解为通过不正当手段逃避税务、损害国库利益的类似于诈骗的犯罪。

但是，在较近的将来，对于一般经济犯罪的刑罚运用是否会向更加积极地运用实刑的方向发展，或者，是否应该向着这个方向发展，是存在疑问的。其理由如下。

第一，多数经济犯罪的目的在于保护特定交易的公正性或者维护交易制度和秩序这种抽象的法益，即便抑制此种犯罪的必要性较高，从罪刑

---

[1] 参见法务省法务综合研究所编：《平成12年版犯罪白书》，第334—335页。

[2] 法务省法务综合研究所编：《平成12年版犯罪白书》，第351页。根据美国联邦量刑委员会的统计，38人中有14人（32.1%）被判处了实刑。U.S. Sentencing Commission, 2000 Datafile, USSCFY00.

[3] 参见野间洋之助、森下康弘、松本信樹：《税法違反事件の処理に関する実務上の諸問題》，法曹会1990年版，第117页以下；佐藤英明：《脱税と制裁：租税制裁法の構造と機能》，弘文堂1992年版，第39页以下。

均衡的角度来看,也不宜科处过重的刑罚。

第二,多数经济犯罪是公司的领导层或职员为了公司的利益而实施的企业犯罪,而并非以谋取个人的利益为主要目的。在这种犯罪类型中,公司应当承担一部分责任,即便从抑制力的角度来说有对领导层或职员进行处罚的必要性,也不宜科处过重的刑罚。

第三,对公司的领导层和职员科处自由刑实刑的效果很多时候过于残酷。虽说时间对于任何人来说都是平等的,但是在实际经历自由刑的痛苦上却是因人而异的。对于同在监狱服刑的有前科的黑社会组织成员和普通的工薪族而言,即便刑期相同,所感受的痛苦也是不同的。从财产的角度来说,无业游民在监狱服刑1年,和年收入1 000万日元的公司职员在监狱服刑1年,其性质也有天壤之别。

第四,我国的刑事政策今后也应当继续秉持重视特别预防的思想,对于再犯可能性较小的、初犯的白领犯罪,除了从罪刑均衡和一般预防的角度来看实在是不得已的场合,都不应该运用自由刑实刑。

2.财产刑的活用

如果对经济犯罪科处自由刑实刑通常过于残酷,而另外一方面,一直以来对这些犯罪科处附缓刑的自由刑又未必有充分的效果,那么,强化刑罚的方向,便应该是更加积极地运用罚金刑。如果说刑罚的本质是施加痛苦,那么自由刑和财产刑在理论上是可以相互替代的。明治时代制定的现行《刑法》中以自由刑为原则、以罚金刑作为辅助的规定,恐怕是以犯罪人大多是没有资力的人这种预设为前提的。但是,现代的经济犯罪中,多数犯罪人是具有缴纳罚金的资力的,这便使罚金刑上升为原则性的刑罚成为可能。

很多经济犯罪的刑罚规定可以并科自由刑和罚金刑,这种规定中,并科罚金刑的目的一般被认为是为了剥夺财产性的利益。换言之,在将罚金刑规定为选择刑的时候,意味着其具有与自由刑同样的施加痛苦的功能,而罚金刑在作为并科刑被规定的场合,则被理解为剥夺财产性利益的手段。确实,在我国现行《刑法》只对特定的犯罪规定可以并科罚金刑的体系下,可能要以这样的理解作为前提。但是,可以并科罚金的犯罪并不限于那种会因为犯罪而产生利益的类型,因此,没有必要将并科罚金的目的限定性理解为只是为了剥夺犯罪利益。将自由刑和罚金刑作为一体来计算出痛苦的量,然后并科罚金这种量刑方法如果存在不也很好吗?现在的量刑实务中,刑罚的程度是以自由刑实刑＞自由刑缓刑＞罚金刑这样的顺序排列的,但在自由刑实刑和自由刑缓刑之间,可以考虑设立自由刑缓刑与罚金的并科,而在自由刑实刑中,如果并科罚金,也可以考虑相应地缩短一些刑期。

为了使罚金实现刑罚的效果,必须设定能够使得被告人充分体会到刑罚的痛感之对应程度的罚金额度。虽然为了应对战后的通货膨胀,我国的罚金刑的上限曾经多次上调,但是仍然无法找回其制定之初的痛感。① 近来,针对自然人的罚金(以下简称"自然人罚金"——译者注)出现了上限达到 1 000 万日元的规定(《商法》第 486 条《公司法》第 960 条)、《废弃物处理法》第 25 条),其他经济犯罪也出现了罚金刑上调的情况,但是从抑制犯罪的角度来看,仍然很难说达到了充分的程度。如果对经济犯罪应当尽量避免运用自由刑实刑,那么就有必要进一步提高罚金刑的上限。由于无法事先预测犯罪所得利益的额度,所以,与规定一个固定的额度相比,规定罚金刑的上限随着违法行为的获利额度或者违法行为的交易额度浮动可能是更加理想的选择。

除了《刑法》规定的使用假币罪(第 152 条,罚金上限为币面价值的 3 倍)之外,在特别法的领域中也存在浮动罚金刑的立法例。比如,《所得税法》规定,逃税罪的刑罚为 5 年以下的惩役,并处或者单处 500 万日元以下的罚金(第 238 条第 1 项),在此基础上,如果被免税或者退税的额度超过 500 万日元,根据案件的实际情况,罚金的上限可以与上述额度相当(第 238 条第 2 项)。各种税法也都设置有类似的规定。此外,《外汇和对外贸易法》第 69 条之 6 规定,"违法行为的目的物价格的 5 倍超过 200 万日元时,罚金为该价格的 5 倍以下。"该法第 70 条规定,"违法行为的目的物价格的 3 倍超过 100 万日元时,罚金为该价格的 3 倍以下。"在其他的经济犯罪(比如《证券交易法》的内幕交易罪或者《商法》的利益输送罪)中,也应该研究引入浮动罚金刑制度。就法人罚金而言,受到法人重科理念的影响,《证券交易法》《银行法》《反垄断法》等所规定的罚金上限都被提高到了 5 亿日元(此后,《证券交易法》《金融商品交易法》的罚金上限被提高到了 7 亿日元),但对于大企业来说这个额度仍然不够高,所以也

---

① 参见佐伯仁志:《制裁》,载岩村正彦等编:《岩波講座現代の法 4——政策と法》,岩波書店 1998 年版,第 215 页以下(本章第一节)。

应当研究通过引入浮动罚金刑这样的制度进一步提高罚金额。

在对经济犯罪的制裁手段中,剥夺行为人违法所得利益的重要性虽然被广泛地承认,但《刑法》总则有关犯罪收益没收的规定(第19条第1项第3号)存在两大缺陷:一是没收的对象仅限于有体物,而不包含银行存款债权等财产性利益(同时也被理解为不能进行追征);二是此条是任意性、酌定性规定,然而在实践中几乎没有被运用过。虽然《麻药特例法》和《有组织犯罪处罚法》的没收规定改善了前述第一个缺陷,但将来应该对《刑法》本身的没收规定进行修改。就后一个缺陷而言,存在类似于《刑法》的贿赂罪那种要求必须进行没收的规定(第197条之5),以及类似于《证券交易法》那种以没收作为原则的规定(第198条之2)。对于犯罪收益,除非有特殊情况,都应当进行没收和追征,所以在《刑法》总则中,恐怕也应当将没收设置为原则性的规定。

3.刑罚之外的制裁的活用

财产性的制裁不一定必须采取刑罚的形式,因此,可以考虑积极地运用行政制裁。今后的立法方向应当是研究改革现行的过料制度,引入更加有实效性的行政制裁金制度,而刑罚只在使用行政制裁金还不足够的时候才使用。① 在美国,作为对违反规制的制裁,行政制裁金(civil penalty)与刑罚一道得到了广泛运用。在英国,也对以往那种只依赖刑事制裁的规制制度不具有足够的抑制效果(尤其是对内幕交易行为)的问题进行了反省,从而新引入了行政制裁金制度。② 另外,法国对内幕交易也在同时运用刑罚和行政制裁金制度。③

行政制裁金的最大优点在于能够不受检察机关人力资源的约束,具备专业知识的行政机关可以自行发动制裁程序。虽然在引入行政制裁金制度方面,还需要研究包含程序保障在内的相关问题,但是,在诸如反垄断法、金融法、证券交易法、环境法、劳动标准法、食品卫生法、建筑标准法、消防法等领域,研究引入行政制裁金制度是有必要的。

---

① 参见佐伯仁志:《経済犯罪に対する制裁について》,载《法曹時報》第53卷第11号(2001年),第1页以下(本书第四章第一节)。

② 参见川口恭弘等:《インサイダー取引規制の比較法研究》,载《民商法雑誌》第125卷第4・5号(2002年),第430页以下。

③ 参见川口恭弘等:《インサイダー取引規制の比較法研究》,载《民商法雑誌》第125卷第4・5号(2002年),第535页以下。

在对犯罪收益的剥夺方面,我国除了作为刑罚的没收和追征之外,只有《反垄断法》规定的课征金制度。除行政制裁金制度之外,我国也应该研究如何引入通过行政程序剥夺违法利益的制度。①

除了以上所述,刑罚以外的行政制裁,包括事实上被当做制裁来运用的手段,还有监管部门发出的停止营业命令、取消许可、停止投标(签约)资格、违法者的姓名的公表,等等。此外,在法律授权民间机构实施的准公权性质的制裁方面,有诸如日本证券业协会这种自主规制机关科处的过怠金、停止交易、除名等制度。② 另外,民事损害赔偿制度对违法行为也具有重要的抑制机能,特别是,针对公司董事的股东代表诉讼对企业犯罪的抑制效果值得高度评价(虽说如此,但也并不是说只要能有效抑制就可以不受限制,因此,最近的下级审中出现的因为股东代表诉讼而将针对企业的罚金转嫁到董事身上的判决,是存在疑问的③)。除此之外,包含公司的惩戒处分和诸如社会的谴责等民间制裁在内的刑罚之外的各种各样的制裁方式,都在作为抑制违法行为的手段而发挥着重要的机能,有时其抑制效果甚至比刑罚还要好。

4.关于合规计划④的考虑

前文中已经谈到了在规制缓和的背景下强化制裁应选择的路径,但是,制裁的目的是为了让行为人遵守规则,科以重罚本身并非其目的。因此,如果抑制制裁的发动能够更加有效地引导人们遵守法律,就没有必要科处制裁;如果科处较轻的制裁就能达至效果,就不必硬要施加重的制裁。因为发动制裁会花费各种各样的成本,而尽量引导经营者等自主守法才是最有效率的。所以,在设计和运用制裁制度时,应当考虑给予经营

---

① 参见神山敏雄:《日本の経済犯罪:その実情と法的対応》(新版),日本評論社 2001年版,第 114 页、第 117 页。
② 《证券交易法》第 79 条之 7、第 87 条【《金融商品交易法》第 68 条之 2、第 87 条】等等。
③ 关于此问题,参见佐伯仁志:《法人処罰に関する一考察》,载芝原邦尔等编:《松尾浩也先生古稀祝賀論文集(上)》,有斐閣 1998 年版,第 680 页以下(本书第二章第四节);《経済犯罪に対する制裁について》,载《法曹時報》第 53 卷第 11 号(2001 年),第 29 页以下(本书第四章第一节)。
④ 合规计划,英文 Compliance Program,是指企业或者其他组织体在法定框架内,结合组织体自身的组织文化、组织性质以及组织规模等特殊因素,设立一套违法及犯罪行为的预防、发现及报告机制,从而达到减轻、免除责任甚至正当化的目的的机制。——译者注

者合理的激励,以促使其制定和遵守合规计划。①

首先,为了给予经营者即使要付出成本也要制定和遵守合规计划这样的激励,就有必要设定程度足够重的制裁。② 为此,针对法人的罚金或制裁金就必须被设定为远远超过现行标准的额度。在此基础上,如果经营者合理地制定和实施了合规计划因而尽到了监督义务的场合,承认对其免责的可能性,即便经营者因存在过错而不能免责,也应当考虑其实施了合规计划的事实,减少制裁额度,从而对其给予激励。

四、规制缓和与规则的明确化

(一) 通过法令实现规则的明确化及其界限

按照事后规制型的行政的要求,必须缩小行政裁量的幅度,而经济主体在明确的规则下,可以按照自己责任的原则实施行为。本来,刑法的世界要求罪刑法定主义及作为其派生原则的刑罚法规的明确性原则,这些原则被理解为是《宪法》第 31 条的要求。

但是,判例所要求的明确性的程度并不高。判例(最大判昭和 50·9·10,《刑集》第 29 卷第 8 号,第 489 页)认为,德岛市公安条例关于集体游行示威的规则中"要维持交通秩序"这种简单的表述也并不违反《宪法》第 31 条。在经济刑法领域,判例(最决昭和 40·5·25,《最高裁判所裁判集刑事》第 155 号,第 831 页)也认为,《证券交易法》第 157 条第 1 号的"不正当手段",指的是社会通常观念上认为与有价证券交易有关的一切不正当手段,在文理上其意义是明确的。

当然,宪法上的明确性基准,只不过是防止刑罚法规不致因违宪而无效的最低限的基准。虽然合宪但过于不明确的刑罚法规,由于预测可能性较低,不仅有导致国民行动萎缩之虞,也会导致检察官对使用这些法规持消极态度。《证券交易法》【《金融商品交易法》】第 157 条第 1 号规定的

---

① 就刑罚而言,可以将合规计划的制定和遵守作为认定法人是否具有过失的资料。另外,参见川崎友巳:《両罰規定における法人の刑事責任とコンプライアンス・プログラム,『企業システム過失責任』の導入をめざして》,载《同志社法学》第 50 卷第 3 号(1999 年),第 799 页以下。

② 参见芝原邦尔:《企業に対する高額罰金と制裁の減免措置——平成 12 年版犯罪白書を読む》,载《法律のひろば》第 54 卷第 1 号(2001 年),第 8 页。

犯罪在现实中几乎很少被使用,正是因为这个原因。①

如上所述,过于不明确的刑罚法规存在问题,但反过来,为了实现明确化而在技术上过于详细的法规,同样存在问题。

在 1998 年新设内幕交易罪时,立法者被强烈要求对该当和不该当内幕交易罪的行为作出明确的区别性规定,因此,《证券交易法》第 166 条第 2 项第 1 号、第 3 号以及与此相关的政令详细列举了内幕交易罪中"重要事实"的范围,然后又通过省令确定了区分重要和轻微的基准。这种彻底的技术性的详细规定,看上去能使得法律的适用变得容易,但实际上困难的地方也并不少。② 该项第 4 号规定了"除了前 3 号列举的事实之外,与该上市公司等的运营、业务或者财产相关,能够对投资者的投资判断产生重要影响的事实"这种所谓的兜底性条款,该条款在立法后的司法实践中得到了积极的运用。③ 这种运用是不是立法时的意图尚存在疑问,但却是为了弥补过于技术性的、形式性规定的缺陷,进行实效性的监管而不得不采取的办法。

像金融法和证券交易法这种由于金融大改革而不断涌现新的商品或者交易的领域,对此事先进行预测并在法令中设计规定是很困难的,要想对不公正的交易进行监管,就必须在一定程度上采取一般性、抽象性的规定。一直以来,经济方面的法律中多多少少都存在这种问题,但随着规制的缓和,规则的明确化变得更加困难。

毋庸赘言,在这些领域,也应当尽可能地在立法上实现明确化。比如,通过限额融资(commitment line)合同的融资,有可能触犯《出资法》第 5 条的高利贷罪,因此,我国在 1999 年制定了《特定限额融资合同法》,明确规定在具备一定的要件时,此种融资可按照《利息限制法》第 3 条以及《出资法》第 5 条第 6 项的特例处理,这是一个很好的通过立法实现规则明确化的事例。但是,这种解决方案之所以成为可能,是因为该问题仅限定于限额融资合同这种交易方式,并且,关于何种情况下应该被容许的界限比较容易划定,而并非任何时候都能做到。比如,金融衍生产品的交易是否构成《证券交易法》或者《刑法》

---

① 参见芝原邦尔:《インサイダー取引の処罰》,载《法学教室》第 166 号(1994 年),第 97 页。
② 参见芝原邦尔:《経済刑法》,岩波书店 2000 年版,第 113 页以下。
③ 在日本商事案件中,对药物发生了副作用的情况该当第 166 条第 2 项的哪一号的问题存在争议,最高裁判所认为,即便案件事实能够当第 1 号至第 3 号,但如果该事实是在第 1 号至第 3 号内容所不同的侧面该当第 4 号的规定,则应该适用第 4 号。参见最判平成 11·2·16,《刑集》第 53 卷第 2 号,第 1 页。

的赌博罪,一直以来都存在争议①,但是不得不承认,想在法令中事先明确对正当和不正当的金融衍生产品交易作出界分是很困难的。在采取从业许可制的情况下,尚能够通过只将金融衍生产品的交易许可发放给特定范围经营者的方式来实施控制,但如果因为规制的缓和而无法再作出这种限制,这里也会因为规制的缓和而导致规则的明确化(通过限定交易主体的明确化)变得困难。

下面,笔者将提出在通过法令实现规则明确化较为困难的场合,如何实现规划明确化的两个方案。

(二)实现规则明确化的方案

1.通过无异议函制度②实现规则的明确化

最近引入的一种旨在实现规则明确化的制度,是行政机关法令适用的事前确认程序制度,也就是所谓的无异议函制度。2001年3月27日内阁通过决议后,相关省厅引入了此种制度。③ 根据这个制度,经营者可以就自己准备实施的行为是否会遭到法令的不利处分,是否需要获得法令的许可等问题,预先向该法令所涉及的主管行政机关提出咨询。接到咨询的行政机关原则上应在30日内作出答复,并通过官网主页等途径公开发布答复的内容。

但是,由于法令的最终解释权在法院,行政机关的无异议函对法院并没有约束力。对于具备专业知识的行政机关作出的解释,只要没有特殊情况,法院应该会予以尊重,但是,仍然存在法院作出与无异议函意见不同的解释的可能性。在这种情况下,因信赖无异议函的内容而实施行为的人(不仅指那些向行政机关提出咨询的人,还包括那些信赖公开答复的人),只要其信赖具有合理的理由,就必须受到法律的保护,这一点应该是没有争议的。就刑罚法规的适用而言,基于对无异议函的合理信赖而实施行为的人,至少应该被认定为是基于合理的理由而欠缺了违法性认识,从而否定其罪责,无需承担刑事责任。这种解释虽然没有被我国最高裁判所公开认可,但在学说以及

---

① 参见金融法委员会:《金融デリバティブ取引と赌博罪に関する論点整理》,载《国際商事法務》第28卷第6号(2002年),第701页以下。

② 无异议函,英文No-action Letter,是行政监管方式的一种,被广泛运用于证券监督管理等领域,旨在对一些法律问题表达"无异议"的立场,默认行为人可以实施某种行为。——译者注

③ 参见笠井修、高山佳奈子:《ノーアクション・レターに対する信頼と民・刑事責任(1)(2)(3・完)》,载《NBL》第720号(2001年),第6页以下;第725号(2001年),第59页以下;第731号(2002年),第51页以下。

下级裁判所层面是被广泛接受的。另外,对于经营者来说,成为被侦查或被追诉的对象本身就是一种很大的负担,因此,也必须避免对提出过合理咨询的经营者进行刑事追诉。① 在拥有专属控告权的公正交易委员会作出无异议函的场合,委员会应当受到自己作出的无异议函的约束,不允许其对因信赖无异议函而实施行为的人提出刑事控告。

2.通过行政制裁的适用实现规划的明确化

经济刑法领域之所以存在大量适用范围不明确的刑罚法规,除了因为抽象、一般性的规定较多之外,还有一个原因是,这些刑罚法规很少会被检察官实际使用到,因而裁判作出的解释也较少,在这种背景下无论到什么时候处罚范围都无法明确。

通过引入并积极活用行政制裁金制度,能够改变这种状况。这是因为,行政机关为了适用制裁,就有必要对根据性规定进行明确解释,一旦进入法院裁判,法院的解释也会得到明确。如果行政机关自行发动制裁程序,通过指南等运用基准来使要件明确化也比较容易。② 另外,通过行政机关对规则的适用来实现规则的明确化,也会使检察官更加容易基于此规则来进行刑事追诉,甚至有可能推动一定范围内的刑事追诉的活性化。在美国,之所以能比较容易地依据《证券交易所法》对内幕交易罪进行追诉,恐怕就是因为存在证券交易委员会通过制定规则和适用行政制裁实现规则明确化这样一种制度。

五、结语

本节中主要研究了以下问题:①规制缓和在伴随着非犯罪化的同时,也引发了犯罪化;②规制缓和的过程中,有时会需要强化制裁,特别是,随着经济的全球化,市场规则和保障这些规则的刑罚规定强烈需要与国际基准接轨进而得到强化;③在强化制裁之时,就刑法而言,强化财产刑的适用是比较理想的选择,而就制裁制度的整体而言,比较理想的做法是,强化刑罚之外的制

---

① 具体请参见笠井修、高山佳奈子:《ノーアクション・レターに対する信頼と民・刑事責任(3・完)》,载《NBL》第 731 号(2002 年),第 51 页以下。

② 有学者建议,对于内幕交易罪,应该通过法律对其基本部分作出规定,然后通过指南等运用基准使其内容明确化。参见龙田节:《インサイダー取引規制》,载《ジュリスト》第 948 号(1990 年),第 156 页。

裁方式,特别是行政制裁,只有在这些制裁力度不足时才动用刑罚;④通过法令实现规则的明确化是存在边界的,而补充性的方案是运用无异议函制度和活用行政制裁。

作为本节的结尾,最后简单讨论一下规制缓和导致的社会构造的变化可能会对我国今后的刑事政策带来的影响。这里需要讨论的问题是,规制缓和带来的高失业率或者贫富差距的扩大是否会引发犯罪率(特别是凶恶犯罪)的上升。我国近几年的完全失业率变得相当高,特别是年轻人失业率较高。失业率与犯罪率的关联虽然未必明确,但高失业率社会与高犯罪率社会是否有关联,是必须注意的问题。另外,假设现在的高失业率只是暂时的现象,随着规制的缓和我国在中长期将成为更加富有的社会,但即便如此,随着贫富差距的扩大,贫困阶层的相对穷困化现象也是有可能出现的。在规制缓和方面较为先进的美国和英国,经常有人提出,规制缓和导致的贫富差距的扩大引发了犯罪率的上升,并且也出现了支持这种说法的实证研究。① 我国也应当意识到犯罪的增加是规制缓和所产生的社会成本之一,进而采取构筑社会安全网等对策。

第三节 刑事制裁和处遇今后的路径选择

一、绪论

本节的课题,是在《刑法》制定 100 周年之际,展望今后的刑事制裁以及处遇的未来走向,当然,笔者并不是要展望下一个 100 年这种大胆的事情。在《刑法》制定 50 周年的 1957 年,法务省刚好启动了《刑法》修订工作,那个时候,恐怕几乎没有人会想到现行《刑法》迎来 100 周年的今天是个什么样子。预测将来是一件很难的事情,在当下这种社会剧烈变革的时代尤其如此。说得极端一点,如果科学进步之后能够证明人类的行为全部是被决定的,则甚至可能连制裁这样的概念都会消失无踪。因此,本节所想研究的仅仅是在当前状况的背景下,刑事制裁和处遇今后的路径选择。

---

① 比如,Kovandzic, Vieraitis and Yeisley, The Structural Covariates of Urban Homicide: Reassessing the Impact of Income Inequality and Poverty in the Post-Reagan Era, 36 Criminology 569, 1998.

刑事制裁和处遇当前面临的最大课题,在于制裁和处遇的多样化。首先,需要通过充实刑事制裁之外的其他制裁方式,构建只有在必要、不得已的情况下才使用刑事制裁的制裁体系;其次,需要通过实现刑事制裁的多样化,构建更加合理且高效的刑事制裁制度。下面,先简单介绍一下现行《刑法》中刑罚的现状及其面临的课题,然后讨论制裁和处遇的多样化问题。

二、死刑

在讨论今后的刑事制裁制度时,死刑问题是一个不可回避的问题。提倡通过减少死刑的宣告数量从而逐渐废止死刑这种死刑渐废论的平野龙一博士,在1992年发表的《战后刑事司法改革的回顾和展望》一文中认为,"废止死刑的时间可能并非那么遥远"[①]。当时,第一审判决宣告死刑的数量每年大概只有几件,但此后死刑的宣告数量出现了增长(表1),而执行死刑的数量也随之增加,到2007年确定为死刑的人数已经超过100人。[②] 虽然笔者也持死刑渐废论,但对于当前的状况,笔者觉得有必要采取一定的立法措施。

表1 死刑的宣告数(一审)及执行数

年份	宣告数	执行数	年份	宣告数	执行数	年份	宣告数	执行数
1956	35	11	1973	4	3	1990	2	0
1957	25	39	1974	6	4	1991	3	0
1958	28	7	1975	5	17	1992	1	0
1959	12	30	1976	4	12	1993	4	7
1960	29	39	1977	9	4	1994	8	2
1961	12	6	1978	6	3	1995	11	6
1962	12	26	1979	7	1	1996	1	6
1963	12	12	1980	9	1	1997	3	4
1964	12	0	1981	2	1	1998	7	6
1965	16	4	1982	11	1	1999	8	5
1966	14	4	1983	5	1	2000	14	3

---

① 平野龙一:《戦後刑事司法改革の回顧と展望——1つの素描》,载《ジュリスト》第1000号(1992年),第235页。

② 参见《朝日新聞》2007年5月8日朝刊,8月23日夕刊。

(续表)

年份	宣告数	执行数	年份	宣告数	执行数	年份	宣告数	执行数
1967	7	23	1984	6	1	2001	10	2
1968	15	0	1985	9	3	2002	18	2
1969	9	18	1986	5	2	2003	13	1
1970	9	26	1987	6	2	2004	14	2
1971	4	17	1988	10	2	2005	13	1
1972	4	7	1989	2	1	2006	13	4

数据来源：《司法统计年报》及《矫正统计年报》。

有关死刑存废问题所涉及的论点几乎已经出尽[1]，笔者对此基本上也没有什么新的论点，但在这里笔者想指出两个应当考虑的问题。

当下死刑保留论最大的根据在于社会舆论高度支持死刑。[2] 而社会舆论这种支持死刑的态度，一部分是出自对于死刑所具有的抑制力的朴素的信赖，但最重要的是基于对犯罪人的报应情感。虽然笔者也认为国家的刑罚制度是为了预防犯罪，而不是为了满足国民或者被害人的报应情感而存在的，但脱离了国民的支持刑事司法制度就无法运行，这也确实是事实。在这个意义上，社会舆论是重要的。但在这一点上笔者一直以来的一个疑惑是，相较于废除了死刑的国家（比如欧洲各国），难道日本国民的报应情感就特别强烈吗？

杀人罪被害人的遗属中恐怕有很多人希望对被告人判处死刑，这是因为他们认为失去的亲人的生命是无可替代的，为了对剥夺这种无可替代的生命的行为作出回应，就必须科处极刑。国民的报应情感与上述思想基本上也是相同的。而日本现行刑罚制度中的极刑就是死刑，因而死刑的运用便得到了支持。如果被害人的遗属或者国民是持这样一种情感，那么假若刑罚制度中的极刑是无期徒刑，则通过科处这种极刑以体现出被害人生命的无可替代性，也能在相当程度上回应这种报应情感。实际上，在废除死刑的国家，通过

---

[1] 参见团藤重光：《死刑废止论》（第6版），有斐阁2000年版；岩井宜子：《わが国における死刑・無期刑》，载《犯罪と非行》第140号（2004年），第4页以下；等等。
[2] 参见大谷实：《刑事政策講義》（第4版），弘文堂1996年版，第123页；土本武司：《死刑をめぐる諸問題》，载《法曹時報》第59卷第3号（2007年），第777页。

对被告人适用该国的极刑,多数被害人遗属和国民的报应情感恐怕也得到了满足。① 当然,被害人的遗属中应该也有很多人认为,从同态复仇的角度来看,既然杀了人,就应该用生命来赔偿。但是,这种同态复仇在现行的制度下并不能实现。因为现在的日本,如果没有特别的情况,对只杀死一人的杀人罪,是不会适用死刑的。

对于死刑制度必须考虑的第二个问题是近期即将开始实行的裁判员制度。裁判员的参与对死刑的宣告数量会有什么样的影响目前尚未可知,但对于从普通国民中选拔出来的裁判员来说,在死刑和无期徒刑中进行终极的选择是一种极其残酷的经历,选择判处死刑之后的心理负担,不仅是在裁判之时,而且在一生之中都将挥之不去。要求普通国民来完成这种过于残酷的选择是否妥当,是需要研究的问题。

在目前彻底废止死刑比较困难的现状下,死刑废止论者提出的方案是设计作为死刑的替代刑的不可假释的终身刑。② 对于这种提案,有反对观点认为,不可假释的终身刑过于残酷,但作为旨在废除死刑的过渡性制度,该制度是值得认真考虑的(另外,不可假释的终身刑也还有被赦免的可能性,而且应该保留其被赦免的可能性)。

三、自由刑

(一)受刑人数的增加

日本的受刑人数自 1995 年以来一直呈增加趋势,每日平均收容人数,已经达到除了战后极其混乱时期之外的历史最高值(图1),这导致近年来监狱一直苦于收容过剩的状态。

如果收容过剩主要是因为被逮捕人数的增加导致了新受刑人数的增长,则如果今后被逮捕的人数减少(刑法犯的被逮捕人数下降),那么监狱的收容人员也会随之减少;但如果收容人数增加的一个原因是刑期的长期化,则单纯通过减少逮捕数量可能无法消解收容过剩的情况。实际上,1996 年到 2005 年间,新受刑人员的平均刑期从 24.4 个月增加到了 29.5 个月,呈现出刑期长

---

① 以上参考了 Joshua Dressler,The Wisdom and Morality of Present-Day Criminal Sentencing,38 Akron L. Rev. 852,2005.

② 参见菊田幸一:《死刑に代替する終身刑について——アメリカでの現状を踏まえて》,载《法律時報》第 72 卷第 10 号(2000 年),第 55 页以下。

图 1　每日平均收容人数

数据来源:《犯罪白书》及《矫正统计年报》。

期化的趋势。另外,在长期受刑人员方面,刑期超过 7 年的受刑人数从 371 人剧增到 1 171 人,无期徒刑的受刑人数也从 35 人剧增到了 134 人。

随着 2004 年对《刑法》的部分修正,有期徒刑的上限从 15 年被提高到 20 年,在加重有期徒刑的场合,其上限从 20 年被提高到了 30 年。另外,从性犯罪以及杀人、伤害罪的法定刑被提高的现象可以预见,刑期的长期化趋势仍将持续。如何抑制刑期的长期化趋势,是今后的重要课题。①

对于过剩收容的问题本身,虽然可以通过在必要的范围内增设监狱的办法来解决,但这需要支出包含增加职员在内的庞大成本。另外,在监狱所实施的设施内处遇,一方面会导致受刑者与其他受刑者接触,从而带来交叉感染的风险,另一方面,由于与家庭、职场、学校等社会活动隔离,会导致复归社会变得困难。因此,对收容过剩问题的解决应该向尽量避免在监狱内受刑的方向推进。而其中一个方案是,通过刑事制裁或者处遇的多样化,运用自由刑之外的刑罚或者处遇方式来代替自由刑。关于这一点,后面再进行进一步的研究。

---

① 关于这一问题,吉冈一男近年来的观点值得关注。他认为,刑事制度应该实现的机能不是预防犯罪,而是对已经发生的犯罪的事后处理。该理论最近的动向,参见吉冈一男:《刑事法与刑事政策》,载《研修》第 711 号(2007 年),第 3 页以下。

（二）设施内处遇

在监狱内处遇这个问题方面，《监狱法》的修正这一长年悬而未决的问题终于在 2005 得到了解决。1908 年制定的《监狱法》，虽然在制定之时看来其规定的内容是先进的，但随着时间的推移，该法已经难以适应促进受刑人的社会复归和被收容人的权利义务的明确化等现代行刑理念。因此，1982 年在法制审议会答复的基础上推出了旨在修订《监狱法》的《刑事设施法（草案）》，但由于对代用监狱的问题存在意见的对立，导致该草案成为废案，此后也没有对《监狱法》进行修正。在这种状况下，以 2002 年发生的名古屋监狱受刑人死伤事件为契机，设置了行刑改革会议，基于其建议而推动了修正工作，就有关受刑人处遇的事项对《监狱法》进行了全面的修正。这次修正明确规定，监狱内的处遇将以受刑人的改善更生以及更加顺利地实现社会复归为目的，处遇应当立足于受刑人的个人状况，尊重其主体性。

具体而言，新法从行刑社会化的立场出发，将开放式处遇以明文的形式规定了下来，同时，扩充了外部交通制度，创设了外部通勤制度和外出、在外宿夜制度。另外，作为矫正处遇的内容，在监狱劳动的基础上，将对受刑人的改善指导和教科指导作为法定义务规定下来。在改善指导的内容中，充实了针对毒品犯罪和性犯罪受刑人的防止再犯计划，其效果值得期待。但是，由于《刑法》第 12 条第 2 项规定，"惩役是将受刑人拘禁在刑事设施内从事特定劳动"，因此，在惩役受刑人的处遇方面，想要让改善指导或者教科指导占据其大部分处遇时间、完全代替监狱劳动，在操作上是有困难的，因此，将来有必要将对《刑法》有关问题的反思也纳入研究范围。①

四、罚金刑

（一）罚金刑

罚金刑是被运用得最多的刑罚。2005 年，第一审判决了 716 544 件罚金刑。其中，有 713 855 件（99.6%）是通过略式命令判处的，577 834 件（80.6%）

---

① 参见川出敏裕：《監獄法改正の意義と今後の課題》，载《ジュリスト》第 1298 号（2005 年），第 29 页。川出敏裕教授认为，法律对于未满 16 周岁的少年的处遇已经设置了特别规定［《少年法》第 56 条第 3 项（该项规定，对于未满 16 周岁被判处惩役或者禁锢的少年，在其满 16 周岁之前，可以在少年院执行。在少年院执行期间，对该少年进行矫正教育。——译者注）］，这一规定的精神也应当广泛适用于 16 周岁以上的受刑人。参见上文第 29 页，注 17。

处罚的是违反《道路交通法》的行为(据《司法统计年报》)。

罚金刑有以下优点:①可以避免短期自由刑的弊端;②能有效应对以经济利益为目的的犯罪;③可以适用于法人;④执行成本低,征收的罚金可以充实国库,等等。其缺点有:①易受物价变动的影响;②由于受刑人资力的不同,效果上存在差异;③在未缴纳罚金的情况下会转成劳役场留置;④事实上不具有一身专属的性质,等等。在设计罚金刑制度时,必须考虑如何扬长避短。

在战后的刑法修正中,为了应对上述缺陷①,通过1948年制定的《罚金临时措施法》以及1972年对该法的修正,提高了罚金和科料的额度。此后,通过1991年对《刑法》的部分修改,进一步将《刑法》等规定的罚金和科料的额度提高到原则上是当时标准的2.5倍。但是,虽然罚金额度数次被提高,但仍然无法充分与《刑法》制定之初罚金刑的痛感相对应。比如,《刑法》制定之时,伤害罪罚金刑的上限是500日元,这是当时的新任警察的月薪12日元的40倍以上,其下限的20日元也接近警察月薪的2倍。现在伤害罪的罚金刑上限是50万日元(2004年修正之前是30万日元),显然远远无法与《刑法》制定之初罚金刑的痛感相比拟。

不过,对于伤害罪这种故意针对身体的犯罪规定高额的罚金刑是否妥当,则另当别论。近来的立法例重视上述优点②,对于多以经济利益为目的的犯罪设置了允许并科高额罚金刑和自由刑的制度,笔者认为这是一个正确的方向。这种立法例比较典型的有《贷金业法》第47条和《金融商品交易法》第197条第2项(3 000万日元以下),《废弃物处理法》第25条和《出资法》第5条(1 000万日元以下),等等。《刑法》中类似的例子是,赃物犯罪必须并科50万日元以下的罚金。现在,针对妨害强制执行罪已经向国会提出了将其罚金刑的上限提高到250万日元(如果是以获取报酬为目的或有组织地实施的场合则是500万日元),并且可以与惩役并科的修正案草案。将来,应该研究从同样的立场出发对《刑法》中其他犯罪也进行修正。

关于罚金刑的上述优点③,由于考虑到法人的资力一般要高于自然人等因素,很多法律中出现了将两罚规定中的自然人罚金和法人罚金相区别,对法人科处高额罚金即所谓法人重科的规定。目前,法人罚金的最高额度是7亿日元(《金融商品交易法》第207条第1项第1号)。

近来罚金刑的动向中值得关注的是，提高了《道路交通法》的罚金额①，在妨害公务罪和盗窃罪中新设了罚金刑，等等。特别是，在盗窃罪中设置罚金刑具有革命性的意义。但是，提高罚金额的上限以及在盗窃罪中新设罚金刑，有凸显罚金刑的上述缺点②的危险。如果因不能缴纳罚金而被转成劳役场留置的人数增加，则罚金的上述优点①就会被淹没。而从实际来看，1989年被转成劳役场留置的人数是1454人，但是到2005年已剧增到7355人（据《矫正统计年报》）。

为解决这个问题而提出的方案是日额罚金制，即由法院确定罚金的日数，再由执行机关根据被告人的资力确定一日所对应的罚金额度。②虽然引入日额罚金制可能会面临如何把握被告人的资力等实务上的困难，但是既然国外司法实践中已经在运用这种制度，这种困难应该并不是完全无法克服。实际上，更加根本性的问题是日额罚金制是否真的是公正的。根据资力确定罚金额能使罚金的效果平等，照此说来，很多人可能会感觉这是公平的。但是，在实施了同样犯罪的场合，辛勤工作因而挣钱很多的人要被科处很多的罚金，而过着无所事事的生活的人却只需缴纳少量罚金，岂不是会有很多人感到不公平吗？

刑罚效果不平等的现象在自由刑中同样存在。同样是在监狱中服刑1年，没有收入而在大街上流浪的人和年收入1亿日元、过着奢侈的生活的人相比，无论在感受到的痛苦方面还是经济上遭受的损失方面，都存在巨大的差异。但是，恐怕谁都不会主张应该引入一种从正面考虑上述因素来确定刑期和执行方法的制度，上述因素最多只能当做量刑时的一个要素加以考虑。如果是这样，则在罚金刑方面，基本上依据责任的轻重来决定罚金的额度，而把资力定位为量刑的一个要素可能才是正确的。③

无论如何，在目前罚金刑多是通过略式命令确定的背景下，导入日额罚金制是不现实的。如果要导入日额罚金制，则有必要研究对以往通过

---

① 由于2002年《道路交通法》的修正大幅度提高了罚金的上限，因违反《道路交通法》而被科处20万日元以上罚金的人数从2001年的968人剧增到2003年的约16万人。参见川本哲郎：《罰金刑の执行について》，载《犯罪と非行》第143号（2005年），第115页。

② 参见川本哲郎：《罰金刑の执行について》，载《犯罪と非行》第143号（2005年），第123页；今井猛嘉：《罰金刑の改正を巡る理論的課題》，载《刑事法ジャーナル》第6号（2007年），第8页。

③ 有学者在详细研究了德国的日额罚金制以后认为，应该在行为责任的基础上确定罚金额，然后在缴纳阶段考虑被告人的资力。参见永田宪史：《罰金刑の量定（二）》，载《関西大學法學論集》第57卷第3号（2007年），第36页以下。

略式程序科处罚金的行政犯实施非犯罪化。

针对罚金刑上述缺点②、③的解决方案是,作为罚金刑的替代性处分,引入社会服务命令制度。社会服务命令也能够弥补罚金刑的缺点④。关于社会服务命令,后文再进行进一步分析。

(二)没收、追征

《刑法》总则的没收制度存在没收对象仅限于有体物的问题,但随着《麻药特例法》允许对无体物进行没收,此后《有组织犯罪处罚法》进一步将对无体物没收的规定一般化(第13条第1项),上述问题得到了相当程度的缓解。但是,上述法律中对无体物的没收被限制在金钱债权的范围内,考虑到电子货币的普及等情况,恐怕有必要研究扩大无体物没收的范围,并在《刑法》总则中加以规定。

在2006年的修正中,《有组织犯罪处罚法》的没收规定改变了过去不允许没收犯罪被害财产的立场,引入了由国家没收该财产之后,将其给付被害人的制度。但对不正当利益的剥夺并非必须通过刑罚来实现,因此,也有必要研究引入通过行政手段将其返还给被害人的制度。

五、更生保护

更生保护(社会内处遇)是不将受刑人收容在刑事设施内,而是让其在社会中生活,同时寻求对其改善更生,其主要制度有假释、缓刑、保护观察、更生紧急保护等。虽然假释和缓刑制度在战前就已经存在,但社会内处遇制度的确立还是战后的事情。1949年,《犯罪人预防更生法》创设了对成年人的保护观察制度,1950年,通过《更生紧急保护法》及保护司法对处遇的重要问题做了准备,此后,通过1953年和1954年《刑法》的部分修正以及1954年的《缓刑犯保护观察法》,引入了针对缓刑犯的保护观察制度。

虽然受到种种制约,但以保护观察为中心的社会内处遇制度对实现犯罪人的改善更生起到了重要的作用。然而2004年至2005年期间,先后发生了多起保护观察的对象或者曾经的保护观察对象实施的重大再犯案件。以此为契机,在法务大臣之下设立了"更生保护问题有识者会议"。

该会议提出的报告书①认为,"更生保护制度每年平均处理的保护观察对象大约为6万人,而这是依靠不足5万人的保护司和约1 100人的保护观察所职员(在现场第一线负责保护观察案件的保护观察官约650人)通过'官民协动'来支撑的。然而,虽说是官民协动,但现实是数量较少的'官'依靠着'民间',因此直至今日该制度都存在再犯防止机能较弱等现实问题"。基于此,该会议建议,应该通过明确"官"的角色,整备更生保护部门人和物的体制,实现高效的"官民协动",提高保护观察的效果,扎实地推进保护观察。

此后,基于上述报告书建议等的法案被提交到国会,2007年,推出了融合《犯罪人预防更生法》和《缓刑犯保护观察法》的《更生保护法》。该法在整理了以往的保护观察应遵守事项的基础上,以明文的方式规定,作为需要特别遵守的事项,可以对受刑人科以接受专门的处遇计划,以及在特定的期间内生活于特定的场所以接受指导监督的义务(《更生保护法》第51条第2项第4号、第5号)。另外还规定,特别遵守事项可以根据保护观察的实施状况进行变更。通过这次法律修正,除了修正之前就在实施的性犯罪者处遇计划之外,还规划将加入了简易尿液检查的毒品犯罪处遇计划作为特别遵守事项规定为义务,以及国家要设立自立更生保护促进中心,为保护观察对象整备临时的住宿设施,以便在假释犯没有合适接受单位的时候实施接收,并由保护观察官对其进行细致的指导监督。②

新的《更生保护法》规定可以命令受刑人接受处遇计划的训练或者在特定的场所留宿,增强了对保护观察自由度的制约。这种保护观察应该如何定性,是一个问题。在英国和美国,保护观察③和社会服务命令等社

---

① 更生保护问题有识者会议:《更生保護制度改革の提言——安全・安心の国づくり、地域づくりを目指して》,载 http://www.moj.go.jp/KANBOU/KOUSEIHOGO/index.html。

② 参见冈田和也:《保護観察の充実強化——保護観察対象者の改善更生と再犯防止の実現》,载《法律のひろば》第60卷第8号(2007年),第32页以下。

③ 指 probation,佐伯仁志教授在原著中将"probation"译为"保护观察",该词在中国通常被译为"缓刑"。在日本,同时存在着执行犹豫和保护观察制度,其中执行犹豫类似于中国的缓刑。从制度内容来看,probation 确实更接近于保护观察制度而不是缓刑。不过,由于国内学界已经普遍接受将"probation"译为"缓刑",所以本书也遵从了这一译法。只是由于此处要进行制度的比较,所以译为"保护观察"更易于理解,请读者注意其中的区别。——译者注

会内处遇制度被定性为独立的刑罚,在日本也有观点指出,认为社会内处遇对罪犯来说意味着较缓和的处分的观点并没有反映实际情况,从而提倡将强化后的社会内处遇称为"社会内自由刑"。① 在当前要求对罪犯科处严厉处分的呼声日益强烈的背景下,通过向国民说明,即使不通过运用自由刑的实刑,而是通过社会内处遇也完全有可能对罪犯实施严厉处分,从而避免大量运用自由刑实刑,这恐怕也是一种行得通的战略。从理论上来说,由于保护观察是一种以行为人具备责任为前提而科处的刑事处分,所以可以称之为实质意义上的刑罚。一直以来,保护观察一般都被认为是保安处分②,但这种理解并不妥当。在刑罚与保安处分的区分基准中,重要的是该处分的科处是否以责任为前提,以及是否受到基于责任主义的罪刑均衡原则的制约。由此来看,保护观察也应该被理解为广义的刑罚。保护观察旨在罪犯改善更生的目的,与执行自由刑的目的也是为了受刑人的改善更生一样,并不妨碍将其理解为是一种刑罚。但是,如后所述,在不允许事后变更刑罚的日本法制度下,在形式上也将社会内处遇制度定性为一种独立的刑罚是有困难的。

六、制裁的多样化

(一)行政制裁的活用

在战后的行政制度中,行政义务履行的保障手段完全依赖于刑罚,这导致行政法规中含有数量庞大的刑罚规定。但是,有批判意见指出,就这种主要依赖于刑罚的制裁制度而言,一方面,由于采取的是刑罚这种最严厉的制裁方式,所以在适用上显得过于谨慎,导致对不履行义务的行为放任不管的结果;另一方面,虽然有着刑罚的身份,但用来处罚行政法规违反行为的罚金一般额度较低,因此即使被运用也难以发挥足够的抑制力。想要解决这个问题,一方面要充实行政刑罚的抑制力,另一方面必须整备

---

① 染田惠:《犯罪者の社会内処遇の探求:処遇の多様化と修復の司法》,成文堂2006年版,第30页。

② 参见团藤重光:《刑法綱要総論》(第3版),创文社1990年版,第617页以下;大塚仁:《刑法概説総論》(第3版增补版),有斐阁2005年版,第585页以下;等等。

刑罚之外的行政制裁制度,只有在必要、不得已的场合才动用刑罚。①

在我国,刑罚之外的行政罚制度主要有过料制度、《国税犯则取缔法》中的通告处分制度、《道路交通法》中的交通反则金制度、税法中的加算税制度,以及《反垄断法》等规定的课征金制度,等等。

这里的交通反则金制度,是由于机动车的普及导致违反《道路交通法》的案件数量剧增,为了减轻刑事程序的负担和维持刑罚的威慑力而在1967年引入的。其效果是,因违反《道路交通法》一审被判处有罪的人数,从1967年的约394万人减少到1969年的约100万人。2006年,警察处理的违反《道路交通法》的案件总数约为860万件,其中,通过反则金处理的案件约786万件(据警察厅《平成18年的犯罪》)。

虽然交通反则金制度在刑事司法制度中发挥着重要的作用,但也被指出存在程序方面的问题,对特定的交通犯罪,也有必要研究非犯罪化的问题。② 在实施非犯罪化之时一个需要解决的问题是,如何保障这种行政制裁金的缴纳？在这个问题上值得参考的是2004年该法的修正中引入的违法放置金制度(《道路交通法》第51条之4)。违法放置金是在实施了违章停车的驾驶员不缴纳反则金等的场合,对车辆的所有人等科处的行政制裁金,法律上对这种制裁金的执行保障是,如果被处罚人未缴纳违法放置金,其车检将被拒绝(《道路交通法》第51条之7)。

1977年修正《反垄断法》时引入了课征金制度作为对违法行为的一种处理措施。该法将课征金制度定性为对因违反《反垄断法》而获得的不法利益的剥夺制度,而不是制裁。但是,这种定性一开始就是不合理的,在2005年的修正引入了课征金的加重、减免制度之后,可以说更加明确了课征金作为制裁的性质。

2004年,《证券交易法》【《金融商品交易法》】中也引入了课征金制度,作为对内幕交易等违法行为的处理措施。该法也是将课征金作为对违法

---

① 有关行政制裁制度的一般性论述,参见佐伯仁志:《制裁》,载岩村正彦等编:《岩波講座現代の法4——政策と法》,岩波书店1998年版,第215页以下(本章第一节);有关针对经济犯罪的制裁,参见佐伯仁志:《经济犯罪に対する制裁について》,载《法曹時報》第53卷第11号(2001年),第3083页以下(本书第四章第一节)。

② 参见川出敏裕:《交通事件に対する制裁のあり方について》,载宫泽浩一先生古稀祝贺论文集编辑委员会编:《現代社会と刑事法・宮澤浩一先生古稀祝賀論文集(3)》,成文堂2000年版,第237页以下。

行为人所获不法利益的剥夺制度来定性的,但是,此后通过修正对违反继续披露义务的行为也规定了课征金,然而,这个行为很难与不法利益问题直接关联,这便导致前述利益剥夺的定性难以成立。此后,2007年《公认会计师法》的修正中也引入了课征金制度,并规定针对故意违法行为的课征金额度是过失场合的1.5倍,如果不认为这是一种制裁,其性质恐怕是很难说明的。

一直以来,之所以在定性上认为课征金不是制裁,是因为对课征金和刑罚的并科是否构成二重处罚存在疑虑。但是,即便课征金是一种制裁,对两者的并罚也并不一定就会直接违反《宪法》。① 为了研究课征金制度而在内阁设置的"《反垄断法》基本问题恳谈会"的报告书中,也认可了对具备制裁机能的课征金(违反金)和刑罚的并科。②

不仅在经济犯罪领域,在诸如医疗事故这样的领域,也应该通过充实刑事制裁以外的行政制裁制度,在保障对违法行为的抑制力的同时,将刑事制裁限制在真正必要的场合。③

将来,可能有必要研究整备行政制裁制度,设置类似于德国《秩序违反法》这样的一般性法律。

(二)刑事制裁的多样化

1.多样化的必要性

《刑法》规定的刑罚,在过去的100年时间里完全没有新增任何种类,而以处遇为目的的处分,也只是增加了保护观察这一项。④ 而在此期间,各域外国家引入了诸如周末拘禁、夜间拘禁、电子监视、社会服务命令、损害恢复命令等多种多样刑罚和处分措施,这与我国形成了鲜明对比。随着社会的多样化,犯罪现象和犯罪人与100年前相比也变得显著地多样化,因此,刑罚或者以处遇为目的的处分也应该相应地实现多样化。如同

---

① 参见佐伯仁志:《独占禁止法改正と二重処罰の問題》,载《日本経済法学会年報》第26号(2005年),第47页以下(本书第二章第三节)。

② 载http://www8.cao.go.jp/chosei/dokkin/index.html。

③ 参见佐伯仁志:《医療過誤に対する法的対応のあり方について——アメリカ合衆国の例》,载斋藤丰治等编:《神山敏雄先生古稀祝賀論文集(1)》,成文堂2006年版,第227页以下(本书第五章第一节)。

④ 另外,2005年开始施行的《心神丧失者医疗观察法》规定,对于在心神丧失或者心神耗弱的状态下实行了犯罪行为的人,经过地方法院的审判,可以在特殊的医疗设施内对其实施强制入院治疗。

医疗领域将各种各样的治疗方法组合起来的综合疗法的有效性得到了认可一样,也应该尝试运用将多种多样的刑罚和处遇方法结合起来的处遇制度。为此,恐怕应该在必要之时对《刑法》进行修正。① 下面,笔者就选择若干制度进行简单地分析。②

2. 社会服务命令

社会服务命令是一种命令被告人从事对社会有益的活动的制度,该制度在以英、美、德、法为代表的很多国家得到了运用。其中,有的国家是将其作为保护观察的遵守事项或者判处缓刑的条件,有的则是将其作为独立的刑罚。③ 社会服务命令被认为对于无力缴纳罚金的罪犯,或者反过来因为资力非常雄厚而无法感受到罚金刑的痛苦的罪犯,有着较好的刑罚效果。同时,该制度也具有对社会进行补偿的意义,以及提高罪犯的自我评价的效果。

目前,在我国的保护观察所中,实施着以少年和其保护者为对象的社会参与活动,其中,也含有诸如对老年人的照看、服务活动,以及清扫、环境净化这种各域外国家的社会服务命令中所包含的内容。④

就引入社会服务命令制度问题,在1990年设立的法制审议会刑事法分会财产刑研究小委员会中曾经进行过讨论。其中,赞成引入该制度的一方认为:①通过避免转成劳役场留置,可以消解因为资力的差异而导致的刑罚执行上的不公平现象。②可以避免短期自由刑的弊端。③可以解决财产刑缺乏一身专属性的缺陷这个问题。在列举出上述优点之后,在制度的引入方法方面,持赞成立场的一方认为应该研究引入该制度以代替劳役场留置。

---

① 有学者指出,"从刑事政策发展进步的角度提出的修正要求日益强烈……终究还是必须对《刑法》本身进行修正"。参见松尾浩也:《刑法改正の歩みと今後の展望》,载《罪と罰》第33卷第2号(1996年);松尾浩也:《刑事法学の地平》,有斐阁2006年版,第234页。

② 法制审议会被收容人员适正化方策分会正在对此问题进行研究,本书参考了该会的讨论和资料。

③ 参见柳本正春:《刑罚としての社会奉仕命令》,载《亜細亜法學》第29卷第1号(1994年),第25页以下;瀬川晃:《犯罪者の社会内処遇》,成文堂1991年版,第359页以下;染田惠:《犯罪者の社会内処遇の探求:処遇の多様化と修復の司法》,成文堂2006年版,第292页以下。另外,参见法制审议会被收容人员适正化方策分会关于国外状况报告的第6次(英国)、第7次(德国)、第8次(法国)以及第9次(美国)会议的议事录和参考资料。

④ 参见染田惠:《犯罪者の社会内処遇の探求:処遇の多様化と修復の司法》,成文堂2006年版,第238页以下。

另一方面,反对引入该制度的一方则认为:①与欧美相比,我国对志愿性活动的意识尚不成熟,而容纳社会服务劳动的体制也不健全,欠缺接受社会服务命令的社会基础。②对于当事人而言,在公众面前进行社会服务活动可能比设施内处遇更加残酷。③有可能产生所谓反向歧视的效果,对我国现在的志愿性活动产生不利影响。④各域外国家是在监狱收容过剩的背景下引入社会服务命令制度的,在没有上述背景的我国,是否有引入此种制度的必要,是有疑问的。⑤在违反社会服务命令的场合,应采取何种措施并不明确。⑥不仅在人员和预算的确保方面存在问题,而且与设施内处遇相比,是否果真通过花费更少的经费就可以运营,是存在疑问的。另外,就作为劳役场留置制度的替代性方案这一建议而言,⑦在社会服务命令制度中,对象的选择是很重要的,而实际上被转成劳役场留置的人,基本上都是居无定所的无业人员,对于这样的人社会服务命令是否有效,存在疑问。⑧对本应转成劳役场留置的人员适用社会服务命令是否会反而导致该制度在我国无法扎根的结果。⑨将劳役场留置定位为罚金刑的替补之后,又将社会服务命令制度作为劳役场留置的替补,就会导致社会服务命令制度成为替补的替补,应该避免这种现象。①

上述反对引入社会服务命令制度的意见中,关于第④种意见,日本现在也面临着收容过剩的问题,情况已经发生了根本性的改变。关于第②种意见,通过合理地设计活动内容和执行方法,避免不必要的痛苦是有可能的。关于第③种意见,由于无法认为某种活动只能以社会服务活动的形式来实施,为什么会产生反向歧视的效果,是不明确的。恐怕不能因为监狱劳动的内容包含了制造鞋子,就说会对制鞋业形成反向歧视吧?关于第⑥种意见,虽然根据制度内容的差异开支会有所不同,但一般来说可能都认为社会服务命令的执行成本会比设施内处遇要低,另外,即便社会服务命令的执行费用多多少少会高一些,但因为应该尽量避免在设施内处遇,所以也应该多多少少为此付出一些成本。关于第⑦种意见,在转成劳役场留置的人数剧增的现状下,该意见是否仍然妥当,是有必要验证的。关于第⑧和第⑨种意见,如果将社会服务命令定性为独立的处分,就不会出现该意见指出的问题。如果在现状之下讨论社会服务命令,恐怕

---

① 参见岩桥义名:《財產刑をめぐる基本問題について——法制審議会刑事法部会財產刑検討小委員会の検討結果報告》,载《ジュリスト》第1023号(1993年),第68页。

有必要将其作为一种独立的一般性处分来研究。

剩下的问题是第①和第⑤种意见。首先，就第⑤个意见指出的问题而言，其解决方案取决于将社会服务命令定性为独立的刑罚，还是定性为判处缓刑的条件或者保护观察的特别遵守事项。在一般不允许事后变更刑罚或对违反法院命令的行为科处刑罚（以藐视法庭罪论处）的日本现行制度的前提下，将社会服务命令定性为独立的刑罚会导致对违反命令的处理存在困难，但如果将其定性为缓刑的条件或者保护观察的特别遵守事项，对于违反命令的行为则有可能用取消缓刑来应对。缓刑的条件与保护观察的特别遵守事项比较起来，如果定性为前者，由于法院已经判决，事后变更会存在困难（但如果规定违反服务命令则一定取消缓刑就不存在问题），如果定性为后者，则是否能将社会服务命令规定为特别遵守事项是存在问题的。现行的《更生保护法》将特别遵守事项限定在"为了对象的改善更生而特别必要的范围内"（《更生保护法》第51条第2项），所以，能够作为特别遵守事项的义务的社会服务活动的范围是很有限的。但是，从立法论上来说，将社会服务活动纳入特别遵守事项也是有可能的。比如，德国《刑法》规定的"以保护观察为目的的缓刑"可以赋课的义务中，区分了旨在弥补犯罪行为造成的不法的负担和旨在复归社会的条件，并将损害赔偿和公益活动定性为前者，在日本设置类似的规定也是有可能的。

第①种意见指出的问题确实是一个难题，要长期确保一定量的公益活动可能并不容易。

更加成为问题的是，如果将社会服务命令当做一般性的处分引入，则是否会导致此前被判处设施内处遇的人没有因为社会服务命令而被转成社会内处遇，而此前单纯被判处缓刑（或者附加保护观察的缓刑）的人却被科处了社会服务命令，即所谓法网扩张的问题。从根本上来说，这个问题是被判处短期自由刑或者罚金刑而后转成劳役场留置的人中，有多少可以用社会服务命令代替的问题，对此恐怕必须进行实证研究。如果引入该制度能够让相当数量的人从设施内处遇转成社会内处遇，则即便存在某种程度的法网扩张，这种改革也是有价值的。

3.损害赔偿命令

在缓刑的条件或者保护观察的遵守事项中，也可以考虑命令被告人对犯罪被害人进行损害赔偿。在各域外国家，有的将对被害人的损害赔偿规定为保护观察的遵守事项,有的将其规定为独立的刑罚。我国的《改正刑法准备草案》中,也将损害赔偿命令规定为判处缓刑时的附随处分(第 79 条第 2 号)。另外,1952 年的《中央更生保护委员会规则》将对被害人的赔偿以特别遵守事项的形式作了规定,在①创造保护观察的基础条件的事项、②防止再犯的事项、③为了社会或者第三人的利益而科处的与防止罪犯本人的再犯没有直接关系的义务的事项这三种特别遵守事项中,对被害人的赔偿被定性为第③种类型。但是,后来由于意见倾向于将遵守事项纯化为保障指导监督条件和以促进更生、防止再犯为目的的制度,删除了对被害人进行赔偿的规定。①

2005 年 12 月内阁会议决定通过的《犯罪被害人基本计划》中,要求法务省研究附带民事诉讼和损害赔偿命令等制度,以支援对犯罪被害人的被害恢复。基于此要求对该问题进行研究的法制审议会刑事法分会(犯罪被害人方向)提出的制度方案是,在刑事审判之后,由同一审判组织继续对民事损害赔偿问题进行审理,并允许其对被告人科处损害赔偿命令。后来,国会在该方案的基础上对《犯罪被害人保护法》进行了修正,引入了上述制度。②

这里似乎就是损害赔偿命令制度立法的终点了,但就如同德国法中并存着附带民事诉讼制度和损害赔偿命令制度一样,损害赔偿命令制度③的引入并不会因为此次修正就触不可及。实际上,就小额的财产损害或者慰谢料等来说,可以考虑不经过民事程序,而由刑事法院发出缴纳命令,并将其作为缓刑或者保护观察的条件。

---

① 参见北泽信次:《犯罪者処遇の展开——保護観察を焦点として》,成文堂 2003 年版,第 248 页。

② 在分会审议中有意见认为,"如果采取损害赔偿命令这种制度,则将在没有被害人参与的情况下由法院单方作出赔偿决定。如此一来,则会存在能在多大程度上恢复被害人尊严的问题。……(由于损害赔偿命令只适用于轻微的案件),这种简单的制度无法满足更多的需要,因而以前未被考虑"。参见法制审议会刑事法分会(犯罪被害人方向)第一次会议议事录。另外,有学者指出,在大型诈骗案件中由于只能对部分损害作出损害赔偿命令,所以还必须另行通过民事程序请求其他部分的赔偿;该制度将有将民事上的争议卷进刑事程序之虞;损害赔偿命令与自由刑是何种关系并不明朗;等等。参见濑川晃等:《(座談会)犯罪被害者の権利利益保護法案をめぐって》,载《ジュリスト》第 1338 号(2007 年),第 7 页以下(大谷晃大发言部分)。

③ 此处指的是刑事性的损害赔偿命令制度。——译者注

4.继续处遇

即便监狱内的处遇对罪犯的社会复归有一定的效果,当罪犯实际回到社会中时,也会面临在监狱中没有经历过的各种各样的困难。此时,为了对罪犯进行指导援助以防止其陷入再犯,同时,为了在社会内实施旨在固定和增进设施内处遇效果的处遇,有必要实施将设施内处遇和社会内处遇连接起来的继续处遇。①

但是,在现行制度下,出现了再犯可能性较小的罪犯被假释、接受保护观察,而再犯可能性较高的罪犯,刑期届满出狱之后却未受到保护观察这样矛盾的局面。

为解决这个问题而得到提倡的一种方案是必要的假释制度。在《改正刑法草案》的审议过程中也提出了这样一种方案,即被科处 2 年以上刑罚的罪犯,在刑罚执行 5/6 之后,必须进行假释。但由于考虑到①机械地假释违反了假释制度的本质,②释放再犯可能性较高的罪犯会对社会安全带来很大的威胁,③运用现行法也可以实现同样的目的,④各域外国家很少有这样的立法例,等等,因而最终决定不采纳必要的假释制度(《改正刑法草案理由书》)。但是,就上述第①个问题而言,必要的假释制度是意图设计一种与过去那种基于个别审查的假释形态不同的假释制度,所以认为其违反了假释制度本质的批判并不恰当,因为假释制度原本就不存在某种确定的本质。就第②个问题来说,刑期届满出狱后的罪犯,并非所有人都会再次实施犯罪,另一方面,因被认为再犯可能性较小而获得假释的罪犯中,也有相当多的人再次实施了犯罪,因此,两者的区别不过是程度的问题而已。另外,无论罪犯的再犯可能性如何之高,由于刑期届满之后必须释放,所以,允许对其实施假释并在社会中进行处遇,从长期来看可以说是有利于防止再犯的。此外,实施必要的假释时,还有可能对再犯可能性较高的人实施集中的保护观察或者指定居住,以及考虑组合运用电子监视等方法。

但另一方面,在必要的假释制度中,还存在法官是否会因为预料到将来的假释而增加刑期,以及在现在的政治状况下是否可能实现的问题。

在保障继续处遇的手段方面,也有建议提出应该采用考试期间主义。

---

① 参见染田惠:《犯罪者の社会内処遇の探求:処遇の多様化と修復の司法》,成文堂 2006 年版,第 13 页以下。

现行《刑法》采取了将剩余刑期作为保护观察期的余刑期间主义,与此相对,考试期间主义的做法不考虑剩余刑期,而将受刑人的改善更生所必要的时间作为保护观察期间。《改正刑法准备草案》规定:"保护观察期间为剩余刑期。但是,剩余刑期不满6个月时,为6个月。"但是,由于认为上述方案"对于在剩余刑期较短的情况下被假释的罪犯来说过于不利",《改正刑法草案》没有采纳上述方案。

  针对上述对考试期间主义的批判,有反对观点认为,如果考虑暂不执行剩余刑期而将罪犯交诸保护观察,保护观察的期间超过暂不执行的剩余刑期是很正常的,而且,如果罪犯在保护观察期间没有严重过错,保护观察期满后剩余刑期就不再执行,因此也不能说会构成对人权的不当制约。① 这种反驳在理论上大体上是成立的,但如果剩余刑期与保护观察期间相差过大,终究还是会有问题。考试期间主义的另外一个问题是,设施内处遇和社会内处遇合并起来对自由的制约期间,是行政机关通过假释的决定来确定的。考试期间越长,这个问题就会越严重。说到底,考试期间主义和德国那种法官参与刑罚执行、决定是否假释的制度才是具有整合性的。

  因此,第三种被考虑的是法官判决时同时宣判自由刑实刑和释放后进行保护观察的制度。这种释放后的保护观察,如果不应该被当做保安处分来科处②,则要么是将该保护观察规定为独立的刑罚然后与自由刑并科,要么是分割宣判的自由刑,将其中一部分作为附加保护观察的缓刑。后者即美国所采用的分割刑制度(split sentence),如果考虑到我国不允许事后变更刑罚的问题,则引入这种制度可能更为容易。在将刑罚的一部分缓期执行并附加保护观察这一点上,第三种制度类似于考试期间主义,但由于其在一定的刑期执行完毕之后必须转入保护观察,而不允许基于个案的具体判断来决定是否暂缓剩余刑期的执行,因此不如说其更加类似于必要的假释制度。重要的是,无论采用哪种制度,都必须遵循责任主义的原则,使包含自由刑实刑和保护观察期间的整体与行为人的责任相协调。

---

  ① 太田达也:《仮釈放と保護観察期間——残刑期間主義の見直しと考試期間主義の再検討》,载《研修》第705号(2007年),第14页。
  ② 战前的《治安维持法》在1941年的修正中设置了旨在预防刑期届满者的再犯的预防拘禁制度,该制度得到了广泛地运用。

第三种制度可以有两种运用方法。一种是为了给罪犯在解除设施内处遇之后设定一个过渡期间而对其科处附保护观察的缓刑,这里无须限于特定的犯罪类型。如果一般化地运用这种方法,在实质上就与必要的假释制度相同了。另外一种是在执行短期的自由刑实刑之后,继续实施保护观察。这种方法可以针对那些因为欠缺规范意识而有必要采取"冲击疗法"的罪犯,以及因乱用药物而需要隔离一段时间的罪犯等。

七、结语

最后,在结束本节之前,笔者想再强调两点。

第一,任何制度改革的实现,都必须投入相应的人力资源和经费。"更生保护问题有识者会议"提出的建议虽然多数已经通过法律的修正得到了采纳,但其建议中最核心的部分,即大幅增加保护观察官的数量这一条却没有实现。在刑事政策领域,恐怕也有必要尽量通过实证数据向国民提示待选政策的成本和收益,再让国民作出选择。

第二,需要再次确认的是,刑事制裁在犯罪预防中所发挥的作用是有限的。笔者之前也曾提出,规制改革带来的差别的增大有可能导致犯罪率上升,因而有必要研究这一问题的对策。[1] 在差别社会的问题已经显现化的当下,恐怕应该再次确认"最好的社会政策就是最好的刑事政策"这一箴言的重要性。

---

[1] 参见佐伯仁志:《規制緩和と刑事法》,载《ジュリスト》第 1228 号(2002 年),第 49 页(本章第二节)。

第二章 理论的课题

第一节 二重处罚的禁止

一、绪论

(1)《宪法》第 39 条规定:"对任何人在实行之时合法或已经被定性为无罪的行为,不得追究刑事责任。对同一犯罪,不得重复追究刑事责任。"对于该条的含义,一种理解是,该条前段的后半部分规定的是一事不再理原则,后段规定的是禁止二重处罚原则。另一种理解是,上述两方面合并规定了禁止二重的危险原则。① 但是,这些以往针对《宪法》第 39 条的争论主要都是围绕刑事诉讼法上的问题来展开的,该条涉及的实体法问题则几乎没有被讨论过。比如,首先提出第 39 条的解释问题,并且持上述第个犯罪行为,一旦进行处罚之后——在没有推翻判决的情况下——禁止再次对其进行处罚"②。在这里,团藤重光博士设想的是有罪判决之后的再诉。而持上述第二种立场的松尾浩也教授,就一事不再理的保障(二重危险的禁止)的内容指出,有罪判决一旦确定,就不允许再次提起公诉,并以禁止二重处罚的原则对此作了说明。③ 这里设想的问题也是有罪判决后的再诉。

另一方面,也并非没有人将二重处罚的禁止纯粹地作为实体法上的原则来理解。町野朔教授认为,在只有一个犯罪事实的情况下,适用多个

---

① 参见樋口阳一等:《注釈日本国憲法(上)》,青林书院新社 1984 年版,第 804 页以下。
② 団藤重光:《憲法第 39 条と『二重の危険』》,载《法曹時報》第 1 卷第 2 号(1949 年),第 78 页以下。
③ 松尾浩也:《刑事訴訟法(下)》,弘文堂 1993 年版,第 150 页。

刑罚法规来对其进行处罚,是违反《宪法》第 39 条的禁止二重处罚原则的。① 这里并不存在是否重复动用了刑事程序的问题,但为什么一次性适用多个刑罚法规会构成"重复追究刑事责任",还需要进一步说明。

关于禁止二重处罚原则的内容,一个不明确的问题是,并科行政制裁与刑罚是否违反《宪法》第 39 条?比如,田宫裕博士在理解一事不再理问题时,将《宪法》第 39 条的"刑事上的责任"统一地理解为程序上的负担②,而在追征税和刑罚的并科是否违反《宪法》第 39 条的问题上,田宫博士似乎将其当做了实体层面的二重的负担问题,因为他认为,"在将行为作为逃税罪处罚之时,量刑层面应当从实质上考虑已经缴纳追征税的事实"③。如果《宪法》第 39 条是关于程序性负担的规定,则在量刑时无论考虑与否应当都不存在违反该条的问题。

与此相对,田中利幸教授批判道,田宫博士所主张的这种认为只要在量刑中进行调整就不会构成二重处罚的观点,会导致违法者遭受二次调查和制裁。④ 但是,一个人因为同一个行为遭受二重的程序上的负担的情况,并非罕见。如同田中教授指出的那样,《宪法》第 39 条规定的禁止二重危险的原则,虽然具有调和国家对犯罪的追究和个人的自由生活权的涵义,但这里考虑的不就是"在法院的审理过程中,要从所有的方面对被告人涉嫌的犯罪进行审查,其间被告人受到持续地拘禁,即便没有被拘禁,在审理时被告人也会受到精神和肉体上的极度压迫。被告人的身心感知着社会的关心和好奇、蔑视和谴责,在法庭的氛围中颤抖,因为自身做过或者没有做过的坏事儿而不安或者苦恼"⑤这种刑事程序所固有的负担吗?如果是这样,则行政制裁和刑罚的并科之所以成为宪法上的问题,恐怕并不是因为科处了二重的程序上的负担,而是因为科处了二重的

---

① 町野朔:《法条競合論》,载内藤谦等编:《平野龍一先生古稀祝賀論文集(上)》,有斐阁 1990 年版,第 418 页。

② 田宫裕:《一事不再理の原則》,有斐阁 1978 年版,第 83 页,注 4。

③ 田宫裕:《罰金と追徵税の併科》,载《憲法判例百選》,有斐阁 1963 年版,第 128 页。相同的观点,参见北野弘久:《追徵税と罰金の併科》,载《行政判例百選Ⅰ》(第 3 版),有斐阁 1993 年版,第 226 页;松尾浩也:《罰金と重加算税の併科課の合憲性》,载《租税判例百選》(第 3 版),有斐阁 1992 年版,第 215 页。

④ 田中利幸:《行政制裁と刑罰の併科》,载平场安治等编:《団藤重光博士古稀祝賀論文集(3)》,有斐阁 1984 年版,第 109 页以下。

⑤ 田宫裕:《一事不再理の原則》,有斐阁 1978 年版,第 82 页。

制裁。

(2)《反垄断法》的课征金制度牵涉二重处罚的禁止问题。现行法的课征金制度,是通过收缴违法行为人因实施卡特尔行为所获得的经济利益,防止卡特尔行为可以"险中求富贵",以试图确保社会公正和对违法行为的抑制,从而保障禁止卡特尔的规定的效力的一种行政上的措施。① 《反垄断法》允许对卡特尔行为并科课征金和罚金,但一直以来的理解是,课征金仅限于剥夺经济上的获利,因而并不是制裁,因而也就并不存在二重处罚问题。② 在1991年上调课征金额度时,也特别强调要避免触犯二重处罚问题。③

但是,认为课征金不是制裁的观点是有疑问的。第一,如果认为课征金的目的仅仅是剥夺经济上的获利,那就难以说明为什么会允许这样一种制度设计,即课征金的额度不必严格地与个别、具体的经济上的获利相对应,而是被设计成能够产生足够的抑制力以确保有关卡特尔的禁止性规定的实效性。④ 第二,现在的课征金制度中,在经营者因向被害人支付赔偿而丧失了利益的场合,也并不从课征金中减去赔偿的数额。⑤ 如果课征金的目的仅仅是剥夺利益,恐怕很难说明为什么允许被害人和国家对经营者的重复剥夺。第三,如果课征金是一种对利益的剥夺,那么,这种

---

① 参见《課徴金に関する独占禁止法改正問題懇談会報告書》,载公正交易委员会事务局编:《独占禁止法の抑止力強化と透明性の確保》,大藏省印刷局1992年版,第8页以下;加藤秀樹:《課徴金の引上げに係る独占禁止法の改正について》,载《公正取引》第487号(1991年),第15页;根岸哲:《違法カルテルに対する課徴金制度》,载《法律時報》第49卷第11号(1977年),第51页;等等。

② 田中利幸:《行政制裁と刑罰の併科》,载平場安治等编:《団藤重光博士古稀祝賀論文集(3)》,有斐閣1984年版,第125页。

③ 《課徴金に関する独占禁止法改正問題懇談会報告書》,载公正交易委员会事务局编:《独占禁止法の抑止力強化と透明性の確保》,大藏省印刷局1992年版,第10页。

④ 《課徴金に関する独占禁止法改正問題懇談会報告書》,载公正交易委员会事务局编:《独占禁止法の抑止力強化と透明性の確保》,大藏省印刷局1992年版,第11页。

⑤ 《課徴金に関する独占禁止法改正問題懇談会報告書》认为,损害赔偿制度与课征金制度分别承担着不同的功能,即便将两者并置也没有问题。参见《課徴金に関する独占禁止法改正問題懇談会報告書》,载公正交易委员会事务局编:《独占禁止法の抑止力強化と透明性の確保》,大藏省印刷局1992年版,第11页。但是,作为课征金的功能的"公益上的目的"如果是对违法行为的抑制,则其与制裁是否有区别,恐怕存在疑问。另外,有学者认为,可以考虑允许经营者提出反证。参见田中利幸:《行政制裁と刑罰の併科》,载平場安治等编:《団藤重光博士古稀祝賀論文集(3)》,有斐閣1984年版,第127页。

获利本来是遭受侵害的一般消费者的东西,所以难道不应该返还给被害人吗?① 第四,更加根本的问题是,为什么对违法利益的剥夺就不能是制裁？"在只不过是恢复到违法行为前的利益状态的场合,无法具备作为对违法行为的制裁的意义"这种说明②,即便能够说明这种处分作为制裁并不是十分地有效,也不足以说明为什么该处分原本就不是制裁。认为对利益的剥夺不是制裁的观点,可能是在将对利益的剥夺和民法上的不当得利返还请求进行类比的基础上来理解的,但不当得利返还制度是在某种利益欠缺法律上的原因而从甲转移到乙的场合,从乙处将利益返还给甲的制度,而并不是由甲之外的第三人从乙那里收缴利益的制度。虽然定义什么是"制裁"确实是一个问题,但在考虑对被告人科处何种程度的制裁较为合理这个问题之时,从一开始就限定性地定义制裁的范围是不适当的。③

即便认为课征金是一种制裁,其与刑罚的并科也并不必然就会直接违反《宪法》第 39 条。《宪法》第 39 条规定的是"刑事上的责任",无论这里指的是实体上的负担还是程序上的负担,将其扩展适用于行政制裁或者行政程序都需要作相应的解释。以往的研究中,与这一点有关的宪法解释论没有充分地展开。④

(3) 一般认为,《宪法》第 39 条的规定受到美国二重的危险理论的影响(至于是否是原封不动地继受则是另外一个问题)。如果是这样,则《美国联邦宪法》二重的危险条款对于禁止二重处罚的有关问题是如何解释的,就是一个有价值的研究课题,但这方面的研究目前几乎是空白的状态。在美国,行政制裁得到了广泛、有效的运用,其与刑事罚的并科问题在法院也经常成为被讨论的对象,这也是一个颇有意思的研究对象。因

---

① 在创设课征金制度时,法务省曾经提出过这个疑问。参见《法律时报》第 47 卷第 2 号(1975 年),第 95 页。在美国也有证券交易委员会(SEC)请求法院命令剥夺违法利益的制度,但基于此而被剥夺的利益将被用于旨在对因该违法行为而遭受侵害的被害人进行损害填补的基金。参见松下满雄:《課徵金と刑事罰》,载《法律时报》第 47 卷第 2 号(1975 年),第 59 页。

② 田中利幸:《行政制裁と刑罰の併科》,载平场安治等编:《団藤重光博士古稀祝賀論文集(3)》,有斐阁 1984 年版,第 112—113 页。

③ 另外,参见来生新:《独禁法の運用強化——課徵金》,载《ジュリスト》第 965 号(1990 年),第 34 页。

④ 参见佐藤英明:《脱税と制裁:租税制裁法の構造と機能》,弘文堂 1992 年版,第 56 页。

此,下面就通过对与《美国联邦宪法》禁止二重处罚的条款有关的判例的研究,来对我国的有关问题进行反思。

二、美国的判例

(一)二重的危险条款

《美国联邦宪法第五修正案》规定,"不得使任何人因同一犯罪而重复遭受生命或身体的危险"。这个所谓的二重的危险条款,被称为最基本的普遍性的人权保障条款,同时,也被称为"权利法典中最没有被理解的事物之一"①,很难说其内容在判例上已经被固定了下来。但是,判例上已经明确的是,该规定提供了以下三个方面的保障,即:①对同一犯罪作出无罪判决后,禁止进行再次追诉;②同一犯罪作出有罪判决后,禁止进行再次追诉;③禁止对同一犯罪进行重复的处罚。② 下文将前两个保障并称为二重追诉的禁止,将第三个保障称为二重处罚的禁止。

判例中与二重处罚有关的第一个问题是,对于单个行为,是否允许适用多个刑罚规定来科处刑罚。这里涉及禁止二重处罚是基于何种根据而得出的原则,如何判断是否构成二重处罚,以及禁止二重处罚与禁止二重追诉是何种关系几个问题。

判例中与二重处罚有关的第二个问题是,刑事制裁和非刑事制裁(特别是行政制裁)的并科是否构成二重处罚。美国的联邦法中,有很多法律在对违法行为的制裁中同时规定了刑事罚和行政制裁。比如,税法、环境保护法、证券管理法、虚假请求法等重要领域都同时规定了刑事罚和制裁金(civil penalty)。③ 此外,在关税法、药物规制法等多部法律中,除了刑事罚之外,还规定了对犯罪所使用的财产或者犯罪所得的利益进行没收的

---

① Whalen v. United States, 445 U.S. 684, 699(1980).
② North Carolina v. Pearce, 395 U.S. 711, 717(1969).
③ 比如,有关内幕交易的 15 U.S.C.§78ff[参见宇贺克也:《SECによる法執行の改革——1990 年法改正を中心として》,载《ジュリスト》第 990 号(1991 年),第 38 页以下];有关违反国内财政收入法的 26 U.S.C.§6663,7201(参见佐藤英明:《脱税と制裁:租税制裁法の構造と機能》,弘文堂 1992 年版,第 154 页以下);有关违反劳动安全基准的 29 U.S.C.§666;有关向国家提出欺诈性请求的 31 U.S.C.§729(a)和 18 U.S.C.§287;有关排放有害物质的 33 U.S.C.§1321(b)(5)(6)(7);等等。有关行政机关对行政制裁金的运用,详细的研究请参见 Mann, Punitive Civil Sanctions: The Middleground between Criminal and Civil Law, 101 Yale L.J. 1795, 1844ff. (1992).

民事没收(civil forfeiture)制度。① 这些行政制裁对美国联邦法的执行发挥着重要的作用,行政制裁和刑事罚的并科是否构成二重处罚,是一个比在我国重要得多的问题。

(二) 判例的动向

(1) 使二重的危险条款中包含禁止二重处罚这一解释得以明确的,是 1873 年 Lange 案件的判决。② 此案中,被告人所犯之罪的法定刑为 1 年以下的监禁刑或者 200 美元以下的罚金,而法官错误地判决被告人 1 年的监禁刑,同时并科了 200 美元的罚金。被告人缴纳罚金并被执行了 5 天的监禁刑之后,发现自己犯了错的法官撤销了原判,改判被告人 1 年的监禁刑。针对此案,最高法院认为,既然已经执行了罚金刑,再重复科处监禁刑便构成了二重处罚,因而撤销了第二次的判决。

虽然 Lange 案件的判决涉及的是单个刑罚规定的适用问题,但对单个行为适用多个刑罚规定是否构成二重处罚,就成为下一个问题。此时,被用来判断是否构成划定二重危险条款适用范围的"同一犯罪"的基准,是"各自的规定是否存在另一方欠缺、因而需要额外证明的事实"这个基准。该基准是 1932 年 Blockburger 案件的判决③确立的。此案判决认为,违反使用贴有标签的包装进行贩卖的义务的犯罪和违反通过法定的订货单进行贩卖的义务的犯罪,各自都有对方欠缺、因而需要额外证明的事实,因而两者并非"同一犯罪"。所以,对一个贩卖毒品的行为同时适用上述两罪来实施处罚,也并不违反二重的危险条款。此后,这个基准被称为 Blockburger 测试,得到了广泛运用。④

---

① 参见佐伯仁志:《アメリカ合衆国の没収制度》,载《ジュリスト》第 1019 号(1993 年),第 16 页。另外,"civil forfeiture"都是国家通过法院的民事程序对违法行为人科处的,也许翻译成"行政没收"更加合理(参见石黑一宪:《ボーダーレス·エコノミーへの法的視座:続·ボーダーレス社会への法的警鐘》,中央经济社 1992 年版,第 199 页,注 100)。但是,由于还存在着行政机关可以不经裁判程序而自行科处的"administrative forfeiture"这样一种概念,为了与此概念相区分,本书采取了"民事没收"的译法。因此,这里的"民事"只不过意味着"非刑事"而已。

② Ex parte Lange, 85 U.S. (18 Wall.) 163 (1873).

③ Blockburger v. United States, 284 U.S. 299, 304 (1932).

④ 这个基准经常被称为"同一证据测试",但应该比较的并不是具体案件中证据的同一性,而是法律构成要件的同一性。参见 Grady v. Corbin, 495 U.S. 508, 564 (1990).

（2）虽然Blockburger测试在二重追诉和二重处罚的案件中都可以适用，但有一个问题逐渐浮出水面，即禁止二重追诉和禁止二重处罚保护的是否是不同的利益？换言之，一方面，Blockburger案件的判决涉及的是二重处罚问题，而在以被告人的程序性负担为核心问题的二重追诉的场合，是否应该进一步扩张"同一犯罪"的范围，便成为一个问题。① 另一方面，就二重处罚而言，为什么二重处罚被禁止也开始被人们所讨论，与此相关，Blockburger测试的功能也成为一个问题。结果，如下文所述，判例认为，同一程序中的二重处罚问题，是立法者有没有对同一犯罪科处两个刑罚的意图的法解释问题，而Blockburger测试只不过是该问题的一个判断基准而已。从这个立场出发，二重处罚的禁止便只是约束法院的原则，而并非约束立法者的原则。②

首先，在1980年的Whalen案件③中，判决认为，二重处罚的禁止是指，在议会没有允许的情况下，禁止法院对单个犯罪行为重复科处刑罚。在这个意义上的二重的危险条款，揭示了定义犯罪、规定刑罚的立法权仅归属于议会的基本原则，而基于权力分立的原则，法院必须遵从议会关于刑罚的指示。④ 本案的案由是，哥伦比亚特区法院判决被告人成立作为重罪谋杀罪（felony-murder）的强奸致死罪和强奸罪两罪，对前罪判处20年以上到无期的监禁刑，对后罪判处15年的监禁刑，两者连续执行。联邦最高法院认为，当根据Blockburger测试构成"同一犯罪"之时，哥伦比亚特区的法律不允许进行重复处罚。在作出这种法解释的基础上，联邦最高法院认为，由于强奸致死罪和强奸罪属于"同一犯罪"，所以不能同时动用这两个犯罪对被告人进行处罚。⑤

1977年Harris案件的判决⑥已经指出，对已经被判处重罪谋杀罪的被告人，不得再次以该重罪起诉。因此，如果在二重追诉和二重处罚是否成立的判断上采用同一基准，那么Whalen案件的问题只需运用Harris案

---

① 参见田宫裕：《一事不再理の原则》，有斐阁1978年版，第208页以下。
② See, Westen & Drubel, Toward a General Theory of Double Jeopardy, 1978 Sup. Ct. Rev. 81, 121-22, 162.
③ Whalen v. United States, 445 U.S. 684 (1980).
④ Whalen v. United States, 445 U.S. 689 (1980).
⑤ Whalen v. United States, 445 U.S. 693-695 (1980).
⑥ Harris v. Oklahoma, 443 U.S. 682 (1977).

件的判决应该就能得到解决。但该案判决的法庭意见并没有采取这种方法,可以说反映出法院恐怕已经认识到二重追诉和二重处罚是两个不同的问题。①

随后,在1981年的Albernaz案件②中,判决就Blockburger测试的功能问题指出,此测试是与法解释有关的规则,是用来判断议会是否规定了重复适用两个犯罪的工具。本案讨论的焦点是,对单个行为同时判处走私大麻的共谋罪和传播大麻的共谋罪是否会违反禁止二重处罚的原则。法庭意见认为,这种二重处罚是议会有意图地规定的,因而并不违反二重的危险条款。二重处罚的禁止并非约束议会的原则。

紧接着,在1983年的Hunter案件③中,下级审的密苏里州最高法院认为,对被告人同时以强盗罪和持凶器犯罪行为罪处罚触犯了二重的危险条款,但联邦最高法院否定了这一解释,并再度明确指出,就同一程序内的重复处罚而言,二重的危险条款的作用仅限于保障法院在量刑时不超出立法者的意图。④

(3)如上,判例采取的立场是,二重处罚的禁止并不是制约立法者权限的原则。但是,也有观点对这种立场提出了批判。Albernaz案件的判决中,Stewart法官发表的配合意见认为(Marshall、Stevens两位法官也持相同的观点),对"同一犯罪"规定重复的处罚在宪法上是不被允许的。⑤在Hunter案件的判决中,Marshall和Stevens两位法官也表示了与上述立场相同的反对意见。Marshall法官批判道,联邦政府提出的那种认为由于立法者可以对单个犯罪科处严厉刑罚,所以将其分为两个犯罪来处罚

---

① Whalen v. United States, 445 U.S. 1441, 1442 (1980).

② Albernaz v. United States, 450 U.S. 333(1981).

③ Missouri v. Hunter, 459 U.S. 359, 366 (1983).以上判决请参见渥美东洋主编:《米国刑事判例の動向:合衆国最高裁判所判決》,中央大学出版部1989年版,第387页以下(中野善目则执笔部分)。

④ 在二重追诉问题上,最高法院采取了新的判断基准,即如果为了证明后续的再诉中被起诉的犯罪的要件,就要对国家已经起诉过的犯罪的构成行为进行证明,则禁止再次起诉。这个基准被称为所谓的"同一行为"测试。参见Grady v. Corbin, 495 U.S. 508 (1990)。Brennan法官执笔的法庭意见在确认了Blockburger测试只不过是用于确定立法者意图的法解释规则之后指出,二重追诉有可能导致处罚的增大和额外的利益侵害,因为二重追诉使得被告人直面着困惑、经费开支和苦难,在不安和不安定的状态中生活,被错判为有罪的危险增高。

⑤ Albernaz v. United States, 450 U.S. 345(1981).

也是被允许的观点,错误地以为这里的问题只是合计的刑罚的严厉性问题,但这个前提本身就是错误的。Marshall法官指出:①被起诉的犯罪数量越多,被告人的防御就越困难;②有罪的数量较多,可能会产生导致被告人被定性为常习犯这样的次生效果;③每个犯罪都对应着各自的社会的道德非难,因而多个有罪的判决会增强耻辱印记的效果。①

(三) 对判例的分析

(1)对美国与二重处罚的禁止有关的判例应该如何评价呢?首先,判例区分对待二重追诉和二重处罚的态度,笔者认为是妥当的,并且也得到了学说上的支持。因此,如果将两者明确地加以区分,则Marshall法官所提出的立法者也应当受到二重处罚的禁止原则的约束的观点,在说理上就并不充分。首先,就第①个论据而言,对同一行为是否适用数个刑罚规定,仅仅是法律上的问题,而要证明的事实并没有什么不同,既然如此,那么该问题与被告人的防御就没有什么关系。另外,就第②个论据而言,既然决定什么样的场合应该作为常习犯加重处罚属于立法者的权限,则即便被定罪的数量会不利地导致刑罚的加重,其本身也并不会成为违宪的理由,这个逻辑也适用于第③个论据。耻辱印记效果的量和罪名数量是否有直接关系是存在疑问的,即便两者有关系,也不会成为适用多个刑罚规定这种做法本身违宪的理由。因为如果整体上判处何种程度的刑罚是立法者的权限,那么对于耻辱印记来说,道理也应该是一样的。

(2)这样,与二重处罚的禁止有关的判例的见解应该予以支持。但是,如果如判例所言,二重处罚的禁止是法院不得超越议会所划定的量刑权限科处刑罚这样一种法解释问题,那么随之而来的一个疑问是,这为什么会成为一个宪法上的问题?因此,也有观点对判例作出了这样的解读,即在议会的意图不明确的情况下,《美国联邦宪法第五修正案》关于二重处罚的保障意味着推定议会的意图有利于被告人。换言之,《美国联邦宪法第五修正案》将"法律的规定不明确时,作有利于被告人的解释"这个刑

---

① Missouri v. Hunter, 459 U.S. 359, 372-373 (1983).

法解释的原则提升为宪法上的原则。①

即便像判例那样,认为二重处罚的禁止原则并不约束立法者,也并不意味着立法者的处罚权限是没有限制的,而只能说,立法者规定的刑罚在整体上是否被宪法所允许,并不涉及二重处罚的禁止问题而已。最高法院判例的立场是,严重侵害罪刑均衡原则的刑罚,违反了禁止残酷、异常刑罚的《美国联邦宪法第八修正案》,而议会所意图的二重处罚是否适当,需要从这个角度出发,进行个别、具体的审查。②

(3) 然而,美国法学会起草的《模范刑法典》规定,在一个犯罪被其他犯罪包容的场合,以及一个犯罪同时又构成其他犯罪的共谋或者其他预备形态的场合,禁止二重处罚。《模范刑法典》的起草者似乎将该规定的根据理解为宪法上的要求。③ 然而,《模范刑法典》中针对这一问题的注释说明,并没有展示出充分的论据。因为注释援引的各个判决所提出的不允许二重处罚的理由是,这种处罚"不能认定为是议会所意图的"④,而注释自身提出的理由也仅仅是,以教唆罪和因教唆而实行的罪两罪来处罚,"恐怕曲解了立法者的意图"⑤。结果是,注释并没有提出立法者意图之外的禁止二重处罚的根据,如果是这样,上述规定的根据恐怕就不会是与立法者的意图无关的、某种宪法上的要求。当然,立法者基于自己意思在刑法中设置这种规定是否妥当,是另外的问题。

---

① See, Note, Cumulative Sentences for One Criminal Transaction under the Double Jeopardy Clause: Whalen v. United States, 66 Corn. L. Rev. 819, 835 (1981).See also,Comment, Statutory Implication of Double Jeopardy Clause, 65 Yale L. J. 339, 363-364 (1956); Tomas, A Unified Theory of Multiple Punishment, 47 U. Pitt. L. Rev. 1 (1985).

② See, Westen & Drubel, Toward a General Theory of Double Jeopardy, 1978 Sup. Ct. Rev. 81, 114-115.

③ American Bar Association, Model Penal Code, Section 1.07 (Proposed Official Draft 1962);Model Penal Code and Commentaries (Official Draft and Revised Commentaries) Part 1, 104-116 (1985).

④ Model Penal Code and Commentaries (Official Draft and Revised Commentaries) Part 1, 111 (1985).

⑤ Model Penal Code and Commentaries (Official Draft and Revised Commentaries) Part 1, 108 (1985).

三、行政制裁与刑事罚的并科

（一）传统的判例

有关行政制裁和刑事罚的并科问题，曾经的经典判例是1938年的Mitchell案件。① 本案争论的焦点是，对于被指控逃税但被判无罪的被告人，是否可以基于同一逃税事实对其科处加算税。基于下述理由，法庭否定了此种做法会构成二重的危险。法庭认为，议会可以对一个犯罪行为同时科处刑事制裁和民事制裁②，二重的危险条款所禁止的仅仅是重复的处罚。因此，问题的核心是，本案中的加算税是不是刑事性的制裁，而这是法解释问题。从规定加算税的主要目的是保护国库收入，以及旨在填补逃税犯罪的侦查费用和因逃税给国家带来的损失来看，加算税明显是一种救济性（remedial）的制裁。另外，从法律为了执行加算税而准备了民事的程序，以及刑罚与加算税被规定在不同的法律中这些侧面明显可以看出，加算税不是刑事性的制裁，而是被作为民事性的制裁规定的。

随后，在1943年的 Hess 案件③中，法庭对因欺骗国家而被科处罚金刑的被告人，又进一步科处了合计315 000美元的两倍赔偿和制裁金。本案涉及的法律是《刑事欺诈请求法》(18 U.S.C. §287)和《民事欺诈请求法》(31 U.S.C. §3729-3731)。对于通过欺诈手段向政府提出给付请求的行为人，前一部法律规定了刑罚，而后者则规定行为人"必须向美国政府支付2 000美元的制裁金和因其行为给国家造成的损失的两倍以及诉

---

① Helvering v. Mitchell, 303 U.S. 391 (1938).关于本判决的详细介绍，参见佐藤英明：《脱税と制裁：租税制裁法の構造と機能》，弘文堂1992年版，第203页以下。

② 与本书有关的美国立法、判例和文献中大量使用了"civil penalty"（广义的，此处的penalty指制裁、处罚，而不是指制裁金）、"civil punishment"等带有"civil"一词的表述。对于美国法中的"civil"，中国学界通常都译为"民事""民事的"或"民事性的"，然而按照中国法律的标准，诸如 civil penalty（狭义的，指制裁金）、civil forfeiture 等制度实际上是一种行政性的制度。但由此就将"civil"一词一律译为"行政""行政的"或"行政性的"也并不妥当。这个问题是中美两国法律制度的差异造成的，对于译者来说，想要准确翻译该词，确实存在很大困难。本书除了将狭义的"civil penalty"统一译为"行政罚金"或"制裁金"之外，如果美国的法律或者判例原文中使用的是"civil"一词，一般还是按照中国传统的译法将其译为"民事""民事的"，涉及此种译法的词有"民事刑""民事制裁"等，但正如佐伯仁志教授在第二章第一节的一个脚注中提到的那样，这里的"民事"仅仅意味着"非刑事"而已。——译者注

③ United States v. Hess, 317 U.S. 537 (1943).

讼费用"(1986年的修正将制裁金额度修改为最低5 000美元、最高1万美元,赔偿额则被提高到3倍)。法庭意见认为,要区别主要以保护国家免受经济损失为目的的救济性诉讼和为了显示公正而以科处刑事罚为目的的诉讼,只有后者才是《宪法》意义上的"危险"。因此,仅仅是科处现实的损害额度以上的赔偿,并不会导致其丧失作为民事诉讼的性格。《民事欺诈请求法》的主要目的在于填补国家的损失,两倍的赔偿外加特定额度制裁金的方法,是旨在确保填补损害的制度。

紧接着,1956年的 Rex Trailer Company 案件判决[①]认为,对于因通过不正当手段从国家获得本应低价处置给退役军人的车辆而被科处罚金刑的公司,进一步科处法律规定的定额赔偿金(liquidated-damage),也并不违反禁止二重的危险原则。法庭意见认为,在定额赔偿金的额度合理的场合,其在性质上是民事的,而不能被视为是刑罚。法庭意见进一步指出,本案中的不正当购买妨害了对退役军人的车辆销售活动,减少了国家可以转让的车辆数量,有引发不受欢迎的投机之虞。要证明这个侵害产生的赔偿额很困难或者可能是无法做到的,而定额赔偿的功能就是在这种场合进行救济。因此,对于议会确定的赔偿额来说,不能将这个议会明确作为民事性救济来设计的制度,不合理、过度地上升到刑事罚的高度。[②]

此外,美国的民事没收领域也经常涉及二重处罚问题,判例对民事没收问题的处理与制裁金的相关判例采取了相同的立场,也是认为其在性质上是"民事"的,所以并不存在二重处罚的问题。[③]

(二) Halper 案件

(1) 上文提到的判例都将行政制裁理解为救济性的手段,进而认为

---

① Rex Trailer Company, Inc., v. United States, 350 U.S. 148 (1956).
② Rex Trailer Company, Inc., v. United States, 350 U.S. 151-153 (1956).
③ One Lot Emerald Cut Stones v. United States, 409 U.S. 232 (1972).该案中,美国政府指控被告人走私宝石但被告人被判无罪,后政府又因同一事实对该宝石实施了没收。判决认为,民事没收是以填补执法费用为目的的定额赔偿,所以不构成二重的危险。另外,参见 United States v. One Assortment of 89 Firearms, 465 U.S. 354 (1984).

其与刑事罚的并科并不构成二重处罚问题,但在 1989 年的 Halper 案件①中,判决认为,对行政制裁也可以运用禁止二重的处罚条款。

本案的案情是,向有医疗保险的患者提供医疗服务的某公司的控制人 Halper,在实际只应向医疗保险机构请求支付 3 美元左右的情况下,提出了 12 美元的欺诈性请求,共涉案 65 起,合计从医疗保险机构获取的支付达 585 美元。法院认为 Halper 实施了违反《刑事欺诈请求法》和邮政欺诈的行为,因而认定其构成犯罪,并对其判处 2 年的监禁刑和 5 000 美元的罚金。此后,美国联邦政府又根据《民事欺诈请求法》对 Halper 提起了本案的诉讼。地区法院认为,由于在刑事审判中基于被证明的事实肯定了 Halper 的责任,Halper 有根据《民事欺诈请求法》被科处 13 万(2 000×65)美元以上的制裁金(civil penalty)的可能。但是,地区法院又指出,虽然不能说该法的"民事的"制裁本身就是刑罚,但如果制裁金的额度与国家遭受的损害及支出之间完全没有关联,就构成了二重的危险条款中的第二次的刑罚。因此,13 万美元以上的赔偿和政府遭受的 585 美元的损失及侦查、追诉费用之间没有任何合理的关联性,所以本案科处全额的制裁金是违反二重的危险条款的。在此基础上,法院将法律的规定解释为裁量性的条款,在 65 起案件中只肯定了 8 件共计 16 000 美元的诉讼请求。此后,美国政府向地区法院提出了重新考虑的请求,作为回应,地区法院变更了解释,将《民事欺诈请求法》的规定理解为必要、不可自由裁量的条款,但同时认为,科处 13 万美元的赔偿金是被二重的危险条款所禁

---

① United States v. Halper, 490 U.S. 435 (1989). 关于本判决的专门评论,参见 Eads, Separating Crime Form Punishment: The Constitutional Implications of United States v. Halper, 68 Wash. U. L. Q. 929 (1990); Note, Civil Sanctions and the Double Jeopardy Clause: Applying the Multiple Punishment Doctrine to Parallel Proceedings After United States v. Halper, 76 Vir. L. Rev. 1251 (1990); Note, United States v. Hapler: Remedial Justice and Double Jeopardy, 68 N. C. L. Rev. 979 (1990); Jahncke, United States v. Hapler, Punitive Civil Fines, and the Double Jeopardy and Excessive Fines Clause, 66 N. Y. U. L. Rev. 112 (1991); 等等。更加一般性的评论,参见 Thomas, RICO Prosecutions and the Double Jeopardy/Multiple Punishment Problems, 78 Northwestern U. L. Rev. 1359 (1984); Note, Extending Constitutional Protection to Civil Forfeitures That Exceed Rough Remedial Compensation, 60 George Wash. L .Rev. 194 (1991); Mann, Punitive Civil Sanctions: The Middleground between Criminal and Civil Law, 101 Yale L.J. 1795 (1992); Coffee, Paradigms Lost: The Blurring of the Criminal and Civil Law Models—And What Can Be Done About It, 101 Yale L. J. 1875 (1992); 等等。

止的,因而最终只确认了1 170美元的两倍赔偿和诉讼费用的请求。对此判决,美国政府援引以往的判例提起了上诉。

由Blackmun法官执笔、法庭全体一致的意见指出,首先,就以往的判例而言,政府对先例作了过度的解读。即便以往的判例表明政府有获得比较粗略的救济的权利,换言之,即便政府可以要求合理的定额赔偿或者两倍的赔偿这种通过略微不精确的计算公式计算出来的赔偿,从而获得表面上的救济,这些判例也并没有说明,在赔偿金额与国家的损害及支出差之千里、从粗略的正义明显走向不正义的场合,宪法会提出何种要求的问题。①

接着,关于二重处罚的判断方法,法庭做了如下阐述。依靠法律的表述、构成、意图等要素,对于确定程序的固有性质或者这个程序中一般伴随着何种宪法性的安全保障也许是适用的,但是对于二重的危险条款中二重处罚的禁止所保护的"人道的利益"(humane interests)的文脉关系的理解则是不适用的。这是因为,这种宪法性保护在本质上是个人性的,对此种保护的违反只能通过对个人实际上被科处的制裁的性质的评价来判定。因此,在评价是否构成二重处罚时,刑事还是民事这种标签并不是最重要的东西。刑罚(punishment)的概念跨越了民事法和刑事法两个领域,无论是民事制裁还是刑事制裁,只要在具体案件中的适用服务于刑罚的目的,其性质就是刑罚。②

那么,刑罚的目的是什么呢?根据法庭的意见,刑罚服务于报应和抑制两个目的,报应和抑制并不是国家正当的非刑罚性目的(retribution and deterrence are not legitimate nonpunitive governmental objectives——译者注)。因此,当一种民事制裁的目的不只是救济,而只有用报应或抑制的目的才能说明,那么它就是刑罚。在被告人已经被科处刑罚,而后续程序中被请求的民事制裁与赔偿政府的损害这个目的之间没有合理的关联

---

① United States v. Halper, 490 U.S. 466 (1989).法庭意见认为,以Hess案件为例,判决中政府应得的部分为15万美元,由于实际的损害为101 500美元,考虑到发现和对违法行为的侦查等费用,赔偿额大致上等于实际的损失。

② United States v. Halper, 490 U.S. 447-448 (1989).法庭意见认为,Mitchell案件判决中"二重处罚"(double punishment)这个表述没有加上刑事(criminal)这个形容词,表明了(虽然是间接地)无论是刑事程序还是民事程序都会产生刑罚。参见United States v. Halper, 490 U.S. 443 (1989).

性,而该民事制裁在词汇的自然意义上倒是被视为刑罚的场合,为了确定制裁金是否在实际上演变成第二次刑罚,被告人有权请求计算国家的损害和支出的费用。①

法庭在本案中适用了上述一般性论述,判决认为,本案中科处的制裁金达到了第二次处罚这种十分不均衡的程度。但是,为了慎重起见,法庭决定给政府证明的机会,因此将案件发回重审。②

(2) Halper 案件判决的特色是,第一,用来判断是否构成二重处罚的方法,并不是立法者的意思或者民事、刑事这种标签,而是着眼于该制裁的效果。因此,不再抽象地讨论法律的规定问题,而是转向关注特定案件中的具体适用问题。根据这种判断方法,即便是同一个行政制裁的规定,根据具体案件中制裁额度的大小和国家遭受的损害及支出费用的程度方面的差异,这种制裁有可能是刑罚,也可能不是刑罚。

第二个特色是,国家遭受的损失和支出的费用仅限于可以还原为财产的项目。这一点在判例原文中虽然没有明确,但判决指出,在对行政制裁的额度和国家的损失及费用之间的关联进行审查时,即便是粗略的,也要对损失和费用进行计算,那么,这里所说的损失自然应该仅限于能够被还原为财产的内容。以往的判例将诸如 Rex Trailer Company 案件中"招致不受欢迎的投机"这种不可还原为财产的抽象性损害纳入国家的损失,使得损失和行政制裁额之间有没有合理关联性的问题比较暧昧。Halper 案件的判决如果有排除 Rex Trailer Company 案件那种抽象的损害的意思,则会给行政制裁的审查带来重大的影响。

第三个特色是,如果行政制裁具备上文所阐述的,超出填补国家的损失和费用之外的报应和抑制目的,那么其性质上就是刑罚。

(3) 以上 Halper 案件判决的说理,尤其是抑制违法行为并不是国家正当的非刑罚性目的这一观点,如果具备一般意义上的合理性,其影响将是非常巨大的。但是,法庭意见中附加了如下保留性的说明:

第一,法庭意见指出,本判决的规则是针对稀有案件的(像本案这种对轻微的财产犯科处与损害显著不对称的制裁的场合)。③

---

① United States v. Halper, 490 U.S. 448-449 (1989).
② United States v. Halper, 490 U.S. 452 (1989).
③ United States v. Halper, 490 U.S. 449 (1989).

第二，根据法庭意见，本判决并不影响对尚未被处罚的被告人请求科处法律对某一行为规定的所有行政制裁（即便其性质上是刑罚），也不影响在一个程序中同时请求科处行政制裁和刑罚。因为同一程序内的二重处罚的禁止，仅限于保障刑罚在整体上不超过立法者所允许的范围。①

第三，法庭意见指出，在个人之间的诉讼中，不存在二重危险条款的保护问题。②

（三）Halper 案件判决后的动向

Halper 案件之后，下级法院中出现了若干对行政制裁和刑罚的并科问题作出判断的判决。虽然还不能说已经积累了足够多的能够用来对 Halper 案件判决的射程进行研究的后续判决，但在这里笔者还是想简单地分析一下。

依据 Halper 案件的判决认定行政制裁构成刑罚的，有宾夕法尼亚州中部地区法院的 Hall 案件判决。③ 本案中，对未经申报试图私自携带 1 035 000 美元出国而被判有罪的被告人，政府又提出了与上述额度相同的制裁金。在诉讼中，联邦政府主张其遭受了以下方面的损失：①侦查和追诉的费用；②监视国境、请求他国协助侦查而产生的庞大费用；③对国家的贸易经济计划的损害；等等。但是，法院认为，政府一方并没有证明具体的损害，只能认为上述损失与制裁金没有合理的关联性，因此本案的制裁金构成二重的危险。但是，判决还指出，科处制裁金违反了作有罪答辩的辩诉交易的条件，因而不被允许。

此后，第五巡回区上诉法院的判决④中，肯定了海关科处的制裁金构成 Halper 案件中的"刑罚"。该案中，两名被告人因走私大麻分别被海关科处了 232 000 美元和 356 000 美元的制裁金，后又因同一事实被起诉。法院认为，本案中的制裁金与国家支出的费用之间没有合理的关联性，因而构成"刑罚"，阻碍后续进一步对其进行刑事追诉。但是，法院又指出，本案中被告人只是签署了承诺缴纳书，尚未实际缴纳，国家一方也尚未提

---

① United States v. Halper, 490 U.S. 450 (1989).
② United States v. Halper, 490 U.S. 451 (1989). 有判决以此部分判决意见为根据，认为个人提出的惩罚性损害赔偿不构成二重的危险。参见 Stewart v. Roe, 776 F. Supp. 1304 (N. D. Ill. 1991).
③ United States v. Hall, 730 F. Supp. 646, 654-656 (M. D. Pa. 1990).
④ United States v. Sanchez-Escareno, 950 F. 2d 193 (5th. Cir. 1991).

起催收的民事诉讼,所以没有发生二重的危险。

另外,就民事没收问题,第二巡回区上诉法院的判决①认为,对两次贩卖合计 250 美元可卡因的毒贩,对其价值约为 68 000 美元的公寓实施民事没收的行为,在性质上是刑罚。

与以上判决相对,下级法院的多数判决都以 Halper 案件判决认为只要进行粗略的计算就可以了,或者该判决是针对"稀有的案件"为由,没有将有关行政制裁定性为刑罚。

比如,在《内幕交易规制法》的行政罚问题上,出现了这样一个判决。该案被告因内幕交易被证券交易委员会剥夺 136 000 美元的非法利益和科处 273 800 美元的两倍额度的制裁金之后,又因同一事实被起诉到法院并被判有罪(被定罪的两笔交易涉及的金额是 9 825 美元和 19 650 美元)。被告主张上述做法构成了二重的危险,但地区法院否定了这一主张。法院认为,尽管议会的立法意图在于抑制违法行为,但 Halper 案件的判决已经指出,问题的核心并不在于立法者的意图,而在于实际的运用。本案中不足 2 万美元的制裁金(指被定罪的行为所对应的部分——译者注)不能说"仅仅服务于抑制和报应的目的",而且本案也并非"稀有的案件",不如说上述制裁金只不过是适用了普通案件中用于填补国家所受损害的定额赔偿和两倍赔偿的规定,不能给它贴上"刑罚"的标签。②

此外,还有判决认定,对期货交易的顾客实施了欺诈行为的行为人,期货交易委员会对其科处的 75 000 美元的制裁金和禁止交易的处分也不是刑罚。判决指出,联邦政府提交了与侦查和追诉所耗费的时间有关的宣誓供述书,而且,本案中顾客的损失大约为 223 000 美元,被告人的获利超过 172 000 美元。基于这些因素,地区法院认为,本案的制裁金是一种对违法利益的剥夺,并且,制裁金的额度与国家支出的费用之间也没有明显的不均衡,因此该制裁金是救济性的。第七巡回区上诉法院也肯定了

---

① United States v. Certain Real Property and Premises, 954 F. 2d 29 (2nd Cir. 1992). 判例认为,州和联邦之间不会产生二重的危险问题,而在本案中,前一个判决是州作出的,所以不构成二重的危险。

② United States v. Marcus Schloss & Co., Inc., 724 F. Supp. 1123, 1127-1128 (S. D. N. Y. 1989).

上述判决。①

上述判决可以说比较忠实地参照了 Halper 案件的判决来计算国家一方的费用，但在下级审中，也有判决似乎采取了与 Halper 案件不同的判断方法。比如，在一个对因违法进口铁而被判有罪的被告人又另行请求科处制裁金的案件中，国际贸易法院认为，本案的制裁金服务于救济的目的，是一种合理的救济。本案判决原封不动地引用了 Halper 案件之前的判例，在国家一方的损失中，除了侦查、追诉的费用之外，还将国家的通商、经济、外交政策方面遭受的损害也计算进去。② 另外，肯塔基东部地区法院的一个判决③认定，对违反矿山安全基准的行为科处的 90 350 美元的制裁金不是刑罚。该判决遵从了 Halper 案件的判决，认为本案的制裁金与国家的侦查、追诉费用之间并非相差悬殊，并没有达到"刑罚"的程度，结论是，这种制裁金的目的是为了确保矿山的安全状态和活动，其性质是救济性的。笔者认为，该判决可能把救济目的的含义作了扩大解释。

另外，在上诉法院有关民事没收的案件中，有判决④认为，Halper 案件的判决不适用于对犯罪工具的没收。科处民事没收并不是为了填补国家的费用，而是为了消除危险的工具。当作为犯罪的工具时，法拉利和雪佛兰的危险性是一样的。

（四）对 Halper 案件的检讨

一直以来，联邦最高法院的判例都将行政制裁理解为旨在填补国家的侦查、追诉费用等的救济性的制度，而不是刑罚。但是，这种解释直接面临着这样的批判，即法律规定的行政制裁额与国家支出的费用之间没有合理的关联性。以对违法行为科处 2 000 美元制裁金的规定为例，如果违法行为是连续的数个行为，侦查和追诉的费用并不会对应违法行为的

---

① United States v. Frlett, 974 F. 2d 839 (7th Cir. 1992). 另外，参见 United States v. Pani, 717 F. Supp. 1013 (S. D. N. Y. 1989); United States v. U. S. Fishing Vessel Maylin, 725 F. Supp. 1222 (S. D. Fla. 1989); United States v. Fliegler, 756 F. Supp. 688 (E. D. N. Y. 1990); United States v. Bizzell, 921 F. 2d 263 (10th Cir. 1990).

② United States v. Valley Steel Products Co., 729 F. Supp. 1336, 1360 (CIT 1990).

③ United States v. WRW Corp., 731 F. Supp. 237, 239 (E. D. Ky. 1989).

④ United States v. Cullen, 979 F. 2d 992 (4th Cir. 1992); United States v. McCaslin, 959 F. 2d 786 (9th Cir. 1992).

数量成比例性地增长，就科处所遭受损害额度的两倍、三倍的赔偿规定而言，侦查和追诉的费用也并不会伴随着损害额度成比例性地增长。因此，Halper案件判决着眼于实际的效果，认为行政制裁也可能构成刑罚的观点，是具有合理性的。①

但是，Halper案件的判决最终将本案当做二重追诉的问题来处理，并认为如果是在同一个程序中，性质上是刑罚的行政制裁和刑事制裁的并科也是被允许的。这种立场被批判缺乏理论上的连贯性。② Halper案件判决所要保护的利益并不是经受重复的程序负担，而是受到重复的处罚，换言之，并不是因为是"重复的"所以不被允许，而是因为是"过度的"所以不被允许。不过，Halper案件的判决之所以作出这样的判断，可能是因为法庭认为，如果遵从以往的判例，认为在同一程序内的二重处罚的禁止只是禁止超出立法者的意图进行处罚，则无法推导出本案应该不允许刑事罚和高额的制裁金相并科的结论。但是，如后所述，对立法者的实体性刑罚权进行限制的根据并不是二重处罚的禁止原则，而应该是罪刑均衡原则。

Halper案件判决没有明确区分二重处罚和二重追诉的做法，引发了下级审的混乱。在下级审的某个案件中，被告人因实施了欺诈行为被住宅建设局科处了3万美元的制裁金，此后是否允许就此案再进行刑事追诉，成为争论的问题。地区法院认为，上述制裁金的额度与国家支出的约2 000元美元的侦查费用不相均衡，因而在性质上是"刑罚"，但因为前一个程序并不是刑事程序，所以不构成二重的危险。但是，上诉法院认为，问题的核心并不是二重的追诉，而是二重的处罚，因此前一个程序是不是刑事程序应该并不重要。③ 然而，这种混乱可以说Halper案件本身就已经潜伏了。

---

① See, Schronhorst, Presentence Confinement and the Constitution: The Burial of Dead Time, 23 Hasting L. J. 104 (1972); Note, A Definition of Punishment for Implementing the Double Jeopardy Clause's Multiple-Punishment Prohibition, 90 Yale L. J. 632 (1981); Mann, Punitive Civil Sanctions: The Middleground between Criminal and Civil Law, 101 Yale L.J. 1816 (1992).

② Jahncke, United States v. Hapler, Punitive Civil Fines, and the Double Jeopardy and Excessive Fines Clause, 66 N. Y. U. L. Rev. 134-140 (1991).

③ United States v. Bizzell, 921 F. 2d 263 (10th Cir. 1990). 上诉审判决认为，国家的损失超过了3万美元，因此3万美元的制裁金可以说是赔偿。

Halper案件判决似乎认为,在不同的程序中分别科处以抑制为目的的行政制裁和刑事罚就会直接构成二重处罚。但是,这种立场可能会对行政制裁的运用构成严重的制约。Halper案件的判决虽然声称自己只适用于"稀有的案件",但是这种限定能否从判决的逻辑中推导出来,是存在疑问的。为了避免导致在实务上不合理的结果,下级审的法院就不得不合理地对国家一方的损失作扩大解释。与其如此,更加理想的思维方向恐怕是,从正面肯定行政制裁可能会具有刑罚性的机能,而对行政制裁与刑罚的并科,则从整体上是否符合罪刑均衡原则的角度出发来进行制约。① 对于这种方案,Frankfurter法官在Hess案件判决的配合意见中已经作了阐述。Frankfurter法官对以往的判例提出了批判,认为对二重处罚条款的保障,不应该依赖处罚的性质是制裁还是赔偿这种含糊不清的判断,在此基础上,Frankfurter法官指出,即便议会将一个包括性的刑罚规定在两个而不是一个程序中进行科处,因为整体上只是科处了一个刑罚,所以并不违反二重的危险条款。在这种场合,只存在受到《美国联邦宪法第八修正案》的罪刑均衡原则限制的问题。②

另外,刑事制裁和非刑事制裁这种分类,在二重的危险条款之外的其他宪法性保障条款中往往也会成为问题,在这里无法展开详细研究。但是,《宪法》的各种保障性条款各自所要保护的利益是不同的,能否用一个标准来解决所有问题,恐怕存在疑问。认定行政制裁构成二重处罚中的"刑罚"时,并不必然意味着这种制裁必须是通过刑事程序科处的。③ 对于这个问题,Halper案件的判决中也有论述。

---

① See, Westen & Drubel, Toward a General Theory of Double Jeopardy, 1978 Sup. Ct. Rev. 114-115; Jahncke, United States v. Hapler, Punitive Civil Fines, and the Double Jeopardy and Excessive Fines Clause, 66 N. Y. U. L. Rev. 143 (1991); Eads, Separating Crime Form Punishment: The Constitutional Implications of United States v. Halper, 68 Wash. U. L. Q. 991-992 (1990).

② United States v. Hess, 317 U.S. 554-555(1943).

③ See, Clark, Civil and Criminal Penalties and Forfeitures: A Framework for Constitutional Analysis, 60 Minne. L. Rev. 379 (1976). 另外,参见Eads, Separating Crime Form Punishment: The Constitutional Implications of United States v. Halper, 68 Wash. U. L. Q. 971 (1990).

四、解释我国问题的尝试

(1) 美国联邦最高法院的判决在有关二重的危险条款保护的利益方面,对二重追诉所涉及的利益和二重处罚所涉及的利益进行了区别性的论述。但是,就行政制裁和刑事罚的并科而言,由于分别通过两个程序来并科是比较常见的,所以虽然这本来应该是二重处罚的问题,但实际上与二重追诉的问题并未有效地区分开来。在讨论二重处罚问题时,美国的判例对我国有着如下的启示:

第一,对于程序层面的禁止二重追诉问题和实体层面的禁止二重处罚问题,应该明确地进行区分。

第二,这种与二重追诉问题相区别的二重处罚的禁止,实际上是不能超过立法者的意图来科处刑罚这个罪刑法定主义原则的必然结论。因此,二重处罚的禁止并不是约束立法者权力的原则。与这种理解相对,町野朔教授认为,刑法中法条竞合的场合之所以只能以一罪来处罚,其根据是《宪法》对二重处罚的禁止。因此,对是否构成法条竞合的判断,不应该基于形式逻辑去追问立法者的意思,即便立法者的意思肯定二重处罚,上述判断也不应该受立法者意思的约束。① 但笔者认为,在立法者意图对一个行为适用两个刑罚规定的场合,并不会就直接违反《宪法》。即便因此导致刑罚加重,这种情况与对一个犯罪设置较重的刑罚在实质上并没有什么不同。另外,就被告人的耻辱印记效果而言,被适用的是一个罪还是两个罪也没有什么不同。归根结底,准确地说罪数是由法律的规定(立法者的意图)决定的。不过,这并不意味着笔者主张仅仅通过形式性的方法来判断是否存在法条竞合。

第三,如果将二重处罚的禁止定性为上述意义上的法解释问题,则就不太可能认为《宪法》第 39 条的保障包含着禁止二重处罚的意思。因此,将《宪法》第 39 条限定性地理解为禁止二重追诉这种程序层面的保障,在逻辑上才是通畅的。而且,这种程序层面的保障原则上应该限于刑事程序方面的内容。当然,如果某种对个人科处的程序性负担在实质上和刑事程序相同,则其是否被贴上了"刑事"的标签并不重要。

---

① 町野朔:《法条競合論》,载内藤谦等编:《平野龍一先生古稀祝賀論文集(上)》,有斐阁 1990 年版,第 418 页。

第四,在实体上制约立法者的刑罚权的,并不是二重处罚的禁止原则,而应该是罪刑均衡原则。① 现在大多数观点都认为,罪刑均衡是《宪法》上的原则(条文上的根据则是另外的问题)。②

第五,通过以上的论述可知,就行政制裁和刑事罚的并科而言,只要并科是立法者的意图,那么对这种并科构成制约的就不是二重处罚的禁止原则,而应该是罪刑均衡原则。而且,在讨论罪刑均衡原则时,不能在严格的意义上限定地理解刑罚,而应该将行政制裁也考虑进去。因为既然罪刑均衡原则来源于不得对个人的权利和自由进行不当限制这种宪法上的要求,那么这里的"刑"是不是刑法规定的刑罚就并不重要。

在刑罚规定中,有并科自由刑和罚金的情形,还有进一步并科没收刑的情形。如果允许在一个程序中并科上述多种制裁,那么将这些制裁分散在不同的程序中并科的做法,单就实体层面而言,也应当是被允许的。如果是这样,将这些制裁中的一部分并非作为刑事罚而是作为行政制裁来科处的做法,也应当被允许。如果说并科行政制裁和刑事罚不当,这也不是因为制裁被分成了两次来科处所以不当,而是因为并科在整体上违反了罪刑均衡原则。认为在科处罚金时,只要考虑已科处的重加算税对罚金的额度作相应的调整,就不构成二重处罚的观点,在默认了只要是在立法者意图范围内的制裁就不违反《宪法》第39条的同时,也考虑到了罪刑均衡原则的制约问题。

如果上述论断成立,则即便承认课征金中包含了制裁的要素,这一点也并不能作为反对课征金和刑事罚并科的理由。

(2) 本节还剩下几个重要的问题。第一个问题是,什么样的场合会

---

① 铃木茂嗣教授认为,就《宪法》第39条关于二重处罚的规定而言,从《宪法》第13条已经必然能得出禁止二重处罚的结论。参见铃木茂嗣:《事後法の禁止》,载樋口阳一、佐藤幸治主编:《憲法の基礎》,青林书院新社1975年版,第376页。

② 参见内藤谦:《刑法講義総論(上)》,有斐阁1983年版,第39页以下。包含内藤谦教授在内的一些学者有力地认为,作为正当程序原则的实体内容,罪刑均衡原则是《宪法》第31条或者第13条的应有之义。但是,笔者认为《宪法》第36条可能才是真正应该关注的(日本《宪法》第36条规定:"绝对禁止公务员施行拷问及残酷刑罚。"——译者注)。因为与其在一般性条款中寻找根据,不如诉诸具体的条款。一般认为,判例(最大判昭和23·3·12,《刑集》第2卷第3号,第191页)对第36条的定性是与刑罚的执行方法有关的规定,但是,如果认为在20世纪中期制定的《宪法》只是想禁止鼎镬刀锯这些执行方式,恐怕几乎是没有什么意义的。笔者认为,上述判决只是说死刑制度本身并不构成残虐的刑罚而已,没有必要将其作一般化的理解。

违反罪刑均衡原则？很遗憾的是，对这个问题恐怕无法给出一个明确的基准。但是，对什么样的场合不违反罪刑均衡原则这个问题，也许能尝试作一点阐述。比如，在制裁是对违法利益的剥夺的场合，就不会产生罪刑均衡的问题。在这个意义上，只要《反垄断法》的课征金仅限于对违法利益的剥夺，则其与刑事罚的并科就不会成为宪法上的问题这种观点，在结论上是可以成立的。进一步而言，即便一种制裁不仅仅是剥夺违法行为获得的利益，还要科处与这种利益相当的金额，也可以说是符合罪刑均衡原则的。我国的使用假币罪规定的罚金的最高额是假币票面价值的3倍（《刑法》第152条），不管3倍的规定是否合适，在剥夺违法利益的基础上，进一步科处与此利益相当的财产性制裁的做法，不仅从抑制的观点，从罪刑均衡的观点来说也是被允许的。当然，在将这种财产性制裁与自由刑并科的场合，需要考虑整体上的罪刑均衡问题。

尚待解决的另外一个重要问题是，行政制裁与刑事制裁如何使用才具有政策上的妥当性？关于这一问题留待有机会时再作详细研究，这里先简单阐述一下。

行政制裁之所以必要，是因为如果只依赖于刑事罚来实现对违法行为的抑制和制裁，会导致过度的刑罚化，因而是不妥当的。所以，将针对逃税行为的制裁一元化为刑事罚是不合理的。① 另外，现行《反垄断法》的课征金仅限于对违法利益的剥夺，而对违法行为的抑制完全依赖于刑事罚，但是，采取一种仅仅依靠课征金就能够实现某种程度的抑制机能的制度是否更加理想，是有研究的余地的。② 另外，对于类型性的轻微的违法行为，应该推进非犯罪化，仅用行政制裁来处理。对于类似交通反则金处罚对象的违反《道路交通法》的行为来说，这种思路是值得考虑的。

另一方面，刑事罚之所以是比行政制裁更重的刑罚，不用说是因为刑罚中包含了自由刑，同时还因为刑事罚具有将行为人定性为犯罪人这样的耻辱烙印功能。如果刑事罚相对于行政制裁的特色在于其具备耻辱烙印功能，则在行政制裁之外另行科处刑事罚的做法，不论刑事罚本身程度的轻重，都是具有意义的。与此有关的一个问题是，佐藤英明教授认为，

---

① 参见佐藤英明：《脱税と制裁：租税制裁法の構造と機能》，弘文堂1992年版，第276页以下。

② 【补】目前正朝着这个方向推进，参见本章第三节。

对于逃税行为并科重加算税和刑事罚这两种制裁的合理性,在于制裁内容的机能分担,与重加算税采取财产性制裁相对,刑事罚应该采取自由刑实刑主义。① 然而,虽然重加算税和罚金在都是财产性制裁这一点上是相同的,但恐怕不能说等额的重加算税与罚金在制裁效果上也是相同的。虽然也有观点认为,因为现代社会中对于逃税的认识还不充分,所以不能期待刑事罚发挥其耻辱烙印功能,但即便如此,其对策恐怕也应该是推行纳税人教育,而不是对所有的被告人科处自由刑的实刑。当然,不能否定在一些案件中需要对被告人科处自由刑实刑,但不能因此就说,既然要在行政制裁之外另行科处刑事罚,那么该刑事罚就必须是自由刑实刑。

第二节 二重处罚的禁止与罪刑均衡原则

一、绪论

在上一节中,本书参照《美国联邦宪法第五修正案》二重的危险条款的有关判例,对与二重处罚的禁止有关的问题进行了研究。② 由于1989年的 Halper 案件判决③认为制裁金(civil penalty)和刑罚的并科可能会违反二重的危险条款,美国联邦最高法院的判例应该会发生重大的变化。但是,最近的判例却向着实质性地否定 Halper 案件判决的方向推进。考虑到制裁金在美国执法层面中的重要性,可以说这种倾向在某种程度上是能够预料到的,而对该倾向的研究也会给我国带来重要的启示。因此,下面就对 Halper 案件判决以后美国判例的发展进行研究。

二、Halper 案件后判例的发展

(1) Halper 案件之后,联邦最高法院就二重处罚问题发表意见的,首

---

① 参见佐藤英明:《脱税と制裁:租税制裁法の構造と機能》,弘文堂1992年版,第289页以下。
② 参见佐伯仁志:《二重処罰の禁止について》,载松尾浩也、芝原邦尔主编:《刑事法学の現代的状況・内藤謙先生古稀祝賀》,有斐阁1994年版,第275页以下(本章第一节)。
③ United States v. Halper, 490 U.S. 435 (1989).

先应该提及的是1994年的Kurth Ranch案件。① 该案所涉及的蒙大拿州法律规定,对因毒品犯罪而被逮捕的人,以法律规定的一定额度(大麻是1盎司100美元)对其课税,如果该额度低于毒品市场价格的10%,则以后者为课税标准。Kurth Ranch案件判决认为,该法的课税是一种"处罚",对因毒品犯罪已被定罪判刑的人再次课税,违反了二重的危险条款。其主要理由是,该法的课税是一种以犯罪的实行为要件,在逮捕后才科处的一种特殊制度,这说明该法规定的课税目的不在于确保税收,而是为了处罚。

就本案与Halper案件的关系,该判决认为,本案作为问题焦点的课税与Halper案件作为问题焦点的制裁金在性质上是不同的,因而不需要运用Halper案件的测试方法。

(2)接着,在1996年的Ursery案件②中,对违反《药物规制法》的行为同时科处该法规定的民事没收和刑罚是否违反二重的危险条款,成了讨论的焦点问题。

联邦最高法院一贯以来的态度是,民事没收③不是对犯罪者的处罚,所以并科民事没收和刑罚并不违反二重的危险条款。④ 从普通法继受下来的民事没收一直被理解为这样一种制度,即物品本身就是"犯罪者",没收不是对违法者的处罚,或者说,民事没收是以赔偿国家的损害为目的的救济性制度。但是,由于1993年的Austin案件判决⑤认为,民事没收有可能构成禁止"过度的罚金"的《美国联邦宪法第八修正案》所称的"处罚",因此,民事没收有没有可能也被认定为《美国联邦宪法第五修正案》二重的危险条款所说的处罚,就成为问题的焦点。

该案中,行为人Ursery因为违法种植和传播大麻被逮捕,其住所因

---

① Department of Revenu of Mont. V. Kurth Ranch,511 U.S. 767 (1994).北卡罗来纳州也有一个将同样的税款认定为刑事罚的上诉法院判决,参见Lynn v. West,134 F. 3d 582 (4th Cir. 1998).

② United States v. Ursery,518 U.S. 267 (1996).

③ 有关美国的没收制度,参见佐伯仁志:《アメリカ合衆国の没收制度》,载町野朔、林干人主编:《现代社会における没收・追徵》,信山社1996年版,第286页以下。

④ Various Items of Personal Property v. United States,282 U.S. 577 (1931); One Lot Emerald Cut Stones v. United States,409 U.S. 232 (1972) (per curiam); United States v. One Assortment of 89 Firearms,465 U.S. 354 (1984).

⑤ Austin v. United States,509 U.S. 602 (1993).

是大麻的种植场所而被联邦政府实施了民事没收（Ursery 向联邦政府缴纳了 13 250 美元后达成了和解）。此后，Ursery 被以种植大麻罪起诉到联邦地区法院，法院认定其有罪并对其判处了 63 个月的监禁刑。但是，上诉审的第六巡回区上诉法院依据 Halper 案件和 Austin 案件判决，以并科民事没收和刑罚违反了二重的危险条款为由，撤销了上述有罪判决。

还有另外一个案件与本案的情况非常类似。在该案中，被告人因违反《药物规制法》制造兴奋剂和洗钱被判有罪，并被科处了终身刑和 10 年的附监督的释放（supervised release——译者注）及 25 万美元的罚金。此后，依据《药物规制法》，几名被告人的财产又被实施了民事没收。第九巡回区上诉法院也基于 Halper 案件和 Austin 案件的判决，认定该民事没收违反了二重的危险条款。

联邦最高法院审理该案后，由 Rehnquist 首席法官执笔的法庭意见指出，以往的判例认为民事没收和刑罚的并科并不违反二重的危险条款，而 Halper 案件、Kurth Ranch 案件、Austin 案件的判决并没有对这些判例进行变更。法庭意见认为，Halper 案件判决针对的是制裁金而不是民事没收，Kurth Ranch 案件判决并没有从 Halper 案件判决中寻找依据，而 Austin 案件判决关涉的是《美国联邦宪法第八修正案》，与《美国联邦宪法第五修正案》无关。在这里，法庭意见依据于认为民事没收的被告是"有罪物品"这种传统的虚拟，对民事没收和制裁金进行了区分。

判决在对 Ursery 案件和 Halper 案件进行区分的基础上，认为在判断民事制裁是否构成二重的危险条款意义上的"处罚"时，应该使用以往的先例所采纳的两个层次的判断框架。① 即首先判断议会的意图是将该制裁定性为民事的还是刑事的，如果议会的意图是将其定性为民事的，则进一步判断，法律规定在目的或者效果层面是否达到了否定上述议会意图程度的刑罚性（punitive）。基于上述判断框架，Ursery 案件判决认为《药物规制法》的民事没收不是处罚，其与刑罚的并科也并不违反二重的危险条款。

（3）这样一来，由于 Kurth Ranch 案件和 Ursery 案件判决的立场，Halper 案件判决的射程受到了限制。Ursery 案件判决虽然通过区别自身与 Halper 案件的案情避免了抵触，但是，在《药物规制法》的民事没收明显是以抑制为

---

① United States v. One Assortment of 89 Firearms, 465 U.S. 365 (1984), quoting United States v. Ward, 448 U.S. 242, 248-249 (1980).

目的情况下，Ursery 案件的判决仍然否定了其"处罚"的性质，并以 Halper 案件判决以前的框架为依据对此进行了说明，从这些方面来看，可以说 Ursery 案的判决实质性地否定了 Halper 案件的判决。将此立场进一步往前推进，在涉及制裁金的案件中也对 Halper 案件的判决作出实质性变更的，是 1987 年的 Hudson 案件。① 关于此案，下面进行详细的介绍。

三、Hudson 案件判决

（1）Hudson 案件的案情如下。

1980 年代初期到中期，Hudson 是 A 银行的最高负责人、B 银行支配性地位的大股东。另外两名共犯中，有一人是 A 银行的行长、B 银行的董事会成员，另外一人同时是 A 银行和 B 银行的董事会成员。

货币监理署（一下简称"OCC"）在对上述两家银行实施检查时，发现 Hudson 等人违反银行法和相关规则，对第三人（实质上是 Hudson）发放了贷款。1989 年 2 月，OCC 以此违法行为为由，对 Hudson 发出 10 万美元、其他两人发出 5 万美元制裁金的处罚通知。此外，OCC 还对 Hudson 等人发出了禁止参与联邦储蓄机构业务的通知。通过与 Hudson 等人进行交涉达成合意之后，OCC 发出了同意令（consent order——译者注），要求 Hudson 及两名共犯分别向国家缴纳16 500美元、15 000 美元和 12 500 美元的制裁金，并且以后不得再从事金融业务。此后，检察机关又以上述行政处分的原因事实为由，将 Hudson 等人起诉到联邦地区法院，罪名是共谋罪、非法使用银行资金罪、银行账簿的虚假记载罪等。

Hudson 等人以刑事起诉构成二重的危险为由，请求联邦地区法院驳回公诉，但联邦地区法院驳回了这一请求，于是 Hudson 等人提出了上诉。上诉法院肯定了地区法院关于职业禁止的决定，但撤销了有关制裁金的部分并将其发回重审。地区法院在重审中接受了 Hudson 的主张，裁定驳回公诉，但公诉机关又提起了抗诉。上诉法院依据 Halper 案件的判决，认为与国家遭受的损失相比，本案的制裁金额度并没有使该制裁达到构成

---

① Hudson et al. v. United States, 522 U.S. 93 (1997). 对本案的评论，参见 John R Weikart, A Second Look at Double Jeopardy: Hudson v. United States, 25 AM. J. CRIM. L. 631 (1998); Note, Lisa Melenyzer, Double Jeopardy Protection From Civil Sanctions After Hudson v. United States, 89 J. CRIM. L. & CRIMINOLOGY 1007 (1999).

二重的危险条款意义上的"处罚"这样显著不均衡的程度,因而撤销了地区法院的裁定。

(2)联邦最高法院受理 Hudson 的上诉之后,Rehnquist 首席法官执笔的法庭意见肯定了上诉法院的立场。

Rehnquist 首席法官援引以往的联邦最高法院判例[①],对与二重的危险有关的一般原则作了如下表述:

二重的危险条款所禁止的,只是对同一行为重复科处刑事罚(criminal punishment)。特定的处罚(punishment)在性质上是刑事的还是民事的,至少在一开始应被视为法解释学的问题,法院必须探寻立法者明示或者暗示的意思。但是,即便立法者的意思是创设民事罚,也还必须进一步审查,这种明确被设计成民事救济的制度的法律规定,是否在其目的或者效果层面过于表现出刑罚性(punitive),以至于质变成为刑事制裁(criminal penalty)。在对后者进行审查时,Kennedy 案件判决[②]中列举的参考要素是非常有用的基准。这些要素包括:①该制裁是否积极地约束或者限制人身自由;②该制裁在历史上是否被视为刑罚;③该制裁是否以主观的责任为要件;④适用该制裁是否会促进报应和抑制这种处罚的传统性目的;⑤适用该制裁的行为是否已经被定性为犯罪;⑥该制裁是否具有与之存在合理联系的、刑罚之外的替代性的目的;⑦参照这种替代性目的来看,制裁的程度是否过度。这些因素必须对照法律本身来进行判断,并且,只有在能排除合理怀疑的场合,才可以认定制裁的效果推翻了立法者的意思。

法庭意见在宣布再次采用上述传统的判断框架之后,对实质性变更了上述框架的 Halper 案件判决作出了如下的批判:

Halper 案件判决的逻辑中,有两点背离了传统的原则。第一,Halper 案件判决没有正确地审查是否是"刑事"罚,而是只关注于制裁额度有没有显著超过被害额度,将 Kennedy 案件判决所列举的第一个要素当做决定性的要素。但是,正如 Kennedy 案件判决强调的那样,判决中列举的要素中任何一个都不应该被视为决定性的要素。第二,Halper 案件判决并没有按照 Kennedy 案件判决的要求判断法律规定本身,其判断的对象是

---

① United States v. Ward, 448 U.S. 242 (1980).
② Kennedy v. Mendoza-Martinez, 372 U.S. 144 (1963).

实际上被科处的制裁的性质。

Halper案件判决对传统原则的背离是欠缺考虑的,此后的判例证明,Halper案件判决提出的标准是无法使用的。所有的民事罚都具备某种程度的抑制效果,如果认为制裁必须完全是救济性的(换言之,必须完全是非抑制性的)才能避免触犯二重的危险条款,那么不触犯二重的危险条款的民事罚恐怕是不存在的。另外,Halper案件判决认为必须审查实际科处的制裁,这就意味着,是否违反二重的危险条款,必须要等到对被告人作出判决之时才能判断。在民事程序之后启动刑事程序的场合,这种思路就与二重的危险条款的意图,即禁止试图进行第二次处罚这个尝试本身,形成了正面的冲突。

如上,法庭意见在批判了Halper案件判决之后,对本案适用了传统的判断标准,认为对Hudson的追诉很明显并不违反二重的危险条款。

首先,议会在规定OCC的制裁金和职业禁止的制裁时,明显是意图赋予其民事的性质。就制裁金而言,法律条文中就明文使用了"民事"一词。而就职业禁止而言,虽然没有明文规定,但从把制裁权限授予行政委员会这一点可以大概地推断,议会也是意图将其定性为民事的制裁。

其次,在第二阶段的审查中,没有证据表明制裁金和职业禁止在形式或者效果上具备了刑罚性、构成推翻议会意图的刑事性制度,更说不上对此有什么排除合理怀疑的证明。具体来说,第一,上述两种制裁在历史上都不曾被当做处罚。第二,这两种制裁并没有积极地约束或者限制自由,没有任何类似于名声不好的监禁刑的内容。第三,这两种制裁并非总是以主观的责任为要件。制裁金的科处不需要考虑违法者内心的意图,只是在计算制裁额度时,OCC会考虑违法性的认识错误,科处职业禁止也不要求行为人必须出于故意。第四,被OCC科处制裁的行为也许是犯罪,但这个事实不足以导致制裁金和职业禁止成为刑事罚。最后,虽然制裁金和职业禁止具备抑制的效果这种刑事罚的传统目的,但这也不足以导致两者成为刑事罚。抑制既可以是民事性的目的,也可以是刑事性的目的,本案的制裁在意图抑制将来的违法行为的同时,也具有促进银行业安定的目的。如果仅仅因为制裁具备抑制的效果,就认为其构成二重的危险条款中的"刑事"制裁,恐怕会严重妨害联邦的执法能力。

Hudson案件的判决之所以引起了注意,是因为该判决实质性地变更了Halper案件的判决,否定了二重的危险条款对制裁金的适用,同时,该判决还让人们注意到,Halper 案件判决试图解决的问题中,有些可以通过其他《宪法》条款来化解。换言之,Hudson 案件判决认为,即便不能运用二重的危险条款来保护,正当程序条款或平等原则条款也可以保护个人免受不合理制裁的侵犯,《美国联邦宪法第八修正案》也禁止科处过重的制裁金。

(3) 对于 Rehnquist 法官执笔的法庭意见,Scalia 法官和 Thomas 法官发表了补充意见(concurring opinion——译者注)[①],Stevens[②]、Souter、Breyer、Ginsburg[③] 几位法官则发表了配合意见(opinions concurring in the judgment——译者注)。除了 Stevens 法官之外,所有法官都一致认为,对 Halper 案件的判决应该作出实质性的变更,在这一点上,可以说 Hudson 案件的判决已经不可动摇。

上述意见中值得注意的是 Scalia 法官和 Thomas 法官发表的补充意见。两位法官认为,自 Kurth Ranch 案件以来,二重的危险条款就被认为只是禁止二重追诉,而不禁止二重处罚。两位法官之所以同意法庭意见,是因为法庭意见所采纳的传统立场认为二重处罚的禁止中也包含了禁止二重追诉的要求,结果是,二重处罚的禁止和二重追诉的禁止就变成了重合的概念,即便在理论上这是错误的,在实践中也不会有什么害处。

(4) Hudson 案件之后,下级审的判决几乎都一致采纳了该案的判断框

---

① 中国学界一般将"concurring opinion"笼统地译为"配合意见",但广义上的"concurring opinion"实际上包含了单纯的"补充意见"(狭义的"concurring opinion")与赞同结论但不赞同推理过程的"配合意见"(opinions concurring in the judgment),译者在本书中对上述两种情形作了区分。——译者注

② Stevens 法官认为,如果按照与二重的危险有关的 Blockburger 测试,本案并不是对同一行为重复科处制裁的情形,因此没有必要根据 Halper 案件判决提出的判断标准进行判断。有关 Blockburger 测试的论文,参见高仓新喜:《一事不再理の効力と既判力(拘束力)について——コラテラル・エストッペル(collateral estoppel)を参考にして(1)(2)》,载《北大法学論集》第 51 卷第 1 号(2000 年),第 1 页以下;第 51 卷第 2 号(2000 年),第 485 页以下。

③ 对于法庭意见提出的"排除合理怀疑的证明"的要求是否必要,Breyer 法官和 Ginsburg 法官保留了意见。

架,判定制裁金与刑罚的并科并不违反二重的危险条款。① 其中,在实务中比较重要的是关于《证券交易法》规定的制裁金的判决。

《证券交易法》规定,法院可以基于证券交易委员会(SEC)的请求,对违法者科处制裁金。② 制裁金的额度为违法行为所获利益或者所避免的损害的3倍以下。对于违法者的控制人(controlling person),法院也可以科处100万美元以下,或者因违法行为所获得的利益额或所避免的损害额3倍以下的制裁金,上限以两者中较高的一方为准。对控制人科处制裁金需要符合以下条件之一:①SEC证明,控制人故意或轻率地无视了被控制人实施违法行为的可能性,并且未采取适当措施防止违法行为的发生;②SEC证明,控制人故意或轻率地不制定、不维持或不执行合规计划,由此实质地助长了被控制人的违法行为。

另外,SEC也可以在审问的基础上,自行对违法者科处制裁金。③ 此种场合,制裁金的上限分为三个层级:①违法者是自然人的场合,制裁金上限是5000美元【由于物价的上升现在已经被提高到了5 500美元,下同】,法人的场合上限是5万美元【6万美元】;②如果违法行为具有欺诈、操纵、故意或轻率地无视规则的性质,则上限分别提高到自然人5万美元【6万美元】和法人25万美元【30万美元】;③在上述条件的基础上,如果行为进一步导致或明显有可能导致他人遭受重大损害,或者违法者获得了相当的经济利益,则再将上限分别提高到自然人10万美元【12万美元】和法人50万美元【57 000美元】。制裁金的科处必须符合公共利益,在对此进行判断时,需要考虑违法行为的手段、造成的损害、获得的利益、违法历史、抑制的必要性以及其他基于正义的要求需要考虑的因素。同时,制

---

① 参见 Cole v. United States Department of Agriculture,133 F. 3d 803(11th Cir. 1998)(农业部科处的制裁金);LaCrosse v. Commodity Futures Trading Com'n,137 F. 3d 925(7th Cir. 1998)(商品期货交易委员会科处的禁止交易处分);Grossfeld v. Commodity Futures Trading Com'n,137 F. 3d 1300(11th Cir. 1998)(商品期货交易委员会科处的制裁金);Ryan v. Commodity Futures Trading Com'n,145 F. 3d 910(7th Cir. 1998)(商品期货交易委员会科处的禁止交易处分);United States v. Lippert,148 F. 3d 474(8th Cir. 1998)[依据《佣金规制法》(Anti-Kickback Act——译者注)科处的制裁金];United States v. Mayes,158 F. 3d 1215(11th Cir. 1998)(监狱的惩罚);Herbert v. Billy,160 F. 3d 1131(6th Cir. 1998)(停止驾驶资格);Louis v. Commissioner of Internal Revenue,170 F. 3d 1232(9th Cir. 1999)(国税局科处的加算税);等等。
② 15 U. S. C. §78u-1.更加详细的内容,参见本书第四章第一节。
③ 15 U. S. C. §78u-2.

裁金的科处也要考虑违法者的资力。除此之外,还可以命令违法者向国家上缴违法行为所获得的利益(包括利息)。①

由于SEC在实践中积极地运用这种强有力的制裁金,并且这种制裁金与刑罚的并科在实践中也并不少见,所以其与二重的危险条款的关系就成为一个问题。在Hudson案件判决之后,对此问题作出判断的,是第二巡回区上诉法院的Palmisano案件。②

Palmisano因邮政欺诈(mail fraud——译者注)、电信欺诈(wire fraud——译者注)、证券欺诈(securities fraud——译者注)、洗钱行为被判有罪,法院对其科处了188个月的监禁刑和超过3777万美元的损害恢复命令,并且对其洗钱行为涉及的70万美元实施了没收。接着,SEC向联邦地区法院提出了判处Palmisano上交违法获利,并对其科处制裁金的民事请求。法院肯定了SEC的请求,判决剥夺Palmisano 920万美元的违法获利,并对其科处50万美元的制裁金。在上诉审中,双方基于Hudson案件判决对剥夺违法获利和科处制裁金是否构成刑罚展开了争论。上诉法院认为,制裁金被议会明确定性为民事性的制度,此外,对证券欺诈的抑制具有提高投资人的信用和证券市场的效率,以及促进证券行业的稳定性这种非刑罚性目的,因而判定剥夺违法获利和制裁金不构成刑罚。

就Hudson案件判决提出的第一阶段的审查而言,由于其重点是先行探寻立法者的意图,因而,在行政罚和刑事罚的并科存在疑问的场合,常常在依据立法者意思通过第一阶段的审查后,就强力地推定不适用二重的危险条款。而就第二阶段的审查来说,Hudson案件判决认为,制裁金并不是像监禁刑那样约束自由的制度,而且,仅仅是行政罚具有抑制的目的,或者被科处行政罚的行为已被定性为犯罪这些因素,都不会导致行政罚质变为刑事罚。结果是,只要行政罚能被设想出存在某种救济性的目的,就不会存在违反二重的危险条款的问题。而就像Palmisano案件判决充分展示的那样,判例所考虑的"救济性目的",不仅包含填补国家遭受的损害这种财产性的目的,还包含维持证券市场的信用和效率这种抽象的

---

① 参见宇贺克也:《SECによる法執行の改革——1990年法改正を中心として》,载《ジュリスト》第990号(1991年),第38页以下;芝原邦尔:《行政の実効性確保——刑事法の視点から》,载《公法》第58号(1996年),第258页以下;黑沼悦郎:《アメリカ証券取引法》,弘文堂1999年版,第214页以下。

② SEC v. Palmisano, 135 F. 3d 860 (2nd Cir. 1998).

目的,因此,完全没有救济目的的行政罚可能是很难想象的。因此,在Hudson案件判决的语境中,立法者为了达成行政目的而将可以通过民事程序科处的制裁手段授予行政机关的场合,该制裁总是会被解释成民事性的制裁,因而其与刑事罚的并科在事实上并不会引发违反《美国联邦宪法第五修正案》二重危险条款的问题。

当然,上述情形不受二重的危险条款的规制,并不意味着其完全不受任何《宪法》条款的制约。下文就介绍两个最高法院的判例,这两个判例关涉的是禁止过度罚金的《美国联邦宪法第八修正案》。

四、罪刑均衡原则

(1)《美国联邦宪法第八修正案》规定:"不得要求交纳金额过高的保释金,不得科处过重的罚金,不得科处残酷和异常的刑罚。"前文所述的Austin案件判决①认为,民事没收有可能触犯《美国联邦宪法第八修正案》的"过重的罚金"问题。

Austin案件的案情是,Austin在南达科他州法院被判构成以传播为目的持有可卡因罪并被判处7年的监禁刑。此后,联邦政府又基于《药物规制法》中民事没收的规定,向地区法院提出了没收Austin的可移动式房屋和汽车用品店的请求,法院肯定了这一请求。法院判决实施没收的理由是,Austin曾经以交易为目的,将可卡因从可移动式房屋带到汽车用品店。

以往的联邦最高法院判例认为,《美国联邦宪法第八修正案》只适用于国家行使刑罚权的场合。② 但是,Austin案件的判决引用了Halper案件的判决,认为"处罚的概念跨越了刑事和民事两个领域",是否适用《美国联邦宪法第八修正案》,不取决于该没收是刑事的还是民事的,而取决于其是否是处罚,"如果一种制度仅仅用救济性目的还不足以解释,而必须认为其还具有报应或抑制的目的时,那么该制度就是处罚"。

在民事没收和二重的危险条款的关系上,传统上之所以不将民事没收定性为"处罚"的一个原因是,民事没收的对象是物品本身,因而物品被虚拟成了"犯罪者"(因此,民事没收程序的被告是物品)。但是,Austin案

---

① Austin v. United States, 509 U.S. 602 (1993).
② 因此,否定了《美国联邦宪法第八修正案》对于惩罚性损害赔偿的适用。参见Browning-Ferris Industries of Vt., Inc., v. Kelco Disposal, Inc., 492 U.S. 257 (1989).

件的判决认为,从"无辜的所有者"可以免责这一点可以看出,民事没收制度的本质在于处罚物品所有者怠于管理因而导致自己的物品被用于犯罪的行为。基于这种理解,Austin案件判决否定了传统的理解。而《药物规制法》也认可了无辜者的免责,该法的立法过程也表明,其有关没收的规定也是以抑制犯罪和处罚为目的。因此判决认为,该法的民事没收构成了《美国联邦宪法第八修正案》的"处罚"。判决还指出,对违禁品本身的没收虽然可以说是一种救济性制度,但本案没收的对象并不是违禁品本身。

判决在肯定了《美国联邦宪法第八修正案》适用于《药物规制法》的民事没收之后,将该没收是否过重的判断交给了下级法院。①

(2) Austin案件判决强烈依赖于Halper案件的判决,但是,由于Halper案件之后的Ursery案件判决认为民事没收并不构成二重的危险条款中的"处罚",Halper案件的射程受到了限制。后来,Hudson案件的判决又对Halper案件的判决作出了实质性的变更,因此,Austin案件判决的价值就变得不稳定了。在此种状况下,最近出现的Bajakajian案件判决②认为,对洗钱罪对象财产的没收,违反了《美国联邦宪法第八修正案》。虽然本案是关于刑事没收的,但却是最高法院首次判定没收违反《美国联邦宪法第八修正案》的具有里程碑意义的判决。

Bajakajian案件的案情如下。美国法律规定,在携带1万美元以上的现金出境时,应当如实申报。而Bajakajian通过虚假申报试图携带357 144美元现金出境,法院判决Bajakajian犯罪成立。联邦刑法虽然规定要求对应当申报的财物实施没收③,但地区法院以《美国联邦宪法第八

---

① 关于罪刑均衡的判断基准,参见佐伯仁志:《アメリカ合衆国の没収制度》,载町野朔、林干人主编:《现代社会における没収・追徴》,信山社1996年版,第303页以下。

② United States v. Bajakajian, 524 U.S. 321 (1998). 关于本案的评论,参见Note, Charmin Bortz Shiely, United States v. Bajakajian: Will a New Standard for Applying the Excessive Fines Clause to Criminal Forfeitures Affect Civil Forfeiture Analysis?, 77 N. C. L. Rev. 1595 (1999). 关于本案的介绍,参见荻原滋:《刑事没収と过大な罚金禁止条项》,载《爱知大学法学部法经论集》第151号(1999年),第79页以下。

③ 18 U.S.C. § 982 (a)(1).

修正案》为由，仅对Bajakajian判处了3年的缓刑①、5 000美元的罚金以及15 000美元的没收，上诉法院也支持了这一判决。上诉法院的多数意见认为，只有在没收的对象是犯罪工具，并且没收与责任未失均衡的情况下，没收才不违反《美国联邦宪法第八修正案》。而本案中的财物并不能说是犯罪的工具，因而不允许对该财产实施任何形式的没收。但因为被告一方并没有对15 000美元的没收提出上诉，所以上诉审不能撤销该部分的判决。

Thomas法官执笔的法庭意见认为，本案对财产的没收在性质上毫无疑问是处罚。虽然政府一方主张本案的没收也具有抑制违法行为和对财产出入境进行监管这种救济性的目的，但法庭意见认为，抑制是处罚的目的之一，本案的没收并不是为了填补政府的损害，因而与关税法的民事没收在性质上是不同的。另外，政府还主张，如果没有携带现金就不存在不申报的问题，所以本案的现金是犯罪的工具，因而是没收的对象。但法庭意见认为，这种观点扩大了传统的犯罪工具概念，因而不能采纳。

法庭意见基于上述理由，判定在对洗钱罪的对象财产实施没收时，应当适用《美国联邦宪法第八修正案》所保障的罪刑均衡原则之后，就何种场合违反《美国联邦宪法第八修正案》的问题指出，对处罚是否适当的判断首先是立法者的权限，法院对均衡性的判断在本质上是模糊的，因此，只有在显失均衡的情况下才会违反《美国联邦宪法第八修正案》。基于上述理由，法庭认为本案的没收显著失衡，所以违反了《美国联邦宪法第八修正案》。其列举主要理由有：①本案未申报的现金的来源是正当的，其使用目的也是正当的，因此本案的犯罪仅仅是没有如实申报信息，其责任和造成的损害都很轻微；②联邦量刑指南所规定的不申报罪的罚金刑上限只不过是5 000美元；③被告人不是洗钱犯、毒品犯罪人、逃税人等反洗

---

① 原判决的用语是"probation"，中国学界通常将该词译为"缓刑"，但实际上中国的缓刑与美国的probation存在很大的制度差异。中国的缓刑是同时宣判实刑以及缓期执行的期间，在此期间内对罪犯进行考察，但美国的probation只是宣判一个考察期间，如果罪犯在考察期间违反相应规定，再通过将其收监、延长考验期等方式进行处理。因此，不能简单地将美国的probation与中国的缓刑制度等同。佐伯仁志教授在原著中将"probation"译为"保护观察"，应当说这种译法是比较准确的，但由于中国已经普遍接受将"probation"一词译为"缓刑"，所以译者在本书中还是遵从这一译法，但请读者注意中美两国制度上的差异。——译者注

钱法的主要打击对象;等等。①

(3) Bajakajian 案件中的核心问题是刑事没收,而民事没收并不能直接套用其逻辑。实际上,为了和在民事没收与二重的危险条款的关系上否定民事没收的"处罚"性质的判例相区别,判决也援用了民事没收的被告就是物品这一古老的虚拟,以强调刑事没收和民事没收的区别。在这个意义上,可以说 Austin 案件判决的地位恐怕依然是不稳定的。

但是,法庭意见的逻辑是,对应当申报的对象财产的没收,因为不能从没收犯罪工具的角度来说明,也不能用填补政府的损害这一救济目的来说明,所以应该认定其具有处罚的目的。然而,这个逻辑同样适用于通过民事程序来执行和本案相同的没收的场合。从形式上看,Bajakajian 案件也是以先例的形式引用了 Austin 案件的判决。因此,可以说 Bajakajian 案件判决暗示着在 Hudson 案件之后,Austin 案件的判决仍然维持着其作为判例的价值。Husdon 案件判决本身也曾提到,《美国联邦宪法第八修正案》有可能适用于制裁金,恐怕这也印证了上述判断。②

实际上,因为经常会出现对同一个违法行为适用刑事没收和民事没收都被允许的情况,假设《美国联邦宪法第八修正案》只适用于刑事没收而不适用于民事没收,就会导致政府只要用民事没收取代刑事没收,哪怕该没收与违法行为显著不均衡也会被允许这种不合理的结果。在民事没收的问题受到强烈关注的现在,联邦最高法院不太可能采取上述立场。

---

① 【补】此后,为了应对"9·11"恐怖袭击在 2001 年制定的 USA Patriot Act 修改了民事和刑事没收的规定(Pub. L. No. 107-156, §391, 371, 372),导致 Bajakajian 案件判决的意义大大减弱。该法规定,对违反申报义务携带超过 1 万美元的现金出境的行为要进行处罚,并设置了对涉案现金实施没收的规定(31 U. S. C. §5332)。立法者的意图是要对和 Bajakajian 案件同种的案件中试图携带出境的现金全部实施没收[Pub. L. No. 107-156, §371(a)(6)]。换言之,Bajakajian 案件是基于处罚违反申报义务的规定而对未经申报试图携带出境的现金实施的没收,而新法处罚的并不是违反申报义务的行为,而是(违反申报义务)试图将现金携带出境的行为。这样一来,试图携带出境的现金就变成了犯罪组成之物,于是即便前面有 Bajakajian 案件的判例,也可以对涉案的现金全部实施没收。

当然,新法并没有对刑事没收要受到《美国联邦宪法第八修正案》的制约本身进行否定,但是,像 Bajakajian 这种案件的没收违反《美国联邦宪法第八修正案》的可能性可以说已经变得很小了。有判例基于上述理由认为,对未经申报试图携带 11 万 4948 美元出境的行为,即便对涉案的 114 948 美元实施全额没收,也并不违反《美国联邦宪法第八修正案》。参见 United States v. Jose, 499 F. 3d 105 (2007)。

② 有判决表达了同样的观点,参见 United States v. Lippert, 148 F. 3d 474 (8th Cir. 1998)。

在此后的上诉审判决中,出现了与 Bajakajian 案件案情相同,但核心问题并不是刑事没收而是民事没收的案件。此案判决认为,对应当申报的对象财产实施的民事没收,虽然不构成二重的危险条款中的刑事罚,但可能构成过重的罚金条款意义上的刑罚。①

五、结语

上一节就二重处罚的问题进行研究得出的结论是,《宪法》第 39 条后半段应该理解为有关禁止程序上的"二重的危险"的规定,二重的处罚不涉及《宪法》第 39 条后半段的问题,而应该被当做实体上的均衡问题来处理。这种观点还不能说已经是一般性的理解。但是,田宫裕博士认为,《宪法》第 39 条前半段和后半段都应该理解为是关于程序的规定②,而在二重处罚的问题上,田宫博士也认为在并科重加算税和刑罚的场合,应该在确定罚金刑的额度时考虑已经科处的重加算税的税额。这实际上也是在暗示,二重处罚问题的实质是罪刑均衡的问题。③

近来美国判例的动向是,在实质上否定民事罚和刑罚的并科违反二重的危险条款的同时,在民事罚过度以至于"罪刑"失衡的场合,允许通过《美国联邦宪法第八修正案》对民事罚进行限制。法庭意见没有像 Scalia 法官和 Thomas 法官那样,明确采取将二重的危险条款理解为纯粹的程序性保障的立场。但是,从实质上来看,法庭意见还是将二重的危险条款完全当做程序性的保障来看待,而对实体上的均衡的要求则另做考察,这与田宫博士以及笔者的思考方向是一致的。

当然,针对联邦最高法院判例对于民事制裁实质上全部排除二重的危险条款的适用的做法,并非没有批判。特别是,对于将民事没收排除在

---

① United States v. \$273,969.04 U.S. Currency, 164 F. 3d (9th Cir. 1999).不过,对于以违反关税法的申报义务为根据对宝石实施的民事没收,该判决认为,由于 Bajakajian 案件判决已经明确表示民事没收不是处罚,因此并不适用《美国联邦宪法第八修正案》。
② 田宫裕:《一事不再理的原则》,有斐阁 1978 年版,第 83 页,注 4。
③ 田宫裕:《罚金と追徵税の併科》,载《宪法判例百选》,有斐阁 1963 年版,第 128 页。相同的观点,参见松尾浩也:《罚金と重加算税の併科課の合宪性》,载《租税判例百选》(第 3 版),有斐阁 1992 年版,第 215 页;北野弘久:《追徵税と罚金の併科》,载《行政判例百选 I》(第 3 版),有斐阁 1993 年版,第 231 页。

二重的危险条款的适用之外的 Ursery 案件的批判是非常强烈的。① 批判的意见认为，抛开对违禁品和不法收益的没收不说，除此之外的对于财产的没收，如果其与违法行为不均衡，则必然具备刑罚性。但是，如果这里的核心问题在于"罪刑"的均衡性，与其讨论二重的危险问题，不如直接讨论"罪刑"均衡性的问题。原因是，由于二重的危险条款是适用于出现了重复的程序的场合，因此，在同一个程序中同时科处制裁金和刑罚时（这种并合程序也是被允许的），无论行政罚如何失衡，也不会触犯二重的危险条款。

我国的行政制裁一直以来主要都依赖于刑罚，但从保障《反垄断法》或者《证券交易法》【《金融商品交易法》】这种经济管理法规的效力的角度来说，已经到了重新检讨行政罚和刑事罚的关系的时候了。为此，也有必要对二重处罚的问题展开研究，而参考美国的判例对这种研究是大有裨益的。

第三节　《反垄断法》的修正与二重处罚的禁止

一、绪论

（一）《反垄断法》的课征金与二重处罚的问题

自《反垄断法》创设课征金制度开始，课征金的性质是否是制裁，以及其与刑罚的并科是否构成《宪法》第 39 条所禁止的二重处罚，就一直是一个争议的问题。对此，公正交易委员会的立场是，课征金制度是通过剥夺违法行为人因实施卡特尔行为所获得的经济利益，以寻求确保社会的公正和对违法行为的抑制，从而保障禁止卡特尔的规定的效力的行政上的措施。课征金仅限于对经济性获利的剥夺，其性质不是制裁，所以不会引发二重处罚问题。在 1991 年上调课征金额度时也曾经强调，上调额度的

---

① See, Comment, The Supreme Court-Leading Cases, 110 Harv. L. Rev. 135, 211 (1996).

做法并不意味着改变了上述对课征金的理解。①

在2005年讨论修正《反垄断法》的过程中，一开始也还是维持上述理解，但公正交易委员会在对《反垄断法》修正案草案定稿的说明中，明确承认了课征金制度具有制裁的性质。② 可是，在国会审议《反垄断法》修正案草案时，政府委员在说明中指出，虽然修正案草案进一步强化了课征金作为行政性制裁的机能，但是，课征金的"法律性质"，即课征金是行政机关为了防止违法行为而科处经济上的不利益这样一种"行政上的措施"，一直以来都没有变化。③ 但是，就以往的说明而言，即便可以从课征金是通过剥夺不当获利试图抑制违法行为的"行政上的措施"这个角度出发，认为其"行政上的措施"的性质没有改变，但当课征金成为一种可以科处超出不当获利的经济上的不利益的"行政上的措施"之时，课征金的法律性质就明显发生了变化。

这种对课征金的定性的变更，笔者认为是合理的。如果将课征金定性为对不正当获利的剥夺制度，就很难整合性地说明其与2005年修正中引入的课征金减免、加重制度的关系。④ 而且，一旦受害人对垄断行为提出了损害赔偿或者返还不当得利的请求，则认为课征金仅仅是对不正当获利的剥夺制度这种理解就会难以维系。

但是，如果将课征金定性为制裁，则以往提出的课征金与刑罚的并科并不违反《宪法》第39条的理由就不再妥当。因此，日本经济联合会等针

---

① 参见根岸哲:《違法カルテルに対する課徵金制度》，载《法律時報》第49卷第11号(1977年)，第51页;加藤秀树:《課徵金の引上げに係る独占禁止法の改正について》，载《公正取引》第487号(1991年)，第15页;《課徵金に関する独占禁止法改正問題懇談会報告書》，载公正交易委员会事务局编:《独占禁止法の抑止力強化と透明性の確保》，大藏省印刷局1992年版，第8页以下;等等。

② 讨论过程，参见金井貴嗣:《課徵金制度の見直しについて》，载《ジュリスト》第1270号(2004年)，第15页以下。

③ 参见諏訪園貞明:《改正独占禁止法の解説》，载《旬刊商事法務》第1733号(2005年)，第5页。

④ 参见法务综合研究所:《企業犯罪報告書》(2001年3月);古城誠等:《企業犯罪研究会報告書——独占禁止法の制裁制度に関する研究》，载《法律のひろば》第54卷第5号(2001年)，第42页以下;乡原信郎:《独占禁止法の制裁·措置体系の見直しについて》，载《ジュリスト》第1249号(2003年)，第124页;乡原信郎:《独占禁止法の制裁·措置体系を考える——桐蔭横浜大学公開討論会の議論を参考にして》，载《NBL》第775号(2003年)，第15页;等等。

对这一问题对2005年的修正提出了强烈批判。①

（二）《证券交易法》的课征金与二重处罚

不仅是《反垄断法》，在《证券交易法》【《金融商品交易法》】领域，课征金与刑罚的并科同样也是一个问题。

2004年修正《证券交易法》时，对内幕交易、操纵市场、散布谣言、违反发行披露义务的行为设置了课征金，但是对违反继续披露义务的行为，并没有设置课征金。

但是，在2004年的西武铁道案件中，对有价证券报告书的虚假记载成了一个重大问题，在2004年12月24日发布的题为《公开披露制度公信力的保障》②的报告书中，金融审议会建议将违反继续披露义务的行为纳入课征金的适用对象。据媒体报道，基于金融审议会的报告书，金融厅准备拟定一个将课征金的适用范围扩大到违反继续披露义务的《证券交易法》修正案草案，但内阁法制局表示，剥夺的利益超过非法获利的课征金制度有违反禁止二重处罚原则的嫌疑，因而最终放弃了进一步法案化的进程。③

但是，此后在国会对《证券交易法》修正案草案的审议过程中，自民党、公明党和民主党以共同提案的形式提出了一个对违反继续披露义务的行为设置课征金的修正案草案，修正后的《证券交易法》在众议院获得通过后，进入了参议院审议程序。在修正案中，课征金的额度被规定为虚假记载时股票总市值的0.003%，如果该额度低于300万日元，则课征金额度为300万日元。在因同一行为已被科处罚金的场合，要从课征金中减去罚金的额度。④

就《反垄断法》的修正引入的剥夺的利益超过非法获利的课征金与刑

---

① 参见日本经济团体联合会经济法规委员会竞争法分会2004年6月25日发表的《『独占禁止法改正(案)の概要』に対するコメント》；日本经济团体联合会2004年7月13日发表的《21世紀にふさわしい独占禁止法改正に向けた提言》；等等。另外，参见诸石光熙：《措置体系の見直しについて日本経団連の提言——課徵金と刑事罰の併科を中心に》，载《NBL》第770号(2003年)，第16页；志田至郎《課徵金減免制度について》，载《ジュリスト》第1270号(2004年)，第39页；等等。
② 日文标题为《ディスクロージャー制度の信賴性確保に向けて》。——译者注
③ 参见《朝日新聞》2005年2月18日朝刊，3月2日朝刊。
④ 参见《朝日新聞》2005年4月27日朝刊。

罚并科的问题而言,认为此种并科并不违反《宪法》第39条的政府的立场可谓是统一的,但从上述《证券交易法》的修正过程来看,情况又并非如此。课征金与刑罚的并科,仍然是一个有待解决的课题。

(三) 本节的目的

笔者一直以来都主张,课征金是一种行政制裁,而行政制裁与刑事制裁的并科并不违反《宪法》第39条。①《反垄断法》和《证券交易法》的新课征金制度的行政制裁性质是难以否定的,但不能就此断定这些课征金与刑罚的并科会违反《宪法》第39条。下面,笔者就对我国有关二重处罚的判例,以及与我国《宪法》第39条的母法即《美国联邦宪法第五修正案》有关的美国联邦最高法院的判例进行简单的梳理,在此基础上,对行政制裁与刑罚的并科是否会违反《宪法》第39条进行分析。

在讨论二重处罚的问题时,有必要明确区分宪法论与政策论。如果行政制裁与刑罚的并科违反《宪法》第39条,则这种行政制裁就是违宪因而无效的,也就没有进一步研究政策论的余地。与此相对,如果行政制裁与刑罚的并科并不违反《宪法》第39条,那么允许进行此种并科的制度是否合理,则是另外的关于政策论的问题了。本节主要讨论前一个问题,但在最后,也会就政策论问题简单地谈谈笔者个人的观点。

二、我国判例中二重处罚的禁止

(一) 有关并科行政制裁与刑罚的判例

首先要确认的一个问题是,我国的判例中,对并科行政制裁与刑罚是否触犯二重处罚的禁止这个问题是如何理解的。

1. 有关加算税的判例

有关这个问题的典型判例是关于追征税和刑罚的并科的判例(最大判昭和33·4·30,《民集》第12卷第6号,第938页)。该案判决认为,"《法人税法》(昭和22年法律第28号,本案依据的是根据昭和25年3月31日法律第72号进行修正之前《法人税法》)第43条的追征税,是为了促进纳

---

① 参见佐伯仁志:《二重处罚的禁止について》,载松尾浩也、芝原邦尔主编:《刑事法学の现代的状况·内藤谦先生古稀祝贺》,有斐阁1994年版,第275页以下(本章第一节);《アメリカにおける二重处罚の禁止——最近の发展を中心に》,载广濑健二、多田辰也主编:《田宫裕博士追悼論集(下)》,信山社2003年版,第513页以下(本章第二节)。

税申报,附加在本来的赋税上面以税收的形式来赋课的制度,不能否定,科处追征税具有对怠于纳税申报的行为进行制裁的意义。但是,这与那种违法行为人或者法人由于通过欺诈或者其他不正当手段获得了法人税豁免,因而被科处该法第48条第1项以及第51条的罚金的情形,在性质上应该被理解为是不同的。换言之,从该法第48条第1项对逃税人规定的刑罚中'通过欺诈或者其他不正当手段……'这个表述可以看出,该刑罚是着眼于逃税人不正当行为的反社会性或者反道德性而对其科处的制裁,与此相对,只要存在少报、不报这些违反纳税义务的事实,并且欠缺第43条所规定的不可抗拒的事由,就可以对实施了违法行为的法人科处该条规定的追征税。应该将这里的追征税理解为通过上述手段防止少报、不报等违反纳税申报义务的行为,以此来促进纳税申报的行政上的措施。法律将追征税规定为应该通过行政机关的行政程序、以税收的形式来科处,明确显示了法律并无意将应该被科处追征税的违反纳税义务的行为人的行为定性为犯罪、将追征税定性为对此种行为的刑罚。鉴于追征税的这种性质,应当认为,《宪法》第39条的规定并未意图禁止作为刑罚的罚金与追征税的并科,被告人一方提出的并科违宪的主张无法采纳。"

同样,关于重加算税和刑罚的并科的判例(最判昭和45·9·11,《刑集》第24卷第10号,第1333页)认为,"《国税通则法》第68条规定的重加算税,是在违法者通过隐瞒或者虚报应纳税事项、违反纳税义务,应被科处该法第65条或第67条规定的各种重加算税的场合,由行政机关通过行政程序对违法者科处的一种行政上的措施,其目的是防止行为人通过上述不正当手段违反纳税义务,从而实现对征税活动的保障。这与着眼于违法者不正当行为的反社会性或者反道德性、以制裁的方式科处的刑罚,在目的以及性质上应当理解为是不同的。因此,本院大法庭的一贯立场是,针对同一逃税行为,即便在重加算税之外再科处刑罚,也并不违反《宪法》第39条(参见昭和33年4月30日大法庭判决,《民集》第12卷第6号,第938页)。另外,参见昭和36年7月6日第一小法庭判决,《刑集》第15卷第7号,第1054页)。现在没有理由认为应当变更上述理解,因此,被告人的主张不能被采纳"。

2.诉讼程序上的制裁

就《法庭秩序维持法》规定的监置与刑罚的并科问题,判例(最判昭和34·4·9,《刑集》第13卷第4号,第442页)认为,"本院判例[昭和28年(秩ち)第 1 号,昭和 33 年 10 月 15 日大法庭决定(《刑集》第 12 卷第 14 号,第 3291 页)]的立场是,监置不属于以往的刑事性或者行政性处罚范畴中的任何一种,而应该理解为《法庭秩序维持法》设置的一种特殊的处罚。因此,从上述两个大法庭的判例中可以明确得出的结论是,在对被告人科处既不属于刑事性也不属于行政性处罚,而是由《法庭秩序维持法》规定的监置这样一种制裁之后,即便又因为同一事实对其进行刑事追诉并判其有罪,也不能认为构成《宪法》第 39 条所说的对同一犯罪重复追究刑事责任"。

另外,就《刑事诉讼法》第 160 条对拒绝作证的行为规定的过料与刑罚的并科问题,判例(最判昭和 39·6·5,《刑集》第 18 卷第 5 号,第 189 页)指出,"应当认为,《刑事诉讼法》第 160 条所规定的过料,是为了维持诉讼程序的秩序,由主导该程序的法院或者法官针对违反秩序的行为直接科处的秩序罚,而该法第 161 条所规定的罚金和拘留,是通过通常的刑事诉讼程序,针对拒绝协助刑事司法活动的行为科处的刑罚,两者在目的、要件以及实现的程序上都是不同的,不一定是择一的关系,两者的并科并无不可",此种并科并不违反《宪法》第 31 条以及第 39 条后半段。

3. 有关课征金的判例

到目前为止,最高裁判所判例还未曾就《反垄断法》的课征金与刑罚的并科问题直接表达过立场。但是,在标签纸串通投标审决取消案件中,判决(最判平成 10·10·13,《判例时报》第 1662 号,第 83 页)认为,"就本案的卡特尔行为而言,最高裁判所昭和 29 年(オ)第 236 号、昭和 33 年 4 月 30 日大法庭判决(《民集》第 12 卷第 6 号,第 938 页)的判决旨意已经明确表达了这样的立场,即在违反《反垄断法》的案件中,即便已经对违法者判处了罚金刑,并且国家也已经对违法者提出了请求返还不当得利的民事诉讼,再以与本案相同的卡特尔行为为由命令违法者缴纳该法第 7 条之 2 第 1 项规定的课征金,也并不违反《宪法》第 39 条、第 29 条和第 31 条。与上述判决方向一致的原审判决的判断是正当合理的,所以应该肯定"。

但是,在标签纸串通投标不当得利返还请求案件的一审中,判决(东京地判平成 12·3·31,《判例时报》第 1734 号,第 28 页)认为,即便已经向国库缴纳了课征金,也并不影响不当得利返还请求权,在此基础上,该判决进一步指出,"即便认为课征金制度与民法上的不当得利制度可以并存,由于课征金本质上并不具有制裁或者刑罚的性质,所以上述理解显然并不违反《宪法》第 39 条、第 29 条和第 31 条"。从这个判词中隐约可见的是,东京地方裁判所认为,如果课征金具备了"制裁"的性质,则其与刑罚的并科会违反《宪法》第 39 条。而本案的上诉审判决(东京高判决平成 13·2·8,《判例时报》第 1742 号,第 96 页)则进一步明确指出,"由于《反垄断法》对卡特尔行为另行规定了刑事罚,如果缴纳课征金的命令具备了制裁的性质,则就会违反禁止二重处罚的《宪法》第 39 条。因此,即便从社会效果来看不能否定课征金制度具备某种制裁的功能,课征金本质上也都只是一种以剥夺因卡特尔行为而获得的违法经济利益为目的的制度。而从课征金的这种经济效果来看,不能否定其在某些方面与民法上的不当得利制度有类似的功能。……在不法获利者向受损者返还了所有的获利,已经没有其他应当被剥夺的不当得利的情况下,仍然对其科处课征金时,就有必要检讨这种课征金缴纳命令的合宪性问题"。可见,东京高等裁判所采取的立场是,如果课征金构成"制裁",则其与刑罚的并科就会违反《宪法》第 39 条。

在高等裁判所的判例中,保鲜膜卡特尔案件的判决(东京高判平成 5·5·21高,《刑集》第 46 卷第 2 号,第 108 页)就《反垄断法》的课征金与刑罚的并科问题直接表达了立场。该判决指出,"《反垄断法》规定的课征金,是通过剥夺违法行为人因实施卡特尔行为所获得的经济利益,以寻求确保社会的公正和对违法行为的抑制,从而保障禁止卡特尔的规定的效力的行政上的措施。与着眼于卡特尔行为的反社会性或者反道德性而以制裁的形式科处的刑事罚相比,两者在宗旨、目的、程序等方面都是不同的,课征金与刑罚的并科显然并不违反禁止二重处罚的《宪法》第 39 条"。

(二)判例的分析

对于以上判例,首先应该注意的是,判例并不是认为存在争议的行政措施的性质不是制裁,所以其与刑罚的并科不构成二重处罚,而是在肯定了这些措施具有制裁性质的前提下,认为上述并科不构成二重处罚。在这个问题上,与诉讼法上的制裁有关的判例明确将《法庭秩序维持法》规定的监置定性为"特殊的处罚",将《刑事诉讼法》第 160 条的过料定性为"秩序罚",与此相对,与加算税有关的判例只是将加算税称为"行政性措施",而并没有明确将其定性为制裁。但是,此后的下级审判决把"加算税是一种制裁"视为当然的前提,在此基础上,认为其与刑罚的并科仍然是合宪的。比如,东京高等裁判所平成 7 年 9 月 6 日判决(《税务资料》第 212 号,第

3427页)认为,"重加算税是行政上的制裁,由于其在宗旨、性质、要件等方面与刑罚并不相同,所以,针对同一行为,在重加算税之外另行科处罚金或者其他的刑罚,也并不构成《宪法》第39条规定的二重处罚(参见最高裁判所昭和45年9月11日第二小法庭判决,《刑集》第24卷第10号,第1333页等)"。在超过违法者不法获利的程度而科处不利益这一点上,否定重加算税的制裁性质是困难的,所以,上述判例的理解是合理的,而且,这种理解与前述有关诉讼法上的制裁的判例在方向上也是一致的。

与此相对,与课征金有关的最高裁判所平成10年(1998年)的判决仅仅是引用了昭和33年(1958年)的大法庭判决,认定该案并不违反《宪法》第39条,所以,就课征金的性质问题而言,其立场未必明确。但是,从肯定课征金制度可以与不当得利返还请求并存这一点来说,可以认为,该判决实际上肯定了课征金制度并非单纯的对不法利益的剥夺,而且,即便课征金具有超出对不法获利的剥夺的制裁性质,其与刑罚的并科也并不违反《宪法》第39条。[①] 该判决引用了加算税与刑罚的并科的判例作为先例这种做法,也可以印证上述解读。

在标签纸串通投标不当得利返还请求案中,东京高等裁判所的判决认为,"命令缴纳课征金如果具备制裁的色彩,就违反了禁止二重处罚的《宪法》第39条"。从前述判例的发展历程来看,该判决显得特别与众不同。这种"朴素"的二重处罚禁止论[②]可能是受到了公正交易委员会的传统理解的误导,但是,该判决与昭和33年(1958年)大法庭判决以来的一连串判例(最直接的是最高裁判所平成10年(1998年)的判决)明显相悖[③],所以应该认为该判例没有作为先例的价值。另一方面,在保鲜膜卡特尔案件中,虽然高等裁判所判决的论证前提是将课征金定性为"旨在通过国家的征收、剥夺违法者通过卡特尔行为的不法经济获利的制度",但是,由于该判决的后半部分原封不动地引用了加算税与刑罚的并科有关的判例的逻辑,所以对该判决的立场另一种可能的解读是,即便课征金制度具有剥夺不法利益之外的制裁的性质,其与刑罚的并科就如同加算税和刑罚的并科

---

① 参见泉水文雄:《判评》,载《独禁法审决·判例百选》(第6版),有斐阁2002年版,第65页。

② 参见《判例时报》第1742号(2001年)第96页的匿名判例解说。

③ 参见高木光:《独占禁止法上の課徵金の根拠づけ》,载《NBL》第774号(2003年),第23页,注18。

一样,也可能是妥当的。这种解读与最高裁判所平成10年(1998年)判决的立场才是协调的。

综上,对判例立场的合理解读是,即便包含课征金在内的行政措施在性质上是制裁,也不能就此断定其构成《宪法》第39条的"刑事责任"。至于判例认为行政制裁在何种场合才会构成"刑事责任",后文中再进行分析。

三、美国的判例

毫无疑问,我国《宪法》第39条的源头是《美国联邦宪法第五修正案》。而高额的制裁金(civil penalty)在美国被广泛运用①,因而积累了很多有关行政制裁与刑罚的并科是否构成《美国联邦宪法第五修正案》所禁止的二重处罚的判例。因此,在解释我国《宪法》第39条时,美国与二重处罚有关的判例是有参考价值的。

美国关于这个问题的重要判例,是1989年的Halper案件。② 该案判决认为,是否构成二重处罚,取决于实际科处的制裁的性质,当行政制裁金与损害赔偿的目的没有合理的关联性,而仅仅服务于报应或者抑制目的时,就应当被视为是刑罚。因此,对于通过向国家提出欺诈性请求而获得565美元不当得利的违法行为人,在科处了两年的监禁刑和5 000美元的罚金之后,再进一步科处高额制裁金(根据法律规定,制裁金的额度有可能超过13万美元)的做法,极有可能违反禁止二重处罚的《美国联邦宪法第五修正案》。

但是,1992年的Hudson案件判决③对Halper案件判决的方向作出了实质性的变更。该案判决认为,Halper案件判决提出的判断基准逸脱了以往的判例,是欠缺深思熟虑、无法使用的。在作出上述强烈否定的评价之后,该案判决提出了这样一种判断基准,即一种制裁是否是刑事制裁,首先是立法者意图的问题,但即便立法者意图将某种制裁定性为非刑事制裁,也会出现该制裁的法律规定从目的或者效果上过于体现出刑罚性,因而被视为刑事制裁的情形。在对是否构成刑事制裁进行具体判断时,必须综合考虑以下要素:①该制裁是否限制人身自由;②该制裁在历史上

---

① 包含相关文献等在内的详细内容,参见佐伯仁志:《経済犯罪に対する制裁について》,载《法曹時報》第53卷第11号(2001年),第1页以下(本书第四章第一节)。

② United States v. Halper, 490 U.S. 435 (1989).

③ Hudson et al. v. United States, 522 U.S. 93 (1997).

是否被视为刑罚；③该制裁是否以主观的责任作为要件；④该制裁是否以报应和抑制为目的；⑤适用该制裁的行为是否已经被定性为犯罪；⑥该制裁是否具有与之存在合理联系的、刑罚之外的替代性的目的；⑦参照这种替代性目的来看，制裁的程度是否过度；等等。而且，这些要素必须对照法律本身来进行判断，只有在排除合理怀疑的场合，才能认定制裁的效果推翻了立法者的意思。Hudson案件的案情是，几名银行的经营者因违反银行法等法律被货币监理署（OCC）科处制裁金之后，又因同一事实受到了刑事追诉。该案判决参照上述基准，认为立法者的意图明显是将本案的制裁金定性为非刑事制裁，而没有证据表明立法者的上述意思被制裁的效果推翻了。在作出上述判断时，该判决认为，即便被科处制裁金的行为同时也构成犯罪，或者科处制裁金的目的是抑制违法行为，也不足以认定科处制裁金就构成了刑事制裁。

　　Hudson案件的判决虽然肯定了立法者所意图设定的非刑事制裁有被认定为构成实质上的刑事制裁的可能性，但是如果依据该判决提出的基准，实际上制裁金几乎没有可能被认定为刑事制裁。比如，在Hudson案件之后发生的Palmisano案件[①]中，行为人因证券欺诈罪被科处刑罚之后，基于证券交易委员会（SEC）的请求，下级法院又判决剥夺行为人920万美元的不法获利，并科以50万美元的制裁金。第二巡回区上诉法院判决认为，SEC的制裁金具有抑制证券欺诈、提高投资家的信用和证券市场的效率、促进证券产业的安定性这种非刑罚性目的，因此并不构成刑事制裁。但是，如果科处超出不法获利程度的高额制裁金都不构成刑事制裁，那么能够构成刑事制裁的制裁金恐怕是难以想象的。

四、若干的检讨

（一）《宪法》第39条的"刑事责任"的意义

　　主张课征金与刑罚的并科构成《宪法》第39条所禁止的二重处罚的立场，是以《宪法》第39条中的"刑事责任"也包含行政制裁这种解释为前提的。这种解释有两种可能性：第一种解释是，无论是行政制裁还是刑事制裁，都是《宪法》第39条中的"刑事责任"；第二种解释是，仅仅是制裁还

---

① SEC v. Palmisano, 135 F. 3d 860 (2nd Cir. 1998).

不足以构成"刑事责任",但行政制裁如果具备了一定的性质,可能会构成"刑事责任"。

1. 认为所有制裁都构成"刑事责任"的观点

首先,就认为所有制裁都构成"刑事责任"的观点而言,其通常的表述是,如果课征金具备了剥夺不法获利之外的制裁的性质,则其与刑罚的并科就违反了《宪法》第39条。但是,这种观点没有回答的一个根本问题是,为什么《宪法》第39条的"刑事责任"应该解释为一般的制裁?这种观点也许是来源于这样的确信,即把课征金视为诸如损害赔偿或者不当得利这些"民事法制度设计"的反面,认为制裁性机能是刑法的专属领域。但是,如高木教授已经正确指出的那样,这种观点是没有根据的。①

这个观点的另外一个问题是,如果《宪法》上有关刑事制裁的其他保障条款(比如《宪法》第37条、第38条)的效力不涉及行政制裁,那么就必须说明,为什么只在《宪法》第39条中将行政制裁解释为"刑事责任"。但是,该观点对此问题并没有作出合理回答。

而且,如果这种观点不能说明加算税为什么不是制裁,就会得出加算税制度因违宪而无效的结论。但是这种结论至少是与目前确定有效的判例相冲突的。认为课征金这种制裁与刑罚的并科违反《宪法》第39条的观点,对这个问题也没有作出回答。

此外,实际上有多少人支持这种观点,本来就存在疑问。确实,对于课征金制度的合宪性问题,包含公正交易委员会在内的多数论者,都是从课征金仅仅是一种对不正当利益的剥夺制度这一点出发来论证其不构成二重处罚的。但是,持这种立场的论者,是否认为超出不法获利的剥夺的课征金就构成"刑事责任",未必是明确的。②

---

① 参见高木光:《独占禁止法上の課徵金の根拠づけ》,载《NBL》第774号(2003年),第23页以下。

② 比如,西田典之教授认为,由于课征金是恢复原状的措施而并非惩罚性的制裁,所以并不会触犯二重处罚的禁止问题,但是,西田教授是否认为超出恢复原状的课征金就全部都构成"刑事责任",并不清楚。参见西田典之:《独占禁止法における刑事罰の強化について》,载《経済法学会年報》第13号(1992年),第76页。与此相对,神山敏雄教授认为,"只有在课征金的性质是剥夺不当得利之时,才勉强可以摆脱'二重处罚'的嫌疑","但如果改成制裁性的课征金制度,规定最高可以科处违法获利额2倍、3倍的课征金的话,则其与刑罚的并科就可能构成二重处罚",因此,神山教授恐怕是认为制裁性的课征金全部都构成"刑事责任"。参见神山敏雄:《独禁法犯罪の研究》,成文堂2002年版,第44页。

2.认为具备一定性质的制裁构成"刑事责任"的观点

与上述观点相对的另外一种观点是,即便是制裁,也并非就直接构成《宪法》第39条的"刑事责任",而只有在其具备某种+α的时候,才构成"刑事责任"。那些认为行政制裁和刑罚的并科有触犯《宪法》第39条的可能性,同时又判决某种具体的行政制裁并不违反《宪法》第39条的判例,可以说采取的是该种立场。有些观点对判例提出批判,认为"对于二重处罚的问题,也有必要考虑科处的不利益实质上是否达到了刑罚的程度"①,这种观点从本质上也可以划分到上述立场的阵营中。问题是,+α包含哪些要素呢?

(1)制裁的程度

首先要考虑的是制裁的程度。二重处罚问题之所以特别关注课征金,原因恐怕就在于有些课征金的额度确实很高。② 但是,就如同1 000日元的科料是刑罚,而100万日元的过料不是刑罚一样,是否构成"刑事责任"并非由制裁的程度决定。而且,法律中还存在停止营业命令这种对经营者科处的行政措施,其带来的经济上的不利益比罚金更加严厉,但是没有人认为这种措施构成《宪法》第39条的"刑事责任"。③ 既然如此,则必须认为,是否构成"刑事责任",并不是由制裁的程度决定的,而是由制裁的性质来决定的。

重视制裁程度这种观点的背后,是不应当允许过重的制裁这种正当合理的观念。在"对于二重处罚的问题,也有必要考虑科处的不利益实质上是否达到了刑罚的程度"这种观点中,也能感受到上述观念的影响。但是,如果制裁程度过重是一个问题,问题的核心也应该在于制裁的程度本身,至于制裁是否与刑罚并科,并不重要。当然,也可能存在某种行政制裁本身并不重,但其与刑罚并科之后导致制裁过重的情形。但这里成为问题的是并科之后总体的制裁的量,而制裁与刑罚的并科这种事实本身并不重要。行政制裁与刑罚的并科也好,单独的行政制裁也好,如果其制裁的程度过重,终究都会有问题。认为行政制裁与刑罚的并科构成二重

---

① 参见盐野宏:《行政法Ⅰ》(第2版),有斐阁1994年版,第203页。
② 有学者指出,课征金的制裁性比加算税还要高。参见泽田克己:《課徴金制度の再検討》,载森本滋等编:《企業の健全性確保と取締役の責任》,有斐阁1997年版,第557页以下。
③ 参见高木光:《独占禁止法上の課徴金の根拠づけ》,载《NBL》第774号(2003年),第24页以下。

处罚的观点，也许是考虑到除了二重处罚的禁止以外，宪法上就没有关于行政制裁的科处方面的保障条款了。但是，科处行政制裁应当符合"比例原则"这一点得到了广泛的认可，这个原则应当理解为宪法上的原则。①一直以来都有观点认为，在对加算税和刑罚进行并科时，如果在量刑中考虑已经科处过加算税的事实，就不构成二重处罚。②可以说这种观点实质上是在考虑制裁的量的总体是否符合比例原则的问题。如果是这样，那么与讨论二重处罚问题相比，对加算税与刑罚的并科从比例原则的视角展开讨论更加合适。因为，如同针对同一行为重复科处1 000日元的科料也会违反《宪法》第39条那样，《宪法》第39条规定的二重处罚的禁止，是与制裁程度无关的、极为形式性的原则。在以比例原则为中心展开讨论之时，虽然必须要对具体违法行为的性质与科处的具体的制裁的量进行比较，但这种判断与《宪法》第39条是无关的。

在围绕课征金制度改革的讨论中，为了解决二重处罚的问题，有观点建议将其纯化为行政制裁，也有观点建议将行政制裁和刑事制裁在程序上进行分离。但是这些方案并不能解决二重处罚的问题，反而可能引发更严重的问题。因为，如果将超过对不法获利的剥夺的课征金理解为"刑事责任"，则与课征金的制裁程度没有区别的其他行政上的措施也可以理解为"刑事责任"。比如，课征金与指名停止措施的并罚也有可能被理解为构成《宪法》第39条的二重处罚。将行政措施理解为"刑事责任"，无异于打开了潘多拉魔盒。一直以来，与课征金有关的二重处罚问题的讨论，都只是讨论课征金与刑罚的并科问题，而没有达至将行政措施理解为"刑事责任"的结论（包含程序上的问题），之所以如此，从根本上来说恐怕还是因为关注的焦点集中在制裁程度是否过重上面。

---

① 可以认为该原则在《宪法》上的根据是《宪法》第13条或者第31条。笔者一直将该原则称为"罪刑均衡原则"，但正如高木教授所言，就行政制裁而言，将其称为"比例原则"可能更合适。参见高木光：《独占禁止法上の課徵金の根拠づけ》，载《NBL》第774号（2003年），第24页。

② 参见田宮裕：《判評》，载《憲法判例百選》，有斐阁1963年版，第128页；松尾浩也：《判評》，载《租税判例百選》（第3版），有斐阁1992年版，第215页；北野弘久：《判評》，载《行政判例百選Ⅰ》（第3版），有斐阁1993年版，第213页；等等。

(2)制裁的性质

我国的判例是在考虑行政制裁的目的、要件、程序的基础上,通过制裁的性质来判断是否符合+α的。比如,最高裁判所昭和39年(1964年)的判决认为,过料和罚金在目的、要件以及实现的程序上都是不同的,不一定是择一的关系,两者的并科并无不可;最高裁判所昭和45年(1970年)的判决认为,重加算税是通过行政机关的程序对违法者科处的行政上的措施,与着眼于违法者不法行为的反社会性或者反道德性、以制裁的方式科处的刑罚相比,两者在宗旨和性质上是不同的。这些判例的判断基准与美国的判例相近,因而意味深长,但是,根据这种判断基准,是否会得出诸如课征金这种科处财产上的不利益的制裁可能会构成"刑事责任"的结论呢?

在行政制裁的目的、要件、程序中,就程序而言,只要不是通过刑事程序或者准刑事程序科处的,就不会以科处程序的性质为由将行政制裁认定为"刑事责任"。由于没有人建议通过刑事程序或者准刑事程序来科处《反垄断法》的课征金,所以,恐怕不存在以科处程序的性质为由将课征金认定为"刑事责任"的可能性。在这一点上,课征金制度与原则上是以刑事程序来科处的德国的过料制度(Geldbuβe)是不同的。由于刑罚是一种严厉的制裁,所以必须通过具有完备的程序性保障的刑事程序来科处,这当然是没错的,但从另一个侧面来说,一种制裁正是因为其是通过刑事程序来科处的才被视为刑罚、产生作为刑罚的耻辱印记效应。

其次,之所以将制裁的要件作为判断基准之一,重要的恐怕并不是该要件本身,而是通过该要件可以推导出制裁的目的。基于责任主义的要求,故意和过失被视为科处刑罚所必不可少的要件,所以,在将故意和过失作为制裁的要件的场合,大致推定该制裁的目的可能与刑罚相同也并非没有道理。但是,判例承认了几乎根据同一要件对逃税行为并科重加算税和刑罚的合宪性[①],也承认了课征金与刑罚并科的合宪性,因此,要件的同一性本身并不具备决定性的意义(也许是因为这个原因,高等裁判所关于保鲜膜卡特尔案件的判决将"要件"从判断要素中剔除了出去)。

结果是,在判例的基准中,制裁的宗旨和目的,即该制裁是否是"着眼

---

① 参见佐藤英明:《脱税と制裁:租税制裁法の構造と機能》,弘文堂1992年版,第36页以下。

于不法行为的反社会性或者反道德性,作为对这种不法行为的制裁来科处的",才是决定性的要素。

有观点认为,判例的这种基准关注的焦点是行为本身是否具有"反社会性或者反道德性"这种伦理非难的性格。① 这种观点也许是对判例最朴实的理解,但却是经不起推敲的。因为被科处刑罚的行为并不限于所谓的自然犯,也包含大量的法定犯(就数量来看,实际上法定犯占压倒性多数),而就法定犯而言,很难说其行为本身带有"反社会性或者反道德性"这种伦理非难的性格。

因此,对于判例提出制裁的宗旨或者目的这个基准,有必要将其理解为,设置相关制裁时,立法者是否是着眼于违法行为的反社会性或者反道德性,即把上述基准理解为立法者的意思问题。"只要不采取认为行政处分中完全不包含针对行为的非难要素的立场,则刑罚与具有对过去的行为进行制裁的机能的行政处分就无法进行质的区分,因此,除了法律形式,换言之,除了立法者的意思,区分某种制裁是刑罚还是行政制裁的基准是不存在的。"②基于这种考虑,判例承认了行政制裁与刑罚的并科有可能构成二重处罚,但实际上,判例几乎没有作出过这种认定,恐怕应该说,将通过行政程序科处的课征金理解为"刑事责任"的可能性几乎为零。③

---

① 参见铃木恭藏:《課徴金制度の再考:審査への協力事業者に対する課徴金の免除・減額について(上)》,载《NBL》第712号(2001年),第39页。

② 参见川出敏裕:《交通事件に対する制裁のあり方について》,载宫泽浩一先生古稀祝贺论文集编辑委员会编:《現代社会と刑事法・宮澤浩一先生古稀祝賀論文集(3)》,成文堂2000年版,第259页。

③ 根岸哲教授认为,在实施了卡特尔行为的经营者因损害赔偿或返还不当得利而失去违法获利,又进一步被科处课征金的场合,即便课征金具有制裁的效果,由于课征金并不是给经营者打上犯罪的烙印、让其承担刑事上的责任,所以即便并科课征金和刑罚也不构成二重处罚。从与重加算税和刑罚的并科有关的确定判例来看,这一点是很明确的。参见根岸哲:《独禁法実現のためのサンクション体系の一側面:社会保険庁目隠しシール入札談合事件を中心として》,载森本滋等编:《企業の健全性確保と取締役の責任》,有斐閣1997年版,第586页。

(3)刑罚的特质

将刑罚理解为着眼于违法行为的反社会性或者反道德性而科处的制裁,使人联想到基于道义责任论的传统刑罚观。由于现在一般将刑罚的目的理解为法益的保护,像判例对刑罚目的这种理解是否妥当,就会成为一个问题。① 笔者认为,即便从近来的刑罚论出发,判例的这种立场也具有正当性。这是因为,制度的目的可以从多个层面来理解,即便刑罚制度的终极目的在于保护国民的利益(法益),如果把为实现该目的而动用刑罚的意义理解为对违法行为打上犯罪的烙印、施加强烈的社会非难,那么将此种意义称为刑罚的目的也未尝不可。行政制裁与刑罚都是以抑制违法行为为目的,但行政制裁主要是通过科处经济上的不利益来达成此目的的,与此相对,刑罚是在科处不利益的同时,通过给违法行为打上犯罪的烙印,以及对行为人施加强烈的社会非难来达至此目的的。②

学界有观点认为,虽然在试图抑制违法行为、保障禁止卡特尔规定的效力这一目的上,课征金与刑罚是相同的,但"课征金是通过对违法获利的剥夺来实现该目的,而刑事罚则是进一步宣布行为构成了(具备重大不法、责任内容的)犯罪,并独自另行对其科处不利益。这就是两者的并罚并不违反禁止二重处罚条款的理由"。③ 这种观点背后的意思似乎可以理解为,如果课征金的性质超过了对不法利益的剥夺,则其与刑罚的并科就会构成二重处罚,但这种理解恐怕是没有必要的。因为即便课征金以超出不法利益剥夺的制裁为目的,刑事罚也还是有自己独立的目的。田中利幸教授认为,在科处刑罚的要件和科处行政制裁的要件是相同或者几乎相同的情况下,制裁方式选择其中一个应该就足够了,以伦理性非难的

---

① 参见来生新:《課徴金の性格と独禁法改正:行政制裁と刑罰の関係についての一考察》,载《エコノミア》第41卷第4号(1991年),第37页以下。

② 但是,既然是针对过去的违法行为科处的制裁,就不能否定行政制裁中也含有非难的要素。因此,笔者曾经认为,行政制裁和刑罚并没有质上的差异,而仅仅存在量上的差异[参见佐伯仁志:《制裁》,载岩村正彦等编:《岩波講座現代の法4——政策と法》,岩波书店1998年版,第226页(本书第一章第一节)],但现在看来这种理解过于轻视了刑罚的犯罪烙印功能。

③ 参见林干人:《判評》,载《独禁法審決·判例百選》(第5版),有斐阁1997年版,第257页;山本辉之:《判評》,载《独禁法審決·判例百選》(第6版),有斐阁2002年版,第255页。

有无、程序和目的的差异等理由支持并科的观点并没有说服力。① 但是,通过两种手段实现同一个目的的做法,并非就直接违反宪法(当然,在政策论上可能成为一个问题)。

换一种方式可能更加容易理解这个问题。比如说,针对一个行为,对自然人可以同时并科自由刑、罚金刑以及没收,没有人认为这种并科构成二重处罚。既然如此,那么在立法上将上述刑罚限定为自由刑,而把经济上的不利益的科处全部转移到行政制裁,进而允许刑罚与行政制裁的并科,实体面上应该也不会触犯二重处罚的问题。在这种制度下,由于对法人无法科处自由刑,为了给违法行为打上犯罪的烙印、对法人施加强烈的非难,就有必要科处与行政制裁相区别的刑罚。② 在对法人科处的刑罚是罚金时,虽然会导致重复科处财产上的不利益的结果,但与科处财产上的不利益这种做法本身相比而言,罚金刑的主要目的更在于将行为定性为犯罪,对其施加强烈的非难。如果将解散、停止营业等规定为针对法人的刑罚,允许这种刑罚与行政制裁的并科也是有可能的。

(4)《宪法》第39条的射程

笔者曾经阐述过这样的观点,即把《宪法》第39条纯粹视为是对禁止二重起诉的规定。对此,有学者质疑,与课征金有关的判例似乎是将《宪法》第39条也包含实体法上的问题当做讨论前提的。③ 笔者对判例的这种解读方法并没有异议,笔者想说的只是,即便像判例那样,将《宪法》第39条解读为包含实体法上的二重处罚问题,如果最终几乎无法想象行政制裁与刑罚的并科违反《宪法》第39条的情形,那么将《宪法》第39条理解为关于程序保障的规定则是更加清晰明了的。而且,即便采取这种理解方式,由于还存在比例(罪刑均衡)原则的制约,所以在实体层面也是有足够的保障的。

---

① 参见田中利幸:《行政制裁と刑罰の併科》,载平场安治等编:《团藤重光博士古稀祝贺論文集(3)》,有斐阁1984年版,第121页。

② 当然,通过刑罚对法人施加非难有没有意义,是另外一个问题,但我国的通说是法人处罚肯定说。另外需要注意的是,从与反垄断法规定的制裁有关的比较法研究来看,德国刑法一般不允许对法人科处刑罚,而欧盟本来就没有刑罚权。

③ 参见舟田正之:《徴金制度の強化:補足的メモ》,载《立教法学》第65号(2004年),第164页。

（二）有关课征金与罚金的调整问题

如果将课征金定性为制裁，其额度当然就不必止于对非法利益的剥夺，也不必以非法获利的额度为基准来确定课征金的额度。由于课征金的额度必须与违法行为相均衡，而且最好不要赋予行政机关过于宽泛的自由裁量权，所以有必要找到一个计算基准，但这个计算基准没有必要是违法行为的不法获利。对于因违反继续披露义务而对行为人科处《证券交易法》《金融商品交易法》的课征金的做法，虽然有观点批判认为，这里的课征金与不法获利的关联不明确，所以有构成《宪法》第39条的"刑事责任"的嫌疑，但笔者认为，课征金与不法获利的关联性并非必不可少的。

当然，认为行政制裁不是"刑事责任"，并不意味着行政制裁的科处或者行政制裁与刑罚的并科就不受宪法的制约。对此，不仅有比例（罪刑均衡）原则的制约，在程序方面，也必须从宪法的正当程序保障的角度出发，使该制裁受到相应的程序性制约。

在2005年《反垄断法》的修正中，设置了课征金和罚金的调整性条款，规定在已经判处罚金的场合，要从课征金中扣除罚金额的一半。另外，在《证券交易法》的修正中引入的课征金制度规定，要从课征金中全额扣除已判处的罚金。事实上，这种做法是有先例的，在并科重加算税与罚金的场合，司法实践在确定罚金额时，会考虑重加算税的额度。

在并科行政制裁和刑罚的场合，由于只要制裁的总量不违反比例（罪刑均衡）原则就可以，所以恐怕还不至于说上述调整就一定是必要的。即便把并科的刑罚纳入考察，与欧盟和美国相比，我国对卡特尔行为的制裁程度仍然是偏低的，既然如此，像目前这种把课征金额度交给法院裁量的做法也是十分可取的。

当然，在立法政策上，把制裁之间的调整统一在法律中加以规定也是可能的。但是，不得不说，此种场合应该依据何种比例来调整，是没有明确基准的。这就如同刑罚制度中，在如何设定法定刑和如何进行实际的量刑的问题上，也不存在明确的基准一样。

就《反垄断法》关于从课征金中扣除罚金额的一半的规定，有一种解释是，刑罚具有惩罚和抑制的机能，而在抑制机能的部分，刑罚和课征金是重合的,所以要扣除罚金额的一半。① 由于刑罚中惩罚机能与抑制机能的比例是不明确的,所以,这种解释恐怕只能说是在政策上可能的一种拟制。② 即便像《证券交易法》那样从课征金中全额扣除罚金,由于刑罚打上犯罪烙印的耻辱印记效果(惩罚机能)仍然残留,这种制度也是十分可取的。

五、结语

本节开头曾经提到,即便课征金与刑罚的并科不违反宪法,这种并科制度是否合理,在政策论层面仍然是一个问题。在这里笔者对此问题作一个简单分析。

就课征金与刑罚的关系问题,存在统一为刑罚论(美国型)、统一为行政制裁金论(欧盟型)、并置但程序分离论(反则金型)以及允许并科论(现行日本法型)四种解决方案。虽然每一种方案都有人支持③,但笔者认为,至少在目前来看,允许并科论是妥当的④,其理由如下。

第一,统一为刑罚论或者并置但程序分离论都是以法人处罚制度的根本性改革为前提的,但很难认为这种改革在近期能够实现。目前对法人能科处的罚金的最高额为5亿日元【后来经过修正提高到7亿日元】,想把这个标准一下子提高到课征金的水平恐怕是很难的。虽然也有观点认为还可以利用没收、追征制度,但与课征金不同,没收、追征需要严格的计算,所以这种意见也不具有可行性。另外,即便实现了实体法层面的改革,如果投入违反反垄断法案件中的侦查资源不能大幅增加,这种改革最终有可能沦为"画大饼",而且这种改革在近期实现的可能性也是比较小的。

---

① 参见谘访园贞明:《改正独占禁止法の解说》,载《旬刊商事法務》第1733号(2005年),第5—6页。

② 但是,乡原信郎教授批判认为,"仅仅是扣除罚金额的一半这种简单的调整还不足以消除二重处罚的问题"。参见乡原信郎:《課徵金と刑事罰の関係をめぐる問題と今後の課題》,载《ジュリスト》第1270号(2004年),第27页。

③ 《徵金制度の強化:補足的メモ》一文中列举了主要的文献。参见舟田正之:《徵金制度の強化:補足的メモ》,载《立教法学》第65号(2004年),第164页,注4。

④ 参见舟田正之:《徵金制度の強化:補足的メモ》,载《立教法学》第65号(2004年),第165页以下;丹宗晓信、岸井大太郎主编:《独占禁止手続法》,有斐阁2002年版,第126页(和田健夫执笔部分);等等。

第二，统一为行政制裁金论轻视了刑罚的感铭力。①② 如果想转而单纯依靠行政制裁来维系现有制裁框架的抑制力，就必须大幅提高行政制裁的力度，但能否实现这种改革也是存在疑问的。而且，如果统一为行政制裁金论仅仅是要废除对经营者的刑罚，但会保留对自然人从业人员的处罚，那么就有必要研究法人处罚的废止是否会导致自然人处罚的强化，以及考虑到违反《反垄断法》的企业犯罪的特质，这种方向是否妥当。

在本节结束之际，笔者想强调的是，无论如何，今后围绕反垄断法的制裁体系应采取何种模式这个问题的讨论，都应该从二重处罚论问题中解放出来。

【补论】《反垄断法》修正之后的动向

2005年修正《反垄断法》时，要求修正案施行后的两年内要及时对新法施行中的问题进行研究。③ 由此，内阁府设立了"《反垄断法》基本问题恳谈会"，2007年6月，恳谈会发布了《〈反垄断法〉基本问题恳谈会报告书》。

恳谈会的主要任务之一是对刑罚和课征金的关系问题进行根本性的研究。对此，报告书认为，"为了抑制违法行为而科处的行政上的财产性不利益的处分，即便会对被处分者形成制裁性的效果，由于其并不是像刑事罚那样以道义性的非难为目的，因此，即便将其和刑事罚并科，也不构成《宪法》所禁止的二重处罚"。另外，报告书将为了抑制违法行为而科处的行政上的财产性不利益处分称为"违反金"，并就政策性问题，即统一为违反金的方式与违反金和刑罚并科的方式之间的选择问题，认为"在激活现有的针对法人的刑事罚的效力同时，设计违反金制度并灵活地赋课

---

① 当然，感铭力是一个需要进行实证研究的问题，如果社会上的一般人并不清楚刑罚和行政制裁的区别，这两者对违法行为的抑制效果也没有差别，那就要另当别论了。但是，只要不存在反证，恐怕还是应该将刑罚具有独自的抑制力作为讨论的前提（如果认为只要刑罚独自的抑制力没有得到积极的证明就不能维持刑罚制度，刑罚制度就崩溃了）。

② 在考虑这个问题时，还必须同时考虑到，一旦实施非刑罚化，就无法再继续通过侦查程序来收集证据。此外，执行的担保也会成为一个问题，不过，课征金的对象是企业，因此与罚金可能几乎没有什么区别。关于这些问题，参见佐伯仁志：《制裁》，载岩村正彦等编：《岩波講座現代の法4——政策と法》，岩波书店1998年版，第237页以下（本书第一章第一节）。

③ 参见島田聡一郎：《今後2年間の見直しにおける課題——刑事法学の視点から》，载《法律のひろば》第58巻第12号（2005年），第23页。

违反金的做法,从现状来看对于抑制违法行为来说是有效果的,继续维持违反金与刑事罚的并存、并科是适当的"。

对于报告书的这种立场,有观点批判认为,"对于极力排除当局裁量的违反金与强调道义性非难的刑事罚的组合,想要使其制裁的整体程度与违法行为的恶性、重大性相对应是很困难的"[①]。但如前所述,《反垄断法》的制裁体系采取违反金与刑罚的并存、并科制度是比较理想的。有观点认为,"报告书前半部分的最大意义,在于基本确定性地确认了将维持对违反《反垄断法》的行为,特别是对核心卡特尔(hard core cartel——译者注)行为所采取的并科刑事罚和违反金的方式。由于欧盟的成员国保留了科处刑事处罚的权限,而欧盟本身只能科处行政制裁金,在同一企业多次实施卡特尔行为的场合,为了抑制这种行为,欧盟就不得不科处极其高额的制裁金。但这种做法受到质疑,因为制裁金实际上被转移到消费者或者股东身上。所以,欧盟的这种政策到底有没有足够的抑制力,尚不可知。与此相对,就抑制违法行为的措施体系而言,采取将具备特有的耻辱印记效果的刑事罚与违反金并科的方式则可以得到极为优秀的评价"。对此观点,笔者基本是赞成的。[②] 报告书还提出,"在立法政策的判断中,在注意比例原则的同时,在制度上也必须避免两者目的共通性的强化以至于形成二重处罚的危险",这一点也是值得肯定的。

但是,报告书过于强调刑罚和违反金的差异,给人们造成刑罚的目的就只是道义的非难这样一种印象,这恐怕也存在问题。因为这种理解会招致这样的疑问,即处罚法人的目的有没有可能纯化为仅仅是道义的非难?[③] 而且,如果从违反金中排除道义非难的要素会导致公正交易委员会的裁量权受到限制,进而导致制裁的整体程度难以与违法行为的恶性和重大性相适应,则对报告书的上述观点仍然有进一步研究的余地(报告书强调,在制度设计时要注意行政措施的灵活性,但这种灵活性与限制裁量权之间的关联尚不明确)。

[①] 乡原信郎:《課徵金(違反金)と刑事罰をめぐる基本問題》,载《ジュリスト》第1342号(2007年),第34页。

[②] 土田和博:《不当な取引制限,支配型私的独占に対する違反金制度の在り方》,载《ジュリスト》第1342号(2007年),第48页。

[③] 参见乡原信郎:《課徵金(違反金)と刑事罰をめぐる基本問題》,载《ジュリスト》第1342号(2007年),第34页。

就课征金与刑罚之间的调整问题,报告书也指出,"为了达至行政上的目的而科处的违反金,和作为对反社会性行为的道义非难的刑事罚,是具有不同宗旨和目的、各自独立的制度,所以并非必须对两者的金额进行调整"。但是这样简单地下结论是有疑问的。暂且不论是否应该设置形式性的调整规定,由于两者在制裁方面具有共通的性格,已经科处的课征金的额度(或者,量刑在先意欲科处的课征金的额度),在量刑中应当加以考虑。

第四节 法人处罚问题的考察

一、问题所在

(1) 就法人的犯罪能力问题,以前的通说是否定说[1],而现在肯定说

---

[1] 参见福田平:《行政刑法》(新版),有斐阁1978年版,第101页。否定说的立场,参见宫本英修:《刑法大綱》,弘文堂书房1935年版,第54页;牧野英一:《重訂日本刑法(上)》,有斐阁1937年版,第110页;泷川幸辰:《犯罪論序説》(改訂版),有斐阁1947年版,第20页;植松正:《再訂刑法概論Ⅰ総論》,劲草书房1974年版,第118页以下;团藤重光:《刑法綱要総論》(第3版),创文社1990年版,第126页;福田平:《行政刑法》(新版),有斐阁1978年版,第111页以下。另外,对法人处罚持怀疑态度的立场,参见浅田和茂等:《刑法総論》,青林书院1993年版,第158页以下,第168页(浅田和茂执笔部分);松宫孝明:《刑法総論講義》,成文堂1997年版,第54页以下;高山佳奈子:《法人処罰》,载《ジュリスト》第1228号(2002年),第71页以下;等等。

是通说。① 就判例而言,针对法人事业主的处罚问题,由于最高裁判所昭和40年(1965年)3月26日第二小法庭的判决(《刑集》第19卷第2号,第83页)也从旧判例的无过失责任说转向了过失推定说,虽然其立场未必明确,但却可以理解为采取了肯定说。②

就法人的犯罪能力问题而言,只要是在对含有大量法人处罚规定的

---

① 关于学说的状况,参见伊东研祐:《法人の刑事責任》,载芝原邦尔等编:《刑法理论の现代的展开·総論Ⅱ》,日本评论社1990年版,第108页以下。肯定说的立场,参见草野豹一郎:《法人の処罰に関する一考察(二)》,载《刑法雑誌》第1卷第2号(1950年),第256页以下;八木胖:《業務主体処罰規定の研究》,酒井书店1955年版,第90页以下;金泽文雄:《法人の刑事責任·両罰規定[総合判例研究業書·刑法(17)]》,有斐阁1962年版,第19页;平野龙一:《刑法総論Ⅰ》,有斐阁1972年版,第115页;佐伯千仞:《三訂刑法講義(総論)》,有斐阁1977年版,第129页以下;木村龟二(阿部纯二增补):《刑法総論》(增补版),有斐阁1978年版,第151页以下;内藤谦:《刑法講義総論(上)》,有斐阁1983年版,第204页以下;西田典之:《団体と刑事罰》,载芦部信喜等编:《岩波講座基本法学2》,岩波书店1983年版,第270页以下;宇津吕英雄:《法人処罰のあり方》,载石原一彦等编:《现代刑罚法大系(第1卷)·现代社会における刑罚の理论》,日本评论社1984年版,第207页;内田文昭:《改訂刑法Ⅰ(総論)》,青林书院1986年版,第98页以下;垣口克彦:《法人処罰の問題性——法人処罰論の現状と課題》,载《阪南論集·社会科学編》第22卷第3号(1987年),第1页;町野朔:《刑法総論講義案Ⅰ》(第2版),信山社1995年版,第126页;野村稔:《刑法総論》,成文堂1990年版,第89页;浅田和茂等:《刑法総論》,青林书院1993年版,第56页以下(山中敬一执笔部分);曾根威彦:《刑法総論》(新版),弘文堂1993年版,第64页;西原春夫:《刑法総論(上)》(改訂版),成文堂1993年版,第91页;板仓宏:《刑法総論》,劲草书房1994年版,第98页以下;京藤哲久:《法人の刑事責任——序論的考察》,载松尾浩也、芝原邦尔主编:《刑事法学の现代的状况·内藤谦先生古稀祝賀》,有斐阁1994年版,第96页以下;川端博:《刑法総論講義》,成文堂1995年版,第125页;大越义久:《刑法総論》(第2版),有斐阁1996年版,第71页;中野次雄:《刑法総論概要》(第3版补订版),成文堂1997年版,第24页;神山敏雄:《日本の経済犯罪:その実情と法的対応》,日本评论社1996年版,第279页;佐久间修:《刑法講義(総論)》,成文堂1997年版,第37页;前田雅英:《刑法総論講義》(第3版),东京大学出版会1998年版,第105页;大谷实:《新版刑法講義総論》,成文堂2000年版,第124页以下;林干人:《刑法総論》,东京大学出版会2000年版,第86页;堀内捷三:《刑法総論》,有斐阁2000年版,第50页;山口厚:《刑法総論》,有斐阁2001年版,第35页;今井猛嘉:《法人処罰》,载《月刊法学教室》第260号(2002年),第73页以下;齐藤信治:《刑法総論》(第5版),有斐阁2003年版,第57页以下;等等。另外,认为只能在行政刑法领域承认法人的犯罪能力的观点,参见大塚仁:《刑法概説(総論)》(第3版),有斐阁1997年版,第134页。

② 参见伊东研祐:《法人の刑事責任》,载芝原邦尔等编:《刑法理论の现代的展开·総論Ⅱ》,日本评论社1990年版,第119页;西田典之:《団体と刑事罰》,载芦部信喜等编:《岩波講座基本法学2》,岩波书店1983年版,第275页。关于判例的变迁,参见金泽文雄:《法人の刑事責任·両罰規定[総合判例研究業書·刑法(17)]》,有斐阁1962年版;田中利幸:《企业体の刑事責任》,载西原春夫等编:《判例刑法研究(1)刑法の基礎·構成要件·刑罰》,有斐阁1980年版,第175页以下。

我国现行法的解释论的语境下（如果这种规定不违宪的话），恐怕必须采取肯定说。否定说将法人处罚的规定理解为对法人受刑能力的规定①，但对于没有犯罪能力的人，不可能承认其受刑能力。因此，问题并不在于是否可以承认法人的犯罪能力，而是在于，在刑事政策上，处罚法人是否是必要的，如果是必要的，应基于何种理论构造来理解其犯罪能力。

现在的通说对法人的刑事责任所采取的理论构造是，把法人机关中的自然人的行为和意思解释为法人的行为和意思，认为法人对职员的违法行为负有监督义务，对机关中的自然人的行为负有行为责任。② 其理论的归结是，对于职员的违法行为，如果法人在职员的选任和监督上没有过失，则法人不必承担刑事责任，但对于机关中的自然人的违法行为则通常不能免除法人的刑事责任。③ 近来，就法人所负的行为责任的范围问题，越来越多的观点倾向于将其从机关的行为扩展到对业务具有重要决定权的高级管理人员的行为。④

如果要把通说的理论构造和认为法人要对职员的行为负绝对责任的无过失责任说进行比照，则毫无疑问要从责任主义的角度进行评价。但是，通说认为自己贯彻了责任主义，而并非代位责任、转嫁责任。但如果细加思索，这种说法恐怕并不成立。因为在通说的构造中，尽管法人机关中的自然人与法人具有不同的人格，但法人对机关中的自然人的行为仍然要负绝对责任。针对这种疑问，通说的论者提出，机关的行为就是法人的行为，所以上述做法并不构成代位责任或转嫁责任。但把机关的行为

---

① 福田平：《行政刑法》（新版），有斐阁1978年版，第111页。

② 虽然被称为"监督责任"，但由于讨论的是法人自身的过失问题，所以也可以将其称为"间接行为责任"，与之相对，可用"行为责任"一词指称直接行为责任。参见浅田和茂：《両罰規定における罰金額連動の切り離しについて》，载《自由と正義》第45卷第1号（1994年），第39页。

③ 关于学说状况，参见松原久利：《現行の法人処罰の在り方とその理論上の問題》，载《同志社法学》第42卷第4号（1990年），第666页以下。

④ 参见铃木义男：《両罰規定による法人の刑事責任》，载《研修》第211号（1966年），第65页；中森喜彦：《法人の刑事責任》，载《Law School》第51号（1982年），第37页；伊东研祐：《法人の刑事責任》，载芝原邦尔等编：《刑法理論の現代的展開・総論Ⅱ》，日本评论社1990年版，第129页；宇津旦英雄：《法人処罰のあり方》，载石原一彦等编：《現代刑罰法大系（第1卷）・現代社会における刑罰の理論》，日本评论社1984年版，第210页；大谷实：《法人処罰の在り方——将来の立法の選擇肢(2・完)》，载《同志社法学》第43卷第3号（1991年），第387页以下；西田典之：《団体と刑事罰》，载芦部信喜等编：《岩波講座基本法学2》，岩波书店1983年版，第280页；等等。

归属于法人这种法律构造,是以对外的交易关系作为背景的民事上的原则,将其原封不动地搬到刑法中是否合适,存在疑问。

实际上,通说支持者中的多数也认识到了这个问题,近来很多支持通说的学者试图将法人行为责任的范围扩展到高级管理人员的行为就反映了这一点。但是,一旦否定了把机关的行为归属于法人这一民事原则在刑法上的妥当性,则对于究竟为什么特定自然人的责任可以直接视为法人的责任这一问题,恐怕就有必要重新审视了。

通说在其与处罚法人的刑事政策根据之间的理论协调上也存在问题。通说提出的处罚法人的根据,一般是认为有必要通过处罚法人来抑制犯罪,但其设想的抑制犯罪的机制却未必明确。如果这里设想的抑制犯罪的模式是对特定自然人(法人的代表人或者职员)犯罪行为的抑制,那么必然会引起这样的质疑,即为什么只处罚这个自然人还不足以抑制犯罪、必须处罚法人呢?另外,如果这种抑制是通过作用于法人的意思决定过程来实现,则必须追问,这种模式是否就变成了代表人行为的转嫁责任这样一种理论构造?

(2)与通说还停留在代位责任、转嫁责任的理论构想相对,有学者试图克服这一局限,试图构建法人自身的责任,其中比较典型的是藤木英雄博士主张的承认公司自身可能违反义务或者存在过失的理论[①],以及板仓宏教授提出的企业组织体责任论。[②] 特别值得注意的是,企业组织体责任论试图一般性地适用于对犯罪的解释,该理论认为,即便是末端的职员的行为,只要能够认定其与业务在客观上具有关联性,是组织体活动的一环,那么就将该行为视为法人的行为。

但是,有学者对上述观点提出了强烈批判,认为其实际上是让法人承

---

① 参见藤木英雄:《刑法講義総論》,弘文堂1975年版,第109页;藤木英雄:《法人の犯罪,法人の処分行為》,载铃木茂嗣等编:《現代の刑事法学・平場安治博士還暦祝賀(上)》,有斐阁1977年版,第49页以下。

② 参见板仓宏:《刑法総論》,劲草书房1994年版,第98页以下;板仓宏:《企業犯罪の理論と現実》,有斐阁1975年版,第26页以下。另外,参见沼野辉彦:《両罰規定の解釈——法人の犯罪能力を肯定する立場からの試論》,载《日本法学》第55卷第1号(1989年),第87页以下。

担绝对责任,因而违反了责任主义。① 由于藤木博士和板仓教授的理论都要求法人违反了客观的注意义务,所以并非是要对法人科处只要职员有违法行为就追究公司的刑事责任这个意义上的绝对责任。但是,藤木博士和板仓教授都强调,自己学说的优点是即便具体的行为人不特定,也可以处罚法人,这在实质上是否是绝对责任,确实会让人们产生疑问。在职员有违法行为的场合,如果不能确定违法行为是何人以何种方式实施,则法人有何种过错,这种过错与违法行为之间能否被认定具有法律上的因果关系,通常应该是无法判断的。抽离这种判断而认定法人违反了客观的注意义务的做法,会让人强烈怀疑这在本质上就是那种只要发生了违法行为通常就认定有责任的结果责任。藤木、板仓说是以药害、公害事件为契机而提出的政策性色彩较强的学说,这可能也是导致产生上述质疑的一个原因。但是,藤木、板仓说的这些缺陷,并不能否定试图建构法人本身固有的刑事责任这种做法的妥当性。② 只是需要注意,应当以与责任主义相协调的形式来构筑法人本身固有的刑事责任。

(3) 在司法实践中,出现了对于法人处罚的理论性、刑事政策性问题的研究极其意味深长的判决,即日本航空电子工业代表诉讼第一审判决(东京地方裁判所判决平成 8·6·20,《判例时报》第 1572 号,第 27 页)。本案之前,日本航空电子工业股份公司因违法行为被日、美两国法院判处了罚金、行政制裁金,并产生了盘点资产废弃损。本案原告日本航空电子工业股份公司的股东以该公司的原董事长、原常务董事以及原董事为被告提起了股东代表诉讼,要求被告向公司赔偿上述罚金等损失。

本案的详细案情如下。日本航空电子工业股份公司:①从 1984 年 3 月到 1986 年 9 月期间,违反关税法和外汇法,在明知最终收货地是伊朗的情况下,未经许可出口了 F4 喷气式战斗机使用的加速度计和陀螺仪等;②在 1986 年 1 月到 1989 年 4 月期间,再次违反关税法和外汇法,在明

---

① 参见三井诚:《法人処罰における法人の行為と過失——企業組織体責任論に関連して》,载《刑法雑誌》第 23 卷第 1·2 号(1979 年),第 145 页以下;西田典之:《団体と刑事罰》,载芦部信喜等编:《岩波講座基本法学 2》,岩波书店 1983 年版,第 278 页以下;町野朔:《刑法総論講義案Ⅰ》(第 2 版),信山社 1995 年版,第 127 页;等等。

② 有学者指出,藤木说和板仓说的结论不如说和企业组织体责任论的理论前提是相反的。参见京藤哲久:《法人の刑事責任——序論的考察》,载松尾浩也、芝原邦尔主编:《刑事法学の現代的状況·内藤謙先生古稀祝賀》,有斐阁 1994 年版,第 100 页、第 103 页。

知最终收货地是伊朗的情况下,未经许可出口了响尾蛇导弹部件中的副翼。被告人丙川作为航机事业部的副部长和代理部长(1986年6月开始任董事),在明知①、②的交易违法的情况下,以交易责任人的身份支持、批准了上述交易。被告人乙山于1985年6月就任常务董事、航机事业部部长,同年12月,乙山得知了违法出口的事实,但因为担心立即停止交易会给公司的经营带来极其重大的影响,所以要求处理完已经签订合同的部分,只是不再签订新的合同。被告人甲野于1986年6月、1987年6月先后就任董事长、副总经理和董事长、总经理,在就任总经理之后的1987年9月,从乙山、丙川等处收到了有关违法出口事实的报告后,甲野批准对已经签订的关于副翼的合同继续进行交易,而对加速度计、陀螺仪部分指示停止接受新的订货。

美国政府以上述第①个交易违反美国《武器输出管理法》和《国际武器交易规则》为由,将日本航空电子工业股份公司起诉到联邦地区法院,经过司法交易,日本航空电子工业作了有罪答辩,并缴纳了1 000万美元的罚金和2 000万美元的特别课征金(司法部)、500万美元的制裁金(国务院)以及420万美元的和解金(经换算后共计248 030万日元)。另外,根据上述司法交易,日本航空电子工业股份公司还被美国国务院以及商务部科处了禁止出口等行政处分。在日本,日本航空电子工业股份公司及上述被告人也因为上述第②个交易违反了关税法和外汇法而受到起诉。1992年4月4日,东京地方裁判所认可了所有公诉事实,对日本航空电子工业股份公司判处了500万日元的罚金,对上述被告人判处了2年惩役,缓期3年执行[上述第①个交易似乎是因为超过了追诉时效而没有被起诉]。另外,通商产业省基于《外汇和对外贸易法》第53条对日本航空电子工业股份公司科处了禁止出口的处分,防卫厅则发出通知,要求暂时停止与航空电子工业股份公司签订合同,新业务原则上排除日本航空电子工业股份公司的参与。

东京地方裁判所认定,被告人丙川身为董事,对于①、②的交易行为没有尽到其所应承担的妥善管理的注意义务和信义义务,而被告人甲野和乙山只对第②个交易行为没有尽到上述义务,在此基础上,判处甲野、乙山、丙川向日本航空电子工业股份公司连带赔偿4 140万日元,判处丙川另外单独赔偿124 752万日元。

本判决因为命令董事向公司支付巨额的损害赔偿而受到了社会的关

注,但在法人处罚问题上重要的是,法院认定,对于公司本身被科处的罚金,公司可以向董事求偿。如果这种求偿被认可的话,则对法人的处罚实质上就转变成了间接地处罚行为人,因而恐怕就有必要追问,既然如此,到底为什么还要处罚法人?

本节将基于上述问题意识,首先对法人的行为和责任进行分析,然后就对法人科处的罚金向董事等追偿问题进行研究。

二、法人的行为和责任

(一) 法人的犯罪能力

(1) 法人犯罪能力否定说的主要论据有两点:第一,法人没有自然人那样的意思和行为,所以不可能实施犯罪;第二,刑法上的责任是伦理性的非难可能性,法人不是伦理性的主体,所以不可能对其进行伦理性的责任非难。① 就第一个论据而言,由于否定说并非完全否认法人的行为能力(否定说也认可法人具有民事法和行政法上的行为能力),所以该论据是从第二个论据中推导出来的,因而从根本上说,否定说的主要论据是上述第二点。

确实,刑法不仅是通过施加痛苦和不利益来调整人的行为的制度,也是通过刑罚的科处来传达社会伦理性的非难,从而调整人的行为的制度。因此,如果一般人认为法人只不过是一种法律拟制,认为把法人当做与其机关以及职员相区别的、独立的社会伦理的非难对象之类的做法很荒谬,即便处罚法人能有效抑制犯罪,也不应该允许这种处罚。因为,这种刑罚的运用有可能导致刑法丧失其通过社会非难的传达来调整人的行为这种最重要的性质。

以往的肯定说认为,由于刑法的非难是法的非难,所以认定法人的刑事责任是可能的,因此,如果把刑法只定性为通过赋课不利益来调整行为的制度,则就把刑罚视为和税金或者损害赔偿相同的制度,这是不妥当的。但是,如果肯定说所称的法的非难是与社会中现实的社会伦理性非难无关的、可以被任意定义的东西,则这种意义上的法的非难,只不过是

---

① 关于否定说和肯定说的论据,参见八木胖:《業務主体処罰規定の研究》,酒井书店1955年版,第90页以下;中森喜彦:《法人の刑事責任》,载《Law School》第51号(1982年),第34页以下;等等。

应受处罚这种价值判断的另一种说法,这终究还是不妥当的。刑法的责任非难,始终应该建立在社会伦理性非难的基础之上。①

但是,承认刑法的社会伦理性性格,并不意味着否定说就是妥当的。这是因为在我国社会中,作为社会实态的法人企业体,明显是与其成员相区别的、独立的社会伦理的非难对象,对这样的法人,认定其刑事责任是可能的。② 作为社会实态的法人企业体,能够通过其机关或者职员形成意思,也能够对刑法的法的非难作出反应,从而变更行为。既然如此,就必须认为,对企业体这种社会实态的法律形式,即法人,科处刑罚是可能的。另外,有观点指出,对企业体和作为企业体所有者的法人必须进行明确地区分③,但是,这种区别是私法上的区别,从刑法的角度来看,将企业体与法人视为等同倒可能更加符合法的目的。由于处罚法人而被打上耻辱烙印的,也是企业体。

虽然可以承认法人的犯罪能力,但必须注意的是,作为此种立场的理论基础,对于法人的社会伦理性非难,针对的是超出特定个人行为的法人的意思决定,而并非特定个人的意思决定。④ 如果是这样,则作为非难对象的法人的责任也应该是这种实际情况的反映,因此,通说那种将虽然是法人的机关但性质上是特定个人的责任直接当做法人的责任的理论构

---

① 因此,笔者不赞成京藤哲久教授将基于刑罚的犯罪预防机制区分为通过伦理性非难对行为的调整和通过赋课痛苦对行为的调整这两种模式,并认为前者与法人处罚否定说、后者与肯定说相联系的观点(京藤哲久:《法人の刑事責任——序論的考察》,载松尾浩也、芝原邦尔主编:《刑事法学の現代的状況・内藤謙先生古稀祝賀》,有斐阁1994年版,第96页以下)。确实,法人自身无法对伦理性非难作出反应,但法人同样也无法感受到经济制裁的痛苦,因而两者实际上并无区别。

② 在这个意义上,是否可以处罚法人,与是否可以认为法人是侵害名誉罪的犯罪对象这两个问题可以说具有共通性,因为两者本质上都是在讨论法人本身是否是社会伦理的评价对象这个问题。

③ 参见中野次雄:《業務主処罰規定についての覚書》,载《早稲田法学》第54卷第1・2号(1978年),第102页。

④ 比如,有学者指出,"法人是通过其机关的活动形成自己更高层次的意思,而法人属下的所有职员是在法人的统率下能动地开展活动,可见,法人明显是超越其各个成员的社会实体","作为刑法适用前提的精神与伦理的非难可能性,针对的是通过机关形成的集体意思和基于该意思而实施的活动"(宇津呂英雄:《法人処罰のあり方》,载石原一彦等编:《現代刑罰法大系(第1卷)・現代社会における刑罰の理論》,日本评论社1984年版,第207页)。还有学者指出,"对于通过机关形成的团体意思和基于该意思而实施的法人的行为,可以施加社会伦理的非难"[垣口克彦:《法人処罰の問題性——法人処罰論の現状と課題》,载《阪南論集・社会科学編》第22卷第3号(1987年),第3页]。

造,是存在疑问的。

(2)肯定说认为,法人机关的意思和行为就是法人的意思和行为。但是,近来逐渐有力的学说认为,仅把代表人的行为归属于法人的做法,是以对外的交易关系为前提的民事上的原则,而这和刑法上的考虑没有关联,在业务上有重要决定权的高级管理人员的行为也应该视为法人的行为。① 其背景是,在业务分工制和工厂单位的独立核算制之下,工厂厂长等中层管理人员被授予大幅度的裁量权,法人机关本身只是确定基本的方针,而并不直接指挥和监督具体的业务,这种情况在大企业中并不少见。② 学说上也有人进一步提出,对于所有职员的违法行为,在符合一定条件的情况下,都有可能认定法人有行为责任。比如,有学说认为,职员的行为在符合下列条件时就是法人的行为:①是作为法人的业务而实施的;②具有为法人实施的意思;③在法人机关的指挥、监督下实施。③

以上列举的各种学说,虽然在谁的行为是法人的行为这一点上存在分歧,但所有学说都认可这样一个当然的前提,即一旦特定自然人的行为被认定为法人的行为,自然人的责任就直接被认定为法人的责任。有力说试图将法人的行为责任扩张至高级管理人员这一动向背后,也是基于这样一种考虑,即如果对于大企业末端职员的行为追究代表人的监督过失责任,实际上等于追究代表人的无过失责任,所以此时要关注更加接近现场,具有具体的预见可能性、结果回避可能性的高级管理人员的过失。这种避免责任主义的稀薄化的做法,就其本身而言是一种正当合理的尝

---

① 参见铃木义男:《両罰規定による法人の刑事責任》,载《研修》第211号(1966年),第65页;中森喜彦:《法人の刑事責任》,载《Law School》第51号(1982年),第37页;伊东研祐:《法人の刑事責任》,载芝原邦尔等编:《刑法理論の現代的展開·総論Ⅱ》,日本評論社1990年版,第129页;宇津吕英雄:《法人処罰のあり方》,载石原一彦等编:《現代刑罰法大系(第1卷)·現代社会における刑罰の理論》,日本評論社1984年版,第210页;大谷实:《法人処罰の在り方——将来の立法の選択肢(2·完)》,载《同志社法學》第43卷第3号(1991年),第387页以下;西田典之:《団体と刑事罰》,载芦部信喜等编:《岩波講座基本法学2》,岩波书店1983年版,第280页;等等。

② 芝原邦尔:《不法収益の剥奪と法人処罰の強化——独占禁止法改正を素材として》,载《法曹時報》第63卷第12号(1990年),第104页。

③ 藤永幸治:《法人処罰に関する立法上の諸問題——両罰規定の運用実態からみて》,载《刑法雑誌》第23卷第1·2号(1979年),第134页以下;宇津吕英雄:《法人処罰のあり方》,载石原一彦等编:《現代刑罰法大系(第1卷)·現代社会における刑罰の理論》,日本評論社1984年版,第210页;饭田英男:《法人処罰に関する立法上の問題点》,载《ジュリスト》第672号(1978年),第83页。

试,但对于法人的刑事责任问题来说,会带来扩大法人负绝对责任的范围这种违反责任主义的结果。

除了没有从传统的代位责任、转嫁责任的构想中脱离出来这个因素之外,上述学说背后恐怕还有这样一种念头,即自然人的责任和法人的责任必须是同样的东西。能够具备与自然人完全相同的故意、过失、责任能力等要素的,当然只有自然人,所以在上述理念下,对法人责任的判断也必须落实到特定的自然人身上。但是,既然认为法人这种与自然人不同的主体也可以有刑事责任,那么自然就应该认为,即便法人的责任与自然人的责任并不完全相同,也没有任何问题。① 比如,认为对法人也要适用刑事未成年的规定的想法岂不是很奇怪吗?

法人的行为问题,如果界定为从刑法的角度来看,何种场合能够认定为法人的行为这个法人行为的概念问题,那么就如有力说主张的那样,这个问题的答案没有理由受到只把代表人的行为视为法人行为这种以对外的交易关系为前提的民事法原则的约束。只要是具备实现法人意思的地位的人的行为,恐怕都有可能被视为法人的行为。是否具备这种地位,不应该由职务名称或有没有代表权这种形式性的基准来决定,即便是分店店长、工厂厂长、部门的主管等中层管理人员,在其具有实现法人意思的地位之时,其行为就有可能被视为法人的行为。②

但是,具有实现法人意思的地位的人所实施的与业务有关的行为可以被视为法人本身的行为,并不意味着此人的责任就可以直接被视为法人的责任。因为,即便是一般性地具有实现法人意思的地位的人的行为,也并不是总是在实现法人的意思。以代表人实施的背任行为为例,这一点就很好理解了。如果背任行为也被视为实现法人意思的行为,就会导致代表人的背任行为是法人的自损行为这种不可思议的结论。

以往的学说的背后有这样一种观念,即法人的意思决定是由单个人来实施的,是垂直型的模式,但是,这种意思决定模式并不一定符合作为组织体的法人的意思决定过程的真实情况。比如,虽然通说认为机关的

---

① 有学者指出,以自然人犯罪为模型而设计的刑罚及其相关理论,即便直接适用于法人会存在重大障碍,这也毫不奇怪。参见藤木英雄:《公害犯罪》,东京大学出版会1975年版,第155页。

② 大谷实:《法人処罰の在り方——将来の立法の選択肢(2·完)》,载《同志社法學》第43卷第3号(1991年),第391—392页。

意思就是法人的意思,但法人的机关并非总是由单个自然人构成。就股份公司而言,除了董事长之外,股东大会、董事会、监事也是机关。哪怕就董事长而言,在规模达到一定程度的公司中,通常都设立了若干名董事长。这样一来,这些机关之间很有可能出现意思上的龃龉。比如,董事长违反股东大会特意制定的内部制约规则实施行为的情况,董事长违反董事会的方针实施行为的情况,某个董事长违反董事长之间的决议而单独实施行为的情况,等等。难道无论上述哪种情况,董事长的意思都是公司的意思吗?不用说,在这些场合公司可能要承担民事上的责任。但是,在判断刑事责任之时,这些场合有没有必要也让公司无条件地承担刑事责任,是存在疑问的。①

(二) 法人处罚论

(1) 把特定自然人的责任当做法人责任的做法,与处罚法人的刑事政策基础也是不协调的。没有异议的是,支撑法人犯罪能力肯定说的实质动因,是认为有必要通过处罚法人来抑制犯罪这种刑事政策的考虑。而这种通过处罚法人来抑制犯罪的机制大体上可以分为两种,一种是通过调整特定个人的行为来抑制犯罪的个人抑制模式,另外一种是通过作用于法人的意思决定过程来调整组织行为的组织抑制模式。虽然通说的支持者设想的是哪一种模式未必明确,但多数学者默认的应该是后一种模式。因为如果处罚的目的只是调整特定个人的行为,那么只处罚这个自然人就可以了,没有必要特地处罚法人。

西田典之教授针对个人抑制模式指出:"虽然实施违法行为的是自然人,但由于此行为是以法人的利益为目的,所以对自然人科处刑罚难以对其动机形成带来影响。恐怕应该认为,对于调整自然人的行为来说,对自然人所忠诚的对象的法人自身科处不利益的处分,使其社会名誉受贬损,

---

① 有学者指出,即便这种做法是正当的,也必须注意核心机关或上层管理人员有没有可能是在实施违反法人的意思和政策的行为。参见青木纪博:《アメリカにおける『法人責任』論の試み》,载《産大法学》第30卷第3·4号(1997年),第561页以下。另外,大谷实教授也指出,"法人的代表人等的监督不周,只要不存在特别情况,就可以视为是基于法人意思的行为"。参见大谷实:《法人処罰の在り方——将来の立法の選択肢(2·完)》,载《同志社法学》第43卷第3号(1991年),第394页。在这里,大谷教授似乎认为,"如果存在特别情况",对法人就有免责的余地。

可能才是最有效的。"①

　　这种观点要想成立,必须有一个前提,那就是与自己的利益相比,自然人更重视法人的利益,但是这个前提在何种程度上能够成立,存在疑问。确实,经营者及职员与公司有较强的一体感是我国企业文化的一个特征,在这个意义上,个人抑制模式也许能够成立。但是,公司与其经营者及职员利益的一体化,反过来就意味着以公司的利益为目的通常也就是以自己的利益为目的。即便是在看似为了公司的利益而牺牲个人利益的场合,这种牺牲也不过是短暂的,从长期来看实际上是符合该自然人的利益的(至少在事前的计算中能够预想获利)。认为我国的公司职员一般来说只要是为了公司的利益,哪怕明知会给自己带来不利也仍然会执意实施违法行为的观点,存在很大疑问。

　　另外,不能忽视的是,个人抑制模式在责任主义上也存在问题。即便假设处罚法人能有效抑制特定个人的行为,为了抑制行为人而处罚第三人这种连坐制度也无法与近代刑法的责任主义相协调。在行为人为了自己的孩子而犯罪的场合,从抑制犯罪的角度来看,在处罚大人的同时也处罚孩子也许是有效的,但很明显这种连坐处罚是不被允许的。恐怕不能因为对象是法人就允许连坐处罚吧。

　　(2) 如果有在自然人之外独立处罚法人的刑事政策上的必要,在根本上并不是因为有必要通过调整特定个人的行为来抑制犯罪,而是因为,在通过调整特定个人的行为来实现对犯罪的抑制之外,有必要通过影响法人组织体的意思决定过程来抑制犯罪。

　　从特别预防的角度出发,我们就能更加清楚地知道,处罚法人的依据不是个人抑制模式,而应该是组织抑制模式。处罚法人不仅要实现一般预防的效果,也期待能产生特别预防的效果。但如果实施了犯罪行为的自然人已经从企业离职,从个人抑制模式来看,就丧失了特别预防的必要性。公司犯罪被发觉之后、对公司作出有罪判决之前,责任人从公司离职的情况并不少见,但在这种场合,恐怕也不能否定存在通过处罚公司来实现特别预防的必要性。因为这里我们设想的犯罪抑制模式并不是个人抑

---

① 西田典之:《団体と刑事罰》,载芦部信喜等编:《岩波講座基本法学 2》,岩波书店1983年版,第272页。

制模式,而是组织抑制模式。①

就对法人的机关和法人自身这两方都进行处罚的问题,法人犯罪能力否定说批判认为,这种做法构成了二重处罚,因而是不当的。与此相对,肯定说认为,机关的行为同时具有自身的行为性和法人的行为性这两种性质,所以即便同时处罚机关和法人,也不构成二重处罚。确实,由于法人和机关是作为不同的主体而受到处罚的,所以显然不构成严格意义上的二重处罚。② 但是,如果法人的责任是代位责任、转嫁责任,当法人代位承担了行为人的责任,或者行为人的责任完全被转嫁到法人身上的时候,行为人身上自然就没有责任了,认为此时仍然追究行为人的责任的做法不妥当的批判意见,就有相应的道理。③ 另外,即便被处罚的主体在名义上是不同的,但如果处罚法人所抑制的对象和处罚自然人所抑制的对象是相同,恐怕可能不得不说,这实质上就是"二重处罚"。只有认为对法人机关中的自然人的处罚和对法人的处罚在抑制对象和责任内容方面并不相同之时,才能实质性地规避否定说的批判。

(三) 法人的责任

(1) 那么,应当如何建构法人本身固有的责任呢? 对此问题进行了

---

① 有学者指出,对于预防法人犯罪来说,最实际和有效的方法是通过完善经营方针、确立内部的惩戒规则、完善程序性措施等实现对法人的改善更生,法人处罚的目的是"使其不再实施相同的犯罪,并且督促法人采取避免再犯所必要的组织性的改善措施"。参见Brent Fisse, Reconstructing Corporate Criminal Law: Deterrence, Retribution, Fault, and Sanctions, 56 S. Cal. L. Rev. 1141, 1160 (1983).该论文的详细介绍,参见原田明夫:《法人と刑事責任(1)(2)(3)(4·完)》,载《判例タイムズ》第520号(1984年),第37页以下;第527号(1984年),第64页以下;第534号(1984年),第62页以下;第541号(1985年),第44页以下。

② 参见西田典之:《団体と刑事罰》,载芦部信喜等编:《岩波講座基本法学2》,岩波书店1983年版,第271页。另外,如本章第一节至第三节所述,笔者认为,对同一行为重复实施处罚本身并不违反《宪法》,当然,重复处罚是否违反责任主义或罪刑均衡原则,以及在政策上是否妥当,是有必要检讨的。

③ 有学者认为,在立法论上,应当将法人处罚和自然人处罚作为互相排斥的制度。参见西原春夫:《刑法総論(上)》(改订版),成文堂1993年版,第93页。也有学者指出,如果将自然人的行为视为法人行为是法人处罚的根据,对于该行为而言,当然会认为自然人和法人是同一个法律主体。参见浅田和茂:《両罰規定における罰金額連動の切り離しについて》,载《自由と正義》第45卷第1号(1994年),第40页。另外,还有学者认为,两罚规定仍然有实质上构成违反责任主义的二重处罚的嫌疑。参见吉冈一男:《企業の犯罪と責任》,载《法學論叢》第140卷第5·6号(1997年),第101页。另外,参见神例康博:《企業の刑事責任に関する法理について》,载《刑法雑誌》第36卷第2号(1997年),第289页。

整体性研究的 Fisse 教授,将以往试图建构法人本身固有的责任(corporate fault)的学说分成了以下几类:①把为了组织利益而实施违法行为的人(管理者)的犯意视为法人犯意的"管理性犯意"(managerial mens rea)理论;②把组织内各个自然人意思的集合视为法人犯意的"集合性犯意"(comopsite mens rea)理论;③基于法人明示或默认的政策而认定法人责任的"战略性犯意"(strategic mens rea)理论。对于这些学说,Fisse 教授批判认为,"管理性犯意"并不是本来意义上的法人固有的责任,只不过是代位责任的变种,而"集合性犯意"与法人的非难可能性也并没有直接的关联。与此相对,"战略性犯意"是本来意义上的法人固有的责任,但由于基本上难以想象法人通过明示的政策同意其成员实施犯罪的情况,所以"战略性犯意"证明起来非常困难。①

Fisse 教授认为,法人固有的责任并不是犯罪行为时的责任,而是没有采取令人满意的预防和改善措施来应对已发生的犯罪的"应对的责任"(reactive corporate fault)。其主要论据是,在量刑中会考虑这种"应对的责任",另外,与犯罪行为本身相比,社会公众对企业犯罪的非难更多的是针对企业在犯罪发生后的应对。② 如果把 Fisse 教授的观点视做这样一种立法论的建议,即与对法人过去的行为科处刑罚相比,事先对法人设置采取犯罪预防措施的义务,并对不履行这种义务的行为科处刑罚会更加有效,则其观点十分值得从刑事政策的角度进行研究。③ 但是,在犯罪论上,把行为后的事情作为犯罪成立要件纳入责任是相当困难的,而且,可

---

① 参见 Brent Fisse, Reconstructing Corporate Criminal Law: Deterrence, Retribution, Fault, and Sanctions, 56 S. Cal. L. Rev. 1183-1192 (1983).关于美国最近学说的介绍,参见青木纪博:《アメリカにおける『法人責任』論の試み》,载《産大法学》第 30 卷第 3・4 号(1997年),第 9 页以下。另外,近来关于美国法人处罚问题的一般性研究,参见佐藤雅美:《英米における法人処罰の法理(1)(2・完)》,载《阪大法学》第 143 号(1987 年),第 62 页以下;第 147 号(1988 年),第 103 页以下;川崎友巳:《企業犯罪論の現状と展望(1)(2・完)》,载《同志社法學》第 47 卷第 4 号(1995 年),第 1119 页;第 47 卷第 5 号(1996 年),第 1501 页;等等。

② Brent Fisse, Reconstructing Corporate Criminal Law: Deterrence, Retribution, Fault, and Sanctions, 56 S. Cal. L. Rev. 1195-1201 (1983).

③ Fisse 教授认为,在"应对的责任"的实际运用上,可以适用藐视法庭或者对行政措施命令的违反的相关规定。参见 Brent Fisse, Reconstructing Corporate Criminal Law: Deterrence, Retribution, Fault, and Sanctions, 56 S. Cal. L. Rev. 1203-1204 (1983).另外,参见 Johan Braithwaite, Enforced Self-Regulation: A New Strategy for Corporate Crime Control, 80 Mich. L. Rev. 1468 (1982).

能也没有这个必要。因为没有采取预防措施这种责任,在犯罪发生前也是存在的。不可否认,预防措施是否有效,可以通过犯罪发生之后的应对来检测,但是,从理论上来说,这种事后的应对,恐怕终究还是应该当做证明预防措施实效性的事实来看待。

这种把合理采取了预防违法行为的措施作为阻却法人的刑事责任的抗辩事由的观点,自从《模范刑法典》建议把高级管理人员以适当的努力(due diligence)尽到了监督义务的情形作为抗辩事由以来①,一直受到有力的支持。② 最近,也有人主张把更加具体的,以预防和发现违法行为为目的的有效合规计划(compliance program)的存在视为抗辩事由。③ 这些主张虽然不能说已经得到了美国立法和判例一般性的采纳④,但展示了认定法人固有的责任的一个有力方法。

此后,又有几位学者提出了可以被纳入 Fisse 教授所称的"战略性犯意"的观点。比如,有学者提出,当符合且限于下列任一情形时,可以认定法人负有责任:①法人的管理者采取了违反法律的实务惯行或者政策的场合;②从法人的实务惯行或者政策之中有可能预见其违反法律的场合;

---

① Model Penal Code § 2.07 (1962).

② 参见 Development in the Law-Corporate Crime: Regulating Corporate Behavior Through Criminal Sanctions, 92 Harv. L. Rev. 1227, 1257-1258 (1979); Michael E. Tiger, It Does the Crime But Not the Time: Corporate Criminal Liability in Federal Law, 17 Am. J. Crim. L. 211, 234 (1990).

③ 参见 Charles J. Walsh & Alissa Pyrich, Corporate Compliance Programs As a Defense to Criminal Liability, 47 Rutgers L. Rev. 605 (1995). 也有学者认为,"不宜将合规计划定性为抗辩事由,将其定性为判断是否将职员的行为归属于公司的一个要素就可以了。"参见 Kevin B. Huff, The Role of Corporate Compliance Programs in Determining Corporate Criminal Liability, 96 Colum. L. Rev. 1252, 1282 (1996).受这种动向的强烈影响,联邦量刑指南将合规计划的存在规定为了组织体量刑的减轻处罚事由(Federal Sentencing Guidelines § 8 A. 1. 2). 参见 Jennifer Moore, Corporate Culpability Under the Federal Sentencing Guidelines, 34 Ariz. L. Rev. 743 (1992);川崎友巳:《企業犯罪論の現状と展望(2・完)》,载《同志社法學》第47卷第5号(1996年),第1502页以下;青木紀博:《アメリカにおける『法人責任』論の試み》,载《産大法学》第30卷第3・4号(1997年),第5页以下。

④ 有学者认为,联邦判例虽然在结论上并没有认可免责,但理论上认可了尽到了相当的注意义务这种抗辩。参见 Richard S. Gruner, Corporate Crime and Sentencing, 336 (1994).

③违法行为实施后该行为被法人所认可的场合。① 还有学者提出,在能够认定法人具有奖励犯罪的理念(ethos)或者性格(personality)的场合,可以认定法人应负责任②;等等。然而,这些观点试图构筑法人固有的责任的方向虽然是妥当的,但却难免受到并没有提出能够适用于实际案件的明确基准这样的批判。③

我国也有学者作出了构筑法人固有的责任的尝试。藤木说和板仓说可以评价为这种尝试的先驱,但两说都急于支持处罚法人的立场,却没有充分研究法人的责任问题。与此相对,近来致力于建构法人固有的责任的还有吉冈一男教授。吉冈教授认为,通过着眼于作为社会性存在的组织的真实情况和企业的具体决定或活动,应该认为企业的责任要件与自然人的责任要件在实质上可以视为是相同的。在把具体的研究留作"将来的课题"的同时,吉冈教授认为,故意和过失的要件应该界定为"决定机关基于组织的通常程序,在考虑相关信息之后决定或者实行那些该当各自的构成要件、具备犯罪内容的具体行为";"违法性意识的欠缺,应当界定为组织内的决定过程或者犯罪行为的实行过程中欠缺了相关法律规范的信息";"期待可能性的欠缺,应当界定为作出决定的环境中存在异常的事态"。④ 吉冈教授的上述观点,在试图构筑法人固有的责任这一点上可谓是妥当的,但仍然有诸如法人的故意和过失要件之类的尚不明确的问题。

(2) 在认定法人固有的责任的场合,首先一个前提是,实施的行为应该被定性为法人行为的自然人,必须具备成立犯罪所必要的故意和过失。因为从根本上来说,法人是通过自然人来实施行为的,如果作为自然人的行为人欠缺了故意或过失,就无法将违法行为主观性地归属于法人。如果像企业组织体责任论那样,认为如果能认定法人存在客观过失,自然人

---

① 参见 Ann Foerschler, Comment, Corporate Criminal Intent: Toward a Better Understanding of Corporate Misconduct, 78 Cal. L. Rev. 1287 (1990). 另外,参见 William S. Laufer, Corporate Bodies and Guilty Minds, 43 Emory L. J. 647(1994).

② Pamela H. Bucy, Corporate Ethos: A Standard for Imposing Corporate Criminal Liability, 75 Minn. L. Rev. 1095 (1991).

③ Richard S. Gruner, Corporate Crime and Sentencing, 102 (1994).

④ 吉冈一男:《企業の犯罪と責任》,载《法學論叢》第 140 卷第 5・6 号(1997 年),第 102 页以下。

行为人就没有必要特定化,就会得出即便无论在什么阶段都无法认定自然人具备成立犯罪所必要的故意或过失,也允许处罚法人的结论,这种结论恐怕是不妥当的。

但是,在认定法人固有的责任时,仅仅能认定自然人行为人具有故意或过失是不够的,哪怕这个自然人是代表人。而且,对法人本身必须能够作出独立于该自然人行为人的非难。因此,必须能够对法人作出这样的非难,即该法人本来可以不实施某违法行为,却仍然将此行为付诸实施。在自然人的场合,意欲实施行为的主体,和应该形成反对动机、打消实施该行为的念头的主体当然是统一的。与此相对,在法人的场合,从内部监视行为人的行为并打消行为念头的机制并不仅仅存在于该行为人的内心,也存在于法人组织性的犯罪预防措施中。可以说,在法人的场合,自然人的人格被组织化了。

平场安治教授认为,虽然肯定法人固有责任的方向是正确的,但要实现这个目的,就必须打破违法·有责行为这种体系。① 但是,在肯定法人固有责任的场合,只有站在自然人的角度,行为的主体和控制行为人行动的主体才会看似是分裂的,从法人的角度来看,并不会打破违法·有责行为的体系。

就法人组织性的犯罪预防措施的内容问题,有观点认为,两罚规定中事业主的监督义务,应该理解为设置预防、监督违法行为的制度上或者组织上的措施的义务,以及设置监管、监督措施以保障上述制度措施有效发挥机能的义务。② 这种观点是值得参考的。该观点的主张者认为这种措施设置义务的主体是代表人等特定的自然人,但笔者认为把这种义务定

---

① 平场安治:《責任の概念要素と刑事責任論の根底》,载平场安治等编:《団藤重光博士古稀祝賀論文集(2)》,有斐阁1984年版,第60页以下。
② 参见香城敏麿:《行政罰則と経営者の責任:労働者保護法規を中心として》,帝国地方行政学会1971年版,第128页以下;西田典之:《団体と刑事罰》,载芦部信喜等编:《岩波講座基本法学2》,岩波书店1983年版,第267页;伊东研祐:《判評》,载《行政判例百選Ⅰ》(第2版),有斐阁1987年版,第229页。

性为组织全体的集体责任才是符合实际情况的。①

综上,首先,就不能视为法人行为的末端职员的违法行为而言,在职员的监督责任人存在监督上的过失,并且法人本身违反了设置组织制度性措施的义务因而未能防止这种监督过失的场合,法人应当承担责任。其次,就可以视为法人行为的代表人或者其他高级管理人员的违法行为而言,法人违反了设置组织制度性措施的义务因而未能防止这种行为的场合,法人应当承担责任。

(3) 从认可法人固有责任的立场出发所得出的解释论的结论是,即便是代表人实施的违法行为,在对此行为已经尽到了监督上的注意义务之时,法人就应该被免责。严格区分机关和职员的观点,在法人的对外交易关系中是有意义的,但公司法并非仅仅以此观点为基础而建立。实际上恰恰相反,现代公司法理论的依据是把公司经营者视为公司所有者本人(principal)即股东的代理人(agent)的代理理论(agency theory),在此背景下,如何监管、监督经营者这个公司治理问题成为公司法的中心课题。②换言之,就对外的交易关系而言,需要严格区别机关与职员,但就对内关系而言,机关和职员都是为企业所有人即股东工作的代理人,在有必要受到法人组织的监督这一点上,两者没有区别。如此一来,采取认为即便是代表人的行为也要受到法人组织的监督这样的理论构造,才是与重视公司治理的公司法理论相协调的。③

当然,当代表人或者其他核心干部参与到犯罪行为之中时,确实可以强有力地推测预防违法行为的组织制度性措施是不够完善的,就实际结论而言,通说的观点与笔者的观点可能也没有什么区别。但是,根据笔者

---

① 有学者认为,"对于规模较大的企业法人来说,不一定必须由代表人来设置预防违法行为的措施,只要作为组织系统的预防违法的机构能发挥作用就可以了"。参见田中利幸:《企業体の刑事責任》,载西原春夫等编:《判例刑法研究(1)刑法の基礎・構成要件・刑罰》,有斐阁1980年版,第205页。另外,参见伊东研祐:《法人の刑事責任》,载芝原邦尔等编:《刑法理論の現代的展開・総論Ⅱ》,日本评论社1990年版,第126页。

② 参见宍户善一:《経営者に対するモニター制度:従業員主権論と株式会社法》,载伊丹敬之等编:《日本の企業システム(1)》,有斐阁1993年版,第211页以下。

③ 波斯纳法官认为,假设公司经营者忠诚于公司,以公司利益为导向,如果不处罚公司,股东就会雇佣那些敢于实施犯罪的经营者;而如果经营者是为了自己的利益而实施犯罪,就要避免公司沦为经营者的犯罪工具,因此,为了督促股东更加谨慎地选择和监督经营者,应当处罚法人。参见 Richard A. Posner, Economic Analysis of Law, 464 (5th ed. 1998).

的立场,在诸如股份公司已经设置了预防违法行为的组织制度性措施,但一名董事长违反董事会或者其他董事长的意思,独断专行地实施违法行为的场合,公司也可能免责。① 有观点批判认为,如果肯定法人对代表人的行为具有监督义务,会导致监督义务人就是作为行为人的代表人自己,因而不是妥当的。② 但这种批判仅在法人的机关只有一个人的假定中才能成立。从笔者的立场出发,当法人在实质上与个人企业没有区别之时,也会认为代表人的责任就直接构成法人责任。有关小规模公司的问题,后文中将进一步阐述。

如果认为当法人尽到了设置预防违法行为的组织制度性措施的义务就可以否定责任,那么,需要履行何种程度的义务就成为一个重要问题。由于法人在规模、业务种类、过去的违法历史等方面存在差别,对此不能一概而论,但不宜科处程度过高的义务。对于犯罪行为的抑制,应该主要通过对自然人的处罚来实现,而法人处罚对犯罪的抑制是通过法人的监管、监督来实现的,这种抑制只是次要的。想要抑制直接行为人的犯罪,只要直接行为人自己不实施行为就够了,与此相对,法人想要预防直接行为人实施犯罪,就必须支出采取预防措施的成本。恐怕不能认为法人必须不计成本地预防其机关和职员实施犯罪吧?③ 在这个意义上,处罚法人的机关或职员与处罚法人之间,存在很大的区别。

如果把法人的责任理解为是一种组织性的责任,则法人的责任与自然人的责任就是不同的。因此,两罚规定不仅该当《刑法》第38条第1项的"特别规定"④,在肯定法人固有责任的意义上,也应该认为其该当《刑

---

① 有学者认为,如果上层管理人员实施了犯罪,表明公司为预防犯罪所作的努力只是做做样子。参见 John C. Coffee, Jr., Does "Unlawful" mean "Criminal"?: Reflections On the Disappearing Tort/Crime Distinction in American Law, 71 B. U. L. Rev. 193, 230 (1991).但是,这终究只是一种事实上的推定,应当允许反证。参见 Stephen A. Saltzburg, The Control of Criminal Conduct in Organizations, 71 B. U. L. Rev. 421, 437 (1991).

② 宇津吕英雄,《法人処罰のあり方》,载石原一彦等编:《现代刑罚法大系(第1卷)·现代社会における刑罚の理论》,日本评论社1984年版,第209页。

③ See, John C. Coffee, Jr., Does "Unlawful" mean "Criminal"?: Reflections On the Disappearing Tort/Crime Distinction in American Law, 71 B. U. L. Rev. 228 (1991).

④ 日本《刑法》第38条第1项规定:"缺乏犯罪故意的行为,不处罚。但是,法律有特别规定的场合除外。"——译者注

法》第 8 条的"特别规定"①。关于现行《刑法》中的"人"是否包含法人的问题,一直以来都有争议,但即便从认为两罚规定该当《刑法》第 8 条"特别规定"的立场出发,能够把现行《刑法》中的"人"解释为包含法人,就《刑法》总则的责任要件而言,如果没有"特别规定",也不能处罚法人。

另外,如果认为法人的责任和自然人的责任存在区别,也就意味着在两罚规定的解释中,没有必要将自然人事业主的责任和法人事业主的责任作相同的解释。就自然人事业主的责任而言,在监督过失已经在判例中确立的现在,将其定性为对职员行为的监督过失是最合适的。

(4)在研究法人处罚问题时,有必要考虑到我国存在大量小规模股份公司的国情。即便是站在肯定法人固有责任的立场,当一个公司实际上与个人企业没有区别时,也可以将代表人的责任直接认定为法人的责任。法务省有关人员曾经对两罚规定在实践中被当做无过失责任来运用的做法提出批判②,而造成这种情况的一个可能原因是,那些实质上等同于个人企业的法人被大量适用了两罚规定。而且,就规模较大的企业而言,在被追诉的案件中,可能大量存在企业上层部门一起参与犯罪行为的所谓"公司一窝端"的情况。另外一个可能的原因是,在我国的企业中,由于传统性地"以'职员不作恶'为前提,形成了以信赖为基础的组织和管理体制"③,因此大部分企业都未建立能够作为免责事由的监管系统。无论是上述哪种情况,恐怕都会导致即便在理论上有可能免责,在现实的诉讼中也难以对法人的责任进行抗辩。期待学界今后就法人处罚的实际情况,针对法人的规模、行为人的地位等问题进行更加详细的实证研究。

虽说当一个法人实际上等同于个人企业时,代表人的责任就直接成为法人的责任,但当法人不具备独立社会实体的性质时(其中最极端的情况是一人公司),通常恐怕没有必要就代表人的犯罪行为同时处罚代表人和公司。这种公司一般只在小范围内活动,并且就耻辱印记问题而言,处

---

① 日本《刑法》第 8 条规定:"本编(指总则编——译者注)的规定也适用于其他法令规定的犯罪。但是,该法令有特别规定的场合除外。"——译者注
② 参见饭田英男:《法人処罰に関する立法上の問題点》,载《ジュリスト》第 672 号(1978 年),第 82 页;藤永幸治:《法人処罰に関する立法上の諸問題——両罰規定の運用実態からみて》,载《刑法雑誌》第 23 卷第 1·2 号(1979 年),第 137 页;等等。
③ 中川英彦:《企業の不祥事と経営者の意識改革》,载《商事》第 1470 号(1997 年),第 26 页。

罚公司总经理就会起到处罚公司的效果,在公司名称中冠有总经理名字的场合,尤其如此。然而,在个人企业的职员实施了违法行为的场合,如果该企业被定性为自然人事业主就可以适用两罚规定,但如果该企业因为税法上的理由等原因"成立法人"就不能追究该法人的刑事责任,这种做法是不公平的。因此,在企业不具备法人的实体性质的场合,如果不根据法人人格否认的法理把代表人作为自然人事业主加以处罚,就有必要将法人作为事业主予以处罚。

另外一种有必要处罚法人的情形,是主要财产归属于公司的场合,以及犯罪利益归属于公司的场合。在诸如总经理的个人财产属于公司的场合,相比于对总经理科处罚金而言,对公司科处罚金可能更加合适。就没收而言,虽然即便不处罚法人,也可以对法人实施第三人没收,但处罚法人、直接对法人实施没收的方式确实更简单。另外,就追征而言,由于立法上没有设置针对第三人的追征程序,如果不处罚法人,就难以对法人实施第三人追征。虽然判例认为,在代表人被起诉的场合,对公司实施第三人追征也并不违反正当程序[①],但如果代表人没有被起诉,对法人就无法实施第三人追征。即便是在代表人被起诉的场合,由于代表人和法人之间可能存在利益冲突,因而在程序上给法人提供独立的辩解机会恐怕更加合适。此外,将来有必要研究设立一种通用于法人和自然人的利益剥夺制度。[②]

三、法人处罚和求偿

(1) 关于法人对自己被科处的罚金能否向董事等请求损害赔偿的问题,如果把法人的责任理解为法人固有的责任,则答案当然是否定的。因为基于自己的责任而被科处的刑罚,不能转嫁到他人身上。[③] 通说如果把法人的责任理解为法人固有的责任,那么应该会得出同样的结论。

---

① 最大判昭和40·4·28,《刑集》第19卷第3号,第300页。该案案情是,京都市农业协同组合太秦支部的支部长通过职务行为收受了贿赂,并将其中一部分交给了太秦支部。该案一审对该支部长判处了缓期执行的惩役,同时判决对该支部实施追征,二审维持了一审判决。最高裁判所认为,"庭审记录清楚地显示,被告人获得了通过审判程序对本案犯罪事实进行辩解和防御的机会,而该支部也获得了对该追征进行实质的辩解和防御的机会",因此维持了原判。

② 西田典之:《団体と刑事罰》,载芦部信喜等编:《岩波講座基本法学2》,岩波书店1983年版,第281页。

③ See, Richard I. Werder, Jr., A Critical Assessment of Intracorporate Loss Shifting After Prosecutions Based on Corporate Wrongdoings, 18 Del. Corp. L. 35, 43-44 (1993).

与此相对，在美国有观点认为允许法人就其所受的处罚请求赔偿。这种观点认为，在难以确定法人内部的实际行为人的情况下，如果把法人当做一种替身来处罚，那么法人接着就可能代替国家来"处罚"直接的违法行为人，这样一来，通过处罚法人就可以间接地达到抑制犯罪的效果。①而且，与国家相比，法人更容易确定内部的违法行为人，所以这种方法的效率更高。在这种观点看来，公司就其缴纳的罚金向违法行为人追偿，正是法人对违法行为人的代理"处罚"。当然，在诸如违法行为是在领导层的默许下实施的场合，公司不大可能对违法行为人提出损害赔偿的请求，尤其是当领导层本身就参与了违法行为时更是如此。但是，为了预防这种情况的出现，公司法中设置了股东代表诉讼制度，前面所提到的日本航空电子工业案件就是这种制度的运用。此案可能是我国首例股东就公司被科处的罚金向实施违法行为的领导层提出损害赔偿请求的诉讼，但在美国，这种股东代表诉讼似乎并不少见。②

美国的 Wilsheire Oil Company of Tex v. Riffe 案件③中，就罚金能否成为损害赔偿对象的问题作出了明确判决。本案的案由是，Wilsheire Oil Company of Tex 的前雇员因实施违反反垄断法的行为导致公司被判处了罚金和制裁金，而 Wilsheire Oil Company of Tex 就其缴纳的罚金和制裁金向该前雇员提出了赔偿的请求，第十巡回区上诉法院对该赔偿请求予以肯定。本案的一审法院认为，允许公司就罚金请求赔偿会违反公共政策，也会妨害反垄断法目的的实现。与此相对，上诉法院认为公共政策必须符合清白原则（clean hands doctrine——译者注），由于公司的刑事责任完全是一种代位性（vicarious）责任，所以可以肯定公司的赔偿请求。④

在美国，与行为人一起承担代位责任（vicarious liability）并实际支付赔偿的人，可以向行为人追偿，这被认为是与民事上的求偿权有关的原则。⑤而联邦刑法中法人的刑事责任，一般被定性为法人对自己的职员为

---

① See, Daniel R. Fischel & Alan Sykes, Corporate Crime, 25 J. L. Stud. 319, 321-322 (1996); John C. Coffee, Jr., Does "Unlawful" mean "Criminal"? : Reflections On the Disappearing Tort/Crime Distinction in American Law, 71 B. U. L. Rev. 228 (1991).

② See, Mark A. Cohen, Corporate Crime and Punishment: An Update on Sentencing Practice in the Federal Courts, 1988-1990, 71 B. U. L. Rev. 247, 269 (1991).

③ 409 F. 2d 1277 (1969).

④ 409 F. 2d 1283 (1969).

⑤ See, 21 Am. Jur 2d § 30.

了公司的利益、作为公司的业务而实施的行为所承担的无过失责任性质的代位责任。① 第十巡回区上诉法院把这两个命题结合起来,作出了法人对其缴纳的罚金可以向违法行为人追偿的判断。

但是,这个判决的逻辑是没有说服力的,因为民事上的代位责任完全不同于刑事上的代位责任。在民事的代位责任中,本来应该负担责任的是行为人,但为了救济被害人,所以让代位人和行为人形成连带关系从而承担代位责任,行为人和代位人的责任说到底还是一种择一的关系(连带债务)。与此相对,如果认为法人的刑事责任是代位责任,就意味着法人的刑事责任是从刑事政策的角度出发,就他人的行为而对法人科处的绝对责任,此种情形中,对法人和行为人都有可能执行刑罚。上述两种情形虽然同样都是代位责任,但性质上却是完全不同的,不能将与民事上的求偿权有关的原则直接适用在法人的刑事责任上。② 对罚金的求偿的核心问题,并不是与民事求偿权有关的原则,而是从刑事政策的角度来看,允许对罚金的求偿,是否可能会妨害刑罚的一身专属性或者反垄断法执行力的强化这种处罚法人的目的的实现。

在这个问题上,把法人处罚理解为处罚自然人的间接手段的立场可能会认为,从刑事政策的角度来看,肯定求偿权才是理想的做法。但是,且不论这种观点本身在刑事政策上是否果真妥当,仅就理论上与美国的法人处罚制度不相协调这一点来说,这种观点也是不妥当的。换言之,如果站在上述立场来理解法人处罚制度,那么法人处罚与自然人处罚(至少在执行层面上)必须是择一的关系。而且,由于对法人科处的罚金会转移到自然人身上,因而实质上是针对自然人的,那么罚金的额度就必须被设定为与自然人的责任相对应。但是,美国的法人处罚是与自然人处罚并立的,其罚金额是在考虑法人资力的基础上设定的,因而远远高于自然人的罚金额。在同时处罚法人和自然人的场合,如果允许把对法人科处的刑罚再转移到自然人身上,不仅会

---

① 参见青木纪博:《アメリカにおける『法人責任』論の試み》,载《産大法学》第30卷第3・4号(1997年),第9页以下;佐藤雅美《英米における法人処罰の法理(1)(2・完)》,载《阪大法学》第143号(1987年),第62页以下;第147号(1988年),第103页以下;川崎友巳:《企業犯罪論の現状と展望(1)(2・完)》,载《同志社法学》第47卷第4号(1995年),第1119页;第47卷第5号(1996年),第1501页。

② 参见 Daniel R. Fischel & Alan Sykes, Corporate Crime, 25 J. L. Stud. 335 (1996). 不过,该文对此问题是在另外一个语境中提出的。

导致自然人实质上因同一行为受到两次处罚,也会导致自然人被科处对应法人资力而设定的高额罚金。很难想象,这种有违反责任主义的重大嫌疑的"二重处罚"是立法者所追求的。①

我国也同样存在上述问题。即便假设我国现行法中的法人处罚是建立在代位责任的基础之上,由于立法者已经选择了同时处罚自然人和法人的立法政策,那么就不应允许把对法人科处的罚金再转移到自然人身上。虽然不能禁止违法行为人自愿承担公司的罚金,但法院不应以命令行为人承担罚金的方式,妨害分别处罚法人和自然人行为人的立法政策。② 在我国的《反垄断法》《证券交易法》【《金融商品交易法》】等领域的两罚规定中,法人罚金额以前采取的是与自然人罚金额联动的模式,现在转变为了考虑法人资力的法人重科模式,可以说这更加明确地表明,立法者是有意对法人本身和自然人进行分别处罚的。③ 允许这种罚金的转嫁

---

① 有学者认为,由于对公司科处的罚金经常低得非常离谱,所以在现行法制度之下,与处罚公司相比,只有将处罚目标锁定在自然人身上才有可能实现实际的抑制效果,而将公司被科处的罚金转嫁到高级管理人员身上的股东代表诉讼就是实现该目的的手段之一。参见 John C. Coffee, Jr., Litigation and Corporate Governance: An Essay on Steering Between Scylla and Charybdis, 52 Geo. Wash. L. Rev. 789, 803-804 (1984). 但是,如果对法人科处的罚金过低,正确的做法应该是提高罚金的额度,如果抑制的对象应该是自然人而不是法人,那么就应该直接处罚自然人。而且,现在美国对法人科处的罚金实际上已经改变了以前那种过低的状态。《谢尔曼法》将法人罚金的上限提高到了1 000 万美元(15 U. S. C. § 1),在阿拉斯加原油泄漏事件中,对埃克森石油科处的罚金达到了12 500 万美元。参见 Richard S. Gruner, Just Punishment and Adequate Deterrence for Organizational Misconduct: Scaling Economic Penalties under The New Corporate Sentencing Guidelines, 66 S. Cal. L. Rev. 225, 285 (1992).

② 相同观点,参见上村达男:《日本航空電子工業代表訴訟判決の法的検討(下)》,载《旬刊商事法務》第1434号(1996年),第13页;滨田俊郎:《経済刑法違反事件の諸問題:独禁法違反事件を中心として》,载《司法研修所論集》第99号(司法研修所创立50周年纪念特集号——刑事编)(1997年),第461页以下。与此相对,认为应当允许请求赔偿的观点,参见大桥敏道:《独占禁止法違反行為と株主代表訴訟》,载《福岡大学法学論叢》第42卷第1号(1997年),第80页。

③ 关于两罚规定中的法人重科问题,参见岩桥义明:《両罰規定における罰金額の切離しについて:法人等処罰に関する法制審議会刑事法部会了承事項》,载《旬刊商事法務》第1270号(1991年),第2页以下;角田正纪:《両罰規定の制度見直しの動向について:いわゆる法人重課の問題を中心にして》,载《NBL》第490号(1992年),第19页以下;芝原邦尔:《不法収益の剝奪と法人処罰の強化——独占禁止法改正を素材として》,载《法曹時報》第63卷第12号(1990年),第103页;等等。对于法人重科问题,虽然从代位责任的立场出发也能够作出解释,但是,如果从肯定法人固有责任的立场出发,理论之间会更加具有整合性。参见西田典之:《団体と刑事罰》,载芦部信喜等编:《岩波講座基本法学2》,岩波书店1983年版,第281页。

不仅会实质性地违反刑罚一身专属性的性质,而且实质上也会构成违反责任主义的"二重处罚"。

(2) 综上可以清晰地发现,如果把法人的刑事责任定性为法人固有的责任则自不必说,即便认为法人的责任是一种代位责任,把对法人科处的罚金再转嫁到董事等自然人身上的做法,也并不妥当。从理论上来说,由于法人遭受的罚金是国家基于法人处罚这个特定目的而有意科处的,因此可以认为,董事对妥善管理的注意义务的违反与法人缴纳罚金的结果之间并没有法律上的因果关系。允许就罚金进行追偿的日本航空电子工业股东代表诉讼的第一审判决,不仅在结论上有失妥当,就完全没有考虑罚金的特殊性这一点而言,该判决也不具有足以作为以后案件的先例的价值。

另外,需要补充说明的是,在有些情况下,科处罚金的规定也包含了剥夺犯罪收益的目的(《外汇和对外贸易法》第 69 条之 6 关于罚金额根据违法行为目的物的价格浮动的规定就可以被认为是其中一例)。在这种场合,允许转嫁罚金,实际上就是允许法人保留违法利益,这显然是不当的。处罚法人的根据之一就是,由于法人通过犯罪获得了利益(不一定限于经济性的利益),所以必须通过科处刑罚来恢复平衡,而法人还保有犯罪利益之时,则正是需要对法人科处罚金、没收等刑罚之时。基于同样的理由,在公司因为违反《反垄断法》而被科处课征金的场合,也不应允许把课征金转嫁到董事身上。与此相对,大桥敏道教授认为,"在我国目前刑事罚或者被害人提出的损害赔偿请求几乎没有发挥作用的情况下,通过股东代表诉讼来强化对董事的制裁,才符合促进公正、自由的竞争这种《反垄断法》的整体性目的(《反垄断法》第 1 条)",所以《商法》第 266 条第 1 项所称的损害应该理解为包含了课征金。① 但是,由于为实现《反垄断法》的目的而设置的制度各自具有其固有的目的,所以,只因为《反垄断法》的刑罚一直以来未能充分发挥机能,就无视课征金所固有的通过剥夺违法利益来实现制裁的制度目的,把课征金转用于对那些并没有获得违法利益的人进行制裁的做法,恐怕并不妥当。如果有必要提高对董事的制裁,正确的做法应该是强化针对董事的刑罚,实际上,《反垄断法》近来的运用表明,并非不存在这种可能性。

---

① 大桥敏道:《独占禁止法違反行為と株主代表訴訟》,载《福岡大学法学論叢》第 42 卷第 1 号(1997 年),第 79 页。

四、结语

本节内容可以简单地归纳为以下结论。

法人的行为和法人的责任应该进行独立的判断,要认定法人固有的责任,除了其行为能被视为法人行为的自然人具备成立犯罪所必要的责任之外,还必须能够认定作为组织整体的法人应承担未设置预防犯罪所必需的有效体制这个意义上的责任。法人的行为同时包含了其自然人成员行为的侧面和组织体行为的侧面。与此相对应,法人的责任应当理解为自然人责任和组织体责任的复合构造。仅从组织体的侧面来理解法人责任的企业组织体责任论,和仅从自然人的侧面来理解法人责任的通说的观点,都有失偏颇。

把法人的刑事责任理解为法人固有责任的场合自不必说,即便把法人责任理解为是代位责任,也不应当允许把对法人科处的刑罚再转嫁到自然人身上。这并不是否定股东代表人诉讼对违法行为的抑制效果,而只是说,以处罚法人和自然人的方式对违法行为的抑制,与以股东代表人诉讼的方式对违法行为的抑制,有必要各自承担不同的功能。

法人固有责任的问题被称为是"法人刑法理论中最黑暗的黑洞",本节是否也坠入这个黑洞之中、不见寸光闪烁,只能留待读者来判断。①

---

① 【补】此后,又有很多研究法人处罚问题的优秀论文相继问世,特别参见高崎秀雄:《法人の刑事処罰について》,东京大学大学院法学政治学研究科附属比较法政国际中心2003年版;川崎友巳:《企業の刑事責任》,成文堂2004年版;伊东研祐:《『組織体の刑事責任』論の近時の展開について》,载三井诚等编:《鈴木茂嗣先生古稀祝賀論文集(上)》,成文堂2007年版,第397页;樋口亮介:《法人処罰と刑法理論》,东京大学出版会2009年版;等等。

第三章　民事和刑事的交错

第一节　作为刑罚的损害赔偿(一)

一、绪论

在我国的法律制度中,对犯罪被害人的损害赔偿是民事法上的问题,与刑事司法制度没有直接的关系。①如果民事程序能够有效地对被害人进行救济,这种严格区分民事责任和刑事责任的做法倒也不会有多大问题。

---

① 但是,我国的刑事司法制度与损害赔偿也并非全然无关系,行为人对被害人的损害赔偿,对于检察官起诉裁量权的行使和法官的量刑都有重大影响。《刑事诉讼法》第248条作为起诉犹豫的条件而规定的"犯罪后的情况",就包含了行为人对被害人的损害赔偿。而在案件的量刑理由中,也经常可以看到法官提及对被害人的损害赔偿问题。关于刑事制裁和民事赔偿的关系的一般性论述,参见平野龙一:《刑事制裁と民事賠償》,载川岛武宜、平野龙一主编:《自動車事故をめぐる紛争処理と法》,岩波书店1978年版,第20页(同时收录于平野龙一:《刑法の機能的考察》,有斐阁1984年版,第213页);所一彦:《刑事制裁と損害賠償》,载川岛武宜、平野龙一主编:《自動車事故をめぐる紛争処理と法》,岩波书店1978年版,第305页。关于犯罪嫌疑人对被害人的赔偿对检察官起诉裁量权的影响,参见三井诚:《検察官の起訴猶予裁量——その歴史的および実証的研究(4)》,载《法学協会雑誌》第91卷第12号(1974年),第1700页以下。关于示谈(一种当事人私下协商达成和解的制度——译者注)和量刑的关系问题,也有很多学者进行了研究,参见藤野丰:《刑事裁判官から見た交通事故の示談》,载《ジュリスト》第315号(1965年),第67页;藤野丰:《示談と刑事裁判》,载《ジュリスト》第431号(1969年),第382页;松田光正:《量刑と損害賠償》,载《ジュリスト》第381号(1967年),第214页;柏井康夫:《量刑と損害賠償——民事責任と刑事裁判》,载《ジュリスト》第431号(1969年),第377页;五十部丰久:《交通事故と示談——刑事手続上の役割と被害者の救済》,载《ジュリスト》第462号(1970年),第28页;藤野英一:

但是，我国的司法现状却远远无法满足保护被害人的需求。①因此，本节将尝试研究把命令被告人对被害人进行损害赔偿的制度设置为刑罚的可能性。下面，笔者先对美国联邦法律中的损害恢复命令制度（restitution order）②进行概括的介绍，然后针对把损害赔偿设置为刑罚的制度可能性进行若干考察。③

《控訴審よりみた交通事犯の示談と量刑》，载《ジュリスト》第 447 号（1970 年），第 117 页；前田俊郎：《執行猶予・実刑の経験科学的基準に関する研究》，载岩井弘融等编：《日本の犯罪学（3）》，东京大学出版会 1970 年版，第 145 页（该文指出，法官在决定对诈骗犯罪行为人判处实刑还是缓刑时，非常重视示谈）；大阪刑事実务研究会：《量刑の実証的研究》，载《判例タイムズ》第 339 号（1976 年），第 56 页；三井诚：《量刑と示談》，载井木茂等编：《交通事故：実態と法理（ジュリスト増刊総合特集第 8 号）》，有斐阁 1977 年版，第 284 页；等等。

【补】这种状况在最近发生了巨大的改变，关于最近的状况，参见本章第四节。

① 关于多数被害人的损害未得到填补的问题，参见《特集・犯罪被害者とその補償問題》，载《警察学論集》第 29 卷第 6 号（1976 年）；大谷实：《被害者の補償——刑事司法と被害者救済論》，学阳书房 1977 年版，第 28 页以下。随着 1980 年《犯罪被害人给付金支付法》的颁布，国家对被害人进行补偿的制度被立法化，被害人救济的问题也因此在一定程度上得到了改善。围绕犯罪被害人救济制度产生了大量的文献资料，具体请参见前述大谷实著作（书后有详细的文献目录）。

② 在本节内容初次发表时，笔者将该词译为"损害赔偿命令"，但由于该制度在美国法中还包含了赃物返还命令等内容，所以在收录时，笔者将涉及美国制度的部分改译为了"损害恢复命令"。

③ 关于对被害人的损害赔偿问题，参见牧野英一：《犯罪被害者に対する賠償の実際的方法》，载《法学協会雑誌》第 22 卷第 1 号（1904 年），第 94 页；正木亮：《被害賠償の刑事政策的意義》，载《刑政》第 49 卷第 10 号（1936 年），第 5 页；石川才显：《犯罪被害者への損害賠償の必要性と刑事司法的介入の理論的基礎》，载《日本法学》第 31 卷第 4 号（1966 年），第 599 页；森本益之：《受刑者による犯罪被害の賠償》，载団藤重光等编：《刑事政策の現代的課題・小川太郎博士古稀祝賀》，有斐阁 1977 年版，第 576 页；大谷实：《被害者の補償——刑事司法と被害者救済論》，学阳书房 1977 年版，第 187 页以下；等等。另外，《改正刑法准备草案》第 79 条第 2 号规定，缓刑的附随处分"可以设定金额、期间或方法，命令行为人对犯罪行为造成的损害进行赔偿"。

【补】本节内容初次公开发表之后，又陆续有学者发表了对美国制度的系统性研究。参见藤本哲也：《非拘禁措置としての被害弁償制度——アメリカ合衆国を中心として》，载《比較法雑誌》第 30 卷第 2 号（1996 年）；藤本哲也：《刑事政策の諸問題》，中央大学出版部 1999 年版；永田宪史：《刑事制裁としての被害弁償命令（1）(2・完)》，载《法学論叢》第 153 卷第 1 号（2003 年），第 72 页以下；第 153 卷第 2 号（2003 年），第 112 页以下。

二、美国联邦法律中的损害恢复命令

(一) 前史

在殖民地时代的美国,犯罪被害人必须自己掏钱逮捕犯罪人和雇佣律师,以个人的名义起诉犯罪人。相对应地,被害人可以从被定罪的犯罪人那里获得赔偿,对于无力赔偿的犯罪人,可以限制其人身自由强制其劳动。但是,进入19世纪以后,对犯罪人的侦查和处罚逐渐转变为国家的任务,同时,监禁刑也变得普遍起来,最终导致损害赔偿被驱逐出了刑罚。犯罪逐渐被理解为是对社会秩序而不是对个人的侵害,被害人也失去了在刑事司法制度中的地位。①

进入20世纪以后,一些州的法律开始将损害恢复命令规定为判处缓刑的条件②,在联邦层面,1925年的《缓刑法》(Probation Act)规定了损害恢复命令。③ 但是,实践中损害恢复命令很少被运用,被害人在刑事程序中似乎仍然处于被遗忘的状态。④

1960年代以后,这种状况开始发生变化。"被害人权利运动"(Victim's Right Movement)逐渐活跃起来,损害恢复命令也得到了更广泛的运用。在1980年代,很多州和联邦都开展了包含损害恢复命令在内的以保护被害人为目的的立法。⑤

---

① See, McDonald, Towards a Bicentennial Revolution in Criminal Justice: The Return of the Victim, 13 AM. Crim. L. Rev. 649, 651-653 (1976); Kennard, The Victim's Veto: A Way to Increase Victim Impact on Criminal Case Dispositions, 77 Cal. L. Rev. 417, 419-420 (1989).

② See, Goldstein, Defining the Role of the Victim in Criminal Prosecution, 52 Miss. L. J. 515, 521-522 (1982); Harland, Monetary Remedies for the Victim of Crime: Assessing the Role of the Criminal Courts, 30 UCLA L. Rev. 52, 57 (1982).

③ 18 U. S. C. A. § 3651 (1985). 1987年11月1日量刑指南施行之后,《缓刑法》被废止。Pub. L. 98-473, 98 Stat. 1987.

④ S. Rep. No. 97-532 p.31, reprinted in 1982 U. S. Code Cong. & Ad. News 2536.

⑤ 参见 Hudson & Galaway, Introduction, in J. Hudson & B. Galaway (ed.), Restitution in Criminal Justice, 1 (1977); Goldstein, Defining the Role of the Victim in Criminal Prosecution, 52 Miss. L. J. 515-520 (1982); Kennard, The Victim's Veto: A Way to Increase Victim Impact on Criminal Case Dispositions, 77 Cal. L. Rev. 421-423 (1989). 关于各州围绕损害恢复的立法,参见小西由浩:《被害赔償(Restitution)》,载《比較法雑誌》第21卷第2号(1987年),第56页。

对于这种被害人学向刑事司法制度回归的现象,虽然出现了多种解释,但毫无疑问的是,随着犯罪率的上升,美国国民对刑事司法制度的不满日益强烈,是一个很重要的原因。犯罪的增加导致刑事司法体系的有关人员产生了强烈的危机感,进而开展了推动被害人向刑事司法制度提供协助的制度改革。人们逐渐强烈地意识到,为了鼓励被害人控告犯罪,对侦查、起诉和审判提供协助,就必须消除被害人对刑事司法制度的不信任感,用恢复其损害的方式给予被害人以激励。① 同时,犯罪的增加自然会滋生大量的被害人和潜在的被害人,而这些人逐渐成为政治上的一股强大力量。② 另外,犯罪的增加也导致在20世纪的美国刑事司法制度中占支配地位的监禁刑具有改善犯罪人的效果这种所谓的康复思想走向幻灭,从而迫使人们寻求新的替代手段,而损害恢复命令就是替代手段之一。从聚焦于犯罪人的康复思想到聚焦于犯罪被害的报应刑思想的转变,也成为人们把目光从犯罪人转向被害人的契机。在这一点上,恐怕也不能忽视肇兴于1950年代的被害人学的影响。③

总之,"被害人权利运动"在1980年代成为政治上无法忽视的力量,在当时里根总统的强力支持下,联邦议会在1982年实施了以保护被害人为目的的立法。

---

① See, Stookey, The Victim's Perspective on American Criminal Justice, in J. Hudson & B. Galaway (ed.), Restitution in Criminal Justice, 19 (1977); Goldstein, Defining the Role of the Victim in Criminal Prosecution, 52 Miss. L. J. 515 (1982).

② 有学者指出,1960年代女权主义或妇女团体对强奸犯罪被害人的关注是被害人权利运动的发端。参见 Gittler, Expanding the Role of the Victim in a Criminal Action: An overview of Issues and Problems, 11 Pepperdine L. Rev. 117, 118 (1984).

③ See, Note, Victim Restitution in the Criminal Process, 97 Harv. L. Rev. 931 (1984). 关于美国刑事程序的一般性研究,参见 Roark M. Reed、井上正仁、山室惠:《アメリカの刑事手続》,有斐阁1987年版。关于美国刑罚思想的变迁,参见芝原邦尔:《刑事制裁の潮流——英米》,载宫泽浩一等编:《刑事政策講座(1)》,成文堂1971年版,第98页;Francis A. Allen:《20世紀末のアメリカにおける社会変化と刑法》,芝原邦尔译,载《アメリカ法》第1984卷第2号(1985年),第199页;林干人:《アメリカ刑事法の変遷と展望》,载《ジュリスト》第919号(1988年),第6页;等等。关于美国的量刑程序,参见松本时夫:《量刑:アメリカ法制の展望》,酒井书店1964年版。关于美国的被害人学,参见宫泽浩一:《アメリカの被害者学》,载《時の法令》第1271号(1986年),第102页。另外,参见土屋真一:《刑事司法における被害者の役割と保護》,载《判例タイムズ》第492号(1983年),第32页;冈部泰昌:《アメリカにおける犯罪刑事司法政策の近時の動向》,载《判例タイムズ》第526号(1984年),第96页。

(二)《被害人和证人保护法》的制定

1982年的《被害人和证人保护法》(Victim and Witness Protection Act)首次将损害恢复命令规定为独立的刑罚。① 该法规定,制定该法的目的是"在能够利用的资源的范围内,在不侵害被告人宪法上的权利的前提下,动用所有方法让所有被害人尽量恢复到原有状态"②。

根据该法,联邦地区法院在对被告人科处其他刑罚的同时,可以并科损害恢复命令;在轻罪的场合,可以用损害恢复命令替代其他刑罚。③ 法院在确定损害恢复命令时,除了考虑被害人的损害程度之外,还必须考虑被告人的资力、被告人及其抚养人经济上的必要和收入情况。④ 另外,当法院认为量刑程序的复杂性和长期性超越了损害赔偿的必要时,可以不作出损害恢复命令。⑤

《缓刑法》(以下简称"旧法")和《被害人和证人保护法》(以下简称"新法")的损害恢复命令主要存在两点区别。第一,旧法的损害恢复命令只能在对被告人判处缓刑时使用,而在新法中,损害恢复命令可以独立使用,也可以与监禁刑、罚金刑并科。⑥ 第二,在旧法中,是否科处损害恢复命令完全取决于法官的裁量,与此相对,新法规定法官原则上必须对被告人科处损害恢复命令。虽然法官有权以被告人无资力或者难以认定损害额等为由,不科处损害恢复命令或者仅就部分损害科处恢复命令,但在这

---

① Pub. L. 97-291, 96 Stat. 1248-1258. 18 U.S.C.A. § 3556,3663,3664[法条初始编号为18 U.S.C.A. § 3579,3580,后根据Pub. L. 98-473, 98 Stat. 2031 (1984)进行了修改]。

② Pub. L. 97-291, 96 Stat. 1248, 1249 (1984)。

③ 18 U.S.C.A. § 3663 (a) (1) (West Supp. 1988)。"轻罪的场合"这个限定是后来加上去的。Pub. L. 99-646, § 20 (a), 100 Stat. 3596 (1986)。

④ 18 U.S.C.A. § 3664 (a) (West Supp. 1988)。

⑤ 18 U.S.C.A. § 3663 (d) (West Supp. 1988)。设置这个规定的目的是为了防止量刑程序在损害额确定问题上变得过于复杂和长期化。在难以全面准确地确定损害额的场合,就在能够确定范围内命令被告人进行赔偿。参见 S. Rep. No. 97-532 p.31, reprinted in 1982 U. S. Code Cong. & Ad. News 2537. 依据该规定而决定不科处损害恢复命令的判决,参见 United States v. Bengimina, 699 F. Supp. 214, 219 (W.D. Mo. 1988)。

⑥ 但是,这一点在实务上实际并没有带来太大改变。因为美国的数罪并罚采取的是并科(相加)主义,所以在旧法时期,如果被告人因两个以上的诉因受到起诉(这是很常见的),可以对其中一个诉因判决监禁刑,而对另外一个诉因以科处缓刑的形式暂缓刑罚的宣告或执行,作为缓刑的条件,就可以命令被告人进行损害恢复。

种场合,法官必须在案件记录中说明理由。① 由于一直以来量刑都由法官自由裁量而没有要求其说明理由,上述规定表明,议会有意要求法官尽量科处损害恢复命令。②

就罚金与损害恢复命令的关系而言,损害恢复命令在顺序上优先于罚金。首先,法律规定,只能在不影响被告人赔偿能力的限度内科处罚金。其次,量刑指南规定,在对被告人并科罚金和损害恢复命令的场合,被告人缴纳的钱款应当优先被用做赔偿损害。③

(三)损害恢复命令的适用范围

关于损害恢复命令的适用范围,法律没有明确规定,法院层面对此问题一直存在争议。

1. 损害的种类

法律对可以科处损害恢复命令的损害种类作了规定。首先,就财产损害而言,可以命令返还财产,在不能返还的场合,可以命令支付财产的对价(对价以损害时和审理时两者之中较高的一方为准)。④ 其次,在犯罪导致人身伤害的场合,可以命令被告人对下列费用进行赔偿:①治疗费用(除了身体和精神的治疗之外,还包含其他被法律所认可的非医学性的处置);②身体和职业上康复、复归的费用;③被害人损失的收入。⑤ 此外,在

---

① 18 U.S.C.A. § 3663 (a) (2) (1985)[该规定后来根据 Pub. L. 99-646, § 8 (b) (1986)被废止]。参见下注。

② 此后,根据 1984 年《量刑改革法》[Sentencing Reform Act, Pub. L. 98-473 (1984)]的改革,量刑时一般都需要陈述理由。18 U.S.C.A. § 3553 (c) (West Supp. 1988)。

③ Pub. L. 100-185, § 7, 101 Stat. 1280 (1987); 18 U.S.C.A. § 3572 (b) (West Supp. 1988); U.S. Sentencing Guidelines and Policy Statements § 5 E. 4. 1. (b).

④ 18 U.S.C.A. § 3663 (b) (1) (West Supp. 1988). 立法者认为,对于造成财物无法使用的损害也应该进行赔偿。参见 S. Rep. No. 97-532 p.32, reprinted in 1982 U.S. Code Cong. & Ad. News 2538.

⑤ 18 U.S.C.A. § 3663 (b) (2) (West Supp. 1988). 例如,在一个被判以强奸为目的的暴行罪的案件中,判决命令被告人向被害人支付共计 1 560 美元的损害恢复,其中包含因误工减少的收入 650 美元,损坏的财物 230 美元,治理费 230 美元,与家属会面的飞机交通费 450 美元。参见 United States v. Keith, 754 F. 2d 1388 (9th Cir.), cert. denied, 474 U.S. 829 (1985)。另外,也有判决以会不当地导致量刑程序的复杂化(不包含没有争议的部分)为由,没有把被害人将来可能获得的收入纳入赔偿范围,参见 United States v. Fountain, 768 F. 2d 790, 802 (7th Cir.), cert. denied, 475 U.S. 1124 (1985)。也有判决与该判决不同,把将来的治疗和心理咨询费用也纳入了赔偿范围,参见 United States v. Danser, 270 F. 3d 451 (7th Cir. 2001)。

犯罪导致被害人死亡的场合,还可以命令被告人支付丧葬费用等。① 以上规定采取的是限定性列举的方式,因而被认为法律不认可对精神性痛苦的赔偿。②

2.损害恢复的范围与被判有罪的行为的关系

损害恢复命令制度中争议最大的问题是,损害恢复的范围是否仅限于被告人被判有罪的行为,或者被告人作有罪答辩的诉因行为所引发的损害。这个问题有两个争点。第一个争点是,损害恢复的对象是否仅限于被判有罪的行为所引发的损害;第二个争点是,损害恢复的对象是否仅限于被判有罪的行为的起诉状中列明的损害。关于第一个争点,由于旧法规定法官可以就"被判有罪的行为引发的现实的损害或损失"命令被告人进行赔偿③,所以上诉法院的主流观点采取的是限定说,即认为损害恢复的对象仅限于被判有罪的行为所引发的损害。④ 但是,这种限制有一个例外,也就是在辩诉交易中,如果被告人同意就作有罪答辩的行为之外的行为引发的损害进行赔偿时,对这些损害也可以科处损害恢复命令。⑤ 另外,即便是限定说,有力的观点也认为,对于联邦犯罪中有名的共谋罪和邮政欺诈罪(mailfraud),"犯罪"的含义应作宽泛的理解,"单一的犯罪计

---

① 18 U. S. C. A. § 3663 (b) (3) (West Supp. 1988).

② See, United States v. Satterfield, 743 F. 2d 827, 837 n. 7 (11th Cir.), cert. denied, 471 U. S. 1117 (1985); United States v. Keith, 754 F. 2d 1391 (9th Cir. 1985); United States v. Husky, 924 F. 2d 223 (11th Cir. 1991).

③ 18 U. S. C. A. § 3651 (1985).

④ Karrell v. United States, 181 F. 2d 981, 987 (9th Cir.), cert. denied, 340 U. S. 891 (1950); United States v. Hoffman, 415 F. 2d 14, 22 (7th Cir.), cert. denied, 396 U. S.958 (1969); United States v. Buechler, 557 F. 2d 1002, 1008 (3rd Cir. 1977); United States v. Tiler, 602 F. 2d 30, 33 (2nd Cir. 1979); United States v. Orr, 691 F. 2d 431, 433 (9th Cir. 1982); United States v. McMichael, 699 F. 2d 193, 195 (4th Cir. 1983); United States v. Johnson, 700 F. 2d 699, 701 (11th Cir. 1983).

⑤ Phillips v. United States, 679 F. 2d 192, 194 (9th Cir. 1982); United States v. Gering, 716 F. 2d 615, 622-625 (9th Cir. 1983); United States v. Orr, 691 F. 2d 433 (9th Cir. 1982); United States v. McLaughtin, 512 F. Supp 907, 908 (D. Md. 1981).限定性较强的判决,参见 United States v. Davies, 683 F. 2d 1052, 1054 (7th Cir. 1982); United States v. Paul, 783 F. 2d 84, 88 (7th Cir. 1986).

划"所产生的全部损害都可以纳入赔偿的范围。① 而且,即便导致损害的原因行为不是犯罪的构成要素也没有关系。② 所以,即便采取限定说,损害恢复命令的对象也可能超过被判有罪的行为的起诉状中列明的损害。因此可以说,法院的立场实质上近乎非限定说。

由于在这种解释语境中,被告人有可能面临被意外的损害恢复命令袭击的危险,所以对于第二个争点,有上诉法院认为,应当把损害恢复限定在被判有罪的行为的起诉状中列明的损害的范围内。③ 但是,多数上诉法院并未接受这种限定,而是认为,只要在辩诉交易(plea bargaining)的过程中向被告人说明损害恢复命令的范围即可,或者,把损害额的确定权留给法院,只要在量刑程序中给予被告人申辩的机会即可。④

在此背景下,由于新法只是规定可以命令被告人对"犯罪的所有被害人"进行赔偿⑤,那么这里是否意味着对旧法的取向进行了变更就成为一个问题。在上诉法院中,逐渐有力的观点以旧法那种限定性表述的消失、新法的目的在于扩大对被害人的救济等为由,认为损害恢复的对象并不

---

① 关于共谋罪的判决,参见 United States v. Tiler, 602 F. 2d 34 (2nd Cir. 1979)。该判决认为,被告人提出的其被判处的共谋罪本身并没有引发损害的主张不成立,因为当基于共谋而实施的一连串行为成为损害恢复命令的对象之时,这些行为都被包含在共谋罪之中。另外,参见 United States v. Spinney, 759 F. 2d 1410, 1416 (9th Cir. 1986)。该判决认为,根据新法规定,单纯因暴行的共谋而被判有罪的被告人,也要对因基于该共谋实施的犯罪而受伤的被害人的治疗费和死亡的被害人的丧葬费进行赔偿。关于邮政欺诈罪的判决,参见 Phillips v. United States, 679 F. 2d 196 (9th Cir. 1982)。该判决认为,邮政欺诈罪并非只是简单的通信行为,而是通过利用通信来实施欺诈计划的犯罪,因此可以命令被告人对欺诈计划造成的整体损害进行赔偿。另外,还可以参见 United States v. Woods, 775 F. 2d 82, 88 (3rd Cir. 1985);United States v. Martin, 788 F. 2d 184, 189 (7th Cir. 1986);United States v. Hawthorne, 806 F. 2d 493, 497 (3rd Cir. 1986);其中,关于新法的判例请参见 United States v. Purther, 823 F. 2d 965, 968 (6th Cir. 1987);United States v. Pomazi, 851 F. 2d 244, 249 (9th Cir. 1988)。

② United States v. Durham, 755 F. 2d 511, 513 (6th Cir. 1985);United States v. Mounts, 793 F. 2d 125, 127 (6th Cir.), cert. denied, 479 U. S. 1019 (1986)(对于仅被判处收受爆炸物罪的被告人,该判决命令其对因该爆炸物爆炸而受害的某公司的毁损财产和被盗车辆进行赔偿)。

③ United States v. Whitney, 785 F. 2d 824, 825-826 (9th Cir. 1986);United States v. Van Cauwenberghe, 814 F. 2d 1329, 1339 (9th Cir.), cert. denied, 107 S. Ct. 673 (1988)。

④ United States v. Hawthorne, 806 F. 2d 499 (3rd Cir. 1986);United States v. Mc-Michael, 699 F. 2d 195 (4th Cir. 1983);United States v. Gering, 716 F. 2d 25 (9th Cir. 1983);United States v. Gallup, 812 F. 2d 1271, 1282 (10th Cir. 1987)。

⑤ 18 U. S. C. A. § 3663 (a) (1) (West Supp. 1988)。

限于被判有罪的行为。但是,这也并不意味着法院可以无限制地扩大赔偿的范围,被命令进行赔偿的对象行为和被判有罪的行为之间必须具有密切的关系。① 在第二个争点上,旧法背景下将损害恢复的范围限定于起诉状中列明的损害的上诉法院,也转向了非限定说。②

这个问题与美国特色的刑事程序有密切关系。检察官以何种、几个诉因来起诉被告人,是通过考虑与被害人救济的必要性无关的多种因素来决定的。③ 比如,检察官经常动辄选择那些虽然脱离现实的犯罪实体、但容易被判决有罪的诉因来起诉,而辩诉交易的存在则更加助长了这种追诉惯行。④ 在这种状况下,仅就被起诉和定罪的行为命令被告人进行损害恢复,很多情况下对于被害人的保护来说是(对于犯罪人的处罚也是)不够充分的。另一方面,从被告人一方来看,就量刑程序而言,如果因为没有被认定为犯罪的行为而被科处恢复命令,与作出有罪认定的裁判程序相比,该命令的科处会较少受到程序上的保障,所以对被告人是不利的[参见后述(四)]。

有学者指出,这个问题的解决,取决于重视损害恢复命令作为刑罚的

---

① United States v. Hill, 798 F. 2d 402, 405 (10th Cir. 1986); United States v. Berrios, 869 F. 2d 25, 29 (2nd Cir. 1989); United States v. Duncun, 870 F. 2d 1532, 1536 (10th Cir. 1989); United States v. Hughey, 877 F. 2d 1256, 1264 (5th Cir. 1989) [该案案情是,身为邮递员的被告多次窃取了无法送达的信用卡并违法使用了这些信用卡,其中3宗邮政欺诈罪和3宗违法使用信用卡罪被美国政府起诉,但被告只对1宗违法使用信用卡罪作了有罪答辩。虽然辩诉交易中未涉及损害恢复命令的问题,但缓刑办公室(probation office——译者注)认为,被告人实际上实施了21件同种犯罪,对于这些犯罪造成的共计90 431美元的损害都应该进行赔偿。后来地区法院的法官对被告人判处了8年的监禁刑和90 431美元的损害恢复命令,上诉法院也认可了这一判决]。

② United States v. Hill, 798 F. 2d 405 (10th Cir. 1986); United States v. Youpee, 836 F. 2d 1181 (9th Cir. 1988); United States v. Pomazi, 851 F. 2d 249 (9th Cir. 1988); United States v. Kirkland, 853 F. 2d 1243 (5th Cir. 1988)。

③ See, Goldstein, Defining the Role of the Victim in Criminal Prosecution, 52 Miss. L. J. 537 (1982); United States v. Hill, 798 F. 2d 405 (10th Cir. 1986); United States v. Hughey, 877 F. 2d 1261 (5th Cir. 1989)。

④ 曾有研究推算,联邦司法中通过辩诉交易处理的案件占到总体案件数量的95%。参见 Fed. R. Crim. P. 11 Advisory Committee Note to 1974 Amendment. 联邦量刑委员会最近调查得出的数字约为85%。参见 U. S. Sentencing Commission, Supplementary Report on the Initial Sentencing Guidelines and Policy Statement 48 (1987). 有的判决采取非限定说时列举的理由之一就是存在辩诉交易。参见 United States v. Berrios, 869 F. 2d 30 (2nd Cir. 1989); United States v. Hughey, 877 F. 2d 1261 (5th Cir. 1989)。

性格还是重视其作为损害赔偿的性格。① 如果是前者,则损害恢复只能限于被判有罪的行为,如果是后者,则可以包含所有的行为。确实,如果重视对被害人的救济,只要损害在量刑中得到了证明,那么限定损害恢复范围的必要性就不大。但是这并不意味着从重视损害恢复命令的刑罚性质的立场出发,就必须将量刑中考虑的因素限定在被判有罪的行为的范围内。实际上倒不如说,美国量刑中一般的惯常做法是在考虑包含余罪在内的所有情况的基础上进行量刑的"现实犯罪模式"(real offense model)。② 且不论这种量刑惯行是否妥当,至少说明问题并不仅仅存在于损害恢复命令制度中。但是,在通常的刑罚中,即便是通过"现实犯罪模式"来量刑,被判有罪的犯罪的法定刑上限也会对量刑构成制约。与此相对,由于各犯罪的法定刑中没有规定损害恢复命令,如果通过"现实犯罪模式"对被告人科处损害恢复命令,被告人就有可能受到出其不意的袭击,同时,定罪过程也可能因此变得有名无实。③④

3. 被害人的范围

虽然法律规定损害恢复的对象是"犯罪的所有被害人"⑤,但该规定所称的被害人的范围并不一定明确。首先,犯罪的直接的被害人应当被包

---

① Goldstein, Defining the Role of the Victim in Criminal Prosecution, 52 Miss. L. J. 536 (1982); Note, Restitution in the Criminal Process: Procedures for Fixing the Offender's Liability, 92 Yale L. J. 505, 513-514 (1984).

② 参见 U. S. Sentencing Commission, Preliminary Draft of Sentencing Guidelines 12 (1986). 正在施行的量刑指南虽然基本上采取的是"被诉犯罪模式"(charged offense model),但仍残留有"现实犯罪模式"的痕迹。参见 Sentencing Guidelines and Policy Statements § 1 A. 4. (a); United States v. Scroggins, 880 F. 2d 1204, 1208 (11th Cir. 1989)(该案判决认为,当被告人在被追诉的盗窃行为中只就一个行为作有罪答辩时,根据量刑指南,对于因辩诉交易而放弃追诉的其他18个同样的盗窃行为,也可以命令被告人进行赔偿)。

③ 关于认为赔偿对象应限定为被判有罪的行为的观点,参见 Note, Restitution in the Criminal Process: Procedures for Fixing the Offender's Liability, 92 Yale L. J. 517 (1984); Note, The Victim and Witness Protection Act of 1982: Who are the Victims of Which Offenses?, 20 Valparaiso Univ. L. Rev. 109, 111, 141 (1985).

④ 【补】此后,联邦最高法院否定了上诉法院层面有力支持的非限定说,明确将损害恢复命令的对象限定在被判有罪的行为所引发的损害的范围内,参见 Hughey v. United States, 495 U. S. 411 (1990). 关于采取非限定说的本案下级审原判决,参见 United States v. Hughey, 877 F. 2d 1256 (5th Cir. 1989). 关于议会对联邦最高法院判决的应对,参见本章第二节。

⑤ 18 U. S. C. A. § 3663 (a) (1) (West Supp. 1988).

含在内,这不存在问题。这里的"被害人"不仅指自然人,也包含法人和国家。① 其次,就间接的被害人而言,在被害人死亡的场合,法律规定可以命令被告人对其继承人进行损害恢复。② 另外,在第三人填补了被害人的损害的场合,法律规定可以命令被告人对第三人进行损害恢复。③ 对于这种间接的被害人,虽然法律上没有明确规定是否也能将其直接视为"被害人",但很多判决中,都将填补了被害人损害的保险公司等间接被害人认定为"被害人"。④ 此外,在被害人是市民全体的场合,慈善团体等是否可以代替市民作为"被害人"接受损害恢复,也存在问题。⑤ 但无论如何,在被害人表示同意时,可以命令被告人对被害人指定的团体进行损害恢复。⑥

---

① 当国家的财产遭受损失时,国家当然是被害人,但除此之外,也有判决命令被告人对追诉等产生的费用进行赔偿。比如,有判决命令构成逃税罪的被告人向国家赔偿聘请公选辩护人(court-appointed attorney——译者注)的律师费和 13 000 美元的追诉费用。参见 United States v. Gurtunca, 836 F. 2d 283 (7th Cir. 1987). 在另外一个案件中,身为陪审员的被告由于在参与某个案件的陪审时与该案被告人有不适当的行为导致该案裁判无效,因而被判藐视法庭罪,同时还被命令就案件主办检察官和执法官员支取的 46 850 美元的薪水向国家进行赔偿。参见 United States v. Hand, CA3, 12/22/88, 44 CrL 2249.
② 18 U. S. C. A. § 3663 (c) (West Supp. 1988).
③ 18 U. S. C. A. § 3663 (e) (1) (West Supp. 1988). 在这种场合,对被害人的赔偿优先于对第三人的赔偿。
④ 关于将填补了被害人损害的保险公司认定为"被害人"的判决,参见 United States v. Florence, 741 F.2d 1066, 1067 (8th Cir. 1984); United States v. Durham, 755 F. 2d 513 (6th Cir. 1985); United States v. Youpee, 836 F. 2d 1184 (9th Cir. 1988); United States v. Sunrhodes, 831 F. 2d 1537, 1545 (10th Cir. 1987). 关于将遗属认定为"被害人"的判决,参见 United States v. Allison, 599 F. Supp. 958 (N. D. Ala. 1985). 关于认为应当广泛地将间接被害人认定为"被害人"的观点,参见 Note, The Victim and Witness Protection Act of 1982: Who are the Victims of Which Offenses ?, 20 Valparaiso Univ. L. Rev. 111-112 (1985).
⑤ 在一个住宅开发局职员违法收受手续费的案件中,一审判决该被告向住宅开发局赔偿 45 592 美元,上诉法院认为,社会公众是本案的被害人,但开发局可以代替公众接受赔偿,所以肯定了一审判决。参见 United States v. Gallup, 812 F. 2d 1271, 1282 (10th Cir. 1987). 但在早前的另外一个案件中,法庭以被告人已经被判处参与社区计划(community program——译者注)为由,认为不得再命令其向缓刑机构进行赔偿。参见 United States v. Prescon Corp., 695 F. 2d 1236 (10th Cir. 1982). Gallup 案判决认为,本案与 Prescon Corp. 案的区别在于,作为赔偿对象的住宅开发局在本案中是犯罪的利益相关方。此外,还有一个案件的被告人因行贿和邮政欺诈被定罪之后,一审法院判决其向市民赔偿 15 万美元,但上诉法院以欠缺关于现实损害的证据为由,裁定撤销原判发回重审。参见 United States v. Lovett, 811 F. 2d 979 (7th Cir. 1987).
⑥ 18 U. S. C. A. § 3663 (b) (4) (West Supp. 1988).

(四)量刑程序

科处损害恢复命令时,有必要收集损害额、被告人的资力等相关资料。美国的量刑先是由隶属于法院的缓刑官(probation officer——译者注)准备判决前调查报告(presentence report),法官再在此报告的基础上进行裁量①,而科处损害恢复命令所必要的资料也要在判决前调查收集。但是,由于感到以往的判决前调查对被害人资料的收集不够充分,新法修改了联邦诉讼规则,要求在判决前调查报告中加入被害人影响调查报告(victim impact statement)。② 这就要求缓刑官必须收集科处损害恢复命令所必需的犯罪被害有关的信息,并记录于判决前调查报告中。如果法院认为还有进一步的必要,可以命令缓刑服务机构收集相关信息。③

在量刑程序中,要向被告人和检察官开示包含被害人影响调查报告在内的判决前调查报告,并向双方提供就作为量刑基础的事实是否属实进行辩论的机会。④ 对于量刑的基础事实的认定问题,旧法中没有规定明确的标准,新法规定,在对损害恢复存在争议的时候,由法院依据优势证据标准(preponderance of evidence)来决定。另外,在举证责任(burden of demonstration)方面,检察官对损害额、被告人对资力和经济上的必要分

---

① 关于判决前调查制度,参见平野龙一:《判決前調査(1)(2)》,载《警察研究》第 33 卷第 2 号(1962 年);第 33 卷第 3 号(1962 年);平野龙一:《犯罪者处遇法の諸問題》,有斐阁 1982 年版,第 49 页;松本时夫:《量刑:アメリカ法制の展望》,酒井书店 1964 年版,第 55 页以下;铃木茂嗣:《判決前調査制度》,载宫泽浩一等编:《刑事政策講座(1)》,成文堂 1971 年版,第 357 页;最高裁判所事务总局编:《判決前調査制度関係資料》,载《刑事裁判資料》第 130 号、第 146 号、第 155 号(1959—1962 年)。

② 参见 S. Rep. No. 97-532 p.11-13, reprinted in 1982 U. S. Code Cong. & Ad. News 2517-2519。《联邦刑事诉讼规则》规定,应在判决前调查报告中列明的信息,包含犯罪被害人所遭受的经济的、社会的、心理的、身体的伤害等所有关于损害的信息,以及犯罪被害人获得赔偿的必要性的相关信息。参见 Fed. R. Crim. P. 32 (c) (2) (C), (D).

③ 18 U. S. C. A. § 3664 (b) (West Supp. 1988).

④ 18 U. S. C. A. § 3664 (c) (West Supp. 1988); Fed. R. Crim. P. 32 (c) (3) (A); U. S. Sentencing Guidelines and Policy Statements § 6 A. 1. 1. (b); § 6 A. 1. 3.

别承担举证责任。①

　　这种损害恢复命令的程序是否符合《宪法》的正当程序条款是有争议的,但法院对此一贯持肯定态度。② 法院认为,虽然正当程序条款也适用于量刑程序,但对量刑程序没有必要采取和定罪程序同样的正当程序保障。③ 在死刑案件以外的量刑程序中,不可以为了对判决前调查报告中的事实进行辩论而传唤证人进行反询问。④ 虽然判决前调查报告中包含了大量的传闻证据,但是《联邦证据规则》不适用于量刑程序,传闻证据在量刑程序中不被禁止。⑤ 重要的是,只要保证不是基于明显错误的事实来进行量刑即可。通过开示判决前调查报告,以及向被告人提供对其中的事实进行辩论的机会,就已经满足了正当程序的要求。⑥

　　如上,损害恢复命令的基础资料的收集和提出,一开始由缓刑官负责,在存在争议的场合,则由检察官来负责。司法实践中,法官似乎也高度依赖缓刑官的判决前调查报告。但是有观点指出,由于并没有受过关

---

　①　18 U. S. C. A. § 3664 (d) (West Supp. 1988). 对于被告人的举证责任,也有判决似乎将其理解为证据提出责任(burden of production)。参见 United States v. Gomer, 764 F. 2d 1221, 1226 (7th Cir. 1985); United States v. Mahoney, 859 F. 2d 47, 49 (7th Cir. 1988). 量刑程序采取比犯罪认定程序较低的证明标准,被认为并不违反正当程序原则。参见 McMillian v. Pennsylvania, 477 U. S. 79, 91-93 (1986); United States v. Lee, 818 F. 2d 1052 (1982). 有判决认为,在新量刑法的背景下,对于量刑事实的认定一般都应当采取优势证据标准。参见 United States v. Urrego-Linares, 879 F. 2d 1234, 1237-1238 (4th Cir.), cert. denied, 493 U. S. 943 (1989).

　②　See, United States v. Satterfield, 743 F. 2d 839-841 (11th Cir. 1984)[推翻了认为违反正当程序原则的 United States v. Welden, 568 F. Supp. 516, 535 (N. D. Ala. 1983)案件判决].另外,参见 United States v. Sunrhodes, 831 F. 2d 1543-1544 (10th Cir. 1987); United States v. Palma, 760 F. 2d 475, 477 (3rd Cir. 1985); United States v. Keith, 754 F. 2d 1392 (9th Cir.); United States v. Florence, 741 F.2d 1069 (8th Cir. 1984).

　③　认为量刑程序也适用正当程序原则的判决,参见 Townsend v. Burke, 334 U. S. 736, 741 (1948).认为量刑程序与犯罪认定程序的程序性保障并不相同的判决,参见 United States v. Stephens, 699 F. 2d 534, 537 (11th Cir. 1983); United States v. Davies, 683 F. 2d 106 (7th Cir. 1982); United States v. Satterfield, 743 F. 2d 840 (11th Cir. 1984); United States v. Palma, 760 F. 2d 477 (3rd Cir. 1985).

　④　United States v. Ashley, 555 F. 2d 462, 466 (5th Cir.), cert. denied, 434 U. S. 869 (1977); United States v. Satterfield, 743 F. 2d 840 (11th Cir. 1984).

　⑤　Fed. R. Evid. 1101 (d) (3). 相关判决,参见 United States v. Florence, 741 F.2d 1069 (8th Cir. 1984).

　⑥　United States v. Satterfield, 743 F. 2d 840 (11th Cir. 1984).

于损害赔偿法的训练,缓刑官是否能够妥当地收集相关信息,还存在疑问。①

对于检察官,司法部的指南要求其采取合理的行动实施被害人保护。指南规定,"检察官有义务调查清楚所有受到犯罪侵害的被害人的身份和每个被害人的受损程度……在量刑前的听证程序中有义务代表被害人和国家的利益"。具体而言:①联邦检察机关必须要求侦查人员提供所有被害人的相关信息;②对于起诉阶段认定的所有被害人(无论起诉状中是否列明了其姓名),都必须就损害问题与其沟通,此间收集的信息用于缓刑官制作被害人影响调查报告;③检察官在辩诉交易或者案件处理前,必须与起诉状中列明的被害人(或被害人的亲属)进行沟通;④检察官不得将限制或者放弃损害恢复作为辩诉交易的内容,必须基于《联邦刑事诉讼规则》第11条(c)的规定告知被告人,将对作为犯罪结果的所有被害人的所有损害请求损害恢复,而并非仅限于被告人作有罪答辩的诉因行为引发的损害。②

虽然司法部的指南处心积虑地鼓励检察官积极地为保护被害人而活动,但由于检察官关心的问题通常是迅速获得有罪的判决,所以其用于被害人保护的精力似乎往往是不够的,因此,可能会发生检察官没有向法院充分提供损害恢复命令所不可或缺的被害状况相关信息的情况。③ 虽然对被害信息掌握最全面的是被害人,且利害关系最密切的也是被害人,但被害人在联邦刑事程序中并不具有当事人的地位。被害人在量刑程序中并不具有当然的发言权,而且即便对损害恢复命令不满,也无权提起

---

① Coffee & Whitehead, The Convicted Corporation: An Outline of the Inventory of Federal Remedies, in Corporate Criminality Liability 317, 348 (1986). 另外,参见 United States v. Welden, 568 F. Supp. 525 (N. D. Ala. 1983).

② U. S. Department of Justice, Restitution Pursuant to The Victim and Witness Protection Act 40 (1987).

③ 参见 United States v. Franklin, 792 F. 2d 998, 999 n. 2 (11th Cir. 1986)(该案中,被害人向法庭提交了699 808美元的损害清单,但是检察官并没有对此作出证明,所以地区法院对大部分损害都未予认可,只对被告人科处了5 000美元的恢复命令。上诉法院对被害人的不满表示了同情,并对未尽到法律义务的检察官提出了批评);United States v. Weichert, 836 F. 2d 769, 771 n. 3 (2nd Cir. 1988).

上诉。①

(五) 犯罪人的资力

损害恢复命令制度经常受到的质疑是,很多犯罪人并不具备足够的资力,所以损害恢复命令并没有实际效果。但是,也有学者指出,被害人的平均损害额是数百美元而不是数千美元,大部分犯罪人多少都具有一定的损害赔偿能力。② 另外,从联邦上诉法院判例集来看,涉及损害恢复命令的案件多是以欺诈犯罪为代表的高额财产犯罪。因此,可以说被联邦法律科处损害恢复命令的被告人中,多数都具备一定程度的赔偿能力。联邦法律中的人身犯罪较少,只是涉及联邦监狱内的人身犯罪和印第安保留地的人身犯罪稍多而已。③

首先,法律规定,法院在科处损害恢复命令之时,除了考虑被害人的损害额之外,还要考虑被告人的资力、被告人及其抚养人经济上的必要和收入能力。④ 在考虑被告人的资力等因素之后,法院可以命令被告人于一定期限内一次性支付赔偿,或者进行分期支付。⑤ 裁判时被告人没有资力的问题,被认为不会对损害恢复命令的科处构成绝对的妨碍。其理由是,第一,就同时还被并科监禁刑的被告人而言,只要在被释放后的支付义务生效阶段具备资力就足够了;第二,即便被告人没有出狱的可能性,如果

---

① 参见 United States v. Brown, 744 F. 2d 905, 910 (2nd Cir. 1984); United States v. Franklin, 792 F. 2d 999 n. 2 (11th Cir. 1986). 部分州的法律认可了被害人出庭发言的权利。参见 Alabama Code § 15-18-67 (1982); Fla. Stat. Ann. § 921-143 (1985).

② S. Rep. No. 97-532 p.30, reprinted in 1982 U. S. Code Cong. & Ad. News 2536.

③ 1982 年至今,上诉法院判例集(Federal Reporter)中记载的涉及损害恢复命令的案件共计 72 件(不一定是全面的),其中以邮政欺诈、电信欺诈罪(18 U. S. C. A. § 1341-1343)为代表的欺诈犯罪共计 38 件,侵占犯罪 7 件,抢劫银行罪 7 件,跨州转移赃物犯罪 4 件。科处的恢复命令中额度最高的是 100 万美元[United States v. Lemire, 720 F. 2d 1327 (DCC. 1983)]。人身犯罪中,涉及暴行罪的 4 件,杀人罪的 3 件。比如,某个案件中,法庭判处被告人犯有以伤害为目的的暴行罪,命令其向垫付了被告人手术费的印第安健康保险局支付每个月 100 美元、合计 6 260 美元的赔偿。参见 United States v. Sunrhodes, 831 F. 2d 1537 (10th Cir. 1987). 另外,联邦监狱内的服刑人员犯罪以毒品犯罪最为常见,其次是欺诈犯罪。参见 U. S. Sentencing Commission, Supplementary Report on the Initial Sentencing Guidelines and Policy Statement 57 n. 98 (1987).

④ 18 U. S. C. A. § 3664 (a) (West Supp. 1988).

⑤ 18 U. S. C. A. § 3663 (f) (West Supp. 1988). 法律规定,被告人被判处缓刑时,该期限为缓刑期以内;被判处监禁刑时,为执行完毕之日起 5 年以内;被判处其他刑罚时,为刑罚宣告之日起 5 年以内。

将来以某种形式获得了收入,也能够对被害人进行赔偿。① 但是,也有判决认为,为了使损害恢复命令发挥改善刑的机能,必须能够期待被告人履行命令,并以此为理由撤销超过被告人年收入9倍的损害恢复命令。② 显然,在这个判决中,损害恢复命令的刑罚性质得到了重视。

在被告人具备资力的场合,紧接着的问题就是如何确保被告人履行损害恢复义务。法律规定,损害恢复是基于法院的命令直接地或者通过国家间接地向直接被害人履行。③ 在被告人没有主动履行义务的情况下,联邦政府可以像执行罚金一样执行损害恢复命令,而且,联邦政府或者被害人也可以像执行民事判决一样执行损害恢复命令。④ 可见,在执行层面,被害人的主动权还是被认可的。

其次,在被告人被科处缓刑或者附监督的释放的场合,必须将损害恢复命令作为缓刑、附监督的释放的条件。如果被告人未履行命令,法院有权撤销缓刑或释放。在这种场合,法院必须考虑其就业状态、收入能力、资力、支付的努力以及其他情况。⑤ 新法施行之后,联邦最高法院针对以未缴纳罚金或者未履行损害恢复命令为由撤销缓刑的问题指出,由于此种做法牵涉到宪法上的原则,所以新法就存在是否合宪的问题。联邦最高法院认为,必须考虑以下两个问题:①被判处缓刑的人是否为履行缴纳、赔偿义务作出了诚挚的努力;②监禁刑以外的刑罚(比如罚金的减额、社会服务)是否足以实现刑罚目的。在未考虑这两个问题的情况下,撤销贫困的被告人的缓刑的做法,违反了《美国联邦宪法第十四修正案》

---

① 参见 United States v. Fountain, 768 F. 2d 802 (7th Cir. 1985)(该判决认为,被告人将来有可能把犯罪记录卖给出版社因而获得版税,也有可能中彩票。由于监狱内的生活费是由国家负担的,所以罪犯损失的,只不过是吃不到薯片这类小事而已); United States v. Atkinson, 788 F. 2d 900, 904 (2nd Cir. 1986); United States v. Mounts, 793 F. 2d 129 (6th Cir. 1986); United States v. House, 808 F. 2d 508, 510 (7th Cir. 1986); United States v. Purther, 823 F. 2d 970 (6th Cir. 1987); United States v. Sunrhodes, 831 F. 2d 1546 (10th Cir. 1987).

② 参见 United States v. Mahoney, 859 F. 2d 52 (7th Cir. 1988). 检察官在该案中主张,只要在撤销缓刑之时考虑被告人的赔偿能力即可,但法庭认为,这会导致量刑程序失去意义,因而未予采纳。

③ 18 U. S. C. A. § 3663 (e) (4) (West Supp. 1988).

④ 18 U. S. C. A. § 3663 (h) (West Supp. 1988). 这个问题与损害恢复命令的性质有关,参见后述(八)1。

⑤ 18 U. S. C. A. § 3663 (g) (West Supp. 1988).

所要求的基本的公正,因而是违宪的。① 联邦上诉法院认为,即便法律只对上述第①个基准作了要求,也应该附加考虑上述第②个基准从而作出合宪的解释,这样就不会有问题。②

(六) 共犯人

在科处损害恢复命令时,如果引发损害的行为是共同犯罪,则由法院自由裁量以何种比例在共犯人之间分担损害恢复,即便对其中一人科处比其他共犯人额度更高的恢复命令,也被认为没有违反宪法的平等原则。③ 关于应基于何种因素确定赔偿比例的问题,有判决强调了损害恢复命令的刑罚性质,认为被告人各自应负的相对责任是最重要的因素。④ 但是,《宪法》或者法律上并没有要求考虑各犯罪人的相对责任。⑤ 因此,也有判决强调救济被害人这种立法者的意图,认为即便某被告人的责任比其他共犯人要轻,但却比其他共犯人更有资力,那么也可以对这名被告人

---

① Bearden v. Georgia, 461 U. S. 660 (1983). 该案案情如下:上诉人因入室盗窃和收受赃物被起诉到佐治亚州法院,审理过程中上诉人对上述行为作了有罪答辩,佐治亚州法院遂决定对其入室盗窃行为判处 3 年监禁刑,对收受赃物判处 1 年监禁刑,但同时决定缓期执行。缓刑的条件是,上诉人需缴纳 500 美元的罚金并向被害人支付 250 美元的损害恢复(其中判决当天支付 100 美元,次日支付 100 美元,余下的 550 美元在 4 个月以内缴清)。上诉人从父母那里借钱支付了最初的 200 美元之后,因被单位解雇而失去了工作,虽然努力寻找新工作,但始终未果。上诉人既无收入亦无财产,在上述期限内未能缴清余款。佐治亚州法院因此撤销了上诉人的缓刑,宣布缓刑的剩余期限转为执行监禁刑,上诉人遂上诉到联邦最高法院。联邦最高法院 O'Connor 法官执笔的法庭意见认为,对于未真诚地努力进行赔偿的犯罪人,撤销缓刑是没有问题的,但是,对于已经尽到真诚努力的犯罪人,只能在监禁以外的手段无法实现刑罚目的之时,才能将缓刑转为监禁(判决书第 672—673 页),否则,就等于是在处罚犯罪人的贫困(判决书第 671 页)。关于本案的介绍,参见酒井安行:《貧困による罰金の不支払いを理由とするプロベイションの取消しと修正 14 条》,载《判例タイムズ》第 539 号(1985 年),第 144 页。
② United States v. Satterfield, 743 F. 2d 836-838 (11th Cir. 1984); United States v. Keith, 754 F. 2d 1391 (9th Cir. 1985); United States v. Palma, 760 F. 2d 479 (3rd Cir. 1985).
③ United States v. Satterfield, 743 F. 2d 841 (11th Cir. 1984); United States v. Palma, 760 F. 2d 473 (3rd Cir. 1985).
④ United States v. Anglian, 784 F. 2d 756, 768 (6th Cir. 1986).
⑤ United States v. Cloud, 872 F. 2d 846, 856 (9th Cir. 1987); United States v. Ryan, 874 F. 2d 1052, 1055 (5th Cir. 1989).

科处比其他共犯人额度更高的恢复命令。① 有关法人处罚量刑指南的试行方案规定,损害恢复是多名被告人之间的连带债务(joint and several),在划分赔偿额时,应当在考虑使被害人得到完全的赔偿的同时,考虑各被告人对损害的贡献程度。②

（七）损害恢复命令与民事责任的关系

就损害恢复命令与民事责任的关系,法律上有若干规定。首先,对被害人已经受到补偿的损害,或者即将受到补偿的损害,不得科处损害恢复命令。③ 而且,通过损害恢复命令已经向被害人支付的赔偿额,要从后续民事审判的赔偿额中扣除。④ 这是为了防止被害人受到二次赔偿。⑤ 虽然损害恢复命令与民事的损害赔偿通过这种方式形成了联动关系,但实际上并非总是如此。在司法实践中,有的案件的被告人在民事程序中与被害人达成了和解,被害人也放弃了后续的请求权,但法院以损害恢复命令是一种刑罚制度为由,仍然科处了赔偿的命令。⑥ 另外,还有案件因为被告人破产而导致应该赔偿被害人的债务消灭之后,法院强调损害恢复命令的刑罚机能(特别是作为改善刑的机能),仍然科处了损害恢复命令。⑦

有罪判决在后续的民事程序中具有禁止反言的效力。⑧ 但是,只有法院在审理中认定有罪的事实才具有这种效力,在量刑程序中认定的损害额等事实并不具有这种效力[参见下述(八)]。

（八）损害恢复命令的性格

如前所述,损害恢复命令的主要性格究竟是刑罚还是民事赔偿,是法律的解释问题,但除此之外,以下几个问题也值得注意。

---

① United States v. Wyznski, 581 F. Supp 1550, 1551 (E. D. Pa. 1984)(不过,本案中只有这名有资力的被告人未被判处监禁刑,因而从整体上看本案的刑罚还是与责任相对应的)。
② U. S. Sentencing Guidelines and Policy Statements § 8 C. 2. 3 (Policy Statement).
③ 18 U. S. C. A. § 3663 (e) (1) (West Supp. 1988).此时,可以命令被告人对补偿被害人损害的人进行赔偿。
④ 18 U. S. C. A. § 3663 (e) (2) (West Supp. 1988).
⑤ S. Rep. No. 97-532 p.32, reprinted in 1982 U. S. Code Cong. & Ad. News 2538.
⑥ United States v. Cloud, 872 F. 2d 854 (9th Cir. 1987).
⑦ United States v. Carson, 669 F. 2d 216 (5th Cir. 1982); United States v. Roberts, 783 F. 2d 767, 771 (9th Cir. 1985).
⑧ 18 U. S. C. A. § 3664 (e) (West Supp. 1988).

1.接受陪审团审判的权利

《美国联邦宪法第六修正案》规定被告人在刑事审判中有获得陪审团审判的权利,但是这种权利保障被认为并不适用于量刑程序。① 联邦与多数州一样,量刑在传统上都是由法官来实施的,损害恢复命令的决定也不例外。另一方面,《美国联邦宪法第七修正案》规定,在联邦民事审判中,当争议标的超过20美元时,当事人有权获得陪审团的审判。因此,如果损害恢复命令具有以填补被害人损害为目的的民事性质,那么现行法在损害恢复命令的科处中排除陪审团参与的做法是否违宪的问题,就在法院层面引起了争议。

一开始,也有地区法院的判决认为这种做法违宪②,但是,后来上诉法院层面确立了一个判决,认为损害恢复命令是一种刑罚,因而并不适用《美国联邦宪法第七修正案》。除了立法者的意图之外,该判决提出的理由还有:①损害恢复命令与以往的刑罚一样,具有抑制、报应和改善等目的;②与民事赔偿不同,在科处损害恢复命令时,需要考虑被告人的资力(因为以被告人的改善为目的);③被害人并不是诉讼的当事人;④作出有罪判决之后,只有被法院认定为犯罪的事实才具有禁止反言的效力,除此之外,科处损害恢复命令时认定的事实并不具有不可翻供的效力;⑤虽然损害恢复命令可以由被害人通过民事判决的执行程序来执行,但这也不会改变其刑罚的性格;等等。③

2.损害恢复命令与破产的关系

被告人的破产能否使其免于被科处损害恢复命令,是一个需要讨论的问题。损害恢复命令所产生的赔偿等义务,能否被认为是《破产法》上的"负债"呢?即便可以被认为是负债,由于联邦《破产法》在第7章的破产程序中规定,"当债务是应向政府支付、属于政府利益的罚金、处罚或者

181

---

① See, Spazino v. Florida, 468 U. S. 447, 459 (1984).
② United States v. Welden, 568 F. Supp. 534 (N. D. Ala. 1983). 支持该立场的观点,参见 Note, The Unconstitutionality of the Victim and Witness Protection Act under the Seventh Amendment, 84 Colum. L. Rev. 1590 (1984).
③ United States v. Florence, 741 F.2d 1068 (8th Cir. 1984); United States v. Satterfield, 743 F. 2d 836-838 (11th Cir. 1984); United States v. Brown, 744 F. 2d 909-910 (2nd Cir. 1984); United States v. Watchman, 749 F. 2d 616, 617 (10th Cir. 1984); United States v. Palma, 760 F. 2d 479 (3rd Cir. 1985); United States v. Keith, 754 F. 2d 1391 (9th Cir. 1985).

没收,而并不是对某种实际经济损失的赔偿之时,不得被免除"①,所以,被告人是否能够免于损害恢复命令,还是存在问题。如果破产可以使被告人被免责,则损害恢复命令的效果就要大打折扣,所以这就成为一个引人注目的重要问题。

  联邦最高法院就康涅狄格州法院作出的一个损害恢复命令指出,损害恢复命令是一种刑罚,不得通过联邦《破产法》第 7 章的破产来免除。② Powell 法官执笔的法庭意见认为,损害恢复命令是否能够被认为是《破产法》上的"负债"首先就非常值得怀疑③,即便其构成"负债",由于损害恢复命令是"应向政府支付、属于政府利益的处罚",而"不是对某种实际经济损失的赔偿",所以不得因破产程序而免除被告人的责任。

  Powell 法官指出,刑事司法体系的运营不是为了实现被害人的利益,而主要是为了实现社会整体的利益。在决定是否科处恢复命令和恢复命令的额度方面,被害人没有任何控制力。与被害人的损害相比,决定是否科处损害恢复命令时考虑更多的是州的刑罚目的和被告人的状况。康涅狄格州法律规定,科处损害恢复命令是判处缓刑的条件,科处此命令应有助于被告人的改善,而并未要求被告人根据其犯罪引发损害的额度进行赔偿。这样一来,由于损害恢复命令的主要着眼点不是被害人的赔偿要求而是州对被告人进行改善和处罚的目的,因此损害恢复命令制度的存

---

 ① 11 U. S. C. A. § 523 (a) (7).

 ② Kelly v. Robinson, 479 U. S. 36 (1986). 该案案情如下:Robinson 因盗窃被起诉到康涅狄格州法院,法院对 Robinson 判处了监禁刑并宣布缓期 5 年执行,缓刑的条件是,直至缓刑期结束,Robinson 需要每个月支付 100 美元以用于损害恢复。一段时间后,Robinson 根据联邦《破产法》第 7 章的规定申请了个人破产。在破产申请中,Robinson 将上述损害恢复列入了债务清单,由此,损害恢复命令中规定的义务是否可以因被告人的破产而免除便引起了争议。地区法院认为,损害恢复命令中规定的义务不是《破产法》中的"负债"[11 U. S. C. A. § 101 (11)],所以破产对损害恢复命令的执行不构成影响,但上诉法院采取了反对的立场。

 ③ 其理由是,1978 年《破产法》修正之时,确立有效的判例认为,刑罚不构成《破产法》上作为免除对象的债权债务关系(判决书第 45—46 页),破产法院无权免除刑事判决的执行(判决书第 50 页),而且,从刑事政策的角度来说,联邦《破产法》不应当干涉州的刑事程序(判决书第 47 页)。

在是"以州的利益为目的",而并非"为了填补被害人的损害"。① 损害恢复命令是一种有效的改善刑,因为该制度强制被告人面对其行为引起的损害和具体的额度。与向国家这种抽象的非人格性组织缴纳的、计算方式往往与损害无关的传统的罚金不同,损害恢复命令是通过另外一种形式对被告人施加影响的。而且,损害与刑罚直接相关的这种制度设计,会让损害恢复命令具有比罚金更加具体的一般预防效果。②

虽然上述判决涉及的是康涅狄格州的法律,但是该判决为了论证损害恢复命令的刑罚性格而提出的理由,对于依据联邦法律的损害恢复命令应该同样适用。③ 然而,就 Powell 法官指出的损害恢复命令是否构成"负债"非常值得怀疑的问题,此后的联邦最高法院判决认为,损害恢复命令构成联邦《破产法》第 13 章(没有第 7 章那种将处罚作为免责的例外的规定)的"负债",否定了 Powell 法官的意见。④

3.利息

关于受损财产对应的利息问题,判例中存在两种对立的意见:一种意见认为,由于损害恢复命令是一种刑罚,所以赔偿对象不包括从犯罪时到判决期间的利息;另一种意见则强调损害恢复命令作为损害赔偿的性格,认为赔偿对象应该包括上述利息。⑤

---

① Kelly v. Robinson,479 U. S. 52-53 (1986). Marshall 法官在本案判决中表达了反对意见,他指出,如果损害恢复命令纯粹只是刑罚,那么其科处的额度与实际的损害就不应有关联。损害恢复命令并不是偶尔也顺带对被害人的损害进行填补的刑罚,损害填补是其本质要素(判决书第 55 页)。对此意见,Stevens 法官表示赞同。

② Kelly v. Robinson,479 U. S. 49 n. 10 (1986).

③ Marshall 法官认为,虽然康涅狄格州法律规定履行损害恢复命令时要先向缓刑办公室缴款,然后再由缓刑办公室转到被害人那里,而不允许被害人通过民事判决的执行程序直接执行,但是联邦法律层面对此是允许的,因而可以说后者体现出了更强的民事性色彩。所以,在联邦法的语境下,很难认为损害恢复命令不是一种"债务"(判决书第 57 页注 4)。但是,如前所述,就与《美国联邦宪法第七修正案》的关系而言,允许通过民事判决的执行程序执行损害恢复命令,并不会改变其刑罚的性质。

④ Pennsylvania Dept. Of Public Welfare v. Davenport, 495 U. S. 552 (1990). 该判决的法庭意见是由对 Kelly v. Robinson 案件判决持反对意见的 Marshall 法官执笔的。

⑤ 未认可赔偿利息的判决,参见 United States v. Rico Industries, Inc., 854 F. 2d 710 (5th Cir. 1988); United States v. Sleight, 808 F. 2d 1012, 1020 (3rd Cir. 1987). 对赔偿利息予以认可的判决,参见 United States v. Rochester, 898 F. 2d 971 (5th Cir. 1990); United States v. Farr, 1999 U. S. App. LEXIS 8783 (9th Cir. 1999).

4.被告人死亡时的处理

有判决认为,无论损害恢复命令如何具有刑罚性,由于其主要目的是为了填补损害,所以即便被告人在审理过程中死亡,损害恢复命令也仍然有效。① 但是,这种立场与牵涉其他问题的判决是否协调,还存在疑问。②

三、损害赔偿成为刑罚的可能性

在西欧国家,过去存在加害人向被害人支付赎罪金这种形式的私刑,随着历史的发展,这种私刑被吸收到国家的刑罚之中。③ 在继受英国法的美国,一直到19世纪,损害赔偿都是被当做主要刑种来使用的,此后,损害赔偿也仍然以缓刑的条件的形式残留在美国法之中。而且,由于英美法那种民事的惩罚性损害赔偿制度的存在,可以说观念上对于损害赔偿具有刑罚性机能这一点并没有多少抵抗。④ 与此相对,在我国,迄今为止还未曾动过将损害赔偿纳入刑罚的念头,仅就这一点而言,将损害恢复命令制度导入我国可能就存在困难。但是,在我国,犯罪人对被害人的损害赔偿也并非从未与刑罚产生过交集。在奈良时代的法律中,存在作为替代刑的赎铜制度,而在明治时代制定的《改定律例》和《新律纲领》所规定的过失杀伤罪中,也可以看到将被告人缴纳的收赎金交付给被害人一方作为其医疗费用或者丧葬费用的制度。⑤ 随着近代刑法典的制定而被人们遗忘的这种制度,在现代还有没有复活的可能性呢?

---

① United States v. Dudley, 739 F. 2d 175, 177-178 (4th Cir. 1984).

② 此后也出现了认为损害恢复命令因此失效的判决[United States v. Logal, 106 F. 3d 1547, 1552 (11th Cir. 1997)],上诉法院判例的立场便走向了分裂。关于此问题的论述(包含对判例的分析),参见 United States v. Estate of Parsons, 314 F. 3d 745, 748ff (5th Cir. 2002).

③ 参见穗积陈重:《復讐と法律》,岩波书店1982年版,第271页(《刑法進化の話》部分,1888年的讲稿);墙浩:《刑罰の歴史——西洋》,载庄子邦雄、大塚仁、平松义郎主编:《刑罰の理論と現実》,岩波书店1972年版,第121页;S. Schafer, The Victim And His Criminal 7 (1968); Jacobs, The Concept of Restitution: An Historical Overview, in J. Hudson & B. Galaway (ed.), Restitution in Criminal Justice, 45 (1977).

④ 参见田中英夫:《英米法総論(下)》,东京大学出版会1980年版,第545页以下。

⑤ 参见石井良助:《日本刑事法史》,创文社1986年版,第41页(《刑罰の歴史(日本)》部分);高桥治俊、小仓二郎主编:《刑法沿革綜覧》,清水书店1923年版,第2271页、第2342页以下。学者伊东荣树曾经介绍过这样一个判决,该判决中,被告人被判犯有过失伤害罪,并被判处了40日的惩役和2日元的收赎金,收赎金后来转给了被害人。参见伊藤荣树:《まただまされる検事》,立花书房1987年版,第176页(《明治の判決》部分)。

关于损害恢复命令的性格问题,学说大体上可以分为两种:第一种立场重视对被害人的救济,把对被害人的损害赔偿本身定性为新的刑罚目的的[①];第二种立场则认为,损害恢复命令终究没有脱逸以往的报应、一般预防、特别预防这些刑罚目的的框架。

美国制定《被害人和证人保护法》时,救济被害人是立法的一个重要出发点,同时这一点在法律文本中也被明文规定为立法目的。在立法后法院对法律进行解释的过程中,法官对损害恢复的范围作广义解释时也将被害人的救济当做解释理由。但是,在量刑过程中广泛地考虑犯罪构成事实之外的因素,是美国刑事法一般的惯常做法,而并非损害恢复命令制度的特色。因此,救济被害人的目的在法院的解释中发挥了多少决定性的作用,是有疑问的。在该法制定之前,在实质上对损害恢复范围作广义解释的情形也是存在的。除了这种对赔偿范围进行解释的问题,判例还是比较倾向于把损害恢复命令放在以往刑罚的制度框架中来把握。特别是,可以说有很多判决都非常强调损害恢复命令的特别预防效果。法律规定,法院在科处损害恢复命令时必须考虑被告人的资力等因素,而这个规定正是特别预防观念的重要体现。1970年代,有学者在对美国的损害恢复命令制度进行综合研究之后指出,虽然损害恢复计划的政治动因与被害人有关,但实际开展的损害恢复计划无一例外都是把重点放在犯罪人的矫正或者社会复归上,而以给被害人带来利益为运营的主要目的或者重要目的的损害恢复计划,连一个都找不到。[②]

此后,虽然随着被害人权利运动的高涨,联邦层面导入了新的损害恢复制度,但在实际运用中,还是表现出了重点着眼于以往的刑罚目的,特别是犯罪人的矫正和复归的强烈倾向。

那么,从以往的刑罚目的的视角来看,损害恢复命令具有何种功能呢?

---

① 也有学者认为,损害赔偿是该制度唯一的正当刑罚目的。参见 C. Abel & F. Marsh, Punishment and Restitution: A Restitutionary Approach to Crime and the Criminal 57 (1984). 关于对这种"损害赔偿性刑罚理论"的介绍和批判,参见 Boldt, Restitution, Criminal Law, and the Ideology of Individuality, 77 J. Crim. L. &Criminology 969 (1986).

② Edelhertz, Legal and Operational Issues in the Implementation of Restitution within the Criminal Justice System, in J. Hudson & B. Galaway (ed.), Restitution in Criminal Justice, 63, 64 (1977).

首先可以明确的是,损害恢复命令至少具有与罚金同样的刑罚功能。这是因为,损害恢复命令是命令被告人向被害人支付"罚金",不能认为,如果罚金不入国库,就不能发挥刑罚的功能。实际上,如下文所述,与罚金相比,损害恢复命令反而可能会更加有效地实现以往的刑罚目的。

就报应而言,如果仅从正义对不正义的反击这个法秩序的角度来把握,即便能够对刑罚制度整体的正当性进行解释,也无法回答刑罚具体应该包含哪些种类的问题。与此相对,如果把通过报应来恢复均衡理解为恢复被犯罪破坏的具体社会状态,那么,与加害者施加的不利益相对应,反过来对加害者也施加不利益,从而恢复具体被害人的损害和社会对法律的信赖,就是报应所不可或缺的内容。① 而且,对于通过经受报应刑而实现的犯罪人的赎罪,如果不是在形而上学的意义上,而是在现实的心理学的意义上来理解,则犯罪者对自己所引发的损害的赔偿,恐怕就具有赎罪的意义(虽然这种观念可能已经是特别预防论了)。

一般预防可以分为两种,一种是"积极的一般预防",其着眼的是刑罚的教育效果及刑罚对国民的规范意识和国民对法秩序的信赖的维持和强化效果,另一种是"消极的一般预防",其着眼的是刑罚的威慑效果。② 消极的一般预防理论以理性人假设为前提,但这种假设受到了很多质疑,然而,也有很多像白领犯罪那样基于合理计算而实施,所以容易设想进行消极的一般预防的领域。而且,在这些领域,由于犯罪者具有资力的情况比较多,而现实地科处长期监禁刑的情况较少,所以损害赔偿对于抑制犯罪来说就具有很大的意义,对于无法科处监禁刑的法人犯罪来说,尤其如此。在这种场合,与法律已经规定了处罚上限、能比较容易地计算出犯罪风险的罚金相比,损害赔偿是一种更有效的犯罪抑制手段。在美国之所

---

① 我国的法官谈到在量刑中考虑被告人的民事赔偿(示谈)的理由时,列举了以下几点:(1)实现被害的恢复;(2)被害人情感的宽宥;(3)从赔偿的努力中显示出来的被告人的善性;(4)促进对损害的赔偿这种刑事政策的考虑。除了本节注 1 的文献之外,还可参见香城敏麿:《交通事件における量刑の特質》,载《判例タイムズ》第 262 号(1971 年),第 113 页;山本卓:《事故防止からみた量刑》,载《判例タイムズ》第 262 号(1971 年),第 124 页;等等。上述理由中,(1)、(2)应该是基于报应的角度,(3)应该是基于人格责任论,或者说再犯可能性这种特别预防的角度来考虑的。

② 参见 Roxin, Die Wiedergutmachung im System der Strafzwecke, in Wiedergutmachung und Strafrecht 37, 47-48 (1987). 另外,参见宫泽浩一:《刑法学说の種々相(3)》,载《時の法令》第 1362 号(1989 年),第 31 页。

以有人从抑制企业犯罪的角度推崇损害恢复命令,正是因为这个原因。①

就着眼于国民对法秩序的信赖的积极的一般预防而言,只有国民支持刑事司法制度之时,积极的一般预防才能有效地发挥功能,这一点很重要。因此,如果与无视被害人的制度相比,关怀被害人的制度才更加能够让国民感到正义进而支持这种制度,那么包含了损害赔偿的刑事司法制度才能更好地实现积极一般预防的功能。② 如果保护市民的要求日益增强,那么对被害人的关怀恐怕就会成为积极的一般预防所不可或缺的内容。

最后,损害赔偿的特别预防效果也是人们经常讨论的话题。美国联邦法院也强调,犯罪人的改善是损害恢复命令制度的目的。通过对被害人进行损害赔偿,犯罪人可以明确地认识到自己的责任。而且,通过赔偿损害,被害人可以从过去的犯罪中得到解脱,开始新的生活,完成损害恢复的成就感也能有效地促进犯罪人的社会复归。此外,由于包含被害人在内的周围的人对已经赔偿了损害的犯罪人可能会更加善意地接受,可以想象,犯罪人的社会复归会因此变得更加容易。③

综上可以发现,无论站在何种立场来理解以往的刑罚目的,损害赔偿都会是与罚金具有同等效果甚至比罚金更加有效的刑罚。当然,根据所着眼的刑罚目的的不同,损害赔偿命令制度也会有所差异。如果从报应的角度出发,则与责任相对应的所有损害都可以命令犯罪人进行赔偿。如果重视消极的一般预防,则只要是为抑制犯罪所必要,科处超过现实损

---

① Goldstein, Defining the Role of the Victim in Criminal Prosecution, 52 Miss. L. J. 532-535 (1982); Coffee & Whitehead, The Convicted Corporation: An Outline of the Inventory of Federal Remedies, in Corporate Criminality Liability 348 (1986).

② Roxin, Die Wiedergutmachung im System der Strafzwecke, in Wiedergutmachung und Strafrecht 48-79 (1987).

③ 关于 Powell 法官的观点,参见本节二(八)2。Eglash, Creative Restitution: A Broader Meaning for an Old Term, 48 J. Crim. L. & Criminology & Police Sci. 619 (1958); Eglash, Beyond Restitution-Creative Restitution, in J. Hudson & B. Galaway (ed.), Restitution in Criminal Justice, 91 (1977); S. Schafer, The Victim and His Criminal 82-83 (1968); Galaway, Toward the Rational Development of Restitution, in J. Hudson & B. Galaway (ed.), Restitution in Criminal Justice, 77, 83 (1977). 有学者指出,有些案件中,加害人并不把被害人当做一个具体的人来看待,而且,很容易就把犯罪的责任推给被害人,而损害恢复命令能够让这种加害人认识到被害人的被害,具有让其明确认识自己责任的效果。参见 S. Schafer, The Victim and His Criminal 82-83 (1968)。

害额的赔偿命令也是可以的。如果着眼于特别预防,则损害赔偿命令的科处就必须能够促进犯罪人的改善和社会复归。另外,如果认为不应让被害人因遭受犯罪而获得利益(即损害赔偿命令应该留在以往的民事赔偿制度的框架内),那么现实的损害额就是赔偿的上限。

美国之所以针对损害恢复命令制度实施了新的立法,一个原因是对以往的刑罚制度的不信任,另外一个原因是市民保护要求的高涨。就这一点而言,我国没有美国那种程度的对以往刑罚制度的不信任感,也几乎听不到寻求新的刑罚制度的声音。但是,近年来我国也有人建议提高罚金的额度。① 然而,即便罚金额得到了提高,其与犯罪的获利相比恐怕还是过低,而且,行为人很容易把罚金作为犯罪的风险事先进行计算。与此相对,损害恢复命令的额度上限事先无法确定,而且,此制度能明确显示犯罪人造成的损害与刑罚之间的关系,所以可以期待其产生比罚金更好的刑罚效果。另外,如果采取损害赔偿这种形式,即便大幅提高处罚的额度,不仅对于法官,对于被告人和一般人来说,也都是更加容易接受的。此外,损害赔偿命令能有效应对白领犯罪,这一点得到了广泛承认。在当前我国欠缺处罚法人的有效刑罚的情况下,损害赔偿命令可能是一种值得考虑的刑罚方式。

国民要求法律保护自己的呼声,不仅具有构成新立法的推动力这种政治上的意义,在考量以往刑罚的正当性、有效性方面,也具有重要意义。因为如果国民对置被害人于不管不顾的刑事司法制度丧失了信任,刑罚法规也会丧失积极一般预防的效果。在市民保护的要求这一点上,我国目前的状况无疑与美国也有重大差异。但是,从媒体大量报道犯罪的被害人向加害人提出损害赔偿要求等情况来看,我国的状况也在慢慢发生变化。②③

对于在刑事程序中命令被告人赔偿损害的做法,首先能够预想的是这样一种批判,即这种做法违反了严格区别民事责任和刑事责任的历史潮流。但是,如果真的从历史一直在发展这种观念出发,则这种批判本身

---

① 东条伸一郎、角田正纪:《罰金刑の見直しについて(上)(下)》,载《判例タイムズ》第668号(1988年),第48页;第671号(1988年),第31页。另外,参见河上和雄:《現在の刑罰は機能しているか》,载《判例タイムズ》第609号(1986年),第16页。
② 参见《朝日新聞》1989年4月29日朝刊、6月6日朝刊、7月12日夕刊。
③ 【补】此后的状况发生了重大变化,参见本章第三节、第四节。

就没有意义。而且,考虑到以美国法为典型代表的其他国家的法律,从比较法的角度来说,像我国这种明确区分民事责任和刑事责任的做法,也不能说具有一般性。民事和刑事的区别,"不应该与其实质的根据相分离而被视为僵化的教条"[①]。

在可以想象的对民事责任和刑事责任进行分离的实质根据之中,对于本节来说最重要的一个理由是,如果两者不分离,可能会产生为了追究民事责任而对被告人科处超过其责任的量的刑罚的危险,换言之,有违反责任主义这一刑法基本原则的危险。[②] 确实,如果以赔偿被害人的损害作为科处赔偿命令的主要目的,这种危险可能是很大的。但是,如果还是在以往的刑罚目的的框架内来考虑损害赔偿命令,至少在理论上并没有违反责任主义的危险。而且实际上,与我国现在实行的这种以非正式的形式在量刑中考虑是否赔偿了损害的做法相比,以公开、正式的形式并且将损害赔偿与其他刑罚合并在同一程序中统一科处,可能更加容易满足责任主义的要求。就二重处罚的问题而言,逻辑也是一样的。即便是民事的损害赔偿,其制裁的机能也可能会成为问题,与把损害赔偿放在另外的程序中审理相比,在同一法院通过同一程序来审理的做法,很可能更加有利于合理地协调基于损害赔偿的制裁与其他刑罚的制裁的关系。[③]

损害赔偿命令还有一个重要问题,那就是被告人的资力。美国已经有研究指出,与一般的通常观念相反,实际上多数被告人都具有赔偿损害的资力。在我国,关于犯罪被害的额度范围是多少,或者多少被告人具有损害赔偿能力的问题,只能留给以后研究。在这里,笔者想指出以下三点。

[①] 田中英夫:《英米法総論(下)》,东京大学出版会1980年版,第516页;田中英夫、竹内昭夫:《法の実現における私人の役割》,东京大学出版会1987年版,第159页以下。

[②] 参见三井诚:《量刑と示談》,载并木茂等编:《交通事故:実態と法理(ジュリスト増刊総合特集第8号)》,有斐阁1977年版,第285页。

[③] 这种做法存在的一个弊端是,可能会因为受到被害人的压力而提起有悖于刑事政策的诉讼。关于附带民事诉讼制度蕴含着这种危险的观点,参见平野龙一:《刑事制裁と民事賠償》,载川岛武宜、平野龙一主编:《自動車事故をめぐる紛争処理と法》,岩波书店1978年版,第26页;平野龙一:《犯罪による被害者の補償》,载《刑法雑誌》第20卷第2号(1975年),第210页。对此问题,一个可能的解决方案是,将损害赔偿命令作为起诉犹豫的条件,由检察官决定是否科处该命令。但是,由于审查起诉阶段对犯罪还没有进行证明,因而也还是存在很多问题。

第一，美国联邦法律要求，在科处损害恢复命令时，应当考虑被告人的资力及其抚养人经济上的必要性等因素，从重视损害恢复命令的特别预防效果这种在美国具有一般性的立场出发，就应当广泛地考察被告人一方的情况，作出有利于被告人的社会复归的合理判断。我国的量刑也很重视特别预防效果①，如果在我国导入损害恢复命令制度，恐怕也应该采取上述与美国相同的做法。如果赔偿损害本身能够起到改善被告人的效果，则即便被告人在审判时没有资力，也应该思考能够实现赔偿的办法，名义上的损害赔偿之类的制度也是可以考虑的。

第二，美国最高法院认为，仅仅以未支付赔偿为由撤销缓刑的做法是违宪的，而我国的劳役场留置制度中也没有要求考虑被告人的支付能力问题②，因此，这种制度是否违宪，恐怕也是需要反省的。在把损害赔偿命令作为科处缓刑的条件的场合，不考虑被告人的赔偿能力而单纯以未支付赔偿为由取消缓刑的做法，在我国《宪法》的语境下，也很有可能违反平等原则和正当程序原则。

第三，犯罪人中包含了多种多样的类型，因此有必要对其分情况进行讨论。美国联邦法院对于白领犯罪人往往科处高额的损害恢复命令。这些犯罪人多是从犯罪中获得了高额的利益，并且多数也都具有赔偿能力。反过来，虽然实施故意杀人行为的犯罪人多数没有什么资力，但恐怕也有必要将其与其他类型的犯罪人相区别，对其科处高额的赔偿。

四、结语

平野龙一博士在谈到刑事制裁和民事赔偿的问题时指出，"当宣判自由刑实刑的法官看到被害人被冷落在一旁、加害人走向监狱的时候，难道不会产生一种'空虚感'吗？"同时，平野博士又认为，"过于重视在刑事程

---

① 松本时夫：《刑の量定・求刑・情状立証》，载石原一彦等编：《现代刑罚法大系（第6卷）・刑事手続》，日本评论社1982年版，第166页。另外，参见松尾浩也：《刑の量定》，载宫泽浩一等编：《刑事政策講座（1）》，成文堂1971年版，第337页；佐伯千仞：《刑の量定の基準》，载日本刑法学会编：《刑法講座（1）犯罪一般と刑罰》，有斐阁1963年版，第114页（佐伯教授认为，刑罚是在由责任非难所划定的刑量的框架内，考虑促进行为人复归社会的目的来决定的）。

② 关于劳役场留置制度合宪性问题的判例，参见名和铁郎：《刑罚制度の合憲性》，载西原春夫等编：《判例刑法研究（1）刑法の基礎・構成要件・刑罰》，有斐阁1980年版，第232页。

序中救济被害人的那种'亦刑罚亦赔偿'的制度是有疑问的",而且,"在当前我国,对于判决本身'以命令赔偿代替科处刑罚'的做法,恐怕多数人可能还是会感到违反了'明面上的原则'"。① 不可否认,美国联邦法律中新的损害恢复命令制度有较强的"亦刑罚亦赔偿"的性格,但是,就作为一种独立刑罚的损害恢复命令制度,以及作为缓刑条件的损害恢复命令制度而言,对于我国来说还是有很大参考价值的。

第二节 作为刑罚的损害赔偿(二)

一、绪论

最近一段时间以来,犯罪被害人的保护问题在我国终于开始逐渐受到人们的关注,2000年,国会对《刑事诉讼法》进行了修正并制定了《犯罪被害人保护法》。在法制审议会刑事法分会的审议过程中,虽然研究了关于被害人救济问题方案和对策,但除了在《犯罪被害人保护法》中新设了记载于笔录之中的示谈与审判上的和解具有同等效力的规定之外,其他方案和对策未得到立法化,而被留待今后进一步研究。②③

在犯罪被害人的救济问题上,可以设想各种各样的制度,其中一个就是由刑事法院将对被害人进行的赔偿命令作为刑罚来科处的制度。这种制度乍看上去可能会让人觉得不可思议,但如上一节所述,在美国,这种制度一直被当做实体法上的制度运用。④

在刑事司法中寻求被害恢复的制度,还有附带民事诉讼制度。我国在第二次世界大战前曾经使用过这个制度,而在德国和法国,该制度直至目前也还在运用,因此,也不是不能考虑重新启用这个制度。但是,附带民事诉讼制度存在如何处理刑事诉讼和民事诉讼证据规则的区别,以及

---

① 参见平野龙一:《刑事制裁と民事賠償》,载川岛武宜、平野龙一主编:《自動車事故をめぐる紛争処理と法》,岩波书店1978年版,第28—29页。
② 参见《特集·犯罪被害者の保護》,载《ジュリスト》第1176号(2000年)。
③ 【补】此后,对犯罪被害人的支援对策方面取得了很大的进展。参见本章第三节、第四节。
④ 关于英国的损害恢复命令制度,参见奥村正雄:《イギリスの犯罪被害者対策の現状》,载《産大法学》第32卷第2·3号(1998年),第80页以下。

被害人在刑事诉讼中应该处于何种地位等比较困难的问题。在刑事诉讼法中采取职权主义的德国、法国和第二次世界大战前的我国,设置了附带民事诉讼制度,而采取了当事人主义的美国和英国则设置了损害恢复命令制度,这表明两者之间或许有一定的亲缘关系。关于这一点,虽然还要进一步深入研究①,但无论如何,我们恐怕都有必要摆脱严格区别民事和刑事这种教条的局限②,研究采取损害赔偿命令制度的可能性。③

上一节介绍的美国的损害恢复命令制度④在1990年和1996年又进行了重要的修正,所以本节先对该制度作一个简单的概述,然后对包括这些修正在内的近期的动向进行介绍。

二、损害恢复命令制度概述

1982年,损害恢复命令制度被作为一种刑罚导入了《被害人和证人保护法》(Victim and Witness Protection Act)之中。⑤虽然在此之前,损害恢复命令已经被规定为科处缓刑的条件,但此次立法之后,损害恢复命令的性质就转变成一种独立的刑罚。⑥

损害恢复命令的适用对象包括财产的损害、治疗费、误工费、保育费、

---

① 【补】在2007年的法律修正中,导入了在刑事审判之后继续由同一个法院对民事部分进行审理的"损害赔偿命令"制度。参见本章第四节。

② 参见田中英夫、竹内昭夫:《法の実現における私人の役割》,东京大学出版会1987年版,第159页以下;椎桥隆幸:《犯罪被害者の救済に必要な法制度》,载《自由と正義》第49卷第11号(1998年),第108页以下;等等。

③ 高桥则夫教授将各国法律关于被害人的损害恢复的制度,划分为统一进行刑法·民法的损害恢复审判的融合模式、将罚金用于被害人损害恢复的迂回模式、将损害恢复作为独立的法律反应的制裁模式以及将损害恢复作为量刑事由的量刑模式。参见高桥则夫:《被害者の財産の損害の回復》,载《ジュリスト》第1163号(1999年),第72页以下。

④ 参见佐伯仁志:《刑罰としての損害賠償——アメリカ合衆国連邦法を素材として》,载内藤谦等编:《平野龍一先生古稀祝賀論文集(下)》,有斐阁1991年版,第85页以下(本章第一节)。

⑤ 18 U.S.C. §3663-3664(简洁起见,以下本节省略"18 U.S.C.",如无特殊说明,相关编号均指《美国法典》第18编的条文)。

⑥ §3663 (a)(1)(A)以限定列举的方式规定,对于《美国法典》第18编的犯罪、违反《药物规制法》的犯罪等可以科处独立的损害恢复命令。但是,有判决认为,在此外的犯罪中,损害恢复命令仍可以像以前一样被作为科处缓刑和附监督的释放的条件[§3583 (d)]。参见United States v. Fore, 169 F. 3d 104, 110 (2nd Cir. 1999); United States v. Bok, 156 F. 3d 157, 166 (2nd Cir. 1998)。

丧葬费以及参与刑事程序的费用①等[18 U.S.C. §3663(b). 以下省略18 U.S.C.],除此之外,也可以命令被告人返还被害人的物品。② 被害人因损害恢复命令得到赔偿之后,在后续的民事诉讼中不能再次受到赔偿[§3664(j)(2)]。在第三人填补了被害人损害的场合,可以命令被告人向第三人赔偿其填补的那部分损害[§3664(j)(1)]。

1982年的法律规定,法院在决定是否科处损害恢复命令之时,必须考虑被告人的资力、被告人及其抚养人必要的生活费和收入能力以及其他应考虑的情况[§3664(a)(B)(i)]。虽然这并不意味着在量刑时赔偿额受到被告人的资力的限制,但是,如果即便在将来被告人也明显不可能具有全额赔偿损害的能力,那么就只能在其有能力赔偿的限度内科处损害恢复命令。

美国的刑事审判中,有罪认定程序和量刑程序是分离的,与损害恢复命令相关的事实的认定是在量刑程序中进行的。认定赔偿额的主要依据是缓刑官事前制作的判决前调查报告,缓刑官必须在该报告中说明被害人的损害和被告人的资力情况[§3664(a)]。

在可能的范围内,缓刑官必须让被害人得到提供有关被害信息的机会,向其告知量刑听证会的时间和场所[§3663 A(d)(2)]。另外,被告人必须向缓刑官提交关于其财产状况的宣誓供述书[§3663 A(d)(3)]。就可能影响判决后的赔偿能力的经济状况的变化情况,被告人也有义务告知法院[§3664(k)]。

在对损害额有争议的场合,通常会针对事实的认定问题举行听证会。③ 在认定过程中,传闻证据也是有效的。在举证责任方面,检察官对

---

① 比如,在某个联邦地区法院审理的银行抢劫案中,一名恰好在抢劫现场的银行顾客因为在审判中作证而损失了528美元的收入,该地区法院判决被告人向该顾客就这些损失进行赔偿。上诉法院认为,该顾客也是抢劫行为的被害人,所以肯定了一审判决。参见Moore v. United States, 178 F. 3d 994, 1001 (8th Cir. 1999).

② 1996年的法律修正对于毒品犯罪设置了命令被告人对公共社会的损害进行赔偿的制度[§3663(c)],由于该制度与被害人的损害恢复制度在宗旨上并不相同,所以这里不作讨论。

③ §3664(c)规定,损害恢复命令的科处应当适用《联邦刑事诉讼规则》第32条,必须向当事人提供就存在争议的事实表明意见的机会,在量刑听证会结束后的90日之内,法院必须对有关损害恢复的争议作出决定。不过,也有判决认为,召开证据调查的听证会不是必经程序。参见United States v. Vanderberg, 201 F. 3d 805, 813 (6th Cir. 2000).

被害事实、被害额度负有举证责任,而被告人对欠缺赔偿能力等问题负有举证责任。① 相关事实认定采取的证明标准是优势证据标准[§3664(e)]。

上述损害恢复命令制度,在1990年和1996年又进行了重要的修正。

三、损害恢复命令制度的适用范围

(一)联邦最高法院判决

如上一节所述,损害恢复命令的适用对象是否限于被告人被判有罪的行为所引发的损害,自1982年该法制定之初就一直是一个存在争议的重大问题。这是因为,被告人被起诉和定罪的行为,很多情况下只是被告人实际实施行为的一部分,如果只能针对这一部分犯罪事实造成的损害科处损害恢复命令,那么很多情况下对于救济被害人来说是不够充分的。

在我国,也有检察官基于诉讼经济或者刑事政策上的理由,只就若干犯罪事实中的一部分提起公诉的情况。在美国,通过辩诉交易,被告人可以主动对被起诉的诉因事实的一部分作有罪答辩,而作为交换,检察官对其他诉因部分就撤销起诉,这已经是美国刑事诉讼的惯行。这些实际实施的行为与被起诉定罪的行为之间的龃龉,正是前述问题产生的原因。

在这个问题上,下级审判例的立场是分裂的,总体而言,非限定说是有力说。② 但是,联邦最高法院在1990年Hughey案件的判决③中,明确采取了限定说。

但是,问题到此并没有全部结束。在对Hughey案件判决进行解释的过程中,针对犯罪中包含了共谋或者犯罪计划的情形,损害恢复命令的对象到底是仅限于被判有罪的行为所产生的损害,还是基于共谋或计划而产生的全部损害,仍然是一个有争议的问题,也有上诉法院的判决对此采取了非限定说。④

---

① 有判决指出,这是因为被告人一方熟知案件事实,且具有争辩的动机。参见United States v. Sheinbaum, 136 F. 3d 443, 449 (5th Cir. 1998).
② 参见本章第一节。
③ Hughey v. United States, 495 U. S. 411, 413 (1990).
④ United States v. Sharp, 941 F. 2d 811, 815 (9th Cir. 1991).

（二）议会的应对

为了对上述判例的动向做出应对，议会在 1990 年的《犯罪控制法》（Crime Control Act）中规定，当一个犯罪的要件包含了犯罪计划、共谋或连续的犯罪活动（a pattern of criminal activity）之时，因基于该计划、共谋或连续的犯罪活动而实施的犯罪行为的直接受害人，都是犯罪的被害人[§3663(a)(2)]。由此，在诸如多名被害人因基于同一欺诈计划实施的犯罪行为而受害的场合，即便只有其中一部分行为被判有罪，法院也可以命令被告人对因为欺诈行为而受害的全体被害人进行赔偿。①

虽然 1990 年的法律扩张了作为损害恢复命令救济对象的被害人的范围，但这并不意味着变更了 Hughey 案件的判决，彻底取消了之前那种对于被判有罪的犯罪事实的限定。因为作为损害恢复命令适用对象的"基于计划、共谋或连续的犯罪活动"，终究必须是与被判有罪的犯罪行为同属于一个框架。② 比如，被告人基于相互独立的欺诈计划 A 和欺诈计划 B 实施了欺诈行为，其中，基于计划 A 实施的多个欺诈行为中，只有一个被判有罪，那么不仅对这个被定罪的欺诈行为产生的损害，而是对所有基于计划 A 实施的欺诈行为产生的损害，都可以科处损害恢复命令。但是，对基于计划 B 实施的欺诈行为产生的损害，不得科处损害恢复命令。③

（三）检察官在辩诉交易中的责任和义务

针对辩诉交易对诉因的限制而导致的被害人受救济的范围被限缩的问题，一个可以考虑的解决方案是将赔偿损害作为辩诉交易的条件。下级法院的判例曾经有力地主张，当被告人在辩诉交易过程中同意对被定罪的犯罪事实之外的行为产生的损害也进行赔偿时，可以在达成合意的

---

① 比如，在某个有关电信接入设备的欺诈案件中，被告人对欺诈罪和电信欺诈罪这两个犯罪各就一个诉因行为作了有罪答辩，作为交换，检察官对另外 111 个诉因不予起诉。判决认为，欺诈计划是电信欺诈罪的构成要素，由于被告人在辩诉交易中详细描述了欺诈计划的方法和行为持续的期间，因此，可以命令被告人对一系列欺诈行为造成的合计 5 408.58 美元的损害进行赔偿。参见 United States v. Johnson, 132 F. 3d 1279, 1287 (9th Cir. 1997).

② 参见 United States v. Ramirez, 196 F. 3d 895 (8th Cir. 1999)；United States v. Akande, 200 F. 3d 136, 141 (3rd Cir. 1999).

③ 另外，还有案件的判决认为，由于案件起诉书中记载的犯罪时间是 1993 年 4 月 26 日至 9 月 24 日，因此，对于该期间之前发生的损害，不得命令被告人进行赔偿。参见 United States v. Hughey, 147 F. 3d 423, 438 (5th Cir. 1998).

限度范围内命令被告人进行赔偿。1990年的法律通过"法院可以在司法交易中达成合意的限度范围内科处损害恢复命令"[§3663(a)(3)]的规定,将上述做法上升为法律条文。① 该法还规定,司法部长有义务对联邦检察官规定工作指南,要求其不得在辩诉交易过程中损害被害人的利益。换言之,联邦检察官在和被告人做辩诉交易时,必须要求被告人对起诉状中列明的所有被害人进行全面的损害恢复。

四、必要的损害恢复命令制度

(一) 必要的损害恢复命令制度的导入

1982年的法律规定,法院要在考虑被告人赔偿能力的基础上,自由裁量是否科处损害恢复命令。由于在很多情况下被告人并不具有赔偿能力(有数据显示,被定罪的被告人中有85%在量刑时无赔偿能力),所以实际上科处损害恢复命令的案件并不是很多。根据量刑委员会的调查,1994年度科处损害恢复命令的案件只占全部案件的20.2%(从罪名分布来看,杀人罪的27.9%、抢劫罪的55.2%、性犯罪的12.5%科处了损害恢复命令)。②

针对这种状况,议会针对一些犯罪设置了必要的损害恢复命令制度,要求法官对这些犯罪的被告人必须科处损害恢复命令。首先,在1994年的《反虐待女性法》(Violence Against Women Act)中,对性虐待、儿童性侵害、家庭暴力等犯罪规定了必要的损害恢复命令(§2248;§2259;§2264)。接着,同一年在《针对高龄者的劝诱欺诈对策法》(Senior Citizens Against Marketing Scams Act)③中,对电话劝诱欺诈行为(telemarketing fraud)设置了必要的损害恢复命令(§2327)。随后,在1996年,必要的损害恢复命令的适用范围被一般性地扩大到暴力犯罪、《美国法典》第18编规定的财产犯罪、一般消费品的虚假标识犯罪以及被害人受到人身或者财产损害的犯罪[§3663A(c)(1)]。通过这次修正,可以说必要的

---

① 1996年的法律修正进一步规定,"在辩诉交易达成了合意的前提下,法院应当命令被告人对犯罪被害人之外的人进行赔偿"[§3663A(a)(3)]。

② 1994 Annual Report of the United States Sentencing Commission, in S. Rep. No. 104-179, 1994 U. S. Code Cong. & Ad. News 926.

③ 关于该法,参见滨田智子:《高龄消费者诈欺に対する制裁の强化(1)(2)(3)(4)(5·完)》,载《NBL》第701号(2000年)、第703号(2000年)、第705号(2001年)、第709号(2001年)、第711号(2001年)。

损害恢复命令的范围基本上就涵盖了主要的联邦犯罪。当时预计,科处损害恢复命令的案件数量将从每年1万件上升到两万件。①

作为必要的损害恢复命令救济对象的"被害人",是指其损害与相关犯罪行为有直接或紧密关系的人,或者,当相关犯罪的要件包含了犯罪计划、共谋或连续的犯罪活动(a pattern of criminal activity)之时,因基于该计划、共谋或连续的犯罪活动而实施的犯罪行为的直接受害人[§3663A(a)]。

(二) 全额赔偿原则

1996年的法律不仅将损害恢复命令设置为对部分犯罪必须科处的刑罚,而且在赔偿额问题上,也规定法官无须考虑被告人的资力,必须命令被告人对全部损害进行赔偿[§3664(f)(1)(A)]。这就意味着,对1982年法律要求法院在确定赔偿额时要合理考虑被告人赔偿能力的规定,新法作出了重大的变更。

但是,1996年的法律也并非完全无视被告人的资力。虽然新法规定法院必须命令被告人对被害人的损害进行全额赔偿,但在决定支付赔偿的方式方面,必须考虑被告人的资力。当被告人的赔偿能力存在问题时,法院必须在可能赔偿的范围内命令被告人分期支付赔偿[§3664(f)(2)(3)]。②

即便对被告人科处超过其赔偿能力的损害恢复命令,由于被告人无法履行此命令,所以对于救济被害人来说也没有意义。在此种场合,能否以未履行命令为由对被告人科处新的制裁就成了一个问题,但如后所述,由于以无资力履行赔偿义务为由对被告人科处监禁刑被认为是禁止的,

---

① S. Rep. No. 104-179, 1994 U. S. Code Cong. & Ad. News 939. 为科处损害恢复命令而支出的诉讼费用,估计约为每件2 000美元。

② 比如,在某个涉及放火罪的案件中,根据判决前调查报告,被告人只有高中文化且无特殊技能,家中有妻子和3个子女,判决时处于失业状态,最近一个工作的月收入不足400美元,没有任何财产,但地区法院仍然判决被告人在宣判之后的第30日开始,每个月向被害人支付750美元,共计支付45 000美元的损害恢复。但上诉法院认为,一审判决没有考虑法律所规定的要素,因而撤销了原判,发回重审。参见United States v. Rea, 169 F. 3d 1111 (8th Cir. 1999). 在另外一个件中,地区法院在未考虑赔偿能力的情况下,对构成盗窃车辆的共谋罪的被告人科处40 256.02美元的损害恢复命令,上诉法院认为,该判决科处的额度是正确的,但是不考虑被告人的赔偿能力,命令其立即支付赔偿是错误的。参见United States v. Myers, 198 F. 3d 160 (5th Cir. 1999). 此外,法律还规定,在被告人明显无能力支付赔偿的场合,可以命令被告人定期支付名义性的赔偿[§3664(f)(3)(B)]。

从这一点来看,命令全额赔偿也没有多少实际意义。结果是,无视被告人的赔偿能力而要求全额赔偿的必要的损害恢复命令制度,恐怕只能说仅具有显示重视被害人保护这种象征性立法的意义。

(三) 支付赔偿的方法

如前所述,法院可以考虑被告人的资力,要求其采取分期支付等赔偿方法,但一般认为,从权力分立的原则出发,赔偿方法必须由法院在判决中自行决定,而不能把决定权交给缓刑官或者行刑部门。①

在法院命令被告人分期支付赔偿的场合,存在一个赔偿支付期限的问题。在1982年的法律之前,由于损害恢复是被当做缓刑的条件来运用的,所以缓刑期间就是分期支付的期限。1982年的法律虽然把损害恢复命令从缓刑的条件中分离出来规定为独立的刑罚,但就赔偿支付期限的问题,仍然规定赔偿必须在缓刑期间内支付。② 在1982年法律要求法院确定赔偿额时要考虑被告人的赔偿能力的背景之下,这种对支付期限的限制还不至于有太大问题,但在1996年的法律中,由于赔偿额度的确定与被告人的赔偿能力不再挂钩,确定在缓刑期间内有赔偿可能性的分期赔偿的额度就变得很困难。因此,1996年的法律废除了对赔偿期限的限制。

(四) 必要的损害恢复命令制度的例外

即便是本来应该科处必要的损害恢复命令的场合,当被害人的数量过多导致损害恢复实际上不可能时,或者对被害人或被害额有关的事实认定过于复杂,因而在有显著迟滞量刑程序的危险时,也可以例外地不科处损害恢复命令[§3663A (c)(3)]。因为损害恢复命令终究是刑事程序中的制度,应当避免刑事程序在实质上异化为民事诉讼。

---

① 参见 United States v. Pandiello, 184 F.3d 682, 688 (7th Cir. 1999).
② 在某个联邦地区法院的判决中,被告人被科处了 1 207 000 美元的损害恢复命令。但上诉法院认为,根据法律规定,该命令必须在缓刑的考察期间(the period of probation——译者注)结束前履行完毕,而本案的考察期间为3年,从量刑时开始计算,履行期限也不过5年半,但是,即便考虑被告人的资力命令其每个月支付750美元,命令履行完毕也需要130年以上。以此为由,上诉法院撤销了一审判决。参见 United States v. Siegel, 153 F.3d 1256, 1264 (11th Cir. 1998).

五、损害恢复命令制度的性格

（一）1996年法律修正的影响

由于损害恢复命令制度是民事与刑事的混血儿，所以围绕其性格问题一直以来都有争议。比如，1982年法律规定法院有义务考虑被告人赔偿能力的根据，就被理解为是考虑到损害恢复命令终究是刑罚，因而必须能够促进被告人的改善更生，科处被告人几乎无能力赔偿的损害恢复命令，就丧失了该制度作为刑罚的意义。① 在这个意义上，由于1996年的法律采用了必要的损害恢复命令制度，也并非不能说其性格发生了改变。但是，正如前文所述，1996年的法律也并非完全无视被告人的赔偿能力。

（二）1996年法律的溯及力问题

在损害恢复命令制度性格的问题上，围绕1996年法律的适用，展开了宪法层面的讨论。由于1996年的法律规定，必要的损害恢复命令制度"自1996年4月24日以后开始在量刑程序中适用"，这就意味着即便是在这一天之前实施的行为，其量刑也要适用该法，因而该条款是否违反了宪法禁止事后法（ex post facto law）的原则，就成了一个问题。

《美国联邦宪法》第1条第9款第3项后半段规定，"不得制定事后法"（ex post facto law），这个规定被理解为禁止对被告人溯及既往地适用对其不利的刑罚法规。因此，如果认为在量刑程序中科处的损害恢复命令是刑罚，则无论1996年法律的条文如何表述，都不得溯及性地适用于该法施行之前的行为。与此相对，如果认为损害恢复命令与民事的损害恢复在实质上没有区别，则就可以按照1996年法律的规定，将新法溯及性地适用于该法施行之前的行为。

在这个问题上，联邦最高法院并没有表明态度，但多数上诉法院认为，损害恢复命令是一种刑罚，新法将任意的损害恢复命令改为必要的损害恢复命令之后，对之前的行为溯及性地适用新法的做法，违反了宪法禁

---

① 还有一种比较中立的观点认为，科处被告人无法履行的损害恢复命令，有可能危及人们对司法秩序的信赖，而且，也不利于鼓励被告人从事高收入、因而有利于其社会复归的职业。参见 United States v. Fuentes, 107 F. 3d 115, 1529 (11th Cir. 1997); United States v. Dunigan, 163 F. 3d 979 (6th Cir. 1999).

止事后法的原则。① 从损害恢复命令被规定为独立刑罚的立法过程、被当做刑罚在量刑中科处等方面来看,上诉法院的结论可以说是很自然的。

(三)损害恢复命令与民事和解的关系

与损害恢复命令的性格有关的另外一个问题是,被告人与被害人之间的民事和解对损害恢复命令有何影响。关于这一问题,在上诉法院曾经出现过这样一个案件。该案中,被告人与被害人达成了民事和解,并把期票当做损害的恢复交付给了被害人。但上诉法院认为,损害恢复命令不是单纯的损害赔偿,而是以实现报应和被告人的社会复归为目的的刑罚,因此,即便存在和解,仍然可以对被告人科处损害恢复命令。毫无疑问,被害人不能重复获得赔偿,但是,单纯交付期票还不能说已经进行了现实的赔偿。② 本案的详细案情并不明确,但如果仅仅是交付了期票,而没有现实地进行损害恢复的可能性,那么这个判决就是可以理解的。

六、执行程序

1996 年的法律也对损害恢复命令的执行方法和确保被告人履行命令的手段进行了整理。

(一)执行方法

新法规定,损害恢复命令的执行方式与罚金相同[§3664(m)(1)(A)]。换言之,损害恢复命令与民事的生效判决一样,都是通过民事执行

---

① 参见 United States v. Edwards, 162 F. 3d 87, 89-91 (3rd Cir. 1998);United States v. Siegel, 153 F. 3d 1256, 1259-1260 (11th Cir. 1998);United States v. Bapack, 129 F. 3d 1320, 1327 n. 13 (D. C. Cir. 1997);United States v. Willians, 128 F. 3d 1239, 1241-1242 (8th Cir. 1997);United States v. Baggett, 125 F. 3d 1319, 1322 (9th Cir. 1997);United States v. Thompson, 113 F. 3d 13, 14 n. 1 (2nd Cir. 1997). 与此相对,认为损害恢复命令是民事性的救济制度,所以溯及既往也不违反禁止事后法原则的上诉法院判决,参见 United States v. Nicols, 169 F. 3d 1255 (10th Cir. 1999);United States v. Szarwark, 168 F. 3d 993, 998 (7th Cir. 1999);United States v. Newman, 144 F. 3d 531, 538 (7th Cir. 1998).

② 参见 United States v. Karam, 201 F. 3d 320 (4th Cir. 2000). 也有判决在涉及其他问题时,触及了损害恢复命令的刑罚性质。比如,有判决在谈及《美国联邦宪法第八修正案》的问题时,将损害恢复命令理解为刑罚。参见 United States v. Hariston, 146 F. 3d 1141 (9th Cir. 1998). 也有判决在涉及利息问题时,以损害恢复命令是刑罚为由,认为不得计算犯罪后至判决前的利息。参见 United States v. Rico Indus., Inc., 854 F. 2d 710, 714 (5th Cir. 1988);United States v. Sleight, 808 F. 2d 1012, 1020 (3rd Cir. 1987),等等。

程序执行。被害人自己执行命令也是被允许的,在这种情况下,基于损害恢复命令,被害人对被告人的财产享有留置权(lien)①[§3664(m)(1)(B)]。

新法规定,在命令被告人交付物品(包括返还物品)的场合,由缓刑官负责执行[§3664(m)(2)]。

新法规定,被告人向国家缴纳的财产,按顺序依次用于特别赋课金(special assessment——译者注)、损害恢复命令、罚金和诉讼费用,对个人的损害恢复优先于对国家的损害恢复。

(二) 履行的保障

新法设置了以下规定,用于确保被告人履行损害恢复命令:

第一,损害恢复命令被规定为缓刑和附监督的释放的条件[§3563(a)(6)(A)],而违反命令则可能被取消缓刑或附监督的释放[§3613A(a)(1)]。

第二,对违反命令的行为可能认定为藐视法庭罪,单独予以处罚[§3613A(a)(1);§3663(g)]。

第三,法院可以以不履行命令为由,对被告人重新量刑[§3614;§3583(e)(83)],对于未履行的损害恢复命令,可以转为科处监禁刑(或延长刑期)。

第四,可以以不履行命令为由对被告人科处1年以下的监禁刑(§3615)。

如上,在被告人未履行损害恢复命令之时,有可能被取消缓刑或者附监督的释放,或者被科处新的监禁刑,因而有可能被收容到监狱中。新法通过这种方式,对损害恢复命令的执行设置了间接的担保。但是,仅限于被告人故意不履行义务,且其他刑罚无法实现处罚和抑制的目的时,才能以未履行损害恢复命令为由将被告人收容到监狱中。因此,在被告人已经付出了努力但仍然无法支付赔偿时,不能以未履行命令为由将被告人予

---

① 中国民法学界一般将"lien"翻译为"留置权",译者在此也遵从了这一译法,不过需要提醒读者注意的是,美国法中的"lien"与中国的"留置权"在内容上并不完全对应。——译者注

以监禁,这种制约的根据被认为是宪法上的平等原则。①

七、结语

由于损害恢复命令制度是刑事和民事的混血儿,在其性质定位及实践运用上,确实存在着很多困难。特别是,如何协调检察官的起诉裁量权和损害恢复命令适用范围的关系,以及为了促进被告人的社会复归可以在何种程度上考虑被告人的赔偿能力,可以说是刑事政策的考虑和被害人保护这对紧张关系中最重要的问题。为了解决这个问题,美国联邦法律也付出了很多努力,作为一种尝试性的解决方案,这种努力对于我国来说是有参考价值的。

第三节 对被害人的被害恢复支援

一、绪论

犯罪被害人对策推进会议在 2005 年 8 月 9 日公布的《犯罪被害人基本计划(草案)(纲要)》(以下简称《基本计划(草案)》)中,列举了以下五个重要课题:①对被害人损害的恢复和经济的支援;②对被害人精神和身体损害的恢复和防止;③提升被害人在刑事程序中的参与度;④整备与被害人支援相关的体制;⑤确保国民增进对被害人支援制度的理解、关心和协助被害人支援制度。在此基础上,《基本计划(草案)》对每个课题的研究和实施方案分别提出了多种多样的建议(2005 年 12 月,该草案在内阁获得通过,成为正式的《犯罪被害人基本计划》)。在这些建议中,笔者想针对刑事程序中对被害人被害恢复的支援问题和以犯罪被害人给付金制度为中心的被害人支援制度的财源问题进行探讨。下面,笔者先介绍一下《基本计划(草案)》对这些问题提出的建议。

---

① 参见 United States v. Riebold, 135 F. 3d 1226, 1232 (8th Cir. 1998); Means v. United States, 961 F. 2d 120, 121 (8th Cir. 1992).

二、《犯罪被害人基本计划(草案)(纲要)》的内容

《犯罪被害人基本法》第 12 条针对"损害赔偿请求的援助"问题规定，国家和地方政府要对犯罪被害人等提出的损害赔偿请求提供援助，扩充有关制度，实现损害赔偿请求与刑事程序的有机联动，以及采取其他必要措施，以促进合理、顺利地实现与犯罪被害有关的损害赔偿请求。另外，该法第 13 条针对"给付金支付制度完善"问题规定，国家和地方公共团体要完善与犯罪被害人给付金支付相关的制度，以及采取其他必要措施，以减轻犯罪被害人因被害受到的经济负担。

对于《犯罪被害人基本法》的上述要求，《基本计划(草案)》作出了反应。首先，针对第 12 条的规定，《基本计划(草案)》提出，今后要研究和采取措施，针对损害赔偿请求问题，建立利用刑事程序成果的制度。具体而言，对于能够通过利用刑事程序的成果减轻犯罪被害人等的负担，可以采取简易、快速程序的制度，比如附带民事诉讼、损害赔偿命令、利用没收和追征的被害恢复制度等，法务省要从新设与我国国情相适应的制度的角度出发，进行必要的研究。这些研究要在两年内得出结论，并在结论的基础上采取措施。另外，关于国家对损害赔偿的垫付以及求偿问题，要在当前以及今后实施的旨在促进合理、顺利地实现损害赔偿请求的各种措施、旨在扩充被害人参与刑事程序的机会的各种措施、旨在减轻被害人的经济负担的各种措施的基础上，对其必要性和妥当性进行检讨。具体而言，为研究给付金支付制度的完善问题而设置的研究会，要对与犯罪被害人有关的经济支援制度在整个社会保障和福利体系中的应有地位和财源问题进行综合研究。

其次，针对第 13 条的规定，《基本计划(草案)》提出，要扩大犯罪被害给付制度中重伤病给付金的给付范围。草案要求警察厅进行必要的调查，研究如何在现有基础上扩大犯罪被害给付制度中重伤病给付金以及与亲属间犯罪的被害有关的给付范围。调查要在一年以内得出结论，并在结论的基础上采取措施。另外，草案还提出，要在犯罪被害人对策推进会议之下设立由有识之士、内阁府、警察厅、法务省、厚生劳动省组成的研究会，针对诸如国家对被害人的损害赔偿请求的补偿等涉及犯罪被害人的经济支援制度在整个社会保障和福利体系中的应有地位和财源问题进

行检讨,研究如何在现有基础上充实对犯罪被害人的经济支援制度。该研究要在两年内得出结论,并在结论的基础上采取措施。

《基本计划(草案)》建议研究的利用刑事程序成果促进损害赔偿的制度,包含附带民事诉讼、损害赔偿命令、利用没收和追征的被害恢复制度等。其中,附带民事诉讼涉及的主要是被害人参加刑事程序的问题,因为如果要把刑事程序和民事程序合并在一起,被害人参加诉讼就是必不可少的条件。因此,本书以下主要研究损害赔偿命令制度和利用没收和追征的被害恢复制度。关于利用没收和追征的被害恢复制度,由于法制审议会已经作出了修法的答复,所以本节先通过第三部分对该问题进行介绍。关于损害赔偿命令制度,本节第四部分先简单地介绍一下美国的制度,然后对笔者也是成员之一的"犯罪被害人对策研究会"[①]的讨论进行介绍。

其次,在研究国家对损害赔偿的垫付或者犯罪被害给付制度支付范围的扩大问题时,如何确保财源是一个重要的问题。而且,在推动被害恢复之外的其他"犯罪被害人对策"时,确保这些对策的财源也是重要的问题。由于大家几乎一致认为应当积极推动"犯罪被害人对策",所以,极端一点,甚至可以说"犯罪被害人对策"的问题就是财源的问题。因此,在本节第五部分,笔者想对美国的制度作一下介绍,作为今后研究的参考资料。

三、利用没收和追征的被害恢复制度

(一)《有组织犯罪处罚法》的问题

《有组织犯罪处罚法》虽然把没收和追征的对象扩大到犯罪收益以及犯罪收益所产生的财产等金钱性债权,但同时规定,当这些财产属于被害人的财产时,不得进行没收和追征(第 13 条第 2 项,第 16 条第 1 项的但书)。对于犯罪被害人的财产,国家当然不能优先于被害人对其进行没收和追征,但是,规定对于犯罪被害人的财产一概不得进行没收和追征的做法是否妥当,从一开始就受到质疑。在该法还是草案的阶段,笔者曾经提

---

① 该研究会于 2003 年 9 月在法务综合研究所设立,2004 年 12 月,发表了研究成果《犯罪被害者のための施策に関する調査・研究(中間取りまとめ)》,载 http://www.moj.go.jp/HOUSO/houso19/houso19-01.pdf。

出过以下观点:

"当国家未从犯罪人那里没收犯罪被害人的财产,而被害人也没有请求返还的场合,就会导致犯罪人得以保留不法收益的结果。而且,如果不法财产不知去向,被害人就很有可能无法获得损害的恢复,虽然预先对不法财产实施保全能有效防止这种情形、保障被害恢复,但如果这些财产不是没收的法律对象,也就无法成为保全的对象。因此,从与被害人利益相协调的角度出发,比较理想的制度设计应该是,先由国家对犯罪人掌控的犯罪被害人的财产实施暂时的没收,然后,基于被害人的请求,国家再向被害人返还财产。比如,美国的法律制度就是先把没收的财产归口到基金会,然后被害人再从基金会那里获得被害恢复。在这种制度中,对被害人损害的恢复不限于财产性的损害,也包含伤害等类型的被害。将这种制度与我国现行的犯罪被害人给付金制度融为一体也是有可能的。"①

《有组织犯罪处罚法》通过时,没有采取上述建议。此后,在制定犯罪被害人保护二法②的时候,这个问题再次引发了争论。1999年10月26日,在法制审议会刑事法分会审议关于犯罪被害人保护的第44号咨询时,有关事务部门提出了如下参考性的提案:①先规定可以对犯罪被害人的财产进行没收、追征,同时规定,当起诉书中列明的被害人提出申请时,要将没收的被害人财产归还给该被害人;②基于追征保全命令而执行假扣押时,可以基于该被害人的申请,让其承继假扣押的效力。但是,在分会审议过程中,有意见认为,对于这种制度的引入问题,"如果不立足于即将施行的《有组织犯罪处罚法》的实际运用情况,可能难以进行充分的讨论;有可能导致杀人等针对生命或身体的犯罪的被害人得不到救济,或者未起诉的案件的被害人不能成为救济对象等问题,反而可能会增加被害人相互之间的不公平感;有可能招致为了实现民事债权而虚假报案情况的增加,给侦查活动带来负面影响"。最终,分会意见认为,应当在观察《有组织犯罪处罚法》实际运用情况的同时,基于更加广阔的视野展开研

---

① 参见佐伯仁志:《組織犯罪への実体法的対応》,載《岩波講座現代の法(6)——現代社会と刑事法》,岩波书店1998年版,第252页。

② 指的是2000年通过的《刑事訴訟法及び検察審査会法の一部を改正する法律》及《犯罪被害者等の保護を図るための刑事手続に附随する措置に関する法律》。——译者注

究,因而暂时搁置了答复。①

结果,在被害恢复支援制度中,只有所谓的刑事和解制度最终被立法化。也就是,《犯罪被害人保护法》规定,在刑事程序中,当刑事被告人与犯罪被害人或其遗属之间就损害赔偿问题达成合意(即所谓示谈)时,可于辩论终结之前,在审理期日共同出面向审理该案的法院申请将双方达成的合意记载于庭审笔录中(第 4 条第 1 项、第 3 项),当合意内容被记载于笔录之后,该记载便与裁判中的和解具有同等效力(第 4 条第 4 项)【该法后来修正为《犯罪被害人权利保护法》,修正后,上述条文编号变成了第 19 条②】。根据《民事诉讼法》第 267 条,裁判中的和解与生效判决具有同等效力,构成《民事执行法》第 22 条第 7 号的"债务名义",因此,当刑事被告人不履行和解的内容时,被害人或其遗属可以上述"庭审笔录"为依据,直接申请强制执行。这样一来,被害人便不必重新提起民事诉讼来获得生效判决。③

(二) 法制审议会的答复

近来,在所谓黑市金融的高利贷等案件中,出现了虽然发现犯罪人获得了高额的犯罪收益,但被害人在现实中很难自己去实现被害恢复,以至于犯罪人得以保留高额犯罪收益的情况。以此为契机,《有组织犯罪处罚法》关于没收的规定问题,再次引起了人们的关注。④

在上述背景下,2005 年 7 月 21 日,法务大臣向法制审议会提出了第 73 号咨询案,主题是整备相关法律,剥夺犯罪人通过财产犯罪等获得的收益,用于进行被害恢复。刑事法分会对该咨询案进行审议之后,提出了一个纲要,2005 年 10 月 6 日,法制审议会对该纲要进行讨论之后,一致同意以该纲要对法务大臣作出答复。

---

① 参见村越一浩:《法制審議会における審議の経緯及び要綱骨子の概要》,载《ジュリスト》第 1176 号(2000 年),第 39 页以下;伊藤真:《要綱骨子における民事的事項について》,载《ジュリスト》第 1176 号(2000 年),第 48 页以下。另外,参见法制审议会刑事法分会(财产犯罪等的犯罪收益的剥夺·被害恢复方向)第一次会议议事录。

② 原著出版之后,《犯罪被害人权利保护法》又进行了几次修正,译者在翻译时根据最新的法律更新了相关法条编号。——译者注

③ 参见松尾浩也主编:《逐条解説犯罪被害者保護二法》,有斐阁 2001 年版,第 31 页以下(酒卷匡执笔部分),第 156 页以下(甲斐行夫、神村昌通、饭岛泰执笔部分)。

④ 关于所谓的五菱会黑市金融案件,参见芝原邦尔、西田典之、佐伯仁志:《ケースブック経済刑法》(第 2 版),有斐阁 2005 年版,第 26—27 页。

纲要的主要内容是,在该当一定要件、被害人就《有组织犯罪处罚法》第13条第2项规定的犯罪行为向犯罪人行使损害赔偿请求权存在困难的场合,可以排除该法第13条第2项(以及第16条第1项但书)的适用,对犯罪人掌控的犯罪被害人财产实施没收和追征,没收的犯罪被害财产以及追征的犯罪被害财产对应的价值,用于向犯罪被害人支付被害恢复给付金。其中一定的要件是指下列任一情形:①相关犯罪行为由以实施该犯罪为目的的组织以团体活动的形式实施,或者是基于《有组织犯罪处罚法》第3条第2项规定的目的实施之时,结合该犯罪行为其他方面的性质,可以认定《有组织犯罪处罚法》第13条第2项规定的犯罪的被害人就其被害向犯罪人行使损害赔偿请求权或者其他请求权存在困难的场合;②犯罪人伪造与犯罪被害财产的取得、处分、发生的原因有关的事实,或者隐匿该财产的场合;③知情而收受犯罪被害财产的场合。

纲要拟规定,可以向检察官申请被害恢复给付金的主体,是因为"与对犯罪被害财产实施没收或追征的事实理由有关的对象犯罪"以及"与该对象犯罪作为一系列行为而实施的犯罪"[①]而受害并丧失财产的人或其一般继承人。拟定这种规定原因是,在黑市金融案件或者大型诈骗案件的场合,犯罪人实施的多个犯罪行为中往往只有部分受到追诉,为了实现被害人之间的公平,有必要扩大给付金给付对象的范围。

(三)留待解决的问题

纲要虽然扩大了被害恢复给付金给付对象的范围,但由于把作为财源的没收、追征的对象限定为必须与被定罪的犯罪行为有关(因为没收是刑罚,所以这是必须的),所以,获得给付金的被害人的增加,同时也就意味着每个被害人能获得的给付金会相应地减少。这样一来,被害恢复给付金的出口扩大了,但入口并没有扩大。

在扩大入口的对策方面,毋庸赘言,对犯罪收益进行彻底的搜查是很重要的。另外,其他法律中可能也有值得参考的做法。比如,《麻药特例法》规定,当犯罪人以走私毒品等犯罪行为为业时(第5条),推定其在实施此种行为期间所获得的与其收入状况不符的财产是与该行为有关的毒

[①] 除了这两种之外,纲要规定的犯罪还包括"在对犯罪被害财产实施没收或追征的事实理由有关的犯罪是围绕因对象犯罪获得的被害人的财产而实施之时,该对象犯罪以及与该对象犯罪作为一系列行为而实施的犯罪"。

品犯罪收益(第14条)。《有组织犯罪处罚法》中是否也可以设置同样的规定,值得研究。

此外还可以考虑的是,通过行政程序来实现对犯罪被害财产的剥夺和向被害人的返还。比如,美国联邦法律规定,法院可以根据证券交易委员会(SEC)或者期货交易委员会(CFTC)的请求,命令违反证券交易法或期货交易法的行为人上缴(disgorgement)违法行为的获利,并将该不法获利在被害人之间进行分配。① 我国今后是否可以设置同样的制度,也有必要进行研究。

四、损害赔偿命令

(一) 美国联邦法的制度

损害赔偿命令是作为一种刑罚而对被判有罪的被告人科处的,命令其向被害人赔偿损害的制度,英国、美国、加拿大等国采用了这种制度。下面,笔者对美国的损害赔偿命令(由于美国法的制度中也包含了赃物的返还命令,所以下文称其为损害恢复命令)制度作一个简单的介绍。②

美国联邦层面在1982年的《被害人和证人保护法》(Vitcim and Witness Protection Act)中以刑罚的形式规定了损害恢复命令制度(restitution order,18 U.S.C. § 3663-3664)。虽然在此之前,损害恢复命令已经被规定为科处缓刑的条件,但此次立法之后,损害恢复命令的性质就转变成一种独立的刑罚。

损害恢复命令的适用对象包含财产的损害、治疗费、误工费、保育费、丧葬费以及参与刑事程序的费用等等,也可以命令被告人返还被害人的物品。

---

① 参见黑沼悦郎:《アメリカ証券取引法》(第2版),弘文堂2004年版。
② 详细请参见佐伯仁志:《刑罰としての損害賠償——アメリカ合衆国連邦法を素材として》,载内藤谦等编:《平野龍一先生古稀祝賀論文集(下)》,有斐阁1991年版(本章第一节);《刑罰としての損害賠償——アメリカ法の最近の動向》,载《産大法学》第34卷第3号(2000年),第98页以下(本章第二节)。关于英国法的制度,参见奥村正雄:《刑法における損害回復論の検討——イギリスの議論を中心に》,载宮澤浩一先生古稀祝賀論文集編輯委員会编:《犯罪被害者論の新動向·宮澤浩一先生古稀祝賀論文集(1)》,成文堂2000年版,第197页以下;板津正道:《イギリスにおける犯罪被害者に対する金銭の救済——犯罪傷害補償制度と賠償命令》,载《判例タイムズ》第1084号(2002年),第37页以下;等等。

1982年的法律规定,法院在科处损害恢复命令时有义务考虑被告人的资力、必要的生活费用等因素。虽然这并不意味着赔偿额受到被告人在量刑时的资力的限制,但是,如果即便在将来被告人也明显不可能具有全额赔偿损害的能力,那么就只能在其有能力赔偿的限度内科处损害恢复命令。这是因为,损害恢复命令终究是一种刑罚,因而必须能促进被告人的改善更生,科处被告人完全无能力履行的损害恢复命令,便丧失了该制度作为刑罚的意义。结果是,由于很多情况下被告人并不具备赔偿能力,所以实际上作出损害恢复命令的案件并不是很多。①

针对这种状况,联邦议会于1994年针对部分犯罪设置了必要的损害恢复命令制度,要求法官在这些犯罪中必须对被告人科处损害恢复命令。1996年,必要的损害恢复命令制度又被一般性地扩大到被害人因暴力犯罪、《美国法典》第18编的财产犯罪等而遭受损害的案件中。但是,即便是本来应该科处必要的损害恢复命令的场合,当被害人的数量过多导致损害恢复实际上不可能时,或者对被害人或被害额有关的事实认定过于复杂,因而有显著迟滞量刑程序的危险时,也可以例外地不科处损害恢复命令。因为损害恢复命令终究是刑事程序中的制度,应当避免刑事程序在实质上异化为民事诉讼。

由于法律的修正并不会带来犯罪人赔偿能力的提升,所以损害恢复命令的必要化导致其未缴纳额激增。联邦犯罪被害人基金的未缴纳额,在1985年是26 000万美元,到了2003年剧增到298亿美元,其中73%是损害恢复命令的未缴纳额。②

(二)我国引入损害恢复命令制度的可能性

针对损害赔偿命令制度的法律性质问题,犯罪被害人对策研究会的中期报告整理了将其视为近似刑罚的制度(刑罚模式)和将其视为命令进行民事赔偿的制度(民事赔偿命令模式)这两种可能的观点,在此基础上,报告指出,损害赔偿命令制度存在以下几个方面的问题:①如果损害赔偿

---

① 根据量刑委员会的调查,1994年度作出损害恢复命令的案件只占案件总数的20.2%。参见1994 Annual Report of the United States Sentencing Commission, in S. Rep. No. 104-179, 1994 U. S. Code Cong.&Ad. News 926.

② Steve Derene, National Association of VOCA Assistance Administrators, Crime Victims Fund Report: Past, Present, and Future, p. 6 (March 2005).

命令像民事诉讼那样对损害额进行严格的认定，会把民事上的争论点带到刑事审判中，可能引发刑事诉讼的迟滞等问题；②如果只针对刑事审判的证据调查所能认定的损害科处损害赔偿命令，则被害人就不得不另行通过民事诉讼请求赔偿剩余的损害，因此可能无法对应被害的实际情况进行有效的救济；③如果把损害赔偿命令当做刑罚，则其会对本来的主刑的轻重程度带来何种影响是一个问题；④如果被告人不服从命令，随意不履行命令，需要花工夫强制执行，这种情况下即便将被告人留置于劳役场也无助于对被害人的救济；⑤如果被告人没有资力，即便科处了损害赔偿命令，也无法实质性地实现被害恢复；等等。

由于损害赔偿命令终究是一种刑罚，所以如果要在我国导入这种制度，就应该在接受那些对刑罚性制度的制约的基础上，比如，接受被告人社会复归的考量的制约（具体来说是考虑被告人的资力），接受保障迅速审判的要求的制约（排除被害的有无及被害程度的认定耗时较多的案件），再来考虑导入该制度的问题。如此一来，可能会存在这样一种否定性评价，即在受到这些制约之后，损害赔偿命令制度恐怕并不能有效地救济被害人。但在对被害的有无和被害程度几乎没有争议、被告人也有赔偿能力的案件中，如果被害恢复会变得更加容易一些，就应该认为，与现状相比，导入损害赔偿命令制度多少会带来一些进步。如果科处损害赔偿命令时无视被告人的赔偿能力，就会像美国一样，只会带来未缴纳额的增加。①

如果说导入损害赔偿命令制度存在问题，与该制度对被害人的救济效果有限这个问题相比，这种有限的优点和为了导入这种全新制度的代价是否平衡，可能是更加重要的问题。关于这一点，还有进一步研究的必要，但是如果说现行法框架中还有另外需要做的事情，恐怕应该先做一个尝试。在这个意义上，犯罪被害人对策研究会在附带民事诉讼制度、损害赔偿命令制度之外，对刑事调停制度（和解·调停模式）这个第三选项进行了研究，即当被告人或者被害人等提出申请时，刑事法庭可以劝说双方当事人进行和解或者居中调停。这个制度试图推动现有的刑事和解制度往前更进一步，调停时被告人向被害人赔礼道歉等带来的修复司法的效果

---

① 【补】在2007年的法律修正中，导入了在刑事审判之后继续由同一个法院对民事部分进行审理的"损害赔偿命令"制度，参见本章第四节。

也是值得期待的。研究会中有人担心,如果采取鼓励刑事法庭推动和解和调停的制度,是否会引发法庭以刑罚作为威胁来强迫和解的问题,又或者,如果刑事调停的过程中法庭的心证被公开,是否会侵害法庭的中立性。但是,现在的司法实践中,法庭也在以非正式的形式推动辩护人和解,因此上述问题并不是什么决定性的问题。如果这种制度具有某种程度的效果(对此还需要进一步研究),那么就是一种不需要对现行制度进行大的变革,同时又具有实现可能性的方案,因而值得认真研究。

五、财源问题

(一)以罚金为财源的犯罪被害人补偿制度

如前文所述,在研究国家垫付损害赔偿或者扩大犯罪被害给付制度的救济范围问题时,如何确保财源是一个重要的问题。而且,在推进犯罪被害恢复之外的其他"犯罪被害人对策"时,确保这些对策的财源也是重要的问题。可以预想,在严峻的财政状况下,想要确保充足的财源是相当困难的。因此,可以考虑把罚金等收入作为特定的财源,用于充实包含犯罪被害给付制度在内的被害人支援制度。在以罚金为财源的犯罪被害人补偿制度方面,犯罪被害人团体对犯罪被害人对策推进会议提出了迫切的期望。

需要说明的是,2005 年度财政收入预算中罚金、科料以及没收金的总额是 10 615 100 万日元,而 2004 年度裁定的犯罪被害人给付金的总额是 110 900 万日元(《平成 17 年版警察白书》第 292 页)。如果将罚金等收入作为特定的财源用于被害人支援,即便大范围地扩大犯罪被害人给付金给付对象的范围,也可以拨付相当充足的资金用于实施其他的犯罪被害人支援措施。

实际上,我国现在也有类似的制度。基于《道路交通法》的反则通告制度而收取的反则金收入,被用于设立交通安全对策特别交付金的本金,而交通安全对策特别交付金则用于充实市镇村道路交通安全设施的整备经费。2005 年度交通安全对策特别交付金的收入预算额是 8 635 800 万日元,而支出预算额为 8 004 300 万日元。

关于这个问题,我们先来看看采取了类似制度的美国法的做法。

（二）美国的制度

1.州层面的制度

1965年,加利福尼亚州首创了犯罪被害人补偿制度,而现在所有地区都已经设置了该制度。① 受益于该制度,全美 115 000 名以上的被害人受到了大约 26 500 万美元的补偿。但是,各州补偿计划的规模存在差异,排在第一位的加利福尼亚州的补偿计划共补偿了约 7 500 万美元,占全美补偿总额的 1/3,第二位的得克萨斯州补偿了约 3 000 万美元,全美各州的均值为 200 万美元。

作为补偿对象的被害人的支出包括：医疗费、心理咨询费、因犯罪被害而丧失的收入、抚养费、丧葬费、搬迁费(仅限于面临紧迫的危险或者因性犯罪受精神创伤而不得不搬迁的情况)、诊疗通勤费、犯罪现场清扫费、康复费、律师费(一般有额度限制),等等。此外,为了应对犯罪导致的身体残疾而改良住所的费用、设置家庭安全防卫系统的费用等也在补偿范围内。与此相对,财产的损失和精神的损害一般不会受到补偿。②

与我国的犯罪被害给付制度相比,美国的犯罪被害人补偿制度的补偿范围要大得多。③ 但另一方面,在补偿的上限方面,美国多数州是 15 000 美元到 5 万美元之间④,而我国的犯罪被害给付制度在被害人死亡的场合对其遗属的补偿上限是 1 573 万日元,对因被害导致身体残疾的被害人的补偿上限是 1 849 万日元,可见,就单个被害人来说,我国的制度补

---

① 以下内容请参见 National Association of Crime Victims Association Boards, Crime Victim Compensation: an Overview, 载 http://www.nacvcb.org/articles/Overview_prn.html. 关于美国制度的最近的研究,参见冨田信穂：《アメリカ合衆国における犯罪被害者補償制度》,载《警察学論集》第 54 卷第 3 号(2001 年),第 58 页以下。

② 但也有例外,比如,纽约州可以对财产性损害给与最高 500 美元的补偿,田纳西州可以对性犯罪被害人给予最高 3 000 美元的精神性损害补偿。

③ 美国制度的特征是心理咨询费占了补偿的重要部分。比如,在加利福尼亚州,申请补偿心理咨询费的案件数量最多,占了全体的半数以上,心理咨询费的补偿额也占了补偿总额的近 1/4。参见 California Victim Compensation Government Claims Board, Victim Compensation Program Statistical Data, July 1, 2004 through June 30, 2005. 全美受到补偿的被害人中约 1/3 是遭受性虐待的儿童(参见 National Association of Crime Victims Compensation Boards, Crime Victim Compensation: an Overview, 载 http://www.nacvcb.org/articles/Overview_prn.html),这里的补偿也应该多是与心理咨询费有关。

④ 但也有例外,比如,加利福尼亚州的补偿上限是 7 万美元,得克萨斯州的补偿上限是 5 万美元(在导致身体残疾的场合是 75 000 美元),纽约州对于医疗费的补偿没有设定上限。

偿力度更大。①

在补偿经费的筹集方面,大部分州的做法是让被判有罪的被告人负担,而完全不占用一般财政经费。就具体制度而言,有些州把罚金作为补偿经费的财源,但更一般的做法是向被判有罪的被告人征收一定的金钱来充实财源。比如,宾夕法尼亚州对成年被告人征收 35 美元,对未成年被告人征收 25 美元;弗吉尼亚州对重罪的被告人征收 30 美元,对轻罪、酒后驾驶的被告人征收 20 美元;得克萨斯州对重罪的被告人征收 45 美元,对 A 级和 B 级轻罪的被告人征收 35 美元,对 C 级轻罪的被告人征收 15 美元。全美被害人补偿制度规模最大的加利福尼亚州在普通罚金之外还征收损害恢复罚金(restitution fine),并将其划拨到损害恢复基金(restitution fund)作为补偿被害人或支援被害人的财源。损害恢复罚金的额度,在成年被告人犯轻罪的场合是 100 美元到 1 000 美元之间,成年被告人犯重罪的场合是 200 美元到 1 万美元之间,未成年被告人犯轻罪的场合是 100 美元以下,未成年被告人犯重罪的场合是 100 美元到 1000 美元之间。具体的征收额度,由法院根据被告人的资力等因素来确定[对于因转处计划(diversion program——译者注)而被决定不起诉的人也可以科处损害恢复罚金]。

各州补偿计划的另一个主要财源是联邦的犯罪被害人基金(Crime Victims Fund)提供的补助。下面对该制度作一介绍。

2.联邦层面的制度

在联邦层面,根据 1984 年的《犯罪被害人法》(VOCA:Victims of Crime Act)设立了犯罪被害人基金(Crime Victims Fund)。② 设立这个基金的想法肇始于犯罪被害人问题总统工作组(President's Task Force on Victims of Crime)于 1982 年 12 月发表的报告书的建议。报告书认为,以实施犯罪活动的不利后果的形式向被告人征收钱款并用于援助被害人,不仅符合正义的理念,而且不会增加普通纳税人的负担。

基金的财源包括向犯罪人征收的罚金、制裁金(civil penalty)、特别赋

---

① 【补】此后又进一步提高了标准。参见本章第四节。
② 以下内容请参见 U.S. Department of Justice, Office for Victims of Crime, OVC Fact Sheet: Victims of Crime Act Crime Victims Fund (January 2002); Steve Derene, National Association of VOCA Assistance Administrators, Crime Victims Fund Report: Past, Present, and Future (March 2005)。

课金(special assessment)以及没收的保释金等。其中特别赋课金是在基金创设之初,根据《犯罪被害人法》而新设的制度,该制度对被判犯轻罪的被告人征收的额度是 5 美元到 25 美元之间(法人是 25 美元到 125 美元之间),被判犯重罪的被告人是 100 美元(法人是 400 美元),上述金额要一律征收。从案件数量来看,特别赋课金占了犯罪被害人基金财源案件的半数以上,但从金额来看,只不过是基金额的 1% 左右。从 2002 年开始,私人团体也可以向基金进行捐赠。

最初的 8 年间,根据法律规定,每个会计年度对可以划拨到基金的额度的上限作一次决定。最开始的 1985 年是 1 亿美元,1992 年是 15 000 万美元。1994 年废除了上限之后,划拨到基金的额度出现了时增时减的现象。1994 年的额度是 18 510 万美元,1995 年是 23 390 万美元,1996 年是 52 890 万美元,1997 年是 36 290 万美元,1998 年是 32 400 万美元。[①] 2000 年,法律再一次对划拨额度设定了上限之后,当年的划拨额是 5 亿美元,2001 年是 53 750 万美元,2002 年是 55 000 万美元。

法律对基金的用途作了规定。首先,对于儿童虐待犯罪的被害人最高可以支出 2 000 万美元。其次,为了提升针对联邦犯罪的被害人的服务,可以支出一定的金额,2002 年这一项的实际支出额是 2 510 万美元。另外,最高可以预留 5 000 万美元,作为救济恐怖犯罪被害人的紧急预备费。上述支出之外剩余的部分中,47.5% 用于各州的犯罪被害人补偿计划,47.5% 用于各州的犯罪被害人支援计划,5% 用于宣传、培训、调查研究等各种活动。

联邦犯罪被害人基金对各州的犯罪被害人补偿计划的补助额度,一开始被设定为前一个财政年度各州补偿计划支出总额的 35%,这一标准在 1987 年被提高到 40%,2003 年又进一步提高到 60%(但是,实际补助额度还要受到前述 47.5% 的上限的限制)。2002 年,美国各州被害人补偿

[①] 需要说明的是,美国联邦法对犯罪的法人设置了极其高额的罚金,这是基金额时时减的重要原因。1996 年基金额剧增到 52 890 美元,其中有 34 000 万美元是日本大和银行缴纳的罚金。1996 年到 2004 年,5 万名以上的被告人共计缴纳了 52 亿美元的罚金,其中仅仅 12 个法人就缴纳了 23 亿美元(45%),而且,这 23 亿中有 13 亿是两起国际卡特尔案件中被判有罪的 5 个法人缴纳的。罚金的最高额是 1999 年法人 F. Hoffmann-La Roche 因国际卡特尔行为被科处的 5 亿美元,这一年的罚金总征收额也因此高达 98 520 万美元。参见 Steve Derene, National Association of VOCA Assistance Administrators, Crime Victims Fund Report: Past, Present, and Future, p. 2ff (March 2005).

计划的支出总额是 310 270 776 美元,基于此,2004 年联邦犯罪被害人基金向各州划拨了总额 186 162 466 美元的补助金。

联邦犯罪被害人基金对各州犯罪被害人支援计划的补助是每个州 50 万美元,另外加上各州人口对应的特定额度。各州收到补助以后,由其所在区域内的被害人支援团体以竞争的方式申请资金。基金拨付到各州被害人支援计划的补助金的总额有逐年增加的倾向,2004 年的总额是 355 994 145 美元。各州实际获得补助金的被害人支援团体的数量和金额也在增加,在基金开始向各州被害人支援计划拨付补助金的 1986 年,获得补助金的团体的数量是 1 422 个,平均获得的补助金金额是 2 900 美元,到了 2002 年,上述团体的数量增加到了 5 629 个,获得补助金的平均额度也上升到 62 700 美元。

(三)我国引入类似制度的可能性

法务省在犯罪被害人对策推进会议中提交的以《犯罪被害人基本计划研究会第二次会议的研究课题》(2005 年 5 月 23 日)为题的资料中,针对以罚金为财源的犯罪被害人补偿制度指出:"根据 2003 年度罚金科刑状况的统计来看,对违反《道路交通法》的行为科处的罚金占了罚金整体约八成,对过失伤害行为科处的罚金占了约 1 成。如果要创设以罚金为财源的被害人补偿制度,根据该制度获得补偿的被害人一方和作为财源负担者的罚金缴纳人一方就会产生背离,那些被害人非常有必要获得补偿的杀人等凶恶犯罪中没有罚金,这样一来,负担者和受益者之间就无法产生人们期待的那种对应关系。此外,由于这种制度的推动,有可能导致为了保障对犯罪被害人进行补偿的财源,对本来应该选择自由刑的案件也科处罚金刑,这样就会在本来是讨论行为的刑事责任的刑罚论之中,掺入财源的保障这样异质的考虑。由于有产生这种弊害的危险,所以有必要对制度进行慎重的研究。"

虽然法务省的观点说理也相当充分,但如果不去严格地考虑负担者和受益者的对应关系,而只是朴素地思考国家的罚金收入用在什么方面最合适,那么,大部分国民应该都会赞成将其用于对被害人的救济和支援。

在保障财源的方法方面,也可以考虑采取美国那种通过薄利多收的方式,向所有被判有罪的被告人征收小额钱款的制度。从避免法务省所担心的弊端这个角度来看,与罚金相比,这种薄利多收的制度更加合适。就法务省担心的第一个弊端而言,通过让所有被判有罪的被告人一起负担对犯罪被害的补偿的方式,可以在一定程度上缓解该弊端(让所有试图实施犯罪的人一起负担的制度是很理想的,但并不现实);就第二个弊端而言,通过一律科处一定额度金钱的制度设计,就可以消除该弊端。

附带说一下,2004年度第一审被判有罪的人数约为9万人,通过略式程序科处罚金的人数约为82万人,假设对上述人员一律征收5 000日元,那么就可以确保约455 000万日元的财源。

六、结语

在研究加利福尼亚州的制度之时让笔者印象深刻的是,他们每年都会对制度进行修正。我国也不能指望制定一种一开始就百分之百理想的制度,而应该先制定有实现可能性的制度,然后定期对制度进行修改。本节对若干制度进行了简单介绍,如果这些介绍能对今后的研究起到哪怕一点点的作用,都是笔者荣幸之事。

第四节 犯罪被害恢复的新制度

一、绪论

上一节提到的《犯罪被害人基本计划(草案)》,在2005年12月27日经过内阁决议通过之后,成为正式的《犯罪被害人基本计划》,此后,基于此计划的措施也相继被付诸实施。[①]

首先,关于犯罪被害人的被害恢复支援问题,《犯罪被害人基本计划》规定:"对于能够通过利用刑事程序的成果减轻犯罪被害人等的负担,可

---

① 参见白木功ほか:《『犯罪被害者等の権利利益の保護を図るための刑事訴訟法等の一部を改正する法律(平成19年法律第95号)』の解説(民事訴訟法の改正部分を除く)(1)(2)(3・完)》,载《法曹時報》第60巻第9号(2008年),第2705页;第60巻第10号(2008年),第3075页;第60巻第11号(2008年),第3445页;高井康行・番敦子・山本剛:《犯罪被害者保護法制解説》(第2版),三省堂2008年版;酒巻匡主編:《Q&A平成19年犯罪被害者のための刑事手続関連法改正》,有斐閣2008年版;等等。

以采取简易、快速程序的制度,比如附带民事诉讼、损害赔偿命令、利用没收和追征的被害恢复制度等,法务省要从新设与我国国情相适应的制度的角度出发,进行必要的研究。这些研究要在两年内得出结论,并在结论的基础上采取措施。"作为对该规定的响应,国会修正了《有组织犯罪处罚法》,引入了利用没收和追征的被害恢复制度。①

其次,在利用刑事诉讼的成果对犯罪被害人的被害恢复进行支援的制度方面,还引入了在刑事审判之后继续由同一个法院对民事部分进行审理的"损害赔偿命令"制度。②

第三,以汇款诈骗案件的频发为契机,通过议员立法③的形式,在刑事诉讼和民事诉讼之外设置了一种新的通过简易、快速程序来实现诈骗犯罪被害人的被害恢复制度。④

另外,为了推动《犯罪被害人基本计划(草案)》的研究和落实,内阁下设的犯罪被害人基本计划推进专门委员会等设立了"经济支援研究会""支援协作研究会"和"对民间团体的援助研究会"这三个研究会,负责对相关问题进行研究并提出报告。2007年11月6日,犯罪被害人对策推进会议决定举政府之全力,强力且有效地推进上述研究会的最终报告提出

---

① 参见饭岛泰:《『組織的な犯罪の処罰及び犯罪収益の規制等に関する法律の一部を改正する法律』及び『犯罪被害財産等による被害回復給付金の支給に関する法律』の概要等》,载《ジュリスト》第1319号(2006年),第82页以下;椎桥隆幸:《犯罪収益のはく奪による被害回復制度の意義》,载《刑事法ジャーナル》第6号(2007年),第24页以下;宇都宫健儿:《被害回復給付金支給法と犯罪被害者の救済》,载《刑事法ジャーナル》第6号(2007年),第30页以下;等等。

② 参见白木功:《『犯罪被害者等の権利利益の保護を図るための刑事訴訟法等の一部を改正する法律』の概要》,载《ジュリスト》第1338号(2007年),第48页以下;椎桥隆幸:《『犯罪被害者等の権利利益保護法』成立の意義》,载《刑事法ジャーナル》第9号(2007年),第2页以下;冈本章:《『犯罪被害者等の権利利益の保護を図るための刑事訴訟法等の一部を改正する法律』の概要》,载《刑事法ジャーナル》第9号(2007年),第8页以下;奥村正雄:《犯罪被害者と損害賠償命令制度——刑事手続からのアプローチ》,载《刑事法ジャーナル》第9号(2007年),第22页以下;山本克己:《犯罪被害者と損害賠償命令制度——民事手続からのアプローチ》,载《刑事法ジャーナル》第9号(2007年),第31页以下。

③ 日本国会通过的法律草案大多是由内阁提出的,由议员自发提出法律草案的立法形式被称为议员立法。——译者注

④ 田尾幸一郎:《犯罪利用預金口座等に係る資金による被害回復分配金の支払等に関する法律》,载《ジュリスト》第1352号(2008年),第93页以下;奥村正雄:《犯罪被害者等基本計画の重点課題について——3つの検討会の最終取りまとめ》,载《ジュリスト》第1351号(2008年),第18页以下;等等。

的对策。① 在犯罪被害人的被害恢复制度方面,国会采纳了最终报告关于扩充犯罪被害人给付金制度的建议,对法律进行了修正。

本节将对这些新的立法进行介绍,并发表笔者自己的一些看法。

二、与被害恢复有关的立法

(一) 被害恢复给付金制度

如前文所述,法制审议会于2005年10月6日作出了一项审议答复,认为在该当一定要件、被害人就《有组织犯罪处罚法》第13条第2项规定的犯罪行为向犯罪人行使损害赔偿请求权存在困难的场合,可以排除该法第13条第2项(以及第16条第1项但书)的适用,对犯罪人掌控的犯罪被害人财产实施没收和追征,没收的犯罪被害财产以及追征的犯罪被害财产对应的价值,用于向犯罪被害人支付被害恢复给付金。基于该答复,内阁向第164届国会提交了《《有组织犯罪处罚法》修正案(草案)》和《犯罪被害恢复给付金支付法(草案)》,2006年6月13日,这两个法律草案在国会获得通过。

对于一直以来不能作为没收及追征对象的"犯罪被害财产",修改后的被害恢复给付金制度规定,在一定的条件下允许对该财产实施没收和追征,并将相关财产纳入被害恢复给付金,用于支付给该犯罪的被害人。

具体而言,第一,当符合下列任一条件时,可以对诈骗罪、敲诈勒索罪等财产犯罪或者高利贷犯罪的"犯罪被害财产"实施没收(《有组织犯罪处罚法》第13条第3项),无法没收时,可以就财产对应的价值向犯罪人进行追征(第16条第3项):①相关犯罪行为由以实施该犯罪为目的的组织以团体活动的形式实施,或者是基于《有组织犯罪处罚法》第3条第2项规定的目的实施之时,结合该犯罪行为其他方面的性质,可以认定《有组织犯罪处罚法》第13条第2项规定的犯罪的被害人就其被害向犯罪人行使损害赔偿请求权或者其他请求权存在困难的场合;②犯罪人伪造与犯罪被害财产的取得、处分、发生的原因有关的事实,或者隐匿该财产的场合;③知情而收受犯罪被害财产的场合。

---

① 参见荒木二郎:《犯罪被害者等支援施策の新たな展开》,载《ジュリスト》第1351号(2008年),第2页以下。

第二，没收的犯罪被害财产的折价或钱款，以及追征的犯罪被害财产的对价，由检察官基于《犯罪被害恢复给付金支付法》的规定作为给付资金加以保管，并由检察官启动从该资金中支付被害恢复给付金的程序。具体程序是，检察官对支付程序的开始、检察官所属的检察厅、支付涉及的对象犯罪行为的范围、给付资金的额度、申请支付的期间等进行公告（该法第7条）；对于在公告期间内提出申请者，检察官对其是否具备领受被害恢复给付金的资格及其被害额度进行裁定（第10条）；在确定了裁定及支付程序需要的费用之后，对于被裁定有领受资格的被害人支付给付金（第14条第1项）。另外，检察官可以从律师中选任被害恢复事务管理人，将一部分被害恢复给付金支付程序的事项交由其处理（第22条）。

下列犯罪的被害人，属于给付金的支付对象：①与对犯罪被害财产实施没收或追征的事实理由有关的对象犯罪，以及与该对象犯罪作为一系列行为而实施的犯罪；②在对犯罪被害财产实施没收或追征的事实理由有关的犯罪是围绕因对象犯罪获得的被害人的财产而实施之时，该对象犯罪以及与该对象犯罪作为一系列行为而实施的犯罪。在确定上述犯罪的范围时，检察官必须考虑犯罪的种类、发生的时间和状态、实行犯罪的人、犯罪被害财产形成的经过及其他因素（第5条第2项）。上述范围之所以没有被限制为与对犯罪被害财产实施没收或者追征的事实理由有关的犯罪，而是扩张性地包含了与该犯罪作为一系列行为而实施的犯罪，是因为在黑市金融案件或者大型诈骗案件的场合，犯罪人实施的多个犯罪行为中往往只有部分受到追诉，扩张给付金支付对象的范围，是为了实现被害人之间的公平。

被害恢复给付金的额度是被害人实际的被害额度，但从给付资金中扣除被害恢复事务管理人的报酬和支付程序必要的费用之后实际能支付的额度小于被害总额的场合，是按照各被害人被害额的比例来分配实际能支付的额度（第14条第2项）。

引发本次法律修正的直接契机，是五菱会黑市金融案件的犯罪被害财产在瑞士被没收，进而产生了向日本政府让渡该财产的问题。与此相关，《犯罪被害恢复给付金支付法》对于接受外国让渡的犯罪被害财产的情形，也设置了相应的被害恢复给付金的支付程序（第35条）。

通过这种制度的创设，之前那种犯罪被害财产被犯罪人保留的问题得到了解决。而且，将支付对象扩张到与没收、追征的基础犯罪行为作为一系列行为而实施的犯罪的被害人的做法也是合理的。但是,支付对象的扩张并不会带来作为没收、追征对象的犯罪的范围的扩张,因此,支付对象的扩张也就意味着单个被害人能够领受的给付金的额度就会相应减少。因此,想要通过这种制度实现被害人的被害恢复,侦查部门对犯罪被害财产的核实和查明是必不可少的,而且,这也是有效取缔有组织犯罪所必需的。

另外,针对本制度制定契机的五菱会黑市金融案件,2008 年 7 月 25 日,按照《犯罪被害恢复给付金支付法》的规定启动了外国让渡财产的支付程序,同时,东京地方检察厅的检察官发布了选任被害恢复事务管理人的公告,启动了被害恢复给付金的支付程序。

(二)损害赔偿命令制度

2006 年 9 月 6 日,法务大臣向法制审议会提出了第 80 号咨询案,该咨询案的主题是整备相关法律制度,强化对被害人的保护。咨询内容中包含了两个支柱性的制度,一个是犯罪被害人直接参与刑事审判的制度,另一个是利用刑事诉讼的成果支援被害恢复的制度。刑事法分会对咨询案进行了审议并拟定了一个纲要,2007 年 2 月 7 日,法制审议会以此纲要向法务大臣作了答复。在此答复的基础上,内阁向第 166 届国会提出了《为保护犯罪被害人的权利利益部分修改〈刑事诉讼法〉等法律的修正案(草案)》,2007 年 6 月 27 日,国会通过了该草案。

该修正案对《刑事诉讼法》进行了部分修改,导入了犯罪被害人可以直接参与刑事审判的制度,同时,还对《犯罪被害人保护法》进行了部分修改,导入了"损害赔偿命令"制度,旨在利用刑事诉讼的成果支援被害恢复。

法制审议会刑事法分会虽然也讨论了以刑罚的形式命令被告人赔偿损害的损害赔偿命令制度,但作为被害人代表的委员提出了否定性的意见,认为这种制度无法有效地恢复被害,因而这种制度未被采纳,刑事法分会最终采纳的是"民事性"的损害赔偿命令制度,即基于被害人等的申请,在刑事诉讼作出有罪判决以后,在同一法院对民事部分进行审理的制度。

损害赔偿命令制度的对象犯罪包括:①故意伤害、故意杀人罪或其未遂;②强制猥亵罪,强奸罪,准强制猥亵罪,准强奸罪,逮捕,监禁罪,略取、诱拐未成年人罪,以营利为目的的略取、诱拐罪,以勒索赎金为目的的略取罪,以移送至所在国之外为目的的略取、诱拐罪,买卖人身罪,移送被略取者至国外罪,移交被略取者罪,以及上述犯罪的未遂等(《犯罪被害人权利保护法》第 23 条)。

上述对象犯罪中之所以未包含财产犯罪和过失犯罪,是因为设计该制度时试图将其适用范围限制在符合以下两个条件的场合:①类型性地来看,被害人在身体和精神上可能会感到疲惫,提起通常的民事诉讼存在相当的困难;②有可能基于刑事诉讼认定的事实,通过简易、快速的程序对民事上的请求作出判断。① 财产犯罪不符合上述第①个条件,而过失犯罪由于在过失相抵或者被害人后遗症的程度等方面往往存在争议,所以不符合第②个条件。而且,刑事法分会的审议还指出,对财产犯罪运用损害赔偿命令,有可能导致多个案件的被害人之间的被害恢复出现不均衡;被告人有资力多会进行损害赔偿;被告人可以向被害人返还赃物;等等。此外,审议还指出,过失犯罪中很多案件的当事人是保险公司,这也是不将其纳入损害赔偿命令适用范围的原因之一。②

法律规定,基于简易、快速的要求,如无特殊情况,对于损害赔偿命令的申请必须在四次审理期日内终结审理(第 30 条第 3 项);审理程序可以不进行口头辩论,但这种场合可以询问当事人(第 29 条);裁判必须以决定书③的形式作出(第 32 条第 1 项);在必要的时候,法院可以宣布假执行(第 32 条第 2 项)。

在刑事部分作出终局裁判之前,不得就损害赔偿命令的申请进行审理和裁判(第 26 条)。在最初的审理期日,法院必须调取刑事审判部分的

---

① 参见白木功等:《『犯罪被害者等の権利利益の保護を図るための刑事訴訟法等の一部を改正する法律(平成 19 年法律第 95 号)』の解説(民事訴訟法の改正部分を除く)(3・完)》,载《法曹時報》第 60 卷第 11 号(2008 年),第 3458 页。

② 参见奥村正雄:《犯罪被害者と損害賠償命令制度——刑事手続からのアプローチ》,载《刑事法ジャーナル》第 9 号(2007 年),第 26 页;瀬川晃等:《(座談会)犯罪被害者の権利利益保護法案をめぐって》,载《ジュリスト》第 1338 号(2007 年),第 11 页以下(大谷晃大发言部分);酒卷匡主编:《Q&A 平成 19 年犯罪被害者のための刑事手続関連法改正》,有斐閣 2008 年版,第 161 页(白木功、飯島泰执笔部分)。

③ 对通过决定程序进行裁判这一问题的检讨,参见山本克己:《犯罪被害者と損害賠償命令制度——民事手続からのアプローチ》,载《刑事法ジャーナル》第 9 号(2007 年),第 33 页以下。

诉讼记录(第30条第4项)。在这种制度设计中,因为损害赔偿命令的审理和裁判与刑事审判分属不同的程序,所以刑事判决对后续程序并不具备法律上的约束力,但由于损害赔偿命令是由作出有罪判决的法院基于同一证据来审理的,所以刑事判决实质上仍然具备法律约束力。

当事人对损害赔偿命令的裁判可以提出异议(第33条第1项)。如果当事人未提出合法的异议,损害赔偿命令的裁判就具备与生效判决同等的效力(第33条第5项)。如果当事人提出了合法的异议,则除了有关假执行的部分之外,损害赔偿命令的裁判即丧失效力(第33条第4项),要将该案移送至通常的民事裁判程序(第34条第1项)。

新设的损害赔偿命令制度在结合了刑事诉讼和民事诉讼这一点上,类似于大陆法系各国广泛采纳、我国战前的刑事诉讼法中也曾经采纳的刑事附带民事诉讼制度。但是,附带民事诉讼制度中,对刑事的犯罪事实的审理和对民事的损害赔偿请求权的审理是在同一个程序中进行的,与此相对,损害赔偿命令制度中这两者分属不同的程序,在这一点上两种制度存在很大差异。我国之所以采用了损害赔偿命令制度,是因为刑事诉讼和民事诉讼的审理原则和证据规则是不同的,我国想要引入附带民事诉讼制度,在技术上非常困难。[①]

如上,与美国的损害恢复命令制度及大陆法系各国的附带民事诉讼制度不同,我国的损害赔偿命令制度是作为我国独特的制度而创设的。法律规定,申请损害赔偿命令的手续费是2 000日元(第42条第1项)。从制度的设计来看,该制度担负着减轻被害人的负担、有效地实现被害恢复的重任。

(三)被害恢复分配金制度

为了实现对汇款诈骗等犯罪的被害人的被害恢复,2007年12月14日,国会以议员立法的形式通过了《通过犯罪账户的相关资金支付被害恢复分配金法》。该法的立法目的是通过规定存款债权的消灭程序和被害

[①] 参见山本克己:《犯罪被害者と損害賠償命令制度——民事手続からのアプローチ》,载《刑事法ジャーナル》第9号(2007年),第33页;瀬川晃等:《(座談会)犯罪被害者の権利利益保護法案をめぐって》,载《ジュリスト》第1338号(2007年),第10页以下(川出敏裕发言部分)。另外,参见川出敏裕:《損害回復のための成果の利用》,载酒卷匡主编:《Q&A平成19年犯罪被害者のための刑事手続関連法改正》,有斐阁2008年版,第60页以下。

恢复分配金的支付程序,迅速地向汇款诈骗等犯罪的被害人支付被害恢复分配金,恢复其财产性损害(第1条)。

以利用被害人向存款账户(银行存款账户或邮局存款账户)等汇款作为财物取得方式的诈骗或其他财产犯罪被称为"利用汇款的犯罪行为"(第2条第3项)。具体而言,包括"是我是我"诈骗①、架空请求诈骗②、利用网络拍卖的诈骗、黑市金融等犯罪行为。③

该法所称的"犯罪账户"不仅是指最终收款账户,也包含当一个账户被专门用于转移资金,且该账户的有关资金被认定与最终收款账户的有关资金实质上相同的场合(第2条第4项)。

根据法律规定,该制度的具体操作程序如下。首先,当侦查机关等提供相关信息之后,金融机构要停止犯罪账户的交易(第3条)。当金融机构认定有相当的理由足以怀疑该账户用于犯罪时,就必须联系存款保险机构,请求其作出启动该账户存款债权的消灭程序的公告(第4条第1项)。存款保险机构应当毫不迟疑地对债权消灭程序的启动和权利行使的申报方法等进行公告(第5条)。申报期间,如果没有出现行权申报或强制执行等情况,公告涉及的存款债权就随即消灭(第7条)。在上述债权消灭之后,金融机构必须将与该债权额度相等的钱款作为本金,通过法律规定的程序,对被害人及其一般继承人支付被害恢复分配金(第8条)。

在有必要的场合,金融机构可以请求存款保险机构就被害恢复分配金的支付申请等问题进行公告(第11条)。申请期间内出现支付申请时,由金融机构对申请人是否具备领受被害恢复分配金的资格及其被害额度作出认定(第13条),进而向其支付分配金(第16条)。

在被害恢复问题上,这个制度采取的是一种既非民事亦非刑事的程序,因而颇值得玩味。另外,当支付程序终了之后还剩有余款时,金融机构要将其交付存款保险机构,为了救济因犯罪账户认定程序等出错而受

---

① 泛指在电话中冒充被害人的亲属或警察,骗取财物的诈骗犯罪行为,即中国通常所说的电信诈骗。——译者注

② 架空请求诈骗,是指利用被害人记忆模糊的漏洞,以被害人并未使用或订购过的商品或服务为由,通过信件或电子邮件的方式要求被害人向指定账户汇款的诈骗方式。——译者注

③ 参见田尾幸一郎:《犯罪利用預金口座等に係る資金による被害回復分配金の支払等に関する法律》,载《ジュリスト》第1352号(2008年),第94页。

损的账户的名义人,存款保险机构可以扣除一定的金额(第25条第4项),剩余的部分要被用于充实对犯罪被害人的支援(第20条第1项)。这一规定也是非常值得研究的。①

(四)犯罪被害人给付金制度的修正

2007年11月6日,犯罪被害人对策推进会议(推进会议由内阁官房长官担任会长,成员由有关部门的大臣和有识之士组成)召开了讨论会,决定举政府之全力,强力且有效地推进关于被害人支援问题的三个研究会(经济支援研究会、支援协作研究会、对民间团体的援助研究会)的最终报告提出的对策。

经济支援研究会的最终报告根据《犯罪被害人基本法》第3条的基本理念,认为要基于社会连带互助的精神对犯罪被害人提供支援,使其有尊严地、独立于社会之中。具体而言,报告提出了以下对策:①提高针对被害人遗属和身体残疾的被害人的给付金;②对向被害人因重伤病而休业误工的损失提供一定经济支援的问题进行研究;③关于财源问题,研究会对原因者负担、将罚金作为特定财源、向被判有罪者征收一定额度金钱的课征金等制度进行了研究,但考虑到损害原因者集团的特定化存在困难、我国财政政策的大方针是缩小特定财源的使用范围、被害恢复的主要负担者和原因者不一致等问题,应该采取通过一般财源来给付的原则;④建立民间基金参与给付的制度;⑤强化咨询力量;⑥给付申请过期之后的特例;⑦实现给付金支付的迅速化;等等。

此后,国会对《犯罪被害人给付金支付法》进行了修正,大幅提高了犯罪被害人给付金的额度(对遗属的给付金从1 500多万日元提高到约3 000万日元,对身体残疾的被害人的给付金从1 800多万日元提高到约4 000万日元),接近了机动车损害赔偿责任保险(遗属3 000日元,身体残

---

① 日本律师联合会在《『犯罪利用預金口座等に係る資金による被害回復分配金の支払等に関する法律施行規則(案)』に対する意見》(载http://www.nichibenren.or.jp/ja/opinion/report/080424.html)中,对于剩余资金的运用方式,提出了以下建议:"(1)应当将该资金用于支出为了对汇款诈骗犯罪被害人的被害恢复及被害防止进行法律上的支援而产生的法律咨询费用(包含咨询律师的费用);(2)应当将该资金用于对民间的犯罪被害人支援团体及适格消费者团体进行经济支持,以使得更多的被害人获得被害恢复;(3)应当以基金的形式运作剩余资金,用于支持(1)、(2)的活动,实现对犯罪被害人的支援。"但是,2008年6月6日公布的施行规则并没有采纳这些建议。

疾者 4 000 万日元)的额度。

三、若干评论

(一)关于作为刑罚的损害赔偿

2007 年的立法聚焦于对生命、身体的重大侵害的损害赔偿问题,本次立法没有以刑罚的形式引入损害赔偿命令制度,而是设计了在民事裁判中命令被告人赔偿损害的损害赔偿命令制度,笔者认为这是妥当的。因为如果以刑罚的形式规定损害赔偿命令制度,受刑罚性质的制约,被告人的资力必然会对此种制度构成限制(虽然如前所述,美国的制度最近在这个方面已经有所变革)。

但是,新法对损害赔偿命令制度的规定,并不意味着就完全消灭了以刑罚的形式导入损害赔偿制度的可能性(参见本书第一章第三节)。损害赔偿命令既是附带民事诉讼的内容也是保护观察的遵守事项的制度也是存在的,德国就是如此。本次立法未将财产犯罪及侵害名誉的犯罪等纳入损害赔偿命令制度的适用范围,但对于比较轻微的财产性和非财产性损害来说,是否可以将被告人对损害的赔偿规定为独立的刑罚,或者作为科处缓刑的条件,又或者是作为保护观察的遵守事项,仍然有研究的余地。比如,就名誉毁损罪而言,与科处罚金相比,以刑罚的形式命令被告人赔偿损害可能更加合适。

(二)财源问题

上一节探讨了把罚金作为被害人支援的特定财源的问题,但犯罪被害人对策推进会议认为,被害恢复所需的资金原则上应该从一般财源中列支。毫无疑问,如果能够确保足够的财源来推进被害人保护的对策,则资金的出处并不重要。此外,如果反对罚金的特定财源化的主要理由是我国的财政政策是尽量不设置特定财源,那么笔者就没有能力批判这种观点的妥当性。但是,如果反对立场的理由是基于主要的财源负担者与损害的原因者有必要一致这样的思考,恐怕这种立场就并不妥当。刑罚的本质是对犯罪人施加痛苦,罚金的本质也是通过剥夺犯罪人的财产性利益来对其施加痛苦。认为从犯罪人那里剥夺的财产必须归入国库的观点,没有确实的根据。从刑罚的本质来说,把从犯罪人那里剥夺的钱拿来烧掉也是可以的。

在这个问题上值得关注的是,《通过犯罪账户的相关资金支付被害恢复分配金法》规定,在分配金支付程序终了之后的剩余资金要交付给存款保险机构,用于充实对犯罪被害人的支援(第20条第1项)。在以没收及追征的犯罪被害财产为财源的被害恢复给付金制度中,如果程序终了之后给付资金还有结余,要转入一般会计的财政收入中(《犯罪被害恢复给付金支付法》第34条)。两种制度一对比就出现了这样一种差异:通过汇款诈骗行为获得的不法利益,在根据《通过犯罪账户的相关资金支付被害恢复分配金法》的程序返还给被害人之后,剩余的资金要被用于对犯罪被害人的支援,而如果没收或追征的犯罪被害财产还有结余,就要归入国库。这种差异是否合理,恐怕还有进一步研究的必要。

第五节　惩罚性损害赔偿制度

一、绪论

惩罚性损害赔偿制度是对加害人科处超过被害人所受损害额度的"赔偿"的制度,这种制度一直被英美法传统所认可。该制度的目的是处罚加害人和抑制将来的违法行为,这就具有了与刑罚相同的目的。那么,英美法如何定性惩罚性损害赔偿与刑罚的关系,对于以研究刑罚与刑罚之外的制裁手段的关系为目的的本书而言,是一个非常有意思的问题。

在刑事和民事的分离思维较强的我国,主张采用惩罚性损害赔偿制度的,主要是承认慰谢料的制裁性机能的制裁性慰谢料理论。

很早以前,戒能通孝博士就把慰谢料定性为"披着损害赔偿色彩的刑罚",他认为,慰谢料请求权发生的原因不是因为存在精神性的痛苦,而是因为存在达到了足以科处制裁的程度的违法性。[1]

在稍近的时期,三岛宗彦教授曾主张,刑事罚未必能够充分发挥预防社会中的违法行为的机能,而且,刑事罚的运用应当符合谦抑性,因此,应

---

[1] 参见戒能通孝:《不法行為に於ける無形損害の賠償請求権(1)(2・完)》,载《法学協会雑誌》第50卷第2号(1932年),第210页以下;第50卷第3号(1932年),第498页以下。

当在慰谢料中加入与加害行为的非难程度相对应的惩罚性赔偿。①

田中英夫、竹内昭夫两位博士也对在我国引入惩罚性损害赔偿制度表达了积极的立场。他们主张，不应将民刑的区别视为绝对化的教条，而应当参照英美法的做法，在整体上实现以抑制违法行为为目的的制裁手段的多样化。② 对采取制裁性慰谢料制度表达积极立场的还有樋口范雄教授，他认为，为了使得强调民刑界分的通说具有说服力，有必要参照英美法的做法，使得刑法等民事法以外的手段充分发挥制裁和抑制的机能。③

另外，后藤孝典律师还认为，既然刑法和行政法都没有起到抑制企业的加害行为的作用，那么就应该将抑制加害行为作为侵权行为法的最高指导理念，而损害赔偿则应该被定位为达至该目的的手段。因此，当加害行为是基于故意、重过失的行为等违法性特别显著的场合，必须对加害人科处制裁性的慰谢料。④

最近，丹羽重博教授也对惩罚性损害赔偿制度作出了积极评价，并建议创设有关惩罚性损害赔偿制度的特别法。⑤

上述观点与本书所主张的不应将民刑的界分当做绝对化的教条，而应实现以抑制违法行为为目的的制裁手段的多样化，以促进刑罚与其他制裁手段有效、合理地分担功能的立场是一致的。但是，笔者认为，以往的学说对制裁性慰谢料说所称的"制裁"是何种含义，以及如果该制度构

---

① 参见三岛宗彦：《損害賠償と抑制的機能》，载《立命館法學》第105・106号（1973年），第666页以下。其他同样积极肯定侵权行为法具有制裁机能的观点，参见花谷薰：《慰謝料の制裁的機能に対する再評価をめぐって：公害裁判を契機として》，载《法と政治》第24卷第3号（1973年），第383页以下；淡路刚久：《不法行為法における権利保障と損害の評価》，有斐閣1984年版，第104页以下。

② 参见田中英夫、竹内昭夫：《法の実現における私人の役割》，东京大学出版会1987年版，第156页以下。

③ 参见樋口范雄：《制裁的慰謝料論について——民刑峻別の『理想』と現実》，载《ジュリスト》第911号（1988年），第19页以下。

④ 参见后藤孝典：《現代損害賠償論》，日本評論社1982年版，第158页以下、第187页以下。

⑤ 参见丹羽重博：《懲罰的損害賠償の可能性》，载《日本法学》第65卷第4号（2000年），第375页以下；丹羽重博：《懲罰的損害賠償の必要性》，载《日本法学》第74卷第2号（2008年），第787页以下。另外，参见大谷沙莱美：《懲罰的損害賠償についての一考察——製造物責任を中心として(1)(2・完)》，载《専修法研論集》第41号（2007年），第35页；第42号（2008年），第141页。

成"制裁",是否要受到相应的实体性和程序性制约的问题,并没有进行充分的研究。

从我国的司法实践来看,最高裁判所在平成9年(1997年)7月11日的判决(《民集》第51卷第6号,第2573页)中,就美国法院判处的惩罚性损害赔偿在日本的执行问题指出,"加利福尼亚州民法规定的惩罚性损害赔偿(下文简称'惩罚性损害赔偿')制度,是在加害人实施了恶性较强的行为的场合,命令其在对实际发生的损害进行赔偿的基础上,再另行支付赔偿金的制度。显然,该制度试图通过这种方式对加害人实施制裁并抑制将来的同种行为,而这种制度目的不如说与我国的罚金等刑罚具有几乎同样的意义。与此相对,我国基于侵权行为的损害赔偿制度,是通过对被害人遭受的现实损害进行财产性评价,并让加害人对此进行赔偿的方式,以实现填补被害人遭受的不利益、恢复侵权行为发生之前的状态为目的[参见最高裁判所昭和63年(オ)第1749号判决,平成5年3月24日大法庭判决(《民集》第47卷第4号,第3039页)],而并非以制裁加害人或者抑制将来的同种行为(即一般预防)为目的,即便科处损害赔偿义务在实际上对加害人产生了制裁或一般预防的效果,这也不过是为了恢复被害人遭受的不利益而让加害人承担损害赔偿义务所产生的反射性的、次要的效果,应该说,这与本来就以对加害人实施制裁和一般预防为目的的惩罚性损害赔偿制度有着本质的区别。在我国,对加害人的制裁和抑制将来同种行为的任务,是由刑事或者行政上的制裁来承担的。如此看来,在侵权行为的当事人之间,被害人除了获得与实际损害对应的赔偿之外,还另外从加害人那里获得以制裁和一般预防为目的的赔偿金的做法,与上述我国的基于侵权行为的损害赔偿制度在基本原则和基本理念上并不一致。……因此,本件外国判决中,在补偿性的损害赔偿和诉讼费用之外,为了以儆效尤和制裁而对被上诉的公司科处的惩罚性损害赔偿部分,由于违反了我国的公共秩序,必须否定其效力"。

此后的下级法院判决也都依据上述判例,对惩罚性损害赔偿的请求一贯持否定的立场。① 比如,关于三菱汽车车轮脱落事故的横滨地方裁判所平成 18 年(2006 年)4 月 18 日判决(《判例时报》第 1937 号,第 123 页)指出,"民事诉讼中损害赔偿的目的在于对实际发生的损害进行补偿,即便不能否定慰谢料在事实上可能带来制裁或者抑制的效果,但是,对以处罚为目的的慰谢料制度的肯定与我国以往的法制体系并不协调,也很难认为,现在制裁性的慰谢料概念已经作为成熟的裁判规范得到了人们的认可",从而否定了惩罚性(制裁性)的损害赔偿。另外,京都地方裁判所平成 19 年(2007 年)10 月 9 日判决(《判例タイムズ》第 1266 号,第 262 页)也遵从最高裁判所的判例,否定了惩罚性损害赔偿,同时,针对惩罚性损害赔偿和在刑事程序中创设的损害赔偿命令制度的关系问题,该判决指出,"原告们主张,由于损害赔偿命令制度的创设,在侵权行为的相关问题上,民事和刑事以往的严格界分正逐渐变得暧昧起来,肯定惩罚性、制裁性慰谢料制度的法环境也已经成熟了。但是,损害赔偿命令制度的出发点是对犯罪被害人进行救济,其目的是为了让被害人能够利用刑事裁判的结果,通过简易、快速的程序获得损害赔偿,而并非为了对被告人施加制裁和惩罚,所以原告们的主张不能被采纳"。

如果认为最高裁判所判例的意思是我国完全没有可能接受惩罚性损害赔偿制度,那么研究美国的惩罚性损害赔偿制度也就仅仅具有理论性的意义。但是,该判例恐怕只是说现行法的损害赔偿制度并不允许科处惩罚性的损害赔偿,而并不是说将来也完全不可能允许惩罚性损害赔偿制度(即便立法也是违宪的)。日本的法律中,也已经存在像 1947 年制定的《劳动基准法》第 114 条、《船员法》第 116 条所规定的那种两倍、三倍赔偿的制度。如果这些规定并不违宪,则是否可以对被告人科处实际损害额度以上的赔偿,就只是立法上的问题。恐怕很难认为,在美国《宪法》的强烈影响下制定的日本《宪法》,会禁止美国法制度所允许的惩罚性损害

---

① 在上述最高裁判所的判决之前,下级审的判例对惩罚性损害赔偿几乎也都持否定态度,比如关于クロロキン(氯喹,一种抗疟疾药物,长期服用可导致眼疾——译者注)药害事件的东京地方裁判所昭和 57・2・1 号判决(《判例时报》第 1044 号,第 19 页)、东京高等裁判所昭和 63・3・11 号判决(《判例时报》第 1271 号,第 3 页)、东京地方裁判所平成 5・4・28 号判决(《判例时报》第 1480 号,第 92 页)等,但也有例外。比如,在一件与公寓建设工程有关的京都地方裁判所平元・2・27 号判决(《判例时报》第 1322 号,第 125 页)中,判决认为,"在故意不履行债务的场合,可以对被告科处带有惩罚性或者制裁性质的慰谢料"。

赔偿。这样,那么对美国的惩罚性损害赔偿进行研究,在理论上和实践上就都会有很大的意义。

本节中,笔者将通过对美国惩罚性损害赔偿制度的动向的研究,对制裁的意义和在我国导入惩罚性损害赔偿制度的可能性进行探讨。

二、美国的惩罚性损害赔偿制度

(一) 制度的概要

一般认为,惩罚性损害赔偿(punitive damages[①])的起源可以追溯到《汉谟拉比法典》。在英国,1763年的Huckle v. Money案件判决首次明确肯定了惩罚性的损害赔偿。在美国,首次肯定惩罚性损害赔偿的是1784年的Geneay v. Norris案件判决[②],此后,惩罚性损害赔偿作为普通法上的制度,得到了美国绝大多数州的认可。[③]

由于普通法历史上并不认可对精神性损害的赔偿,所以,惩罚性损害赔偿制度被认为曾经具有赔偿精神损害的机能。由于美国法的原则是补偿性损害赔偿中不包含原告方的律师费,所以惩罚性损害赔偿还被认为曾经具有填补原告方支出的包含律师费在内的诉讼费用的机能。即便是

---

① 在美国,exemplary damages(以儆效尤的损害赔偿)一词也经常使用,还可见vindictive damages(复仇性的损害赔偿)这种表述。此外,在我国,也有人使用"制裁性损害赔偿"一词。本书统一使用"惩罚性损害赔偿"这一名称。

② 参见田中和夫:《英米における懲罰的損害賠償》,载川岛武宜等编:《损害赔偿责任の研究·我妻先生還暦記念(中)》,有斐阁1958年版,第887页以下;田中英夫、竹内昭夫:《法の実現における私人の役割》,东京大学出版会1987年版,第140页以下;落合诚一:《懲罰的損害賠償(Punitive Damages)に関する責任保険てん補》,载《成蹊法学》第28号(1988年),第197页;手塚裕:《米国各州の懲罰的賠償判決の性質·法的機能と本邦での執行可能性》,载《ジュリスト》第1020号(1993年),第117页以下;小林秀之、吉田元子:《アメリカの懲罰的損害賠償判決の承認·執行(上)——万世工业事件最高裁判決を契機として》,载《NBL》第629号(1997年),第11页以下;早川吉尚:《懲罰的損害賠償の本質》,载《民商法雑誌》第110卷第6号(1994年),第1036页以下;等等。

③ 内布拉斯加州的法院以宪法为依据,否定了惩罚性损害赔偿。参见Distinctive Printing and Packaging Co. v. Cox, 443 N. W. 2d 566, 574 (1989)。另外,路易斯安那州、马萨诸塞州、新罕布什尔州、华盛顿州等五个州的法院否定了普通法上的惩罚性损害赔偿。参见Michael L. Rustad, Punitive Damages' Iron Cage, 38 Loy. L. Rev. 1357, 1304-1305 (2005)。该论文详细介绍了惩罚性损害赔偿制度最近的动向,并附有一个关于各州状况的清单。

现在,美国也还有一些州只允许在填补精神性损害①或者在填补包含律师费在内的诉讼费用②的限度内科处惩罚性损害赔偿。但这些州的制度只不过是采取了惩罚性损害赔偿这样一个名称,实际上与本书所要探讨的惩罚性损害赔偿制度并非同一问题。本书所要探讨的惩罚性损害赔偿,是指明确以对加害人进行处罚(punishment)和抑制(deterrence)同种的侵权行为为目的,在填补现实的损害之外,要求被告人另行支付赔偿金的准刑事性(quasi-criminal)的赔偿制度。③

由于惩罚性损害赔偿是一种以处罚加害人为目的的制度,所以一般来说只限于在加害人恶性较强的场合,换言之,只限于在加害人基于足以进行伦理性非难的恶意,或者轻率地无视侵害他人权利的危险而实施行为的场合,才能科处惩罚性损害赔偿。在仅仅是过失的场合,不允许科处惩罚性损害赔偿。

1970年代以后,裁判中肯定这种惩罚性损害赔偿的情况越来越多,并且赔偿额度呈逐渐高额化的态势,因此,对该制度的批判也越来越强烈,美国从而开始对该制度的适用进行限制。其中,最重要的是各州在立法上的限制④和联邦最高法院的合宪性审查。

(二)立法上的限制

1.赔偿额度上限的设定

为了应对惩罚性损害赔偿高额化的态势,多数州在法律中设定了赔偿额度的上限。在上限的设定方法上,很多州规定并用补偿性损害赔偿的若干倍和特定的额度这两种上限。还有很多州在此基础上对一些特殊

---

① 比如密歇根州。参见 Peisner v. Detroit Free Press, Inc., 304 N. W. 2d 814, 817(1981).但是,一般来说不能认为填补精神性损害是现在的惩罚性损害赔偿制度的机能。日本方面的文献,参见手塚裕之:《米国各州の懲罰的賠償判決の性質・法的機能と本邦での執行可能性》,载《ジュリスト》第1020号(1993年),第122页;早川吉尚:《懲罰的損害賠償の本質》,载《民商法雜誌》第110卷第6号(1994年),第1049—1050页。

② 比如康涅狄格州。参见 Laresen Chelsey Realty Co. v. Larsen, 656 A. 2d. 1009, 1029. n. 38 (1995).此外还可参见手塚裕之:《米国各州の懲罰的賠償判決の性質・法的機能と本邦での執行可能性》,载《ジュリスト》第1020号(1993年),第119页。

③ 比如,佐治亚州法律在过去并未明确区分惩罚性损害赔偿和精神性损害的填补,但现在的法律规定,不得以填补损害为目的科处惩罚性损害赔偿,惩罚性损害赔偿的科处只能服务于处罚被告人和抑制违法行为的目的。参见 O. C. G. A. §51-12-5.1(c) (2008).

④ 判例 BMW of North America, Inc. v. Gore, 517 U. S. 559 (1996) 中,Ginsburg法官在反对意见的附录部分对这些立法有详细介绍。

类型的损害赔偿上限设定了例外。①

以补偿性损害赔偿的若干倍作为惩罚性损害赔偿上限的州中，很多采取的倍数是 3 倍②，但也有像科罗拉多州［Colo. Rev. Code. Ann. §13-21-102(1)(a)］那样采取 1 倍作为上限的州，还有像下文所述的那种，采取 2 倍到 5 倍，同时并用其他基准作为上限的州。

在并用倍数和特定额度作为上限的州，比如，印第安纳州法律（Ind. Code. Ann. §34-51-3-4）规定，以补偿性损害赔偿的 3 倍和 5 万美元两者之中较高的一个作为惩罚性损害赔偿的上限。又如，密苏里州法律［Mo. Stat. Ann. §510.265(1)］规定，惩罚性损害赔偿的上限，原则上是补偿性损害赔偿的 5 倍和 50 万美元两者之中较高的一个。

另外，佛罗里达州法律［Fl. Stat. §768.73(2)］规定，惩罚性损害赔偿的上限，原则上是补偿性损害赔偿的 3 倍和 50 万美元这两者之中较高的一个，同时，又规定了两种例外：①在侵权行为纯粹以获得不合理的经济利益为动机，并且，执行被告公司的政策决定的领导、职员等明知该行为具有不合理的危险和导致结果发生的高度盖然性、场合，上限是补偿性损害赔偿的 4 倍和 200 万美元两者之中较高的一个；②被告蓄意（specific intent）侵害原告时，损害赔偿不受上限的限制。

内华达州法律［Nev. Rev. Stat. Ann. §42.005(1)］规定，原则上，当补偿性损害赔偿超过 10 万美元时，惩罚性损害赔偿的上限是补偿性损害赔偿的 3 倍；当补偿性损害赔偿不满 10 万美元时，上限为 30 万美元。同时，下列情形中，惩罚性损害赔偿不受上限的限制：①制造、销售有缺陷的商品；②不支付保险金；③开展差别性的不动产业务；④排放、弃置有害物质；⑤毁损他人名誉。

佐治亚州法律［O.C.G.A. §51-12-5.1(e)(f)(g)］规定，产品责任诉讼中惩罚性损害赔偿不受上限的限制。在其他类型的诉讼中，惩罚性损害赔偿的上限原则上是 25 万美元，但在被告故意侵害原告的场合，以及被告在酒精、药物的影响下实施行为的场合，不受上限的限制（但只限于行

---

① 关于立法改革的介绍，参见吉村显真：《アメリカ合衆国における懲罰的損害賠償の現代的変容：大量不法行為社会における伝統型懲罰的損害賠償の改革》，载《龍谷大学大学院法学研究》第 7 号（2005 年），第 267 页以下。

② 判例 Exxson Shipping Company v. Baker, 128 S. Ct, 2605, 2631 (2008) 指出，采取 3 倍的州占微弱多数。

为人故意造成损害的情形)。

也有的州以行为人的获利额作为设定上限的基准。比如,阿拉斯加州法律(Ak. Stat. 09.17.020)规定,惩罚性损害赔偿的上限原则上是补偿性损害赔偿的3倍和50万美元两者之中较高的一个,但如果行为的动机是获得经济性利益,并且行为人明知行为会引发损害结果,则上限是补偿性损害赔偿的4倍、行为所获经济利益的4倍和70万美元三者之中最高的一个。堪萨斯州法律[Kan.Stat.Ann.§60-3701(e)(f)]规定,原则上,惩罚性损害赔偿的上限是被告人的年收入(annual gross income)和500万美元两者之中较低的一个,但如果侵权行为的获利超过了此种上限时,或者预计会超过此种上限时,则以获利额或预计获利额的1.5倍作为惩罚性损害赔偿的上限。此外,俄克拉荷马州法律(23 Okl. St.§9.1)规定,在被告轻率地无视(reckless disregard)他人权利的场合,以实际损害额或者10万美元两者之中较高的一个作为惩罚性损害赔偿的上限;在被告人故意或者基于恶意实施行为的场合,以50万美元、实际损害额的2倍和侵害行为的获利三者之中最高的一个作为上限。

除此之外,一些州的法律在设定赔偿上限时还考虑了加害人的资力。比如,阿拉巴马州法律(Code of Ala.§6-11-21)规定,惩罚性损害赔偿的上限原则上是补偿性损害赔偿的3倍和50万美元两者之中较高的一个,但是,①如果被告是自有资产低于200万美元的小规模企业,则上限是5万美元和该企业自有资产的10%两者之中较高的一个;②在造成身体伤害的场合,上限是补偿性损害赔偿的3倍和150万美元两者之中较高的一个;③违法造成被害人死亡(wrongful death)或者故意造成身体伤害的场合,不受上限的限制。俄亥俄州法律[Ohio. Rev. Code. Ann.§2315.21(D)(2)(a)]规定,惩罚性损害赔偿的上限原则上是补偿性损害赔偿的2倍,但如果被告是小规模雇主或个人,则上限是补偿性损害赔偿的2倍和雇主或个人总资产的10%两者之中较低的一个。另外,蒙大拿州法律[Mo. Stat. Ann.§27-1-220(3)]规定,除集团诉讼之外,惩罚性损害赔偿的上限是1 000万美元和被告净资产的3%两者之中较低的一个。

2. 赔偿金分割制度

惩罚性损害赔偿制度受到的一个批判是,被害人通过这种制度获得了超过损害填补之外的利益。为了解决这个问题,出现了在原告和州之间对惩罚性损害赔偿进行分割的赔偿金分割制度(split recovery)。比如,佐治亚州法律[O.C.G.A.§51-12-5.1(e)(2)]规定,惩罚性损害赔偿的赔偿金中扣除包括律师费在内的诉讼费用之后,剩余部分的75%要归入州的一般财政收入。

值得注意的是,有些州法律规定,惩罚性损害赔偿金中被分割给州的部分不是归入一般财政收入,而是划拨到以救济被害人为目的而设立的特定基金。比如,印第安纳州的法律(Ind. Code§34-51-3-6)规定,被告向法院书记官缴纳惩罚性损害赔偿金之后,书记官要把其中的25%交付给原告,75%交付给州的财务官,财务官再将其接收的部分划拨给旨在救济暴力犯罪被害人的赔偿基金。

也有一些州是通过法院的裁量对惩罚性损害赔偿金进行分割。比如,在俄亥俄州法院的一个案件中,陪审团肯定了原告对没有对癌症的治疗进行赔付的保险公司提起的4 900万美元的惩罚性损害赔偿请求,法官进而命令设立癌症研究基金并将上述赔偿金划拨给该基金。该案上诉后,俄亥俄州最高法院把上述赔偿金减为3 000万美元,并将其中的2 000万美元在扣除诉讼费用之后划拨到基金,另外1 000万美元交付给了原告。[①]

对于这种分割制度,有观点认为其违反了联邦《宪法》或者州宪法关于私人财产的 taking clause,但绝大多数州法院认为,是否规定惩罚性的损害赔偿属于立法者的裁量权,被害人并不具有获得惩罚性损害赔偿的

[①] Ohio Dardinger v. Anthem Blue Cross & Blue Shield, 781 N. E. 2d 121, 146 (Ohio 2002). 关于本案的介绍,参见籾冈宏成:《Dardinger v. Anthem Blue Cross & Blue Shield, 781 N. E. 2d 121 (Ohio 2002)》,载《アメリカ法》第2003卷第2号(2004年),第442页以下。

财产性权利,进而肯定了分割制度的合宪性。①

比如,较早对这一问题作出判断的佛罗里达州最高法院在1992年的Gordon v. State案件判决②中,针对1986年制定的法律中有关把惩罚性损害赔偿金的60%交付给州的一般财政收入或者公立医疗扶助信托基金的规定[Fla. Stat. § 768.73(2)(b)]指出,由于对惩罚性损害赔偿是否容许完全是基于政策的考虑,这属于立法者判断的范畴,立法者可以运用裁量权限制甚至完全废除惩罚性损害赔偿制度,因此,分割赔偿金并不侵犯原告的财产权(另外,该州的赔偿金分割制度于1995年被废止)。同样,印第安纳州最高法院在2003年的Cheatham v. Pohle案件判决③中针对赔偿金分割制度也指出,是否采纳惩罚性损害赔偿制度属于立法者的裁量权,被害人并不具有获得惩罚性损害赔偿的财产性权利,进而肯定了分割制度的合宪性。

另外,俄勒冈州最高法院在2002年的DeMendoza v. Huffman案件判决④中,针对该州法律关于应当将惩罚性损害赔偿金的60%划拨给该州的犯罪被害赔偿项目的规定(ORS § 18.540)也指出,惩罚性损害赔偿制度的目的是处罚和抑制恶劣的行为,而不是为了填补被害人的损害,所以

---

① 除了正文中介绍的判例之外,判例Shepherd Components, Inc. v. Brice Petrides-Donohue & Assocs., Inc., 473 N. W. 2d 612, 619 (Iowa 1991)认定,爱荷华州法律关于从惩罚性损害赔偿金中扣除律师费等诉讼费用之后,余额中的75%要转入民事赔偿信托基金的规定是合宪的;判例Mack Trucks, Inc. v. Conkle, 436 S. E. 2d 635, 639 (Ga. 1993)认定,佐治亚州的法律是合宪的;判例Fust v. Attorney Gen., 947 S. W. 2d 424, 431 (Mo. 1997)认定,密苏里州法律关于从惩罚性损害赔偿金中扣除律师费等诉讼费用之后,余额中的75%要转入侵权行为被害人赔偿基金的规定是合宪的;判例Rhyne v. K-Mart Corp., 358 N. C. 160, 594 S. E. 2d 1, 14-15 (N. C. 2004)认定,北卡罗来纳州的法律是合宪的;等等。此外,阿拉斯加州最高法院2002年在判决Evans v. States, 56 P. 3d 1046, 1058 (Alaska 2002)中认定,规定州可以分得惩罚性损害赔偿金的一半的法律[Alaska Stat. § 09.17.020 (j)]是合宪的。不过,由于审理该案的法官之间在这一问题上持平分秋色的对立意见,所以该判决不具备作为先例的价值。但是,此后最高法院在判决Reust v. Alaska Petroleum Contractors Inc., 127 P. 3d 807, 824 (2005)中,也肯定了上述规定的合宪性。另外,基于积极的立场介绍和研究分割制的论文,参见Leah R. Mervine, Bridging the "Philosophical Void" In Punitive Damages: Empowering Plaintiffs and Society through Curative Damages, 54 Buff. L. Rev. 1587 (2007)。

② Gordon v. State, 608 So. 2d 800 (Fla. 1992).
③ Cheatham v. Pohle, 789 N. E. 2d 467, 472-475 (Ind. 2003).
④ DeMendoza v. Huffman, 51 P. 3d. 1232 (Or. 2002).

并不违反该州《宪法》关于保障对被害的救济的规定(art.Ⅰ,§10)①,也并不违反禁止以公共名义征收财产的规定(art.Ⅰ,§18)②。

与上述判决的立场相对,科罗拉多州和犹他州的最高法院判决认为赔偿金分割制度是违宪的。首先,科罗拉多州最高法院在 Kirk v. Denver Publishing Co.案件判决③中,针对 1987 年制定的法律中关于要求原告将惩罚性损害赔偿金的 1/3 交付给州的一般财政的规定[6A C. R. S. 13-21-102(1)(b)]指出,惩罚性损害赔偿不是民事制裁而是原告的私人财产,因此该规定违反了联邦《宪法》和州《宪法》(art.Ⅱ,§15)禁止未经正当程序征收私人财产的规定。有意思的是,该判决在引用《哈佛法律评论》杂志的论文④之后,为了论证惩罚性损害赔偿与补偿性损害赔偿的类似性指出,只要是采取过失责任主义,补偿性损害赔偿也会具有制裁机能(ado-monitory function),而惩罚性损害赔偿只不过是在需要特别非难的场合,增加了赔偿的金额而已。但是,科罗拉多州法律的规定具有特殊性,其先是规定了州对惩罚性损害赔偿并不具有任何财产性权利,进而又规定获得了惩罚性损害赔偿的原告有义务向州交付部分赔偿金。这种特殊的规定,被其他州的法院当做不遵从 Kirk v. Denver Publishing Co.案件判决的一个理由。⑤

犹他州最高法院在 Smith v. Price Development Co.案件判决⑥中,针对 1989 年的法律中关于在惩罚性损害赔偿超过 2 万美元的场合,必须将扣除律师费及诉讼费用之后的赔偿金的一半交付给州财务官的规定[Utah Code Ann.78-18-1(3)]指出,该规定违反了联邦《宪法》和州《宪法》(art.Ⅰ,§22)。该判决在对州法律进行解释时强调,州对赔偿金的一半产生利益是在被告向原告实际支付赔偿之后的事情,法律规定的程序,是赔偿金归属于原告人之后,州再从原告人那里拿走相应的部分。⑦ 该案判

---

① DeMendoza v. Huffman, 51 P. 3d. 1244 (Or. 2002).
② DeMendoza v. Huffman, 51 P. 3d. 1247 (Or. 2002).
③ Kirk v. Denver Publishing Co., 818 P. 2d 262, 265 (Colo. 1991).
④ C. Morris, Punitive Damages in Tort Cases, 44 Harv. L. Rev. 1173 (1931).
⑤ Cheatham v. Pohle, 789 N. E. 2d 474-475 (Ind. 2003); DeMendoza v. Huffman, 51 P. 3d. 1247 (Or. 2002).
⑥ Smith v. Price Development Co., 125 P. 3d 945 (Utah 2005).
⑦ Smith v. Price Development Co., 125 P. 3d 950 (Utah 2005).

决时,相关法律已经作了修改,修改后的州法律规定的程序是被告人直接向州财务官交付赔偿金。判决认为,如果案件发生时的法律规定也是如此,则结论就会不同。① 另外,针对认为赔偿金分割制度合宪的其他州的判例,该判决指出,在这些州的法律中,都有关于州与法院认可的惩罚性损害赔偿有着直接利益关系的规定。②

3. 证明标准的提高

为了在程序层面对惩罚性损害赔偿制度进行限制,很多州对其要件的证明采取了"明确且令人信服的证据"(clear and convincing evidence)标准。③ 这个标准居于民事裁判一般所采取的"优势证据"标准和刑事裁判一般所采取的"排除合理怀疑"标准之间,可以说反映了惩罚性损害赔偿是一种民事和刑事复合型的制度。但科罗拉多州法律[Colo. Rev. Stat. 13-25-127(2)]要求采取与刑事裁判相同的"排除合理怀疑"的证明标准,这恐怕是唯一的例外。

4. 总结

上述对惩罚性损害赔偿制度进行限制的动向,可能受到了大企业和医院政治力的影响,而他们是很多损害赔偿诉讼案件的被告。但这种限制同时还可能是因为受到了这样一种观念的影响,即如果惩罚性损害赔偿是一种准刑事性的制度,那么就应当参照刑罚对其进行限制。因为如果惩罚性损害赔偿制度构成刑罚,则基于罪刑法定主义和罪刑均衡原则,其法定刑就需要有一个上限,同时,被告人缴纳的罚金原则上应该归入国库。对于设定赔偿上限的做法,有批判认为这会削弱惩罚性损害赔偿的抑制效果,但从合理处罚的要求来看,不应将制裁的抑制效果作为唯一的追求。

毋庸置疑,不能认为,不仅刑罚要受到《宪法》的约束,而且只要是一种制裁就都要受到和刑罚同样的宪法性约束。但是,美国法制度中诸如

---

① Smith v. Price Development Co., 125 P.3d 951 (Utah 2005). 法庭意见指出,如果案发时的法律规定和判决时一样,将会对判决的分析逻辑产生巨大影响。

② Smith v. Price Development Co., 125 P.3d 951 (Utah 2005).

③ 比如,阿拉巴马州[Code of Ala. §6-11-20(a)],阿拉斯加州[Alaska Stat. §09.17.020.(b)],阿肯色州(Ar. Stat. §16-55-207),佛罗里达州[Fla. Stat. §768.725 (2008)],佐治亚州(O. C. G. A. §51-12-5.1),印第安纳州(Burns Ind. Code Ann. §34-51-3-2),堪萨斯州[K. S. A. §60-3701(c)],内华达州[New. Rev. Stat. Ann. §42.005(1)],俄克拉何马州(23 Okl. St. §9.1),俄亥俄州[Ohio. Rev. Code Ann. §2315.21(D)(4)],等等。

对赔偿额设定上限,在原告和州之间分割赔偿,设定较高的证明标准等做法,制度性地反映了惩罚性损害赔偿具有准刑罚的性质①,在考虑惩罚性损害赔偿的制度设计时,这些做法是有参考价值的。

(三)二重处罚的问题

如果惩罚性损害赔偿是以处罚和抑制为目的的制度,则刑罚与惩罚性损害赔偿的并科是否构成宪法所禁止的二重处罚就成为一个问题,但美国一般不认为两者的并科构成二重处罚。然而,联邦最高法院在Halper案件判决中认为制裁金和刑罚的并科可能构成二重处罚,不过该判决的法庭意见又指出,该判决不适用于惩罚性损害赔偿。②另外,正如前文所述,Halper案件判决是否具有判例性价值现在还是有疑问的。稍后我们将看到,联邦最高法院对惩罚性损害赔偿制度的合宪性问题进行审查之时依据的是《美国联邦宪法第十四修正案》的正当程序条款③,未见有判例谈及二重处罚的问题。

在州层面,也没有州认为惩罚性损害赔偿和刑罚的并科构成宪法所禁止的二重处罚,倒是有些州的刑法典中设置了包含惩罚性损害赔偿的损害赔偿条款,积极地肯定两者的并科。比如,加利福尼亚州法律对计算机犯罪同时设置了刑罚和惩罚性损害赔偿[Cal. Pen Code §502(e)(4)],爱荷华州法律对窃听罪同时设置了刑罚和包含惩罚性损害赔偿在内的损害赔偿请求权(Iowa Code §808B.2;B.8),伊利诺伊州法律对窃听罪[720 ILCS 5/14-6(c)]和种族仇视罪(hate crime)[720 ILCS 5/12-7.1(c)]也同时设置了刑罚和惩罚性损害赔偿。④

---

① 虽然也有像加利尼亚州那种,明确以州的财政危机为由通过了规定惩罚性损害赔偿的75%归属于州的法律,但这个法律很快就被废止了。参见 California Cal. Civil Code §3294.5(a) (West 2006) (repealed July 1, 2006)。

② United States v. Halper, 490 U.S. 435 (1989).关于该判决以及其他有关二重处罚问题的美国联邦最高法院判决,参见本书第二章第一节、第二节。

③ 《美国联邦宪法第十四修正案》第一款规定:"……未经正当法律程序,不得剥夺任何人的生命、自由或财产……"——译者注

④ 在有组织犯罪方面,联邦的《反犯罪组织法》(Racketeer Influenced and Corrupt Organization Act, RICO)设置了刑事和民事相结合的救济方式,其中在民事部分设置了3倍赔偿的规定,而各州法律中也可以看到类似的规定。关于 RICO 法,参见佐伯仁志:《アメリカ合衆国 RICO 法について(上)(下)》,载《旬刊商事法务》第1221号(1990年),第9页以下;第1222号(1990年),第33页以下。

另外,有些州的法律在设定惩罚性损害赔偿的上限时,规定在构成重罪的场合,赔偿不受上限的限制[Mo. Stat. Ann. §510.265(1);Ohio Rev. Code Ann. §2315.21(D)(6)],表明这些法律把刑罚与惩罚性损害赔偿的并科视为是理所当然的。

与此相对,印第安纳州长期以来在二重处罚问题上持不同的立场。自1954年的Taber案件之后,关于对受到刑事追诉的被告科处惩罚性损害赔偿的做法,印第安纳州一直认为其构成二重处罚而不予认可。① 但是,1984年州法律(Ind. Code §34-24-3-3)规定,有可能受到刑事处罚不得作为对惩罚性损害赔偿进行抗辩的理由,从而改变了上述"印第安纳规则"。当然,如果"印第安纳规则"是宪法上的规则,州法律就不能变更这一规则,但印第安纳州最高法院认为,无论是《美国联邦宪法》的禁止二重处罚条款还是《印第安纳州宪法》的禁止二重处罚条款(ar.I,§14),都不适用于惩罚性损害赔偿,Taber案件判决的依据并不是州《宪法》,而只不过是普通法上的规则而已。②

上述美国法在二重处罚问题上的态度,与本书第二章第二节提到的联邦最高法院近来的判例的立场,即把宪法对二重处罚的禁止基本上限定性地理解为禁止刑罚的二重赋课的立场,应该说也是协调的。

(四)联邦最高法院的审查

1.Browing-Ferris Industries案件判决

1980年代,惩罚性损害赔偿的增加及其高额化态势逐渐引起社会的关注之后,联邦最高法院内部也开始注意到惩罚性损害赔偿制度的合宪

---

① 其间的历史,参见 Eddy v. McGinnis, 523 N. E. 2d 737, 739 (Ind. 1988)。
② Eddy v. McGinnis, 523 N. E. 2d 738-739 (Ind. 1988)。

性问题。① 在 Browning-Ferris Industries v. Kelco Disposal 案件的判决②中,联邦最高法院首次对这个问题发表了意见。

该案上诉人主张,下级审法院作出的命令其承担 51 146 美元的补偿性损害赔偿和 600 万美元的惩罚性损害赔偿的判决中,600 万美元的惩罚性损害赔偿部分违反了《美国联邦宪法第八修正案》关于禁止过度的罚金(excessive fines)的规定。③ 联邦最高法院则认为,《美国联邦宪法第八修正案》的罚金条款针对的是罚金,并不适用于惩罚性损害赔偿。④ 而关于该赔偿是否违反《美国联邦宪法第十四修正案》的正当程序条款的问题,由于上诉人未曾提及,所以联邦最高法院没有对此作出判断。

2.Haslip 案件判决

两年后,联邦最高法院在 Pacific Mutual Life Insurance Company v. Has-

---

① 对联邦最高法院相关判例的介绍,参见藤仓皓一郎:《懲罰的損害賠償試論:アメリカ不法行為法の視点から》,载《同志社法學》第 49 卷第 6 号(1998 年),第 180 页以下;渋谷年史:《アメリカにおける懲罰的賠償に関する最近の動向:連邦憲法デュープロセス条項による懲罰的賠償額の制限を中心に(1)(2)(3·完)》,载《NBL》第 782 号(2004 年),第 23 页;第 783 号(2004 年),第 70 页;第 784 号(2004 年),第 49 页;会沢恒:《懲罰的賠償の終焉!?──私人は法を実現できないのか?(1)(2)(3)》,载《北大法学論集》第 59 卷第 1 号(2008 年),第 522 页以下;第 59 卷第 3 号(2008 年),第 1682 页以下;第 59 卷第 4 号(2008 年),第 2108 页以下;等等。

② Browning-Ferris Industries v. Kelco Disposal, 492 U. S. 257 (1989). 关于本案的介绍,参见浅香吉干:《合衆国憲法第 8 修正の過大罰金条項は、私人間の民事訴訟における懲罰的損害賠償への適用はない──Browning-Ferris Industries of Vermont, Inc. v. Kelco Disposal, Inc., 492 U. S. 257, 109 S. Ct. 2909 (1989)》,载《アメリカ法》第 1992 卷第 1 号(1992 年),第 115 页以下;塚本重頼:《懲罰的損害賠償の合憲性》,载《判例時報》第 1347 号(1990 年),第 3 页以下。

③ 《美国联邦宪法第八修正案》规定:"不得要求过高的保释金,不得科处过重的罚金,不得施加残酷和异常的惩罚。"──译者注

④ 笔者在《医療過誤に対する法的対応のあり方について──アメリカ合衆国の例》一文中(载斋藤丰治等编:《神山敏雄先生古稀祝賀論文集(1)》,成文堂 2006 年版,第 25 页,注 42)曾经认为,联邦最高法院允许基于《美国联邦宪法第八修正案》(州层面是《美国联邦宪法第十四修正案》)对惩罚性损害赔偿进行审查,后来发现理解有误(不过,如后文所述,基于《美国联邦宪法第十四修正案》的审查实质上与《美国联邦宪法第八修正案》是相同的)。将该论文收录为本书第五章第一节时,笔者修正了上述错误。

lip案件①中,得到了对陪审团自由裁量惩罚性损害赔偿额度的做法是否违反《美国联邦宪法第十四修正案》的正当程序条款问题进行判断的机会。该案中,下级审对因代理人实施了欺诈行为的保险公司判处了20万美元的补偿性损害赔偿和84万美元的惩罚性损害赔偿。由联邦最高法院Blackmun法官执笔的法庭意见表示,近年来联邦最高法院开始注意到惩罚性损害赔偿额度的合宪性问题,进而指出,惩罚性损害赔偿有可能违反《美国联邦宪法第十四修正案》的正当程序条款。然后,就本案的惩罚性损害赔偿问题,法庭意见认为:①由于下级审中法官已经向陪审团指示,惩罚性损害赔偿的目的是处罚行为人和抑制将来的同种行为,在对其进行判断时,必须考虑违法行为的性质、程度以及抑制同种行为的必要性,因此可以说陪审团的裁量权已经得到了合理的限制;②事实审法院和州最高法院已经参照赔偿目的对赔偿额度的合理性进行了审查。基于这两个原因,法庭意见认为,该案的惩罚性损害赔偿并不违反正当程序条款。②

在该案判决中,Scalia法官发表的配合意见表示,历史性地被认可的惩罚性损害赔偿制度在程序上当然是合宪的。Kennedy法官发表的配合意见指出,如果陪审团存在偏见,则其对惩罚性损害赔偿的认定有可能违宪。O'Connor法官发表的反对意见认为,阿拉巴马州法官对陪审团的指示"模糊不清所以无效"(void for vagueness)。他认为,由于惩罚性损害赔偿制度以处罚为目的,所以即便其性质上是民事的,也应该受到"模糊不清所以无效"原则的约束。

3.TXO Production Corp.案件判决

Haslip案件判决对正当程序条款程序性层面的问题表达了意见,而

---

① Pacific Mutual Life Insurance Company v. Haslip, 499 U.S.1 (1991).关于本案的介绍,参见浅香吉干:《合衆国憲法第8修正の過大罰金条項は,私人間の民事訴訟における懲罰的損害賠償への適用はない——Browning-Ferris Industries of Vermont, Inc. v. Kelco Disposal, Inc., 492 U.S. 257, 109 S. Ct. 2909 (1989)》,载《アメリカ法》第1992卷第1号(1992年),第129页以下;木下毅:《懲罰的賠償と陪審の裁量の限界——Pacific Mutual Life Insurance, Co. v. Haslip, 111 S. Ct. 1032 (1991)》,载《ジュリスト》第1015号(1993年),第274页。

② 作为分析的前提,判决还指出,就保险代理人的欺诈行为对保险公司科处惩罚性损害赔偿,将起到督促保险公司监督代理人行为的作用,因而并不违反正当程序条款。

在 TXO Production Corp. v. Alliance Resources Corp. 案件①中,联邦最高法院开始在实体的正当性层面对惩罚性损害赔偿制度进行审查。该案中,下级审对实施了欺诈行为的石油公司判处了 19 000 美元的补偿性损害赔偿和 1 000 万美元的惩罚性损害赔偿,该案上诉到联邦最高法院之后,以 Stevens 法官为代表的相对多数意见指出,《美国联邦宪法第十四修正案》对惩罚性损害赔偿设定了实体性界限,但没有给出明确的审查基准,法庭通过运用合理的标准检测之后,认为该赔偿是合宪的。相对多数意见认为,本案的补偿性损害赔偿和惩罚性损害赔偿之间虽然差距极大,但如果考虑到本案行为产生的损害和将来的行为未得到抑制的场合可能产生的损害,本案的惩罚性损害赔偿额就没有达到"显著过高"(grossly excessive)以至于违反正当程序条款的程度。

在本案判决中,Kennedy 法官发表的配合意见指出,重要的不是赔偿额的合理性,而是陪审团达至结论的过程是否合理。Scalia 法官和 Thomas 法官发表的配合意见表示,实体上的正当性不会成为宪法上的问题。O'Connor 法官发表的反对意见认为,本案的惩罚性损害赔偿是违宪的。

4.Gore 案件判决

接着,在 BMW of North America, Inc. v. Gore 案件②中,联邦最高法院终于肯定了该案的惩罚性损害赔偿违反了《美国联邦宪法第十四修正案》。该案中,BMW 公司对在制造和运输过程中划伤的车辆进行了重新涂装,并在未告知上述事实的情况下,将其作为新车以约 4 万美元的价格出售给了本案原告。原告就该车与未经修理的车辆 4 000 美元价差向 BMW 公司提出了补偿性损害赔偿的请求,同时还提出了 400 万美元的惩罚性损害赔偿请求,作为对该公司出售了约 1 000 台同样车辆行为的处罚。一审法院肯定了原告的请求,但州最高法院认为,由于陪审团有可能考虑了该公司在其他州的违法行为,所以把惩罚性损害赔偿的金额减为

---

① TXO Production Corp. v. Alliance Resources Corp., 509 U. S. 443 (1993).
② BMW of North America, Inc. v. Gore, 517 U. S. (1996).关于本案的介绍,参见木下毅:《判評》,载《英米判例百選》(第 3 版),有斐阁 1996 年版,第 198 页以下;清水真:《BMW of North America v. Gore, 116 S. Ct. 1589 (1996)》,载《比較法雑誌》第 35 卷第 2 号(2001 年),第 245 页以下。

200万美元。①

Stevens法官执笔的法庭意见认为,在判断惩罚性损害赔偿实体方面的正当性时,需要考虑下面三个指针(guidepost):第一,侵害行为非难可能性(reprehensibility)的程度;第二,补偿性损害赔偿与惩罚性损害赔偿的比例;第三,与同种案件中科处的制裁金的比较。法庭意见认为,就最重要的第一个指针而言,由于本案行为牵涉的仅仅是经济的损害,并不会给车辆的性能和安全性带来影响,而且也不是故意告知消费者虚假的事实,等等,所以并没有达到应当通过科处200万美元的惩罚性损害赔偿来进行非难的程度。就第二个指针而言,法庭意见表示,Haslip案件判决的法庭意见曾指出,惩罚性和补偿性损害赔偿之间4∶1的差距可能已经接近极限了,另外,TXO案件判决的法庭意见指出,发生的损害与赔偿额之间必须有合理的关联,因此,本案下级审科处的惩罚性损害赔偿和补偿性损害赔偿之间500∶1的比例可谓是惊人的。就第三个指针而言,法庭意见指出,案发地所在州对同种行为规定的制裁金是2 000美元。基于上述原因,法庭意见认为,本案的惩罚性损害赔偿违反了正当程序条款。②

在本案判决中,Breyer法官表达了补充意见,Scalia法官和Ginsburg法官则表达了反对意见。Scalia法官认为,不应允许对惩罚性损害赔偿实体的正当性进行审查,Ginsburg法官认为,法庭意见对州的立法权进行了不正当的干涉。

5. Campbell案件判决

接着,联邦最高法院在State Farm Mutual Automobile Insurance Company v. Campbell案件③中,认定犹他州法院对实施了欺骗性交易的保险公司科处的14 500万美元的惩罚性损害赔偿违反了宪法。该案原告Campbell因保险公司采取的有意限制保险支付额的欺骗性行为而受害,

---

① 联邦最高法院判决的法庭意见认为,各州对于披露交易信息的要求在程度上是不同的,阿拉巴马州可以要求被告在本州的交易行为遵守本州的规则,但不得对被告在其他州实施的符合该州规则的合法交易行为科处制裁,因而州最高法院降低赔偿额的做法是合理的。

② 判决认为,这三个指针表明,BMW公司缺乏对制裁程度的预见可能性,因而该制裁违反了正当程序条款。

③ State Farm Mutual Automobile Insurance Company v. Campbell, 538 U. S. 408 (2003). 关于本案的介绍,参见伊藤寿英:《懲罰の損害賠償に関する憲法上の制約とその具体的基準——State Farm Mut. Auto. Ins. Co. v. Campbell, 538 U. S. _ , 123 S. Ct. 1513 (2003)》,载《ジュリスト》第1251号(2003年),第185页以下。

陪审团认可了其提出的260万美元的补偿性损害赔偿和14 500万美元的惩罚性损害赔偿请求,但一审法官把上述补偿性和惩罚性赔偿额分别减为100万美元和2 500万美元。与此相对,该案上诉之后犹他州最高法院把惩罚性赔偿额恢复到了陪审团认可的额度。虽然保险公司在几个州持续实施了20年以上的欺骗行为,但原告提交的证据大部分都与其自身的机动车事故赔偿保险没有关联。

Kennedy法官执笔的法庭意见采取了Gore案件判决提出的三个指针,认为本案的惩罚性损害赔偿既不合理也不均衡,因而违反了正当程序条款。法庭意见认为,只能就原告的直接损害对被告科处惩罚性损害赔偿,而不能将其他被害人的损害也考虑进来。

在本案判决中,Scalia法官的反对意见认为,不应允许对惩罚性损害赔偿实体的正当性进行审查,Ginsburg法官的反对意见认为,惩罚性损害赔偿应该如何限制的问题,应该由州来判断。

6.Williams案件判决

接着,在2007年的Philip Morris USA v. Williams案件[①]中,下级审判决对烟草公司科处了7 950万美元的惩罚性损害赔偿,但联邦最高法院以陪审团有可能考虑了其他州被害人的损害为由,认定该判决违宪。该案案情是,有重度烟瘾的被害人Williams去世后,其妻以该死亡结果是由烟草公司的过失和欺诈行为导致为由,对烟草公司提起了诉讼,俄勒冈州法院的陪审团认可了821 000美元的补偿性损害赔偿(其中21 000美元针对经济的损失,80万美元针对精神的损害)和7 950万美元的惩罚性损害赔偿。虽然初审法官后来把惩罚性损害赔偿额减为3 200万美元,但烟草公司仍向俄勒冈州最高法院提起了上诉,并主张:第一,法官拒绝向陪审团指示不能对烟草公司给原告以外的其他人造成的损害进行处罚的做法是违法的;第二,惩罚性损害赔偿额显著过高(grossly excessive)。但州最

---

① Philip Morris USA v. Williams, 549 U. S. 346 (2007). 关于本案的介绍,参见籾冈宏成:《Philip Morris USA v. Williams, 549 U. S. _ , 127 S. Ct. 1057, 166 L. Ed. 2d 940, 2007 LEXIS 1332 (2007)——陪審が懲罰的損害賠償を認定する際に、被告の処罰を目的として原告以外の被害者が被った損害を考慮に入れることはデュー・プロセス条項違反になるとされた事例》,载《アメリカ法》第2007卷第2号(2008年),第311页下;溜箭将之:《懲罰的賠償とデュー・プロセス——Philip Morris USA v. Williams, 127 S. Ct. 1057 (2007)》,载《ジュリスト》第1361号(2008年),第169页以下。

高法院认为,就第一个主张而言,宪法上并没有禁止对原告之外的损害进行处罚,就第二个主张而言,惩罚性赔偿金的额度也并非显著过高。

Breyer 法官执笔的法庭意见仅对烟草公司的第一点主张发表了意见,认为不得以处罚针对诉讼当事人之外的其他人的侵害为目的而科处惩罚性损害赔偿。其理由是,第一,允许进行这种处罚,会剥夺被告人的防御机会;第二,几乎找不到用来计算赔偿额的基准;第三,没有允许这种处罚的先例。虽然以前在计算惩罚性损害赔偿额之时也允许考虑潜在的损害,但这只限于原告的潜在损害。虽然可以为了展示针对原告的侵害行为的可非难程度而对原告以外的其他人的被害进行证明,但这并不意味着可以处罚针对原告之外的其他人的侵害行为。

Stevens 法官的反对意见认为,由于惩罚性损害赔偿是针对公共损害(public harm——译者注)的处罚,所以,为了判断行为的非难性程度,允许考虑该行为对原告之外的其他人的侵害,法庭意见提出的那种区分是不可行的。另外,Ginsburg 法官的反对意见认为,俄勒冈州最高法院的判决与法庭意见并不冲突,所以没有必要撤销。

7. Baker 案件判决

2008 年的 Exxon Shipping Co. v. Baker 案①是一个具有标志性意义的案件,在本案判决中,联邦最高法院对惩罚性损害赔偿设定了上限。不过,本案牵涉的不是对联邦《宪法》的解释问题,而是对联邦法律的解释问题。本案缘起于 1989 年 3 月发生的著名的埃克森石油公司原油泄漏事故。在该事故的刑事诉讼部分,法院认定埃克森石油公司违反了联邦《清洁水法》(Clean Water Act)等法律,对其科处了 15 000 万美元的罚金(后来减为 2500 万美元的罚金和 1 亿美元的损害赔偿)。② 在民事部分,埃克森石油公司在承诺向美国政府和阿拉斯加州赔偿至少 9 亿美元用于恢复自然环境,并且向以渔民为主的市民赔偿 30 300 万美元之后,与这些原告达成了和解。除此之外,剩下的就是本案诉讼。在本案一审中,陪审团裁定被告向原告方中的渔民支付 28 700 万美元的补偿性损害赔偿(扣除和解的部分,大约 1 959 万美元)。另外,被告向原告方中的阿拉斯加原住

---

① Exxon Shipping Co. v. Baker, 128 S. Ct. 2605 (2008).
② 参见佐伯仁志:《アメリカ合衆国の環境刑法》,载町野朔主编:《環境刑法の総合的研究》,信山社 2003 年版。

民支付了 2 260 万美元的补偿性损害赔偿之后,与该部分原告达成了和解。除了这些补偿性损害赔偿,陪审团还裁定油轮船长和埃克森石油公司要分别支付 5 000 美元和 50 亿美元的惩罚性损害赔偿。第九巡回法院二审之后,该案又进一步上诉到联邦最高法院。

Souter 法官执笔的法庭意见指出,首先,埃克森石油公司对于船长的行为要承担联邦海事法上的惩罚性损害赔偿责任(在这一点上法庭意见全体一致)。其次,惩罚性损害赔偿制度存在赔偿额缺乏预见可能性的问题,而在限制赔偿额的方法方面,法庭在参照各州的立法进行详细研究之后,认为通过立法文言的限制是不够的,因而研究了以补偿性损害赔偿的一定比例作为上限的方法。而多数针对以往惩罚性损害赔偿案件的实证研究显示,该比例的中间值是 1∶1。因此,法庭最终决定,对于本案这种不以获利为目的的案件,应以 1∶1 的比例作为上限。①

Stevens 法官和 Ginsburg 法官对于法庭为惩罚性损害赔偿设定上限的做法表示了异议,Breyer 法官则表示,虽然他也同意有必要对惩罚性损害赔偿的额度设定限制基准,但不赞同以固定的比例作为基准。②

8.小结

通过上述判例可以发现③,联邦最高法院虽然否定了《美国联邦宪法第八修正案》对惩罚性损害赔偿的适用,但允许通过《美国联邦宪法第十四修正案》的正当程序条款对赔偿额是否"显著过度"进行审查,因而实质上仍然在运用《美国联邦宪法第八修正案》的罪刑均衡原则对该制度进行审查。这一点从执笔 Gore 案件判决的 Stevens 法官后来在另外一个案件的论述中也可以印证。④ 在该案⑤中,Stevens 法官指出,《美国联邦宪法第十四修正案》使《美国联邦宪法第八修正案》禁止过度的罚金条款得到了适用,其本身也禁止显著过度的处罚。如果认为惩罚性损害赔偿是一

---

① Exxon Shipping Co. v. Baker, 128 S. Ct. 2633 (2008).
② Exxon Shipping Co. v. Baker, 128 S. Ct. 2635-2640 (2008).
③ 除此之外,在判例 Honda Motor Co. v. Oberg, 512 U. S. 415 (1994) 中,联邦最高法院认为,不允许法官对陪审团关于惩罚性损害赔偿的决定进行司法审查是违反正当程序条款的;在判例 Cooper Indus. v. Leatherman Tool Group, 532 U. S. 424 (2001) 中,联邦最高法院认为,惩罚性损害赔偿的上诉审审查必须是重新(de novo)审查。
④ 参见 Benjamin C. Zipursky, A Theory of Punitive Damages, 84 Tex. L. Rev. 105, 127-128 (2005)。
⑤ Cooper Indus. v. Leatherman Tool Group, 532 U. S. 433-434 (2001).

种制裁、应当受到罪刑均衡原则的约束,那么联邦最高法院的这种立场可以说就是很自然的。

另一个值得注意的问题是,作为《美国联邦宪法第十四修正案》正当程序条款的内容,惩罚性损害赔偿额的预测可能性问题逐渐引起了关注。这表明,由于对陪审团认定赔偿额进行合理限制的需要,以及惩罚性损害赔偿准刑罚的制裁这种性质,该制度也应当受到"罪刑法定主义"原则的约束。Baker 案件中 Souter 法官执笔的法庭意见认为,制裁的严厉程度必须要有预见可能性,为了限制法官的裁量权,应当参考设置了严格规定的联邦量刑指南来设定惩罚性损害赔偿的基准。① 对于主张制裁应当有共通原则的本书来说②,上述观点特别值得注意。

还有一个值得注意的问题是,Campbell 案件和 Williams 案件判决的法庭意见认为,不得以处罚针对原告以外的其他被害人的侵害为目的而科处惩罚性损害赔偿。在一个行为产生多个被害人的场合,如果命令被告人就该行为造成损害的整体对其中一名被害人支付惩罚性损害赔偿,那么其他被害人也应当得到同样的赔偿,这就有可能引发过度的"重复处罚"问题;而如果只对先起诉的被害人给予惩罚性损害赔偿,则先起诉的被害人与其他被害人之间又会产生不公平。对于这个被称为惩罚性损害赔偿制度中"最频繁地受到议论的问题"③,联邦最高法院表明明确的态度是极其重要的。但是,判例又认为,如果是为了判断行为的非难性程度,也可以考虑该行为对其他人的侵害,新判例今后会给实际赔偿额的认定带来何种影响,值得关注。

三、若干分析

(一)惩罚性损害赔偿制度的意义

如上所述,美国惩罚性损害赔偿制度的目的在于对行为人进行处罚和预防将来的同种行为,而与此种制度目的相适应的实体和程序性的设计尚处于摸索之中。

---

① Exxon Shipping Co. v. Baker, 128 S. Ct. 2627-2628 (2008).
② 参见本书第一章第一节。
③ Thomas B. Colby, Beyond the Multiple Punishment Problem: Punitive Damages as Punishment for Individual, Private Wrongs, 87 Minn. L. Rev. 583, 587 (2003).

那么，为什么要在刑罚和行政制裁之外另行设置民事的惩罚性损害赔偿制度呢？而且，为什么可以认为这种以处罚行为人和预防将来的同种行为为目的的制度是一种民事性的制度呢？围绕这些惩罚性损害赔偿制度的正当性问题，美国学界近来展开了活跃的讨论，这些讨论可以分为两个阵营，一个主要是从对违法行为的抑制来论证惩罚性损害赔偿制度的正当性，另一个主要是从对行为人的处罚来寻求其正当化的根据。

1.抑制论的正当化论证

在认为惩罚性损害赔偿制度的正当性根据完全在于其对违法行为的抑制功能这一阵营中，最具代表性的是立足于法经济学的学说。法经济学的论者一般认为，损害赔偿制度的目的不在于损害的填补，而在于实现对违法行为的最佳抑制（optimal deterrence）。由于违法行为并非总是会被发现和被请求赔偿损害，所以，为了实现对违法行为的最佳抑制，有必要允许在实际损害额以上对违法行为人科处赔偿，而惩罚性损害赔偿正是这样一种制度。①

作为论证超过实际损害额的损害赔偿制度正当性的一种方式，法经济学的学说可谓具有理论上的一贯性，但如果是作为对现实的惩罚性损害赔偿制度的解释，法经济学的逻辑却未必能站得住脚。②

第一，法律中已经规定惩罚性损害赔偿以"处罚和抑制"为目的，法官也会就此目的对陪审团进行指示。但由于陪审团并没有计算出对违法行为的最佳抑制方法的标准，所以在陪审团的实际判断中，相较于抑制，其可能更加重视"处罚"的目的。

第二，从法经济学的立场出发，行为人的主观要件并不重要，但惩罚性损害赔偿一般被限定于故意或者轻率地无视危险的场合。另外，如联

---

① 参见 William M. Landes & Richard A. Posner, The Economic Structure of Tort Law, 160-163（1987）; Robert D. Cooter, Economic Analysis of Punitive Damages, 56 S. Cal. L. Rev. 79, 98（1982）; A. Mitchell Polinsky & Steven Shavell, Punitive Damages: An Economic Analysis, 111 Harv. L. Rev. 869, 889-896（1998）; Keith N. Hylton, Punitive Damages and the Economic Theory of Penalties, 87 Geo. L. J. 421, 423（1998）.

② 参见 Gary T. Schwartz, Deterrence and Punishment in the Common Law of Punitive Damages: A Comment, 56 S. Cal. L. Rev. 133, 140（1982）; Thomas B. Colby, Beyond the Multiple Punishment Problem: Punitive Damages as Punishment for Individual, Private Wrongs, 87 Minn. L. Rev. 608-613（2003）; Anthony J. Sebok, Punitive Damages: From Myth to Theory, 92 Iowa L. Rev. 957, 976（2007）.

邦最高法院判例所示,在赔偿额的计算中,行为的非难性是最受重视的因素。可以说,这是因为联邦最高法院重视的并不仅仅是抑制,也有"处罚"的一面。

第三,从法经济学的立场出发,公然实施明显具有侵害性的行为的场合,科处惩罚性损害赔偿的必要性较低,但现实中,公然实施暴行的行为却一直以来都正是惩罚性损害赔偿的典型适用对象。

针对上述第二、三个质疑,法经济学的论者提出,如果违法者是那种会因实施违法行为而产生快感的人,或者会因给被害人施加痛苦而产生快感的人,就有必要对其科处特别的赔偿。[1] 但这种观点能否与对制度整体的解释相协调,还存在疑问。

当然,上述问题只是表明法经济学的学说与惩罚性损害赔偿制度的现实状况并不协调而已,在立法论上,对于探索超过实际损害额的赔偿制度来说,法经济学的学说有着重要的理论价值。我国也有学者有力地主张,损害赔偿制度的目的在于对违法行为的抑制[2],如果是立足于这种立场,那么我国接受超过实际损害额的损害赔偿制度应该不会存在原理上的困难。

2.处罚论的正当化论证

也有学说主张,惩罚性损害赔偿制度的正当性根据主要在于其处罚的功能(这种学说并不否定抑制论的主张)。这种学说必然会带来这样的疑问,即为什么要在刑罚制度之外再另行设置惩罚性损害赔偿制度呢?

对于这个疑问,处罚论的论者往往作出这样的解释,即由国家主导的刑罚权的行使是不充分的,所以有必要让私人代替国家行使刑罚权,这就是所谓的私人总检察官论(private attorney general)。[3] 在这种论点看来,给予原告超过实际损害额以上的赔偿,是为了激励其行使私人刑罚权。

这种解释在政策论上是很有魅力的,但从法律论来看,会存在这样一

---

[1] 参见 Robert D. Cooter, Economic Analysis of Punitive Damages, 56 S. Cal. L. Rev. 86-89 (1982); A. Mitchell Polinsky & Steven Shavell, Punitive Damages: An Economic Analysis, 111 Harv. L. Rev. 909 (1998).

[2] 最近的研究,参见森田果、小塚庄一郎:《不法行为法的目的——『損害填補』は主要な制度目的か》,载《NBL》第 874 号(2008 年),第 10 页以下。

[3] 有学者认为,惩罚性损害赔偿是唯一能对经济实力较强的犯罪人,特别是企业犯罪人进行实际有效的社会规制的方法。参见 Marc Galanter & David Luban, Poetic Justice: Punitive Damages and Legal Pluralism, 42 Am. U. L. Rev. 1393, 1440-1447 (1993).

个疑问,即如果私人代替国家行使刑罚权,被告人是否应该获得与刑事程序同等的保障?如果认为,刑事程序中赋予犯罪嫌疑人和被告人相应保障的根据在于国家和个人之间云泥之别的力量对比,也许能够在一定程度上解释国家主导的刑罚权行使和私人代行刑罚权之间的区别,但是,就应当避免出现处罚错误这个问题而言,两者恐怕没有本质上的区别。虽然也有观点认为,上可至死刑的刑罚与只不过是经济性痛苦的惩罚性损害赔偿当然是有区别的[1],但是,既然罚金刑的科处也要受到刑事程序性的制约,恐怕就不能认为,因为惩罚性损害赔偿只不过是金钱的问题,所以即使不受刑事程序性的制约也没有关系。

当然,在制裁体系中,也有像行政制裁金(civil penalty)那种,未设置诸如排除合理怀疑的证明、被告人有权受到辩护人援助等刑事程序性保障的制度,所以也有可能作这样一种理解,即相较于刑罚而言,惩罚性损害赔偿中的"处罚"更类似于制裁金。但是,由于惩罚性损害赔偿以故意或者轻率地无视危险为要件,所以恐怕很难否定,与行政制裁相比,该制度更接近于刑罚。

因此,也有学者试图从其他角度来证明惩罚性损害赔偿制度的民事性。

比如,有学者试图区分侵害被害人个人的私的不法行为(private wrong)和侵害社会全体的公的不法行为(public wrong),并认为刑罚针对的是公的不法行为,而惩罚性损害赔偿针对的是私的不法行为。[2] 但是,正如针对个人法益的犯罪是侵害私人的不法行为的同时,由于也侵害了社会秩序,所以在这个意义上也是公的不法行为一样,在为什么要对侵犯个人法益的犯罪科处惩罚性损害赔偿问题上,上述区分恐怕并没有说服力。[3] 该学者还提出,之所以在计算惩罚性损害赔偿额时不应考虑原告之外的其他人的损害,是因为惩罚性损害赔偿处罚的是针对原告个人的私

---

[1] 有学者认为,刑事程序中设置权利保障条款的主要根据,在于防止中央集权的国家权力的滥用及防止公民遭受生命或身体的威胁,而这些都不符合私人刑罚的性质。参见 Marc Galanter & David Luban, Poetic Justice: Punitive Damages and Legal Pluralism, 42 Am. U. L. Rev. 1457-1458 (1993).

[2] Thomas B. Colby, Beyond the Multiple Punishment Problem: Punitive Damages as Punishment for Individual, Private Wrongs, 87 Minn. L. Rev. 637-639 (2003).

[3] Benjamin C. Zipursky, A Theory of Punitive Damages, 84 Tex. L. Rev. 143-144 (2005).

的不法行为,但在刑事裁判的量刑中,同样也不得就被追诉的特定犯罪之外的其他侵害行为对被告人实施处罚。① 如前文所述,联邦最高法院近来的判例也认为,不得以处罚针对原告之外的其他人的侵害为目的而科处惩罚性损害赔偿,但其理由并不在于公的不法行为和私的不法行为的区别,而完全是因为程序性的问题。

在论证方面可能较为完美一点的是,主张被害人具有实施"私人处罚的权利"的观点。② 根据这种观点,惩罚性损害赔偿制度的存在不仅仅是因为被害人具有获得赔偿的权利,还因为被害人具有向加害人施加痛苦的权利。这种观点的首倡者虽然试图避免使这种被害人权利与复仇的权利混为一谈③,但支持者中也有人主张把惩罚性损害赔偿制度理解为国家正式认可的复仇④。在这种理解看来,通过亲自向加害人复仇的方式,可以使被害人恢复自己受损的人格尊严。因此,惩罚性损害赔偿的本质,是只有被害人才能提起诉讼、由被害人自行完成诉讼的民事性制度。

(二)对我国的启示

我国在研究引入惩罚性损害赔偿制度的问题时,上述两种路径的正当化论证会给我们带来丰富的启示。⑤

首先,我国也可以纯粹从对违法行为的抑制的角度出发,或者从剥夺不法利益的角度出发,构建允许超过实际损害额的损害赔偿制度。

从这种立场出发,被害人获得超过其受损程度以上的利益就没有任何不当。正如田中和竹内两位博士所说的,"如果认为这种做法不

---

① 在日本,量刑时不得以处罚的倾向考虑未被起诉的余罪,这一点已经被判决所确立(最大判昭和 41·7·13,《刑集》第 20 卷第 6 号,第 609 页)。关于美国的状况,参见本章第一节。

② Benjamin C. Zipursky, A Theory of Punitive Damages, 84 Tex. L. Rev. 151-153 (2005)。

③ Benjamin C. Zipursky, A Theory of Punitive Damages, 84 Tex. L. Rev. 154-155 (2005)。

④ Anthony J, Sebok, Punitive Damages: From Myth to Theory, 92 Iowa L. Rev. 1031 (2007)。还有学者参考 Sebok 的观点提出,惩罚性损害赔偿制度的目的是通过满足被害人的复仇心理从而恢复公共的和平。参见 Christopher J. Robinette, Peace: A Public Purpose for Punitive Damages ?, 2 Charleston L. Rev. 327 (2007)。

⑤ 对于主张由于非财产性的损害或者律师费等诉讼费用的填补不够充分,所以试图让惩罚性损害赔偿(制裁性的慰谢料)制度承担这种填补功能的观点,这里不作讨论。

合理,那么国家以刑事制裁的方式科处罚金的做法不也同样不合理吗?"[1]对犯罪人施加痛苦这一刑罚的本质,即便意味着对被告人科处罚金、收取金钱的做法符合这一本质因而可以被正当化,也并不意味着国家进一步将这些金钱收入囊中的做法在逻辑上必然具有正当性。如果罚金刑的目的只是剥夺财产从而对被告人施加痛苦,那么把收上来的钱烧掉也是可以的。如果被害人获得超过自身受损程度以上的利益不当,那么,国家以被害人受到损害为由获得利益则恐怕是更加不当的。

因此,重要的是通过剥夺被告人的财产来实现对将来的违法行为的抑制,至于其结果,即谁最终获得利益,只是次要的问题。而与国家单独承担抑制违法行为的任务相比,更加合适的做法是让私人也分担部分任务。如果为此有必要对私人给予激励,那么给予被害人超过其受损程度以上的利益的制度,就没有任何不当之处。

如果这种制度仅以抑制为目的,则即便从最高裁判所判例的立场出发,也不会认为惩罚性损害赔偿与刑罚的并科会产生二重处罚的问题。但是,笔者认为,既然惩罚性损害赔偿是一种制裁,那么就应该像美国联邦最高法院所主张的那样,受到罪刑均衡原则(比例原则)的约束[2],另外,如果量刑前已经科处了这种制裁性损害赔偿,那么这个因素在量刑时也应当予以考虑。

其次,构建一种以私人处罚为目的的赔偿制度也是可能的。具体到我国而言,需要研究的是制裁性的慰谢料制度。

现在的慰谢料制度中,在加害人基于故意实施行为的场合,一般也允许增加慰谢料的金额。在这种情形下,如果被害人因为金钱治愈了精神的痛苦从而获得了情感上的满足,那么这就仍然只是通常意义上的损害填补;但是,如果对于被害人来说,让其感到满足的不是金钱的价值,而是让加害人支付金钱从而使其经受痛苦的过程本身,那么这就是对被害人报应情感的满足,因而可以说是一种制裁了。樋口教授在否定慰谢料的制裁性的同时,针对我国通说和判例认为在慰谢料的计算中要考虑加害人的地位、财产状况、侵害的样态等因素的立场指出:"认为在加害人的行

---

[1] 田中英夫、竹内昭夫:《法の実現における私人の役割》,东京大学出版会1987年版,第164—165页。
[2] 参见本书第二章第一节、第二节。

为恶性较强的场合,被害人的情感受损程度也会相应升高的观点,是在被害人的情感中添加了对加害人的愤怒和报复情感,并认为这会影响到赔偿额。在这种观点看来,为了平息被害人的怒气,有必要以增加赔偿额的形式加重加害人的负担(以这种形式对加害人进行惩罚)。这正是报应刑思想的体现,与主张以预防侵权行为为目的的制裁性慰谢料理论相比,这种观点带有更加明显的刑事法色彩。"① 以康德为代表的报应刑思想是从正义论的角度提出的理念性的主张,与被害人报应情感的满足并非同一事物,可以认为,这里正是区分刑罚和惩罚性损害赔偿(制裁性慰谢料)的关键所在。樋口教授认为,慰谢料给被害人带来情感的满足是因为该制度对加害人施加了痛苦,可以说,这种观点触及了问题的本质。

在西欧的刑罚史中,曾经有一段私人的刑罚权被国家的刑罚权所吸收进而被否定的历程。我国是否有过这种历史还不确定,但如果复仇的权利在过去是因为维持社会秩序的需要而被否定,那么现在也许可以考虑以某种适应当前社会状况的形式复活这种权利。这是因为,虽然最近以来,被害人直接参加刑事裁判的权利得到了肯定,同时,还引入了利用刑事程序的成果实现被害恢复的制度,但是,如果想要满足被害人的报应情感,可以说最合适的场合还是在被害人作为当事人与加害人对峙的民事裁判之中。

四、结语

以上对惩罚性损害赔偿制度进行了检讨,对于惩罚性损害赔偿制度的正当性,大致可以从对违法行为的抑制和私人的处罚这两种路径出发进行论证。

在研究惩罚性损害赔偿制度(制裁性慰谢料制度)的引入问题之时,有必要从抑制违法行为的角度出发,对我国制裁体系中的刑罚和行政制裁是否能有效地抑制违法行为、惩罚性损害赔偿制度能否发挥效果等问题进行现实地检讨。在此过程中,不应把当前的刑罚和行政制裁制度当做不可推翻的前提,而应该探索包含刑罚和行政制裁在内的制裁制度整体的理想状态。

---

① 樋口范雄:《制裁的慰謝料論について——民刑峻別の『理想』と現実》,载《ジュリスト》第 911 号(1988 年),第 21—22 页。

此外,如果研究的结论是应该引入惩罚性的损害赔偿制度,则即使这种制度是民事性的,但既然其具备了制裁的性质,那么就应该适用罪刑法定主义、责任主义、罪刑均衡等原则,虽然这种适用与刑法并不完全相同。为此,需要在法律中规定允许科处惩罚性损害赔偿的类型,同时还需要明确科处惩罚性损害赔偿的要件,并规定一定的额度作为其上限。①

---

① 有学者认为,在立法论上,比较理想的做法是创设关于惩罚性损害赔偿制度的特别法,并在明确规定要件的同时,设定一定的比例(比如损害填补额的 2 倍或者 3 倍)作为赔偿额的上限。参见丹羽重博:《懲罰的損害賠償の可能性》,载《日本法学》第 65 卷第 4 号(2000 年)。

第四章 经济犯罪的制裁

第一节 经济犯罪的制裁方式

一、绪论

近来,经济犯罪的对策在我国成了一个重要问题,在《平成12年度犯罪白皮书》中,以主题特集的形式讨论了经济犯罪的现状和对策。① 此外,有批判的观点认为,目前对经济犯罪的管制过于宽松,并建议对其设置更加严厉的罚则。②

确实,在对金融机构的危机③追究刑事责任的问题上,经常被作为比较对象的美国与我国存在很大差异。1988年10月1日到1992年7月30

---

① 关于其意义,参见芝原邦尔:《企业に对する高额罚金と制裁の减免措置——平成12年版犯罪白书を读む》,载《法律のひろば》第54卷第1号(2001年),第4页以下;佐伯仁志:《平成12年版犯罪白书について》,载《罪と罚》第38卷第1号(2000年),第7页以下。
② 时任金融大臣的柳沢伯夫指出,"对于经济犯罪不使用伤筋动骨的重刑是不行的",表明了要将经济犯罪罚则的强化作为政策性课题进行研究的立场。柳沢大臣还指出,"我国的罚金刑只有美国的1%",量刑明显偏轻,而且,不仅是量刑,"在应该对哪些行为问罪的问题上,法律也过于宽松"。参见《朝日新闻》2001年6月18日朝刊。
③ 此处对应的美语概念是"financial institution failure",佐伯仁志教授译为"金融機関の破綻",从字面意思来说,上述两种表述在中文中似乎都应该译为"金融机构的破产"。但是,结合美国20世纪80年代金融机构的危机来看,对于"financial institution failure"应该作广义的理解,即金融机构的"failure"除了破产之外,还包含欺诈、坏账等其他问题。这一点,从美国审计总署的报告中"failure"和"crisis"、"problem"这几个词经常混用也可以发现(参见United States General Accounting Office, Bank and Thrift Failures: The Government Could Do More to Pursue Fraud and Wrongdoing, Testimony Before the National Commission on Financial Institution Reform, Recovery and Enforcement, January 28, 1993, GAO/T-GGD-93-1)。因此,为了避免引起误解,译者选择将"failure"一词译为"危机"。——译者注

日期间,美国司法部就重大金融犯罪案件对 3 700 人提起了刑事诉讼,其中 2 603 人被判有罪。① 而且,在量刑方面实际科处的刑罚也比较重。在上述期间,仅就与储蓄贷款组合(S&L)的危机有关的案件而言,被判构成金融犯罪并被科刑的 2 205 名被告人中,就有 1 706 人被判处了自由刑实刑。②

在金融犯罪之外的领域,美国对经济犯罪科处的刑罚也是相当重的。③ 根据《平成 12 年度犯罪白皮书》,1989 年 1 月 1 日到 1998 年 12 月 31 日期间,我国没有一人因为违反《证券交易法》或者《反垄断法》而受到自由刑实刑的处罚,但美国有相当多的人因实施同种行为而被判处了自由刑实刑。④

但是,在和美国进行比较时,需要注意以下几点:

第一,美国的刑罚较重,特别是科处监禁刑的比率较高(自由刑实刑率高且刑期长),这是美国刑事司法的一般特征,而并不是经济犯罪的特有现象。在何种程度上对犯罪实际科处刑罚,在科处刑罚时又是否选择自由刑实刑的问题,是由各国的刑事政策决定的,不能单纯地就经济犯罪的对策进行比较。

第二,金融犯罪涵盖的范围较广,如果不对受到追诉的案件类型进行详细分析,就难以进行比较研究。在美国,至少从公布的判例来看,就金融机构的领导层被追诉的案件而言,与在开展业务的过程中发放没有还贷可能性的违法贷款、损害金融机构利益这种单纯的背任案件相比,更多的是诸如收购金融机构之后为了自己的利益而侵占资金(谚称"抢银行的最佳方式,是成为银行的老板"),或者向自己或自己的利害关系人经营的

---

① United States General Accounting Office, Bank and Thrift Failures: The Government Could Do More to Pursue Fraud and Wrongdoing, Testimony Before the National Commission on Financial Institution Reform, Recovery and Enforcement, January 28, 1993, GAO/T-GGD-93-1.

② United States General Accounting Office, Bank and Thrift Failures: The Government Could Do More to Pursue Fraud and Wrongdoing, Testimony Before the National Commission on Financial Institution Reform, Recovery and Enforcement, January 28, 1993, GAO/T-GGD-93-1.

③ 美国在 1960 年代之前也几乎没有对违反反垄断法的行为科处过自由刑实刑,经济犯罪走向重罚化是稍晚的时候才开始的。参见佐伯仁志:《経済犯罪における重罰化の動向》,载《アメリカ法》1998 年第 2 期,第 218 页以下(本章第二节)。

④ 参见法务综合研究所:《平成 12 年度犯罪白書》,第 334、335 页。

企业连续发放违法贷款,或者以收取贿赂为目的发放违法贷款,等等,明显以追求自己的利益为目的的恶性案件。①

第三,在1980年代末期左右,美国危机金融机构的数量远远超过我国。截至1992年9月30日,出现危机的金融机构多达723个,其中有336个机构的内部人员受到了刑事控告。② 因此,美国受到追诉的案件较多的现象,也有可能是危机金融机构的数量及引发这种危机的恶性违法行为的数量较多而导致的。③

第四,需要注意的是,在美国,刑罚以外的制裁方式在经济犯罪中也得到了广泛运用。如果不考虑追诉的数量和刑罚的轻重,仅就刑事制裁的实际运用范围而言,可能我国要更大一些。比如,虽然我国的背任罪以谋利加害目的为要件,但由于谋利目的被理解为包含了保全地位的目的和为第三人谋取利益的目的,所以我国对于在通常的金融交易过程中发放不合理贷款的行为也会动用刑事制裁。又如,就内幕交易而言,我国对于单个的、额度较小的内幕交易行为也会进行刑事追诉。对于这种刑事罚的运用方式,评价上存在分歧,而之所以刑事罚的运用呈现出这种状态,其中一个可能的重要原因是,除了刑罚之外,我国在经济犯罪方面并没有合适的制裁手段。

在这个问题上,根据美国法律,即便违法行为未受到刑事追诉,也会受到严厉的行政制裁,而且这种制裁在实践中也得到了广泛运用。在这个意义上,与基本上只有刑罚的我国相比,美国对于违反经济法规的行为的制裁要更加严厉。但是反过来,有些在美国通过行政制裁就可以解决的案件,在我国可能要动用刑事制裁来处理,在这个意义上,也不能否定有些场合我国的制裁要更加严厉。

---

① 有学者指出,与为了公司利益而实施的通常的企业犯罪不同,危机金融机构的经营者实施的犯罪往往是为了实现经营者自己的利益。参见 Kitty Calavita, Henry N. Pntell and Robert H. Tillman, Big Money Crime: Fraud and Politics in the Saving and Loan Crisis 2 (1997).

② United States General Accounting Office, Bank and Thrift Failures: The Government Could Do More to Pursue Fraud and Wrongdoing, Testimony Before the National Commission on Financial Institution Reform, Recovery and Enforcement, January 28, 1993, GAO/T-GGD-93-1.

③ 当然,由于案件数量太多,而警察和检察机关的资源又是有限的,所以可能也只是对那些性质真正恶劣的案件才进行追诉。

现在我国保障行政管理法规效力的手段实质上完全依赖于刑罚,但这种制度未必能实际有效地发挥功能。不仅在经济犯罪领域,其他领域也同样存在这个问题。刑罚的运用以检察官的追诉和法院的有罪认定为前提,只要检察厅和法院现在的人力和物力资源状况未出现飞跃性的提升,刑罚的运用就有一定的界限。另外,还有学者指出,由于刑罚是所有制裁方式中最严厉的一种,所以上述主要依赖刑罚的制裁制度会导致对刑罚的运用过于慎重、对不履行义务的行为放任不管的结果。①

基于刑罚谦抑性的要求,比较理想的做法是把刑罚作为"最后的手段"。② 对于经济犯罪这种和通常的经济交易边境交错,并且法益侵害性和责任的轻重跨度很大的领域来说,尤其如此。但是,在我国经济犯罪的制裁体系中,刑罚与其说是"最后的手段",不如说是"唯一的手段",这就会导致在未对违法行为科处刑罚的场合,后续也没有任何其他处罚就不了了之的问题。比如,在内幕交易行为未受到刑事追诉的场合,违法行为人不仅不会被科处任何制裁(除了证券公司及其外务员③这种违法主体会受到行政处分),而且还能保有从内幕交易中获得的不法利益。为了维持刑罚的谦抑性,同时也为了避免上述不当结果、提高经济法规的实效性,是时候研究如何改变经济犯罪的制裁完全依赖于刑罚的现状,更加活跃地运用行政制裁的问题了。④

当然我国也存在过料这样一种行政罚性质的制裁,但由于过料的额度一般比较低,因而很难说具有足够的抑制力。可能也是因为这个原因,似乎行政机关也不太热衷于使用这种制裁。最近的新闻报道中,能引起人们关注的也只有三菱汽车工业隐瞒缺陷事件⑤,此案中,根据《道路运送

---

① 盐野宏:《行政法Ⅰ》(第 2 版),有斐阁 1994 年版,第 206 页。另外,参见佐伯仁志:《制裁》,载岩村正彦等编:《岩波講座現代の法 4——政策と法》,岩波书店 1998 年版,第 215 页以下(本书第一章第一节)。

② 参见芝原邦尔:《行政の実効性確保——刑事法の視点から》,载《公法研究》第 58 号(1996 年),第 258 页。

③ 日本金融行业中的外务员大致类似于中国从事金融类商品或服务的推销业务的人员。——译者注

④ 在反垄断法的制裁方面,是否应该将课征金改为更加具有制裁性的制度,一直以来都存在争议。最近的研究,参见楠茂树:《独禁法への制裁金制度導入について(上)(下)》,载《法律時報》第 73 卷第 8 号(2001 年),第 53 页以下;第 73 卷第 9 号(2001 年),第 90 页以下。

⑤ 参见《朝日新聞》2000 年 10 月 2 日夕刊。

车辆法》的罚则,三菱汽车被科处了 400 万日元的过料。1998 年,该法规定的过料的上限从 20 万日元提高到了 100 万日元,但这个额度恐怕还难以对大企业的违法行为产生足够的抑制力。下文中,笔者把本节所要研究的财产性的行政制裁称为制裁金,以区别于现行的作为秩序罚的过料制度。

在给我国法律制度带来强烈影响的德国和美国,都没有采取我国这种完全依赖刑罚制裁经济犯罪的制度设计。在德国,制定了关于制裁金(Geldbuβe)这种行政制裁的统一法典,并且在实践中广泛、有效地运用着这一法典。在美国,作为行政制裁的制裁金制度(civil penalty)也得到了广泛、有效的运用。① 本节中,笔者将以金融犯罪、证券犯罪领域为中心对美国的法律制度进行介绍,以作为探索在我国引入行政制裁金制度的参考资料,同时,对我国可能采用的制度进行若干尝试性的研究(下文的经济犯罪、金融犯罪、证券犯罪,有时是指包含仅被科处行政制裁的违法行为这一广义概念)。

二、美国的制裁金制度

(一)制裁金的内容

(1)美国多数联邦行政机关有权针对违反法律或规则的行为向司法部提出刑事控告(在该行为构成犯罪的场合),同时,也有权自行发出命令或者请求法院对违法者科处行政制裁。常用的行政制裁包括制裁金、解职和从业禁止(removal and prohibition)。

(2)制裁金的额度由法律规定。最常见的规定方法是对于每个违法行为科处××美元以下的制裁金,或者,对于违法行为持续期间的每一日科处××美元以下的制裁金。基于这种规定,对连续性的违法行为科处的制裁金便有可能达到相当高的额度,因此有的法律对制裁金的总额规定了上限,但也有很多法律并没有规定上限。另外,有很多法律规定,在违法者基于欺诈等目的实施行为时要加重处罚,在违法者获得利益或者

---

① 关于该制度的介绍,参见村上历造:《アメリカ合衆国におけるシビルペナルティ——行政强制の一態様》,载《海上保安大学校研究报告》第 23 卷第 2 号(1977 年),第 41 页以下;村上历造:《行政庁による処罰——行政法令違反に对する非刑事の金銭罰について》,载《ジュリスト》第 764 号(1982 年),第 110 页以下。

引发损害时还要进一步加重处罚,在这种规定的场合,制裁金就有三个等级的上限。

在制裁金的额度问题上,一个颇值玩味的制度是,为了保障制裁金的抑制力不至于因物价的上升而丧失,行政机关可以对应物价指数的上升而改定制裁额度的上限,并将其在官方公报中予以公示,以此来提高制裁金的额度。有个别法律本身就对该制度作了规定,但作出更加一般性规定的是《制裁金应对通货膨胀调整法》(Federal Civil Penalties Inflation Adjustment Act)。该法要求行政机关参照物价指数,每隔四年对制裁金额度的下限和上限进行一次调整。①

(3) 具体案件的制裁额度由行政机关自由裁量,但有很多法律规定,在确定制裁额度时,应当考虑行为违法性的程度、违法历史、配合调查的程度、缴纳制裁金的能力、造成的损害、获得的不正当利益、抑制将来的违法行为的必要性等因素。由于制裁金的上限一般有可能达到非常高的额度,所以行政机关裁量权的幅度是相当大的。

因此,也有法规仿照限制法官对联邦刑罚的裁量权的《联邦量刑指南》,制定了有关制裁金裁量的"量刑"指南。比如,劳工部矿山安全与健康监察局(MSHA)有权对每一宗违反矿山安全保健规则的违法行为科处55 000 美元以下的制裁金,但在确定实际制裁额度时还要受详细指南的制约。指南把矿山的规模、企业的经营规模、违法历史、责任(过失等)的程度、人身伤害的程度等要素量化成了计分点,再把各种可能的情况换算成各自的合计分值,进而制作成细分为 81 个等级的制裁金表,要求 MSHA 根据此表来计算制裁金的额度(30 C. F. R. §100.3)。

另外,为了避免让违法行为人得以保有不正当利益,有的行政机关在指南中规定,制裁金的额度要超过其违法所得利益的额度。此外,除了制裁金,行政机关为了执法而申请救济命令时,还可以请求法院作出附随救济性质的不法利益上缴(disgorgement)命令,这种方法在证券交易委员会(SEC)的执法活动中得到了频繁地运用。

《联邦量刑指南》中规定,违法行为人向行政机关报告违法事实协助调查的行为属于减刑事由,在制裁金的计算方面,也有指南作了类似的规

---

① P. L. 101-410, §§1-6,后根据 the Debt Collection Improvement Act of 1996, P. L. 104-34, Title Ⅲ, ch10, §31001(s)(1)进行了修改。

定[比如,涉及海关的 19 C. F. R. §171 Appendix B(G)(2)]。

(4)美国联邦法律中规定的制裁金到底有多少种类,准确的数字尚不得知,但数量肯定是相当多的。有学者统计,在1979年,27个联邦机关和独立委员会共执行了348个民事罚①,从那以后,制裁金的种类又有了相当的增长。另外,还有学者指出,不仅制裁金的种类在增加,与刑罚相比,行政机关也变得更加依赖于制裁金。② 在入境管理法、税法③、环境法④、航空法、出口管理法、金融法、证券交易法、商品交易法、消费者保护法、农业法、劳动法等诸多领域,制裁金都得到了广泛运用。对于金融及证券法领域中制裁金的运用,笔者将在本节第三部分进行详细介绍,就制裁金在其他领域的运用状况而言,比如,针对违反联邦环境法规的行为,国家环境保护局(EPA)1999年合计科处了16 670万美元的制裁金。⑤ 又如,根据相关规定,在对违反规则的航空公司科处5万美元以上的制裁金时,联邦航空管理局(FAA)会作为通告案件予以公布。2000年,公布的案件数量为67起,其中额度最高的一件针对未经申报而变更飞机零件生产线的制造公司科处了250万美元的制裁金。⑥

(二)调查违法行为的手段

(1)要想科处行政制裁,就必须赋予行政机关运用有效手段调查违法行为的权限。反垄断法的基本法律《谢尔曼法》之所以被定性为刑罚法规,有人认为其原因是,在当时行政机关未被授权使用有效的调查手段,想要调查违法行为就必须动用刑事大陪审团。

现在,可以科处行政制裁的行政机关,一般也都有权在调查违法行为

---

① Diver, The Assessment and Mitigation of Civil Money Penalties by Federal Administrative Agencies, 79 Colm. L. Rev. 1435, 1438 (1979).

② Mann, Punitive Civil Sanctions: The Middleground between Criminal and Civil Law, 101 Yale L. J. 1795, 1844 (1992).

③ 关于税法领域制裁金的详细介绍,参见佐藤英宣:《脱税と制裁:租税制裁法の構造と機能》,弘文堂1992年版,第154页以下。

④ 关于EPA对制裁金的运用状况,参见北村喜宣:《環境管理の制度と実態:アメリカ水環境法の実証分析》,弘文堂1992年版,第146页以下。

⑤ EPA News Release, JAN. 19, 2000, 载 http://www.epa.gov/epahome/press.htm. 此外,在1997年,EPA共向司法部移交了278件刑事案件,这些案件被科处了合计16 930万美元的罚金,同时,在426件民事案件中,EPA还征收了合计9 510万美元的制裁金。参见Andrea Lachenmayr et al, Environmental Crimes, 35 Am. Crim. L. Rev. 597, 600 (1998).

⑥ 载 http://www.faa.gov/apa/pr/safety/safe00.cfm.

时发出传票(subpena)和文书提交传票(subpena duces tecum)。对于拒不服从传票的行为,可以科处刑罚。比如,拒不服从 SEC 的文书提交传票的,可以定为轻罪,科处 1 年以下的监禁刑或 1 000 美元以下的罚金刑,或者两者的并科[15 U.S.C. §78u(c)]。对于不服从传票的行为,行政机关还可以请求法院命令相对方履行。如果相对方进一步无视法院的命令,则将构成藐视法庭罪。

(2) 在行政程序中,如果证人感到将来有受到刑事追诉的危险时,可以行使不被强迫自证其罪的特权,但与刑事程序不同的是,证人未作证的事实被允许以对其不利的方式使用。① 另外,如果证人获得了刑事豁免,将丧失不被强迫自证其罪的特权而被强制要求作证。

(3) 在命令银行提交客户信息时,必须符合《金融隐私法》(Right to Financial Privacy Act)规定的条件。此法规定的条件包括:①有理由相信该客户信息对于执法调查来说具有重要意义;②已向该客户送达或者邮寄令状副本,并同时告知其有权向法院提出异议;③送达后 10 日以内或者邮寄后 14 日以内,该客户未向法院提出异议(12 U.S.C. §3405)。不过,关于事前告知的要求,证券交易法规定了例外情形。比如,如果 SEC 能向地区法院证明,有相当的理由相信延误获取信息的时间或者事前告知有可能会导致违法行为人逃匿、毁灭证据、隐匿资产等不利后果时,法院可以发出命令,允许 SEC 不进行事前告知而获取信息[15 U.S.C. §78u(h)]。在这种场合,一定的期间结束之后,必须要进行事后的告知。

(三) 行政制裁的赋课程序

(1) 在行政机关基于行政调查认定存在违法事实的场合,如果行政机关自身就具有科处行政制裁的权限,那么要向违法者告知违法事实和行政制裁的内容。接到通告后,行为人有权请求举行听证。如果行为人请求听证,行政机关就要举行行政程序内的听证。但在大部分案件中,违法行为人都没有申请听证,而是通过承诺缴纳制裁金的同意令(consent order)来终结案件的。这种基于双方合意的解决方式之所以具有普遍性,是因为行政机关和违法行为人之间往往会进行非正式的交涉,并就制裁

---

① See, Baxter v. Palmigiano, 425 U.S. 308, 318-319 (1976).

额度等问题达成约定。① 同意令中合意内容的通常形式是,被处分者同意接受行政制裁,但不需要对违法事实作出承认。

(2)虽然行政机关自己也可以举行听证,但一般是在行政机关的指示下由行政法法官(administrative law judge)来实施的。另外,也有法律规定必须由行政法法官举行听证[比如,涉及外国人在美国不法就业的 8 U.S.C.§1324a(e)(3)(B)]。行政法法官虽然也具有一定的身份保障和独立性,但并不隶属于法院系统而是行政机关的职员,由其作出的决定在法律性质上仍然只是第一次的决定,因而有可能被司法审查或者行政机关基于职权的审查所否定。② 把行政权方面的事项交给不属于司法部的行政法法官来审理的做法,被认为并不违反宪法的三权分立原则。

听证采取对审构造。在证据方面,并不适用禁止传闻证据等严格的证据法则。在证明程度上,要求采取优势证据标准。

行政法法官的决定被推翻的情况在实践中并不多,但行政制裁领域的情况相比之下却较为显眼。关于行政机关可以推翻行政法法官决定的问题,法院也予以了肯定。③

(3)对于行政机关科处的行政制裁,相对人在用尽了行政程序内的申诉手段之后,还可以请求司法审查。根据法律规定的不同,实施司法审查的主体有可能是联邦地区法院,也可能是上诉法院。审查的标准也由法律规定,但对于事实认定问题通常是依据实质性证据法则进行审查,对于法律解释问题要进行重新(de novo)审查。

(四)制裁金的履行保障

在作出科处制裁金的命令之后,如果违法者未缴纳制裁金,行政机关可以请求法院命令其说明是否准备缴纳制裁金,以及如果无法缴纳,是基于何种原因。违法者不遵从法院的命令时,法院可以将该行为视为藐视民事法庭,对其科处罚金和监禁直至其执行命令。最后被定性为藐视民

---

① 关于这种非正式的交涉程序,参见宇贺克也:《アメリカ行政法》(第 2 版),弘文堂 2000 年版,第 89 页以下。

② 关于行政法法官制度,参见宇贺克也:《アメリカ行政法》(第 2 版),弘文堂 2000 年版,第 121 页以下。

③ 比如,联邦储备委员会曾经推翻了行政法法官科处 5 000 美元制裁金的决定,转而科处了 4 万美元的制裁金,法院对此也予以了肯定。参见 Stanley v. Board of Governors, 940 F. 2d 267 (7th Cir. 1991).

事法庭的案件有多少尚不可知,但以前曾经出现过以下判例。

在一个违反证券交易法的案件中,法院对违法者 A 科处了 6 万美元的制裁金,但 A 没有缴纳,法院因此命令 A 说明是否准备缴纳,以及如果无法缴纳,是基于何种原因。A 没有遵从该命令,于是法院命令 A 于 7 天之内缴纳制裁金,否则将构成藐视法庭。但是 A 仍然没有对此作出响应,于是法院再次命令 A 于 3 周之内提交有关其财产状况的供述书,但 A 直到将近 5 个月之后才提交供述书,并且供述书还不完整。法院因而认定 A 构成藐视民事法庭罪,对其科处了每日 1 000 美元的罚金直到其执行命令为止,并在此期间对其予以监禁。① 在另外一起违反证券交易法的案件中,法院命令违法者于 30 日内缴纳 5 万美元的制裁金,但违法者在收到命令之后的 7 个月里都没有缴纳,法院因而认定其构成藐视民事法庭罪,并对其科处了监禁。②

三、对金融、证券犯罪的制裁

(一)金融、证券犯罪的刑罚

以华尔街内幕交易丑闻及储蓄贷款组合(S&L)危机为契机,1980 年代到 1990 年代期间,金融、证券犯罪的刑罚得到了大幅提高。

主要的金融犯罪包括:与贷款有关的受贿罪(18 U.S.C. §215),侵占、不当适用银行资金等的犯罪(18 U.S.C. §656),银行文书的虚假记载罪(18 U.S.C. §1005),对监管机关的虚假报告罪(18 U.S.C. §1006; §1007),银行欺诈罪(bank fraud)(18 U.S.C. §1344),等等。目前这些犯罪的法定刑都是 30 年以下的监禁刑或 100 万美元以下的罚金,或者两者的并科。而内幕交易等证券犯罪的法定刑是 10 年以下的监禁刑或 100 万美元(法人的场合是 250 万美元)以下的罚金,或者两者的并科(12 U.S.C. §78ff)。

此外,除了上述各本条规定的罚金上限之外,还有关于犯罪利益额或损害额两倍的罚金上限条款[18 U.S.C. §3571(d)]。换言之,当犯罪利益额或损害额的两倍(在与贷款有关的受贿罪中,是贿赂额的 3 倍)超过

---

① SEC v. Custable, 1999 U.S. Dist. LEXIS 1776.
② SEC v. Santiago, 1996 U.S. App. LEXIS 25424.

了各本条规定的罚金上限时,上限以前者为准。在大和银行案件中,该银行被科处的34 000万美元的罚金适用的即是该条款。另外,当犯罪给被害人造成损害时,一般还会科处刑罚性的损害恢复命令。

  刑事裁判实务中的量刑还要参照《联邦量刑指南》。比如,《联邦量刑指南》规定,银行欺诈犯罪量刑的基础等级是 6 级,如果犯罪的损害额超过了 2 000 美元,再对应损害额加算 1 至 18 个等级(最高的 18 级是损害额在 8 000 万美元以上的场合);如果犯罪严重危害了金融机构的安全或稳定,或者因犯罪获得了 100 万美元以上的不法利益,则加算 4 个等级,在此种场合,即便加算的结果未满 24 级,也要提高到 24 级(U. S. S. G. §2F1.1)。根据量刑指南的规定,从 11 级开始,就必须科处自由刑实刑(U. S. S. G. §5A;§5C1.1),而在基础等级为 6 级的银行欺诈罪中,犯罪的损害额超过 4 万美元时就会加算到 11 级,此时,只要没有其他减刑事由,即便是初犯也要判处实刑(8—14 个月)。另外,在达到 24 级的场合,即便被告人是初犯,也要判处 51—63 个月的实刑。

  内幕交易犯罪量刑的基础等级为 8 级,如果犯罪的不法获利额超过了 2 000 美元,再对应获利额加算 1 至 18 个等级(最高的 18 级是获利额在 8000 万美元以上的场合)。不法获利额超过 1 万美元时,加算等级就会达到必须科处自由刑实刑的 11 级。①

  虽然美国法律对金融、证券犯罪设置了上述严厉的刑罚,并且这些规定在实践中也得到了积极的运用,但实际上却并非所有构成犯罪的行为都受到了刑事追诉、被科处了刑罚。比如,在公开的判例中,几乎找不到只实施了单次行为、涉案额度又不高的内幕交易案件。究其原因,恐怕是因为性质并不恶劣的金融、证券犯罪大多是通过行政制裁来处理的。

  (二)金融法领域的制裁金

  (1)在美国,对金融机构的监管权限分属于多个行政机关。具体而言,财政部的货币监理署(OCC)对于从联邦获得经营许可的国民银行、联邦储备委员会(FRB)对于金融控股公司、财政部的储蓄性金融机构监管局(OTS)对于从联邦获得经营许可的储蓄性金融机构分别具有第一监管权。此外,联邦存款保险公司(FDIC)对于加入联邦存款保险的金融机构

---

  ① 由于后来与 U. S. S. G. §2B 部分进行了整合,现在的量刑指南中 U. S. S. G. §2F 部分已经删除。另外,整合之后,相关条款的内容也发生了变化。——译者注

也具有监管权限。①

上述机关各自对受其监管的金融机构及金融机构关联人的违法行为分别具有科处行政制裁的权限。比如,FRB对于隶属联邦储备系统的金融机构或其关联人违反法律、法规的行为,有权科处行政制裁。所谓金融机构的关联人,除了金融机构的领导层、职员及具有支配性地位的股东之外,还包括与金融机构有合同关系(包含律师、会计师等)并实施了违反法令的行为、违反信义义务(fiduciary duty——译者注)的行为或者不安全和不稳健的行为(unsafe and unsound practice),因而导致或有可能导致银行遭受损失的人[12 U.S.C. §1813(u)]。

(2) 金融法领域存在很多关于制裁金的规定,比如12 U.S.C. §1818(i)(2)就是一个具有代表性的条款。根据该条规定,对于作为存款保险体系成员的金融机构或其关联人实施的违反法律、法规或联邦监管部门命令等的行为,相关监管部门有权科处制裁金。根据主观面等行为的恶性程度,制裁金的额度分为三个等级。基础的第一等级是,对于金融机构或其关联人违反法律、法规、命令、许可条件或书面合意的行为,可以就该行为持续期间的每一日科处5 000美元以下【由于物价的上涨现在已经被提高到了5 500美元,下同】的制裁金。构成第二等级处罚的条件是,金融机构或其关联人①实施了符合第一等级的行为,或者②在办理金融业务的过程中,轻率地实施了不安全和不稳健的行为(dangerous and unsound practice),或者③实施了违反信义义务的行为,并且,①该行为是连续违法行为的一部分,或者②已经导致或有可能导致金融机构遭受轻微程度以上的损失,或者③给关联人带来了经济利益或其他利益。第二等级的处罚是,就违法行为持续期间的每一日对金融机构或其关联人科处25 000美元【27 500美元】以下的制裁金。构成第三等级处罚的条件是,金融机构或其关联人基于故意①实施了符合第一等级的行为,或者②在办理金融机构业务的过程中,实施了不安全和不稳健的行为,或者③实施了违反信义义务的行为,并且,通过上述行为故意或轻率地给金融机构带来了相当程度的损害或者给关联人带来了相当程度的经济利益或其他利益。第三等级的处罚是,在违法者是自然人的场合,就违法行为持续期间

---

① 参见野々口秀树、武田洋子:《米国における金融制度改革法の概要》,载《日本銀行調査月報》2000年第1号。

的每一日对其科处100万美元【1 175 000美元】以下的制裁金;在违法者是金融机构的场合,就违法行为持续期间的每一日对其科处100万美元【1 175 000美元】以下或者其总资产1%以下的制裁金,上限以两者中较低的一个为准。就主观方面而言,大致可以认为,第三等级是故意,第二等级是重过失,第一等级则还包含了无过失的情形。

监管机关在决定制裁金的额度时,必须考虑违法者的资产规模、诚实度、违法性的程度、违法历史以及其他基于正义的要求应当考虑的因素[12 U.S.C.§1818(i)(2)(G)]。

科处制裁金的决定须以书面形式通知违法者,如果违法者在20日以内未申请听证,决定即生效[12 U.S.C.§1818(i)(2)(E)]。为了保障制裁金的缴纳,在必要的时候,监管机关可以请求法院对违法者的财产作出保全命令[12 U.S.C.§1818(i)(4)]。

根据联邦法律,除了金融监管机关具有科处制裁金的权限之外,对于银行欺诈罪等主要金融犯罪,司法部长也有权请求法院科处制裁金。在此种场合,制裁金的上限原则上是100万美元;如果犯罪是连续的行为,则可以就行为持续期间的每一日对违法者科处100万美元以下的制裁金,但总额不得超过500万美元;如果犯罪产生了经济性的利益或损害,且该利益或损害额超过了上述两种情形的上限,则上限以该利益或损害额为准(12 U.S.C.§1833a)。可以说这种规定充分体现了制裁金被定性为准刑罚性质的制裁,可以一般性地对违法者适用的美国法特征。

(3)如果按照上述规定,则制裁金就有可能达到非常高的额度,但实际上科处的制裁金多数额度并不高。比如,根据OCC的数据①,1990年至今,OCC对金融机构科处制裁金的案件有116件,其中制裁金额度在10万美元以上的只有6件(75万美元的1件,10万美元的5件);额度在1万美元以下的共68件,占了约6成;额度在1 000美元以下的也有10件,最低的一件额度为200美元。把最高的75万美元剔除后,平均值为15 800美元,中间值为5 000美元。形成这种现象的原因可能是,OCC处罚政策的重点不在于一罚百戒地科处高额的制裁,而在于一旦发现了违法行为,就必定对其科处某种制裁。

与此相对,也许是因为监管对象的不同,FRB科处制裁金的案件数量

---

① 载http://www.occ.treas.gov/enforce/enf_search.htm。

虽然不多,但金额却相当高。① 比如,FRB 曾对 BCCI(Bank of Credit and Commerce International)的内部人员科处过 3 700 万美元的制裁金,对美国的银行控股公司科处过 500 万美元的制裁金(纽约州金融局也对其科处了 500 万美元的制裁金),对日本的银行科处过 500 万美元的制裁金,对瑞典的银行科处过 250 万美元的制裁金(纽约州金融局也对其科处了 250 万美元的制裁金),等等。

在这些制裁金的运用中特别值得注意的是,如前所述,不仅是金融机构本身,金融机构的领导层、职员以及其他关联人的违法行为也是制裁金的处罚对象。根据 OCC 的数据,1990 年至今被 OCC 科处制裁金的金融机构关联人为 846 人,制裁金的额度最高为 100 万美元,最低为 250 美元,平均值为 14 699 美元,中间值为 4 000 美元。通过细致观察可以发现,全部案件中有约 8 成科处的制裁金额度在 1 万美元以下,被科处 10 万美元以上制裁金的为 25 人。制裁金额度最集中的是 1 000 美元以上 2 000 美元以下的区间,人数为 167 人,其次是 2 000 美元以上 3 000 美元以下的区间,人数为 155 人,两者相加占了整体的约 4 成。由此可以推测 OCC 可能采取了这样的处罚方针,即对于自然人违法者,即便额度不高,也必须科处制裁。同样,金融机构的关联人也是 FRB 科处制裁金的对象,比如,FRB 曾经针对违反对银行的信义义务的关联人科处过 4 万美元的制裁金,对违法销售金融衍生产品的关联人科处过 12 万美元的制裁金,对在交易记录中作虚假记载的关联人科处过 15 000 美元的制裁金。

(三)证券交易法领域的制裁金

(1) 1984 年的《内幕交易制裁法》(Insider Trading Sanction Act)中,首次赋予了 SEC 科处制裁金的权限,而 1988 年的《内幕交易及证券欺诈执行法》(Insider Trading and Securities Fraud Enforcement Act)又进一步规定,SEC 有权通过行政程序自行科处制裁金。②

根据现行法律,SEC 有权不经过法院而自行对违法者、违法者的教唆

---

① 载 http://www.federalreserve.gov/boarddocs/press/enforcement。
② 参见芝原邦尔:《行政の実効性確保——刑事法の視点から》,载《公法研究》第 58 号(1996 年),第 259 页以下;宇贺克也:《SECによる法執行の改革——1990 年法改正を中心として》,载《ジュリスト》第 990 号(1991 年),第 38 页以下;黑沼悦郎:《アメリカ証券取引法》,弘文堂 1999 年版,第 214 页以下;等等。

和帮助者以及怠于履行对违法者的监督（supervise——译者注）职责的监督者科处制裁金(15 U.S.C.§78u-2)。这个条款规定的制裁金分为三个等级：①违法者是自然人的场合，制裁金上限是 5 000 美元【由于物价的上涨现在已经被提高到了 5 500 美元，下同】，法人的场合上限是 5 万美元【6 万美元】；②如果违法行为具有欺诈、操纵、故意或轻率地无视规则的性质，则上限分别提高到自然人 5 万美元【6 万美元】和法人 25 万美元【30 万美元】；③在上述条件的基础上，如果行为进一步导致或明显有可能导致他人遭受重大损害，或者违法者获得了相当的经济利益，则再将上限分别提高到自然人 10 万美元【12 万美元】和法人 50 万美元【575 000 美元】。制裁金的科处必须符合公共利益，在对此进行判断时，需要考虑违法行为的手段、造成的损害、获得的利益、违法历史、抑制的必要性以及其他基于正义的要求需要考虑的因素。另外，在科处制裁金时，需要考虑违法者的资力。

在法院基于 SEC 的请求对违法者科处制裁金的场合，制裁金的最高额度可以达到违法者因违法行为所获得的利益额或所避免的损害额的 3 倍(15 U.S.C.§78u-1)。对于违法者的控制人(controlling person)，法院也可以科处 100 万美元以下或者因违法行为所获得的利益额或所避免的损害额 3 倍以下的制裁金，上限以两者中较高的一个为准。但是，对控制人科处制裁金需要符合以下条件之一：①SEC 证明，控制人故意或轻率地无视被控制人实施违法行为的可能性，并且未采取适当措施防止违法行为的发生；②SEC 证明，控制人故意或轻率地不制定、不维持或不执行合规计划，由此实质地助长了被控制人的违法行为。

(2) 行政制裁到底是自行科处还是请求法院来科处，是由 SEC 选择的制裁方式所决定的(只有法院有权发出停止违法行为的命令)。① 由于 SEC 和法院都有权科处制裁金，所以 SEC 选择制裁程序时需要考虑的是其选择的其他制裁方式。实践中，多数案件都是通过和解来结案的，通常情况下，关于制裁额度等制裁的内容，在违法者与执法人员之间的交涉中也就已经事先确定了。

---

① United States General Accounting Office，Report to Congressional Committees，Money Penalties：Securities and Futures Regulators Collect Many Fines But Need to Better Use Industrywide Data, 6 (1988).

1992年到1996年期间,SEC共科处了534件制裁金,其总额为258 607 797美元,其中215 163 074美元已经缴纳(占案件总数的92%,总额的83%)。① 形成这种高缴纳率的原因,可能是因为制裁金大多是通过和解的方式科处,且制裁金的额度也被限制在违法者能够缴纳的范围内。

就制裁金在证券法实务中的运用而言,比如曾经出现过这样一个案件。该案的一名被告人从某公司的董事那里获知了与该公司股份的要约收购有关的未公开信息,然后以该公司的权证为标的实施了交易。地区法院在判决中作出了永久性禁止该被告人实施同种交易行为的命令,同时要求其上缴871 725美元的交易获利(加上按照国税部门的延滞利率计算的利息额,共计1 264 501美元),此外还对其科处了871 725美元的制裁金。关于本案的制裁金额度,SEC向法院提出的请求额是违法获利的3倍,但法院认为,被告人并没有采取使用假名或者海外账户等隐蔽手段,也没有违法历史,且违法交易只涉及一只股票等,由于存在这些对被告人有利的因素,所以科处与违法获利额相等的制裁金是妥当的。②

(3)虽然SEC有权对故意的内幕交易行为向司法部提出刑事控告,但实际提出刑事控告的主要是涉及的被害人数量较多,或者公司的领导层参与了违法行为,或者伴随有伪造文书或毁灭证据等恶劣行为的案件。对于其他类型的违法行为,多是通过包含制裁金在内的行政制裁来处理的。SEC的执法中,可以说是把刑罚当做"最后的手段"来运用的。③

四、我国引进制裁金制度的可能性

(一)适合制裁金发挥功能的领域

在进一步讨论美国法的上述制度对我国的启示之前,笔者首先想指出的是,在经济犯罪,特别是银行法、证券交易法、反垄断法等领域,制裁金能较好地发挥其功能。

---

① United States General Accounting Office, Bank and Thrift Failures: The Government Could Do More to Pursue Fraud and Wrongdoing, Testimony Before the National Commission on Financial Institution Reform, Recovery and Enforcement, January 28, 1993, GAO/T-GGD-93-1, p. 11.

② SEC v. Downe, 969 F. Supp. 149, 1997 U. S. Dist. LEXIS 8629.

③ 参见芝原邦尔:《行政の実効性確保——刑事法の視点から》,载《公法研究》第58号(1996年),第258页。

一般来说,适合制裁金发挥功能的领域主要有以下特征:①需要进行大量的类型性处理;②社会和伦理对违法行为的非难程度较低;③需要剥夺违法的获利;④对法人的制裁具有重要地位;⑤需要进行专业判断,存在能够进行这种判断的专业机关;等等。道路交通法领域的反则金符合第①个特征,但与本章研究的经济犯罪没有太大关系,而第②、③、④、⑤个特征则多反映在经济犯罪领域。

首先,与刑罚相比,行政制裁的特色是其伦理性色彩较少,所以,在违法行为的反伦理色彩较淡的场合,相对于刑罚而言,有效利用行政罚是更为理想的做法。在该领域,即便法律预先准备了刑罚,但由于并没有被实际运用,所以也不会发挥实际效用,甚至反而有可能导致刑罚法规权威性的降低。① 对于违反向监管部门的申报义务或者报告义务的行为,虽然既有法律规定了刑罚也有法律规定了过料,但恐怕应该研究把这些行为全部纳入过料的处罚对象,而只对性质特别恶劣的行为才动用刑罚的制度。

其次,由于对违法利益的没收和追征是一种财产性的制裁,所以这种制裁就没有必要一定是刑罚,如果把没收和追征规定为行政制裁能够使其运用起来更加机动灵活,则后一种方式是更为理想的。② 关于对违法利益的剥夺问题,虽然我国已经在《反垄断法》中规定了课征金制度,但其他经济犯罪领域恐怕也应该对此展开研究。特别是对于操纵市场或者内幕交易等犯罪类型来说,由于获利额的计算较为容易,所以最适合以行政制裁的形式引入违法利益剥夺制度,应该在法律中规定,金融厅和证券交易监视委员会有权对违法者科处剥夺其违法获利的处分(或者请求法院科处这种处分)。

制裁金也可以作为制裁法人的补充性手段。由于现行法中针对法人的刑罚只有罚金,所以即便用制裁金取而代之,现状也不会有太大改变。由于我国现在的理论对法人的犯罪能力一般都持肯定态度,所以没有必要废止针对法人的刑罚规定,但是恐怕有必要研究如何主要依靠有效利用制裁金来实现对法人的制裁。目前我国行政制裁中针对法人违法行为

---

① 平野龙一教授立足于这种观点,对德国的过料制度进行了剖析。参见平野龙一:《经济活動と刑事制裁——ドイツ経済刑法における過料制度》,载竹内昭夫主编:《现代商法学の課題・鈴木竹雄先生古稀記念(下)》,有斐阁1975年版,第1581页以下。

② 参见神山敏雄:《日本の経済犯罪:その実情と法的対応》(新版),日本评论社2001年版,第114页。

的只有停止营业的处分,但此种处分的性质尚未明确①,而且,此种处分的科处还要受到顾客的权益等种种因素的制约。因此,对于法人的违法行为,直接科处制裁金的制裁方式是更为理想的。

最后,如果制裁金只停留在法律条文之中,那就只不过是画了个大饼而已,所以还必须要有具备专业能力能够对违法行为进行调查的行政机关。这是因为,刑事案件的侦查任务可以交给警察、检察机关,但要科处制裁金,则必须由行政机关自行调查违法事实。就这一点而言,在经济犯罪领域,由于存在公正交易委员会、证券交易监视委员会、金融厅的检查部等具有专业调查能力的机关,所以最适宜引入制裁金制度。在税收领域,国税部门已经将重加算税制度作为实质上的制裁金进行了有效的运用。

此前还有人曾经建议在反垄断法领域引入制裁金制度,笔者也赞成这种主张。②但是,在反垄断法领域引入制裁金制度时,也没有必要完全废止剥夺违法利益的课征金制度,在设置更加具体的认定方式之后,将其作为一种利益剥夺处分延续下来也是有可能的。在《证券交易法》【《金融商品交易法》】和其他金融法领域,恐怕也应该研究引入制裁金和利益剥夺处分相并立的制度。③

---

① 如果某种停止营业处分是为纠正违法状态和防止再犯的发生所必要,则就不具有制裁的性质。但是,实践中科处的停止营业处分往往命令违法者在违法行为发生之后的相当长时间里停止营业,其处分基准是违法性的程度,而不是违法行为的纠正状态,因而明显是被当做针对已发生的违法行为的制裁来使用的。

② 参见阿部泰隆:《課徵金制度の法的設計》,載松田保彦等编:《国際化時代の行政と法·成田頼明先生横浜国立大学退官記念》,良书普及会1993年版,第120页;古城誠:《公取委エンフォースメントと私訴》,载《日本経済法学会年報》第22号(2001年),第8页以下;金井貴嗣:《独占禁止法違反に対する課徵金·刑事罰の制度設計》,载《日本経済法学会年報》第22号(2001年),第20页以下;乡原信郎:《独占禁止法違反に対する制裁の現状と課題》,载《日本経済法学会年報》第22号(2001年),第101页;楠茂樹:《独禁法への制裁金制度導入について(下)》,载《法律時報》第73卷第9号(2001年),第92页;志田至郎:《弁護士の立場から見た独占禁止法の法執行》,载《法律のひろば》第54卷第5号(2001年),第27页。

③ 神山敏雄教授认为:"如果把证券交易监视委员会改为和公正交易委员会一样的独立机关,并赋予其独立科处课征金或其他经济性制裁的权限,就可以在短时间内迅速剥夺不正当利益,实现低成本高实效的处理。"参见神山敏雄:《日本の経済犯罪:その実情と法的対応》(新版),日本评论社2001年版,第117页。另外,参见曾和俊文:《経済的手法による強制》,载《公法研究》第58号(1996年),第220页以下。

（二）美国法带来的启示

对在我国引入制裁金制度这一问题进行研究之时，能够从美国法那里获得何种启示呢？下面笔者就尝试列举一二。

（1）在规定制裁金时，不应将其对象限制为法人，而应该将自然人违法者也纳入制裁金的处罚对象范围。同时，作为制裁对象的自然人，也不应限制为受到行政机关直接监管的人，而应该一般性地包含所有的违法者。

在这个问题上，那些主张在反垄断法领域引入制裁金制度的提议，都是主张把制裁金作为课征金的替代性制度，只允许对违法的事业者科处。但是，要想有效地抑制违法行为，对于那些实际实施违法行为的自然人也必须科处制裁。这样一来，则理想的制度应该是，对那些性质恶劣的案件动用刑罚，而除此之外的场合，对包含自然人在内的违法者都可以科处制裁金。

在内幕交易方面，对于违反《证券交易法》《金融商品交易法》的违法行为，在违法主体是证券公司的场合，金融厅能够动用的行政处分只有停止业务的命令，在主体是证券外务员的场合，处分手段只有停止其从事证券业务的资格，而对其他违法者则无法科处任何行政制裁。如此一来，在有必要科处制裁的时候就只能动用刑罚，但这种制度是否妥当，值得怀疑。

另外，有学者建议，《反垄断法》三罚规定[①]中涉及代表人的部分，应当将重过失的情形也规定为处罚范围。[②] 如果想要有效抑制违反《反垄断法》的行为，则有必要将代表人也规定为制裁的对象，这一观点是非常正确的，可是，在经济犯罪领域处罚过失犯（即便是重过失）的做法，可能会遇到很大的阻力。但如果采取可以处罚个人的制裁金制度，那么，不仅是对实际实施违法行为的人，对于怠于履行对该违法者的监督义务的代表人，制裁的科处都会变得更加容易。

（2）在法制度的具体设计上，可以发现美国的立法在确保制裁发挥实际效果方面下了很多工夫。不可否认，制裁必须符合公平和正义的理

---

① 根据日本《反垄断法》第95条之2的规定，除了法人和具体实施违法行为的自然人之外，法人的代表人也可能成为处罚对象，此种场合，处罚对象便从传统法人犯罪的"两罚"上升到了"三罚"。——译者注

② 芝原邦尔：《経済刑法》，岩波书店2000年版，第197页。

念,而并非只要能有效抑制违法行为就可以无所不用,而且,在法制度存在差异的背景下,也不能以"拿来主义"的态度对待美国法的制度,但是,美国法的制度中也有很多地方值得参考。比如,在制裁额度的确定方面,美国法规定制裁金的最高额与利益额挂钩并随之浮动,同时,对应物价的上涨,可以机动灵活地修改制裁金的上限,这种制度就值得我国学习。在我国现行《刑法》的取得伪造的货币后知情使用罪(《刑法》第152条)以及税法中,已经出现了罚金额随着违法额浮动的规定(过料制度的类似规定,比如《国立国会图书馆法》第25条之2第1项、《护理保险法》第214条第4项等)。从抑制的角度来说,在行为人估算到犯罪会带来高额利益的场合,如果不把制裁金的上限提升到与利益额相称的额度,制裁金就会丧失其抑制力。如果不采取美国那种对于经济犯罪以运用自由刑实刑为原则的做法,恐怕就应该对我国的法律进行修正,使科处高额的财产罚成为可能,但这种财产罚又没有必要一定是刑罚,应该研究引进前文所述的那种制裁金制度。另外,美国法按照包含主观面在内的行为的恶性程度,把制裁金的额度分为三个等级等制度设计也值得我们参考。

(3)毋庸赘言,想要积极有效地运用行政制裁,在程序方面也必须做好相应的设计。现行法的过料原则上是通过非讼案件程序来裁判的,最高裁判所的判例认为这种做法并不违宪(最大决昭和41·12·27,《民集》第20卷第10号,第2279页),但学说上对此几乎都持怀疑的态度。关于这一问题,有两种可能的解决方案:①和地方公共团体的首长科处的过料一样,赋予行政机关科处过料的权限,而有关此种处分的争议则由行政诉讼来处理;②认为过料和刑罚一样,与行政机关相比,由法院来科处更加有利于对权利的保护,所以上述问题的解决方案是在过料的裁判中引入公开对审程序。①

既然现行的过料裁判借用非讼案件程序的做法本就存在问题,那么如果今后要积极地引入制裁金制度,程序层面的改革将是不可或缺的,但到底是第①种方案较好,还是第②种方案较好,是难以回答的问题。不过,就像美国法所肯定的那样,采取第①种方案并不会直接就违反《宪法》

---

① 市桥克哉:《行政罚——行政刑罚,通告处分,過料》,载《公法研究》第58号(1996年),第244页;石川明:《判評》,载《民事訴訟法判例百選Ⅰ》(新法对应补正版),有斐阁1998年版,第12页以下;等等。

的正当程序条款。但是,由于我国并不存在美国那种行政法法官制度(不过设置了审判程序的公正交易委员会接近于该制度),采取第②种方案可能是较为理想的。

另外,在《反垄断法》设置课征金制度之时,有观点认为有必要排除公正交易委员会的裁量权,但在笔者看来,没有理由认为,由于是行政机关科处的行政制裁,所以就必须完全排除其裁量权。当然,恣意地动用制裁金也是不能允许的,所以,如果赋予行政机关自行科处制裁金的权限,为了对裁量的幅度进行限制,恐怕就有必要参照美国的制度,研究在法律中规定有关制裁金额度计算的"量刑"指南的制度(如果采取由法院科处制裁金的方案,这种制度也是值得研究的)。其中,就法人的量刑问题而言,基于鼓励实施合规计划的考虑,应该规定把事前预防措施的有无及完善度、事后的报告及改正措施的有无纳入"量刑"考量的范围。①

(4) 为了使行政制裁得到有效执行,人员和经费预算的投入是不可或缺的。此前,我国的证券交易监视委员会和美国的 SEC 在规模上的巨大差距也经常被人们提及。② 为了强化对市场的监管,可以预见金融厅、证券交易监视委员会、公正交易委员会等将会实施增员,但如果要引进制裁金制度,则有必要进一步强化这种趋势。

市场监管职能的强化不仅要体现在数量方面,也要体现在质量方面。美国的行政制裁之所以能有效地发挥机能,一个重要原因是有一个支撑行政制裁运行的法律专家集团。如果我国的法律从业者人数在未来一段时间继续增长,其中可能也有相当一部分人将在行政机关中从事执法工作。即便将来采取由法院负责科处制裁金的制度,也应当在有权请求科处制裁金的行政机关内部设置专门处理诉讼业务的部门,并配置具备相关领域专业知识的法律专家,这样才是比较理想的。在美国的 OCC 和 SEC 中,法院的诉讼也是由其内部的专家负责处理的。

---

① 关于对提供信息、配合调查者的减免措施,参见古城诚等:《企業犯罪研究会報告書——独占禁止法の制裁制度に関する研究》,载《法律のひろば》第 54 卷第 5 号(2001 年),第 49 页以下;铃木恭藏:《課徴金制度の再考——審査への協力事業者に対する課徴金の免除・減額について(上)(下)》,载《NBL》第 711 号(2001 年),第 6 页以下;第 712 号(2001 年),第 38 页以下;楠茂树:《独禁法への制裁金制度導入について(上)(下)》,载《法律時報》第 73 卷第 8 号(2001 年),第 59 页以下;第 73 卷第 9 号(2001 年),第 94 页以下;等等。

② 参见神山敏雄:《日本の経済犯罪:その実情と法的対応》(新版),日本评论社 2001 年版,第 116 页。

另外,美国的立法在新设刑罚等执法制度时会考虑必要的预算和人员,这也是值得我们参考的。在对日、美两国关于金融机构危机的处理方式进行比较之时,虽说前面说过不能进行简单的比较,但人员和预算的配置肯定是其内容之一。为了处理金融机构的危机而在 1989 年制定的《金融机构改革恢复执行法》(Financial Institution Reform, Recovery and Enforcement Act)规定,要连续 4 年、每年拨付 16 250 万美元用于有关金融机构危机问题的执法活动。根据该规定,美国司法部用于金融犯罪侦查的预算从 80 845 000 美元增加到了 212 246 000 美元,而参与侦查的联邦侦查员的人数也从 822 人增加到了 1 525 人。仅就为处理得克萨斯州储蓄贷款组合(S&L)引发的犯罪而在达拉斯设立的金融欺诈执法工作组而言,1987 年开始设立时配备了 27 名联邦侦查员、21 名检察官、4 名储蓄性金融机构监管局职员和 17 名国税局职员,1990 年其工作人员总数增加到了 94 人,到 1992 年又进一步增加到了 150 人。[①] 我们应当认识到,只有配置了如此规模的预算和人员,才有可能侦破大规模的经济犯罪。

(三) 行政制裁与刑事制裁的关系

就行政制裁与刑事制裁的关系而言,最简明的制度是通过要件将两者完全分离,比如,对过失的违法行为科处行政制裁,对故意的违法行为则科处刑事制裁。但是,在这种制度中,由于作为刑事制裁对象的行为并非总是会受到现实的刑事追诉,这样就可能导致轻微的违法行为受到了行政制裁,而更重的违法行为却未受到任何制裁的局面。但是如果因此就采取起诉法定主义恐怕也并不妥当,所以,即便对轻微的违法行为只规定行政制裁,也不应排斥行政制裁对重大违法行为的适用,在这一部分使行政制裁与刑事制裁相重合。

在这种行政制裁与刑事制裁的要件相重合的制度中,接下来需要解决的问题就是如何对两者区别使用。这里也不能否定,最简明的制度仍然是规定只能选择其中一种制裁。换言之,在重大的制裁中,也只对性质特别恶劣的案件科处刑事制裁,此时,不再科处行政制裁。但是,采取这种制度的前提是,刑事制裁必须总是能够比行政制裁带来更大的痛感。比如,如果把《反垄断法》的课征金变更为制裁金,并规定对轻微的案件只

[①] Kitty Calavita, Henry N. Pntell and Robert H. Tillman, Big Money Crime: Fraud and Politics in the Saving and Loan Crisis 128-131 (1997).

科处制裁金,对性质恶劣的案件只科处刑罚,假设目前的《反垄断法》规定的罚金额保持不变,那么就会导致在那种恶性尚未达到应受刑事追诉程度的案件中,对法人可以科处高达数亿日元甚至数十亿日元的制裁金,但与此相对,对于性质更加恶劣的案件,却只能科处不超过 5 亿日元的罚金的局面。① 而在刑事裁判中,要想对与现在的课征金额度相匹敌的犯罪利益进行没收和追征,恐怕多数场合也都存在困难。因此,除非规定刑事制裁科处的罚金额可以等于甚至超过行政制裁,才可以采取对性质恶劣的案件只设置刑事制裁的制度,否则,就必须允许行政制裁与刑事制裁的并科。②

关于行政制裁和刑事制裁的并科问题,一直以来都有批判的观点认为这种做法会触犯宪法所禁止的二重处罚,但是,在本书的第二章,笔者已经论述过这种批判是没有理由的。③ 因为既然我们允许并科刑罚中的自由刑和罚金刑,甚至还可以进一步并科没收和追征,就没有理由不允许把其中一部分以行政罚的形式(比如把罚金转换为过料,把追征转换为课征金)与刑罚进行并科(《宪法》第 39 条后半段应该理解为禁止让行为人面临二重的刑事程序负担的程序性保障条款)。如果存在不应允许并科刑罚与行政罚的情况,恐怕也仅限于并罚会导致制裁的整体程度过重从而引发罪刑失衡的场合。

虽然美国联邦最高法院在 Halper 案件判决④中肯定了制裁金与刑罚的并科有可能违反《美国联邦宪法第五修正案》的二重危险条款,但可以认为,此后的 Hudson 案件判决⑤在此问题上又作出了实质性的变更。

---

① 古城诚等:《企業犯罪研究会報告書——独占禁止法の制裁制度に関する研究》,载《法律のひろば》第 54 卷第 5 号(2001 年),第 58 页。

② 另外一种可能的方案是完全废止对法人的刑事处罚,也有学者主张采取这种方案。参见楠茂樹:《独禁法への制裁金制度導入について(下)》,载《法律時報》第 73 卷第 9 号(2001 年),第 95 页。但是,如果一般性地废止对法人的刑事处罚、完全用行政制裁来代替则另当别论,可是如果仅在反垄断法领域废止对法人的刑事处罚,恐怕存在疑问。从比较法的角度来看,需要注意,在对法人只科处行政制裁的德国,法人犯罪能力否定说具有传统性的强势地位,而欧洲共同体并没有刑罚权。

③ 参见佐伯仁志:《二重処罰の禁止について》,载松尾浩也、芝原邦尔主编:《刑事法学の現代的状况・内藤謙先生古稀祝贺》,有斐阁 1994 年版,第 275 页以下(本书第二章第一节)。

④ United States v. Halper, 490 U. S. 435 (1989).

⑤ Hudson v. United States, 522 U. S. 93 (1997).

Hudson案件的案情是,OCC以违反法令和规则为由,对某银行的最高责任人Hudson发出了将对其科处10万美元制裁金和禁止其在金融机构就业的处罚通知,后基于双方的合意,OCC最终只对Hudson科处了16 500美元的制裁金和从业禁止的命令。此后,Hudson又因同一违法事实受到了刑事追诉。Hudson案件判决在批判Halper案件判决脱逸了传统原则的基础上,认为本案中制裁金与刑罚的并科并不构成宪法所禁止的二重处罚。①

此后的下级审判决中,有上诉法院在一个上诉案件中遵从Hudson案件的判决,认为地区法院认定被告人的内幕交易行为构成证券欺诈罪,对其科处188个月的监禁刑和约3 777万美元的损害恢复命令之后,再基于SEC的请求,剥夺被告人920万美元的不法利益并科处50万美元制裁金的做法,并不构成二重处罚。②

(四)制裁的最终负担者

科处制裁的目的是为了让被制裁者产生痛感,所以,制裁最终的、实质的负担者也必须是被制裁者本身。

因此,在法人的领导层或者职员等在开展法人业务的过程中实施了违法行为,因而被科处罚金(包括行政罚性质的制裁金)的场合,不应当允许法人填补上述罚金。因为如果允许这种填补,就会大大削弱对自然人科处罚金的意义。在美国的同意令中,很多都要求被处罚人不得从公司那里接受对罚金的填补。

另一方面,在法人因其违法行为被科处罚金(包括制裁金和课征金)的场合,罚金的最终负担者也必须是法人自己,而不应允许将该罚金转嫁到董事等自然人身上。③ 特别是,法人罚金多数是考虑了法人的资力而被设定显著高于自然人罚金的额度,如果让并不具备法人那种资力的自然人来承担这种罚金,不仅违反了制度的宗旨,从公正的角度来说也是不妥当的。比如,在《证券交易法》【《金融商品交易法》】的两罚规定中,法人罚

---

① 详细请参见佐伯仁志:《アメリカにおける二重処罰の禁止——最近の発展を中心に》,载广瀬健二、多田辰也主编:《田宫裕博士追悼論集(下)》,信山社2003年版,第513页以下(本书第二章第二节)。

② SEC v. Palmisano, 135 F. 3d 860 (2nd Cir. 1998).

③ 详细请参见佐伯仁志:《法人処罰に関する一考察》,载芝原邦尔等编:《松尾浩也先生古稀祝賀論文集(上)》,有斐阁1998年版,第655页以下(本书第二章第四节)。

金额的上限要远远高于自然人罚金额的上限。假设以提交虚假有价证券报告书罪对董事科处了 500 万日元【1 000 万日元】的罚金(《证券交易法》【《金融商品交易法》】第 197 条),同时对法人也科处了 5 亿日元【7 亿日元】的罚金(《证券交易法》【《金融商品交易法》】第 207 条),如果让该董事在 500 万日元【1000 万日元】罚金之外再承担 5 亿日元【7 亿日元】罚金,很明显是不当的。同理,在法人缴纳完罚金之后,再让董事对该罚金进行填补的做法,同样也是不当的。

对这个问题作出判断的两件股东代表诉讼的判决(东京地判平成 8·6·20,《判例时报》第 1572 号,第 27 页,大阪地判平成 12·9·20,《判例时报》第 1721 号,第 3 页)认为,法人被科处的罚金在性质上是一种损害,并肯定了董事对此损害的赔偿责任,但这两份判决中完全看不到对罚金特殊性的考虑,因而是不妥当的。

五、结语

本节中,作为研究在我国引进正式的行政罚金制度的参考资料,笔者对美国的行政罚金制度进行了介绍,并对若干问题进行了检讨。在本节的最后,笔者想指出的是,在日本的法制度进入重大变革时期的当下,应当对经济犯罪的制裁制度进行根本性的反思。

【补论】此后的动向

此后,在 2004 年《证券交易法》的修正中,对内幕交易、操纵市场、散布谣言、违反发行披露义务的行为设置了课征金。接着,2005 年的修正又进一步把违反继续披露义务的行为纳入课征金的适用对象。在 2008 年《金融商品交易法》的部分修正中,提高了课征金的额度,扩大了其适用的范围,同时,设置了针对累犯的加算制度以及在调查开始前主动交代违法行为时的减算制度。在这次修正中,可以说课征金的制裁性质得到了进一步的明确。

此外,在 2007 年《公认会计师法》的部分修正中,对公认会计师及审计法人的违法行为设置了课征金。该法的课征金制度中特别值得注意的是,其课征金的额度以利益的相当额(具体来说是审计报酬额)为基准,在故意实施违法行为的场合是审计报酬额的 1.5 倍,在急于履行相当的注意义务的场合是审计报酬额的1倍(第34条之21第2项)。在美国的制裁金制度中也可以发现这种规定,可以说,这明显反映了课征金制度具有制裁的性质。

可以说,我国的制裁制度正朝着本书所提倡的方向推进。

第二节 美国经济犯罪的重罚化动向

一、绪论

283　　美国社会中的重罚化动向在经济犯罪领域也是非常明显的。公司的领导层或职员被科处自由刑实刑、企业被科处巨额罚金的案件并不罕见。由于媒体对那些内幕交易案件及大和银行案件的报道,上述状况在我国也广泛地被人们所知晓。[①]

本节中,笔者以四种犯罪类型为例,对美国经济犯罪领域的重罚化动向进行简单介绍,在此基础上,提出并分析出现这种动向的三个原因,最后,简单谈一下域外状况与我国的比较。

二、经济犯罪重罚化的事例

(一)反垄断法领域

在经济犯罪重罚化的动向中,首先要介绍的是反垄断法领域的情况。1955年,违反反垄断法行为的罚金从5 000美元被提高到5万美元,但这次罚金的增额只是为了应付物价的上涨,真正的重罚化,应当说始于1974年的法律修正。

在1974年的修正中,违反《谢尔曼法》第1条的行为从轻罪被提升为重罪,刑罚的上限也从此前的1年监禁刑和5万美元罚金被提高到5年监禁刑和10万美元罚金。另外,在此之前自然人罚金额的上限和法人罚金额的上限是相同的,但此次修正把后者提高到了100万美元,开始实行

[①] 据媒体报道,日本大和银行在美国被指控犯有欺诈的共谋罪、隐匿重罪等24项罪名,后通过辩诉交易与检察机关达成了合意,同意对部分犯罪作有罪答辩,并缴纳34 000万美元的罚金。参见《日本经济新闻》1996年2月29日夕刊。

所谓的法人重科制度。

此后,1984年的《量刑改革法》规定,对联邦犯罪科处罚金时,最高额可以达到被告人因犯罪所获得的利益额或者所造成的损害额的2倍。考虑到违反反垄断法的行为涉及的利益额或者损害额有可能达到相当高的额度,可以说,这是一次重要的量刑改革。

接着,1990年,自然人罚金额的上限被进一步提高到了35万美元,而法人罚金额的上限则被直接提高到了1 000万美元。

以上是法律条文层面的重罚化动向,而在实际执法层面,反垄断法领域的重罚化动向也是非常引人注目的。在这一点上,1987年施行的《联邦量刑指南》的作用尤其重要。

一般认为,《联邦量刑指南》的重要意义在于推动了基于社会复归思想的不定期刑向基于报应刑和抑制刑思想的定期刑的转换,但实际上其还有另外一个重要意义,那就是在经济犯罪(白领犯罪)领域,指南导致了对这些犯罪实际科处的刑罚的重罚化。原因是,量刑委员会在制作指南时采取的基本方针是,先调查联邦地区法院以往量刑的实际情况,然后在调查所查明的量刑区间的基础上,再确定指南的量刑基准。但是,指南在白领犯罪领域规定的量刑基准却比该类犯罪以往的量刑区间有了相当幅度的提高。[①]

根据量刑委员会的调查,在违反反垄断法的案件中,指南施行前对被告人判处自由刑实刑的比例为39%,平均刑期为45天,而根据指南的规定,原则上对于所有此类被告人都要科处6个月以上的自由刑实刑。[②] 在罚金刑方面,指南也大幅提升了其处罚额度。1974年到1980年期间,对法人科处的罚金额的均值是违法交易额的约1.4%,而指南则规定罚金额应为交易额的15%以上。[③] 就指南的实际施行情况来看,施行之前,对法人科处的罚金额的均值为16万美元,与此相对,指南施行后的均值在1992年是50万美元,1997年则上升到了120万美元。[④]

---

① 参见 Judy L. Whalley, Crime and Punishment-Criminal Antitrust Enforcement in the 1990s, 59 Antitrust L. J. 151, 159 (1990).

② U. S. Sentencing Guidelines, Commentary to § 2 R. 1. 1 (1989).

③ 参见 Cohen&Scheffman, The Antitrust Sentencing Guidelines: Is the Punishment Worth the Costs?, 27 Am. Crim. L. Rev. 331, 335 (1989).

④ Antitrust Violations, 35 Am. Crim. L. Rev. 491 (1998).

特别值得关注的是,近年来发生了多起国际性的违反反垄断法的案件,一些在美国活动的跨国企业受到了巨额罚金的处罚(这些处罚几乎都是司法交易的结果)。1995年8月之前,对于违反反垄断法的法人科处罚金的最高记录还只是1 000万美元,但到1996年10月这个记录就被刷新成了1亿美元。① 值得注意的是,在一系列案件中,涉案企业的重要领导也受到了追诉,但是,通过司法交易,其中的多数都只是被科处了罚金(15—20万美元),而并没有被科处自由刑实刑。在这个意义上,量刑指南带来的自由刑实刑的原则化成了检察官进行司法交易的有力工具,可以想象,这可能也是导致法人被科处的罚金额高涨的一个原因。

(二) 证券欺诈(securities fraud)

证券欺诈犯罪领域的刑罚,尤其是内幕交易行为的刑罚得到了大幅度提高。1984年的《内幕交易制裁法》(Insider Trading Sanction Act)把内幕交易犯罪的罚金从之前的1万美元提高到了10万美元,此后,以1986年的华尔街丑闻、1987年的股价暴跌事件等为契机,1988年的《内幕交易及证券欺诈执行法》又把内幕交易犯罪的监禁刑上限从5年提高到了10年,把自然人和法人罚金的上限分别提高到了100万美元和250万美元。此外,在证券欺诈犯罪的重罚化动向中不可忽视的是,不仅仅是刑事罚,行政罚也得到了强化。根据上述1984年的法律,对于内幕交易者,证券交易委员会(SEC)有权请求法院对其科处该内幕交易所获得的利益额或者所避免的损害额3倍以下的制裁金(civil penalty)。1988年的法律又进一步规定,对于内幕交易者的控制人(controlling person)也可以科处制裁金。通过这些规定,法律的执行力得到了强化。紧接着,1990年的《证券执行救济法》(Securities Enforcement Remedies Act)又把制裁金的适用对象扩展到了内幕交易以外的其他证券欺诈行为,同时,赋予了SEC自行科处制裁金的权限。②

(三) 银行欺诈(bank fraud)

1984年新设的银行欺诈罪(18 U.S.C. §1344。虽说名称上看似是诈

---

① 关于这些案件,参见美国司法部反垄断局网站(http://www.usdoj.gov/atr/public/press_releases/press.htm)。

② 参见本章第一节。另外,关于这些法律改革,参见宇贺克也:《SECによる法執行の改革——1990年法改正を中心として》,载《ジュリスト》第990号(1991年),第38页以下。

骗罪，但也包含了该当我国的盗窃罪、侵占罪、背任罪等犯罪的行为）在起初采取的是 5 年以下的监禁刑或者 1 万美元以下的罚金刑或者两者的并科这种比较温和的法定刑，但后来以储蓄贷款组合（S&L）丑闻为契机，上述刑罚上限在 1989 年被径直提高到了 20 年和 100 万美元，次年，监禁刑的上限被进一步提高到了 30 年。该罪也可以适用制裁金，根据法律规定，对于单个银行欺诈行为，法院可以科处 100 万美元以下的制裁金；对于连续的行为，可以科处每日 100 万美元以下、总额 500 万美元以下的制裁金；如果行为产生了经济性的利益或损害，且该利益或损害额超过了上述两种情形的上限，则上限以该利益或损害额为准[12 U.S.C. §1833a(b)(1)(2)]。①

（四）政府采购欺诈（procurement fraud）

近来，政府采购中的虚报现象在我国也逐渐成为一个问题。在美国，以涉及国防部的大规模采购虚报案件为契机，1988 年新设了一个条款，规定对于在额度超过 100 万美元的政府采购中实施的欺诈行为，可以科处 10 年以下的监禁刑或者 100 万美元以下的罚金刑或者两者的并科（18 U.S.C. §1031）；如果欺诈行为给美国政府造成的损害或给违法者带来的利益超过了 50 万美元，或者，欺诈行为可能导致重大人身伤害而违法者认识到或轻率地无视这一危险，则上述罚金的最高额可以达到 500 万美元；如果违法者有多个行为同时被起诉，则罚金的最高额可以达到 1 000 万美元。

三、重罚化的主要原因

经济犯罪领域的重罚化动向背后存在三个主要原因。

（一）经济构造的变化

首先，伴随着经济构造的变化，经济犯罪的侵害性和利得性出现了飞跃性的增长，内幕交易就是其典型事例。内幕交易行为一直以来都存在，但是，1980 年代的证券市场出现了一些新的特征，比如，由于规制的缓和，市场规模急剧地扩大；同时，企业合并和企业收购流行，导致相关企业的股价剧烈波动的情况增加；此外，由于期权交易的增加，通过较少的手

---

① 参见本章第一节。

头资金获取巨额的利益成为可能;等等。基于这些原因,内幕交易的获利就有可能达到此前无法比拟的巨大额度。为了对这种可以预见到巨额利益的违法行为进行有效抑制,自然就必须相应地提高刑罚的程度。经济构造的变化给其他领域同样也带来了影响,比如,由于规制缓和等原因,储蓄贷款组合(S&L)业界出现了崩溃,从而引发了大量银行欺诈问题;又如,市场经济的国际化给反垄断法领域带来了重大影响。

当然,经济构造的变化这个外在原因的存在并不意味着否定国民一侧内在原因的重要性,但即便假设美国国民的刑罚观念在这20年间没有发生变化,在经济犯罪领域中,可能也会看到由于经济构造的变化引发的重罚化动向。

(二)抑制刑论的重视

社会复归思想的衰退在经济犯罪领域也产生了影响,特别是引起了人们对抑制刑的重视,对企业的经营者科处自由刑实刑不再是罕有之事,对企业科处的罚金额也出现了飞跃性的增长。在这个问题上,也不能忽视1980年代以后"法经济学"在美国的兴盛带来的影响。在经济犯罪领域,基于合理计算而实施犯罪的所谓经济人理论比较容易被人们认可,因此基于法经济学的抑制刑论变得有力起来,并对量刑指南产生了重大影响。① 特别是在法人罚金问题上,可以说量刑指南是以犯罪的预期收益和犯罪行为被发觉并被科处罚金(以及制裁金和损害赔偿)的几率为基础,来确定最有利于抑制犯罪的罚金额度。

(三)有组织犯罪对策立法的波及

不能忽视1970年代到1980年代期间所实施的有组织犯罪的对策立法对经济犯罪的重罚化的影响。具体而言,上述立法指的是RICO法(18 U. S. C. § 1961 et seq.)和洗钱罪的条款(18 U. S. C. § 1956;§ 1957)。虽然两者都是作为有组织犯罪的对策而出台的,但由于并没有规定其适用范围只限于有组织犯罪,所以也被广泛适用于欺诈等通常的经济犯罪。结果,本来以打击有组织犯罪为目的而设置的严厉刑罚,也被适用于通常的经济犯罪。

比如,RICO法规定,在被告人实施了有组织犯罪的场合,对其在该组

---

① See, U. S. Sentencing Guidelines, Commentary to § 2 R. 1. 1 (1998).

织中拥有的全部利益,不论该利益是否是通过犯罪获得的,都可以实施没收。这种所谓的组织性没收(enterprise forfeiture)如果只是适用于犯罪组织成员可能问题不大,但如果把公司当做RICO法上的组织,对公司的经营者实行这种没收,就是过于严苛残酷的刑罚,因为这会导致即使经营者通过公司犯罪获得的利益非常少,也可能会被没收其在公司中拥有的全部利益。

就洗钱罪来说,该罪也是作为打击有组织犯罪(以及毒品犯罪)的对策而设置的。然而,作为洗钱罪对象的财产并不限于有组织犯罪、毒品犯罪的犯罪利益,其行为样态也不限于对犯罪利益的隐匿和掩饰,还包括以促进犯罪行为的实行为目的而使用犯罪利益。而且,由于法院的解释认为,对犯罪利益的使用本身就是在"促进"产生这些利益的基础犯罪,所以,在诸如以自己的名义使用因通常的经济犯罪所获得的利益的场合,也会被科处20年以下的监禁、50万美元以下或者对象财产价值两倍以下的罚金以及没收对象财产这样的重刑。结果是,对经济犯罪利益的使用行为的刑罚反而要远远重于经济犯罪本身的刑罚。对于这种异常的情况,就连量刑委员会也认为,"虽然在制定指南之时,设置上述规定的初衷是打击有组织犯罪的运营所不可缺少的洗钱行为,但实际上却连制定时完全没有预计到的行为也成了适用的对象",因而建议对指南进行修改[①],但由于司法部的反对而未能进行。

四、与我国的比较

最后,笔者结合导致美国经济犯罪领域重罚化动向的原因,简单地对我国的情况作一个比较性的分析。

第一,在与美国存在一定的时间差但也正在经历同样的经济变化过程的我国,虽然刑罚的绝对轻重程度相较于美国要明显偏低,可是在经济犯罪领域,仍然可以发现伴随着经济构造的变化而出现的重罚化动向。在反垄断法领域,公正交易委员会正推动着刑事控告的积极化,有些案件已经受到了实际的刑事追诉。基于法人重科的思想,法人罚金的上限也

[①] United States Sentencing Commission, Report to The Congress: Sentencing Policy for Money Laundering Offenses, Including Comments on Department of Justice Report, 6-7 (1997). 另外,参见61 CrL 1566 (1997).

被提高到1亿日元【此后又进一步被提高到5亿日元】。在证券交易法【金融商品交易法】领域，对内幕交易和损失填补行为①的处罚力度正在加强，法人罚金的上限也被提高到5亿日元。如果经济犯罪领域重罚化动向的主要原因在于经济构造的变化，可以推测，即便刑罚的绝对轻重程度上存在差异，但各发达国家也许都广泛地存在这种现象，不过对于这一点的检验和证实已经超出了本节的范围。

第二，有组织犯罪对策立法对经济犯罪的波及问题，在我国新设利益供与罪等动向中已经有所体现。另外，如果国会仍在继续审议的《有组织犯罪处罚法》能够通过【该法已于1999年通过】，由于该法并未将适用对象限定于黑社会犯罪等有组织犯罪，所以即便程度上不及，但出现和前述美国法同样问题的可能性是存在的。

但是，就目前来说，我国与美国的最大区别在于，在经济犯罪领域，我国并没有像美国那样正面立足于抑制刑论来开展立法和量刑活动。就法人罚金而言，虽然从我国的标准来看可以说已经有了飞跃性的提升，但如果考虑到犯罪的预期收益和犯罪被发觉的可能性，对于多数经济犯罪来说仍然是微不足道的额度。在犯罪利益的剥夺方面，除了反垄断法的课征金之外，行政制裁金制度无处可见②，刑事没收也几乎没有发挥什么功能。股东代表诉讼近来在我国终于也活跃起来，但仍然欠缺像美国那样的惩罚性损害赔偿制度。在对自然人量刑之时，考虑特别预防的思维依然强势，违反《反垄断法》和《证券交易法》的案件中，没有对涉案公司的领导层科处过自由刑实刑。这种状况今后是否会延续下去，是一个非常值得探讨的问题，但对此作出预言已经超出了笔者的能力。③

---

① 这里的"损失填补行为"指的是证券公司在受顾客委托从事股票或其他金融商品交易出现亏损之时，为了留住顾客而对顾客的损失进行填补的行为。——译者注

② 【补】此后，《金融商品交易法》等法律中也引进了课征金制度，参见本章第一节补论部分。

③ 【补】近来，也出现了对违反《证券交易法》的行为科处自由刑实刑的案件。比如，活力门公司的董事长A被指控犯有《证券交易法》规定的散布谣言罪和提交虚假有价证券报告书罪，一审对其科处了2年6个月的惩役刑实刑（东京地判平成19·3·16，《判例时报》第2002号，第31页），上诉审对此也予以了肯定（东京高判平成20·7·25，公开刊物未刊登）。作为A的共同正犯受到起诉的公司董事兼首席财务官B一审也被科处了1年8个月的惩役刑实刑，B上诉后又撤回了上诉，该实刑判决随即生效。

第五章 医疗过失的制裁

第一节 医疗过失的法律应对

一、绪论

近来,医疗领域相继发生了多起重大医疗事故,如何预防医疗事故已经成为一个重大问题。虽然对医疗过失追究刑事责任的情况并不多[①],但把医疗过失作为刑事案件立案的案件数量却在不断增加[②]。

但是,为了预防医疗事故而动用刑法的做法也受到质疑。有学者批判指出,寄希望于严罚化来抑制事故的观点太过乐观,实际上恰恰相反,严罚化很有可能激发掩盖事故和隐蔽信息的动机,反而可能会妨碍对被害患者的救济,导致相关人员怠于提供与险肇事件[③]有关的信息。另外,由于刑事裁判要求的证明标准较高,所以有可能倾向于只追究医疗关

[①] 比如,有学者指出,民事医疗过失诉讼在 1976 年才 234 件,但 1998 年已经达到了 2 700 件,与此相对,"在战后起诉的案件中,能收集到的公开刑事判例(含通过略式命令处理的案件)合计只有 137 件。即便收集上存在一些遗漏,与民事医疗过失诉讼相比这也仍然只是极其微不足道的数量(对决定不起诉的案件未作统计,但其数量可能在起诉案件的几倍以上)"。参见饭田英男、山口一诚:《刑事医療過誤》,判例タイムズ社 2001 年版,第 1 页。还有学者指出:"在医疗活动引发患者的死亡或伤害(即所谓'医疗事故')的场合,可以说只有那些结果是医疗关系人的过失所导致,并且仅仅通过民事上的财产性赔偿还不足以追究其法律责任的案件,才会成为刑事制裁的对象。"参见佐久间修:《最先端法領域の刑事規制:医療・経済・IT 社会と刑法》,现代法律出版 2003 年版,第 82 页(原文初次发表于大野真义主编:《現代医療と医事法制》,世界思想社 1995 年版)。关于对医疗过失的刑事责任追究问题(包括相关文献),还可参见米田泰邦:《医療行為と刑法》,一粒社 1985 年版。

[②] 参见《毎日新聞》医疗问题采访组:《医療事故がとまらない》,集英社 2003 年版,第 212 页。

[③] 险肇事件,英文"near miss",指差点造成严重后果的事件。——译者注

系人疏忽大意的过失,从而忽视医疗机构本身的组织性缺陷。①

正如该学者所言,对于医疗事故的预防来说,刑法的作用是有限的,而查明事故原因并实施预防事故再度发生的对策才是最重要的。但是,认为只要查明了事故原因并制定了预防事故的规则就能预防事故的观点,也还是过于乐观。要想预防医疗事故,在制定事前的预防对策的同时,对于违反规则的行为进行事后的责任追究也是不可或缺的,虽说这里追究的不一定是刑事责任。

我国为了预防医疗事故而采取的风险管理等对策中,多数在美国一直以来就在运用,因此,美国的事故预防制度可资借鉴的地方很多。就美国的状况而言,以前几乎没有对医疗事故追究过刑事责任,虽说最近追究刑事责任的案件有所增加,但仍然不过是非常例外的现象,以至于被定性为刑事案件本身就会成为大新闻。另一方面,对犯有医疗过失的医疗关系人,美国还会运用刑罚以外的多种多样的制裁方式。

可以说,制裁的多样性并不是医疗领域的特有现象,而是美国法的一般特征之一。神山敏雄教授在其经济刑法的研究中一直强调,在研究经济刑法时必须把多样的制裁方式纳入视野②,应当说这种主张在医事刑法领域也是成立的。因此,本节准备对美国法的制度展开研究,从而为我国预防医疗事故的法律制度提供政策选择上的参考。③

下面,笔者首先将研究过失致人死亡的行为人的刑事责任在美国是如何处理的,其次,对此前医疗过失领域的刑事责任追究状况进行分析,接着,对刑罚之外的其他制裁方式在医疗过失领域的运用状况进行探讨,

---

① 参见和田仁孝、前田正一:《医療紛争:メディカル・コンフリクト・マネジメントの提案》,医学书院 2001 年版。该书还认为,被害人需要的是医疗机构真挚而诚实的应对,科处刑罚并不能满足被害人的真实需求。此外,还有学者也指出,单纯依靠惩罚模式是不足以预防医疗事故的。参见中島和江、儿玉安司:《ヘルスケアリスクマネジメント:医疗事故防止から診療記録開示まで》,医学书院 2000 年版。

② 参见神山敏雄:《日本の経済犯罪:その実情と法的対応》,日本评论社 1996 年版,第 297 页以下。受到神山教授问题意识的触动,笔者也曾参考美国的法律制度讨论过经济犯罪的制裁方式问题。参见佐伯仁志:《経済犯罪に対する制裁について》,载《法曹时報》第 53 卷第 11 号(2001 年),第 3083 页以下(本书第四章第一节)。

③ 关于航空事故方面的研究,参见川出敏裕:《事故調査と法的責任の追及》,载《ジュリスト》第 1245 号(2003 年),第 57 页以下;城山英明、村上明生、梶村功:《米国における航空事故をめぐる安全確保の法システム:日本への示唆》,载《社会技術研究論文集》第 1 号(2003 年),第 149 页以下。

最后,简单谈一下上述研究对我国的启示。

二、医疗过失的刑事责任追究

(一)过失犯处罚的历史和现状

1.刑事过失与民事过失的区别

在中世纪的普通法中,刑事责任是不考虑行为人内心状态的客观的责任[①],对于导致他人死亡的人,不论有无故意和过失都要受到处罚。但是,后来由于受到罗马法和教会法的影响,行为人内心的状态逐渐受到了重视,到了13世纪,在轻微过失的场合,即便被定罪往往也都会受到国王的恩赦。在16世纪初,出现了"谋杀"(murder)和"普通杀人"(manslaughter)的区分。

过失致人死亡行为的处罚主要是普通杀人罪的问题。该罪分为"故意的普通杀人"(voluntary manslaughter)和"非故意的普通杀人"(involuntary manslaughter)。[②] 后者分为两种样态:①在实施重罪(felony)之外的本来就具有危险的违法行为之时,或者作为该行为的结果,非故意地导致了他人的死亡;②基于过失实施了本来合法的行为,但该行为却导致了他人的死亡。

19世纪前半期,成立普通杀人罪所必要的过失与民事过失之间的区

---

① 参见 Francis Bowes Sayre, Mens Rea, 45 Harv. L. Rev. 1026 (1932); John L. Davis, The Development of Negligence as a Basis for Liability in Criminal Homicide Cases, 26 Ky. L. J. 209, 223 (1939). 但需要注意的是,当时犯罪和侵权行为之间的界限尚不明确,且诉讼程序也不够完备,因此不能和现在的法律制度作简单的比较。参见 Francis Bowes Sayre, Mens Rea, 45 Harv. L. Rev. 975ff (1932).

② 英美法上杀人罪罪名的译法如何与中国法准确对接,是一个令人头痛的问题。比如,佐伯仁志教授在翻译"manslaughter"时用的是"故杀"一词,但该词无论在日语还是汉语中的意思都容易让人误解为"故意杀人",而"manslaughter"本身还包含大陆法系刑法中的过失杀人行为,因此,译者选择将其译为"普通杀人",以与"谋杀"相对应。就"manslaughter"中包含的两种形态——"voluntary manslaughter"和"involuntary manslaughter"——而言,如果按照中国学界通常的理解,将前者译为"激情杀人"或"激愤杀人"也许更通俗易懂,但实际上该形态还包含了因恐惧、绝望而杀人的情形,因而上述译法便有失准确;将后者译为"过失杀人"或许更简单明了,但实际上该形态还包含了"轻率"的情形,而"轻率"与中国刑法中的"过失"是何种关系,至今仍然是一个存在争议的问题,而且此种译法还会导致其难以与下文将提到的"negligent homicide"进行区分。因此,译者最终选择将"voluntary manslaughter"译为"故意的普通杀人",将"involuntary manslaughter"译为"非故意的普通杀人"。——译者注

别并不明确,但到了 19 世纪末期,在英美的法院中,仅有民事过失不足以追究刑事责任的立场已经确立下来。① 那个时候,为了表达普通杀人罪中过失的含义,判例使用了 culpable、criminal、gross、serious、willful、wanton 等各种各样的形容词,但是始终没有对其内容作出明确定义,至于何种场合成立过失的问题,是由陪审团在考虑了所有因素的基础上进行具体判断的。

由于判例没有对过失下一个明确的定义,刑事过失的内容问题一直处于混乱状态。争议的焦点是,刑事过失和民事过失的区别到底是不注意的程度不同,还是认识的不同。有的判例认为,成立刑事过失,必须要认识到行为的危险性,也有判例认为,即便欠缺上述认识,但只要违反了重大的注意义务,就足以成立刑事过失。②

无论如何,各方的共识是,成立普通杀人罪所必要的过失与民事过失并不相同,单纯的不注意不足以成立该种过失。而且,这种刑事过失是比我国的过失致死罪中的过失程度更高的一种过失形态。举个例子就可以明显看出这一点。比如,在某个案件中,被告人因为不注意把车子开到了人行道上并导致行人死亡,一审判决认定被告人有罪,但二审法院认为,行为人的主观方面还不能说达到了重大过失的程度,因而撤销了一审判决。③

2.例外情形

在刑事过失必须是比民事过失更加重大的过失这种立场确定之后,也还存在几种例外情形。

第一,在非故意的普通杀人罪中,还包含在实施重罪之外本来就具有危险的违法行为之时,或者作为该行为的结果,非故意地导致了他人的死亡的情形。重罪以外的违法行为就是轻罪(misdemeanor),所以上述情形

---

① 关于英联邦的状况,参见 G. L. Peiris, Involuntary manslaughter in Commonwealth Law, 5 Legal Stud. 21 (1985). 据该论文介绍,除南非和新西兰之外,英联邦各国都区分了刑事过失和民事过失。有意思的是,该论文还指出,南非的判例之所以未区分刑事过失和民事过失,是因为受到了罗马法和荷兰法的影响。

② 有学者在研究了判例的状况之后,主张应当把过失犯的处罚限定在行为人对行为的危险性有认识的场合。参见 Alexander McCall Smith, Criminal or Merely Human ? : The Prosecution of Negligent Doctors, J. Contemp. Health L. & Poly 131 (1995).

③ Plummer v. State, 118 Md. App. 244, 702 A. 2d 453 (1997).

也被称为"轻罪——普通杀人罪规则"(misdemeanor-manslaughter rule)。① 在这种场合,传统的立场是,只要对于基本犯罪具备故意,那么对重的死亡结果甚至连过失也不需要。但是,在违反道路交通法等特别法进而引发死亡结果的场合,都认定为普通杀人罪并不妥当,这种认识逐渐成为共识,所以现在的有力观点是,这种场合也需要具备刑事过失。②

第二,在使用手枪等武器时因操作失误致人死亡的场合,一般认为只要具备和民事一样的普通过失就足够了。但如果认为操作武器时的不注意本身就构成"重大过失",则还不能说这种情形是一种例外。但如果认为刑事过失和民事过失的区别在于认识层面(即刑事过失需要认识到行为的危险性),则由于在操作武器时未加注意的场合,即便未认识到行为的危险性(比如,因粗心大意而没有认识到子弹已经上膛,在玩笑中扣动了扳机)也会被认定为普通杀人罪,因而便可以说是一种例外。

第三,20世纪初,随着机动车的普及,各州相继制定了处罚驾驶机动车过失致人死亡行为的法律,而如何解释这些法律随即成为问题。比如,加利福尼亚州1935年制定的法律规定,"基于过失或者作为未达重罪程度的违法行为的实行行为,驾驶机动车致人死亡时",以过失致人死亡罪(negligent homicide)处罚。由于上述情形也可以认为成立普通杀人罪,所以过失致人死亡罪与普通杀人罪的关系就成了一个问题,对此,有学者指出,从立法目的来看,首先,即便有些驾驶机动车致人死亡案件在理论上可以成立普通杀人罪,但陪审团可能会因为对此感到犹豫进而判其无罪,因此,立法试图通过设置上述轻于普通杀人罪的犯罪类型,确保有罪判决;其次,由于成立普通杀人罪需要具备重大过失,因而立法新设了犯罪类型,试图把只有普通过失的情形也纳入处罚范围。③ 第二个目的可以理解为是要把机动车和手枪作同等对待,把前述武器的例外扩张到机动

---

① 当行为是本来就具有侵犯生命的危险的重罪之时,则根据"重罪——谋杀罪规则"(felony-murder rule)而成立谋杀罪。在一个因无证行医导致患者死亡的案件中,无证行医是否属于本来就具有侵犯生命的危险的重罪问题引起了各方争议,一审法院对此持否定的立场,而上诉法院则表达了肯定的意见,并基于"重罪——谋杀罪规则"认定本案成立第二级谋杀罪。参见 People v. Burroughs, 141 Cal. App. 3d 386, 190 Cal. Rptr. 304 (1983).
② 详细请参见 State v. Yarborough, 122 N. M. 596;930 P. 2d 131 (1996).
③ 参见 Stefan A. Resenfeld, Negligent Homicide: A Study in Statutory Interpretation, 25 Calif. L. Rev. 1 (1936).

车。但是，由于该目的在法律中并没有明文规定，有的州的判例认为，驾驶机动车的过失致人死亡罪中也需要具备和普通杀人罪同样的重大过失。①

3.《模范刑法典》

在上述背景下，《模范刑法典》把犯罪的成立所必要的主观性要素整理并划分为意图（intention）、故意（knowingly）、轻率（recklessness）及过失（negligence）四种类型。其中，过失是应当认识而没有认识到"实质且不被允许的风险"（substantial and unjustifiable risk），并且，这种认识的欠缺必须"严重脱逸了处于行为人境况的理性人所应当遵守的注意基准"（gross deviation from the standard of care that a reasonable person would observe in the actor's situation）。② 在《模范刑法典》中，是通过是否认识到"实质且不被允许的风险"来区分轻率③和过失的。

可以认为，《模范刑法典》提出的建议是，维持过失犯的处罚需要具备"重大过失"这种传统的立场，同时，区分以对行为危险性的认识为必要的犯罪类型和不以此认识为必要的类型，并把过失概念限定为后者，以消除普通杀人罪中过失概念的混乱。

对于《模范刑法典》的上述建议，虽然有学者认为，普通法的过失犯处罚所必要的"重大过失"是对行为的危险性有认识的过失（即《模范刑法典》中的轻率），因而批判上述建议不当地扩张了过失犯的处罚范围④，但《模范刑法典》仍然给各州的立法带来了很大的影响。

---

① 关于判例的状况，参见 C. P. Jhong，What amounts to Negligence within Meaning of Statutes Penalizing Negligent Homicide by Operation of a Motor Vehicle，20 A. L. R. 3d 473，1968. 认为驾驶机动车的过失致人死亡罪也需要具备刑事过失的判例，参见 Commonwealth v. Samuels, 566 Pa. 109, 778 A. 2d 638（2001）。以明文的形式规定过失程度的立法，可参见明尼苏达州法律（Minn. Stat. §609.21）。该法规定，基于重大过失，或者因酒精或药物的影响而在普通的过失样态下驾驶机动车致人死亡的行为需受到处罚。

② Model Penal Code §2.02(2)(d)(1985)。

③ 关于"轻率"，参见铃木茂嗣：《Recklessnessと故意・過失》，载西原春夫等编：《アメリカ刑事法の諸相・鈴木義男先生古稀祝賀》，成文堂1996年版，第449页以下。

④ 代表性的论文，参见 Jerome Hall, Negligent Behavior should be Excluded from Penal Liability, 63 Colum. L. Rev. 632, 641 (1963). 我国也有学者采取了同样的立场。参见田宫裕：《刑事法の理論と現実》，岩波书店2000年版，第87页下《過失に対する刑法の機能》部分，原文初次发表于青木清相等编：《過失犯・日沖憲郎博士還暦祝賀（1）》，有斐阁1966年版。

4.各州的现状

美国各州现在的状况大致可以分为四种立场。

第一,以法律或者判例的形式,明确将欠缺故意而致人死亡行为的处罚范围限定于轻率的场合。① 这种认为必须存在轻率才能认定非故意的普通杀人罪的成立所必要的"重大过失"的法律或判例,实际上是对传统立场的明文化。有几个州在作出上述原则性的限定之后又规定,在驾驶机动车或使用武器致人死亡的场合,也处罚普通过失。②

第二,基于传统的普通杀人罪的规定,把过失犯的处罚限定在"重大过失"的场合,而相关问题的解释则交给判例。③ 在这些州中,也有州规定了武器或机动车的例外。

第三,基本上遵从《模范刑法典》的州。④ 比如,纽约州《刑法典》把非

---

① 比如伊利诺伊州的法律(720 ILCS 5/9-3),印第安纳州的法律(Ind. Code Ann. § 35-42-1-5),肯塔基州的法律(KRS § 507.050),马萨诸塞州的判例[Commonwealth v. Michaud, 451 N. E. 2d 396 (1983)],爱荷华州的判例[State v. Torres, 495 N. W. 2d 678 (Iowa 1993)],弗吉尼亚州的判例[Craig v. Commonwealth, 38 S. E. 2d 355 (Va. 2000)]。另外,参见南卡罗莱纳州的法律(S. C. Code Ann. § 16-3-60)。

② 比如夏威夷州的法律(HRS § 707-702ff;§ 707-704,也包含轻过失),明尼苏达州的法律(§ 609.205;§ 609.21),堪萨斯州的法律(K. S. A. § 21-3404),新泽西州的法律(N. J. Stat. § 2C;2-2),南达科他州的法律(S. D. Codified Laws § 22-16-20),威斯康星州的法律(Wis. Stat. § 940.02;940.07-10)。蒙大拿州的法律(Mont. Code Ann. § 45-5-102~104)则只处罚故意杀人和驾驶机动车的过失致人死亡罪。

③ 比如加利福尼亚州的法律(Cal. Pen Code § 192),佐治亚州的法律(O. C. G. A. § 16-5-3),路易斯安那州的法律(La. R. S. 14;31),缅因州的法律(17-A M. R. S. § 203),马里兰州的法律(Md. Criminal Law Code Ann. § 2-207),密歇根州的法律(MCL § 750.321),密西西比州的法律(Miss. Code Ann. § 97-3-47),内华达州的法律(NRS § 200.070),新墨西哥州的法律(N. M. Stat. Ann. § 30-2-3),北卡罗来纳州的法律(N. C. Gen. Stat. § 14-18),罗德岛州的法律(R. I. Gen. Laws § 11-23-3),佛蒙特州的法律(13 V. S. A. § 2304),等等。这些州对重大过失的限定都是通过对判例的解释实现的,但也有像宾夕法尼亚州那样在法律中作了明文规定的情形(18 Pa. C. S. § 302)。

④ 比如阿拉巴马州的法律(Code of Ala. § 13A-6.3;6.4),阿拉斯加州的法律(Alaska Stat. § 11.41.120;130),亚利桑那州的法律(ARS § 13-1102;1103),阿肯色州的法律[A. C. A. § 5-2-202(4);§ 5-10-105],科罗拉多州的法律(C. R. S. 18-3-104;105),康涅狄格州的法律(Conn. Gen. Stat. § 53a-56;58),特拉华州的法律(11 Del. C. § 631;632),密苏里州的法律(§ 562.016 R. S. Mo.),新罕布什尔州的法律(RSA § 626;2),北达科他州的法律(N. D. Cent. Code § 12.1-02-02),俄亥俄州的法律(ORC Ann. § 2903.041;2903.05),俄勒冈州的法律(ORS § 161.085;163.145;163.125),田纳西州的法律(Tenn. Code Ann. § 39-11-302;13-212;215),得克萨斯州的法律(Tex. Penal Code § 6.03;19.04;19.05),犹他州的法律(Utah Code Ann. § 76-5-205;206),怀俄明州的法律(Wyo. Stat. § 6-2-105~107),等等。

故意的普通杀人罪（第二级普通杀人罪）限定为基于轻率而实施的场合（Penal Law §125.15），主观上低于轻率的场合，则构成过失致人死亡罪（criminally negligent homicide）（Penal Law §125.10）。第二级普通杀人罪是D级重罪（15年以下的自由刑），而过失致人死亡罪是E级重罪（4年以下的自由刑）。

第四，对普通的过失行为也进行一般性的处罚。俄克拉荷马州和华盛顿州的判例①认为，第二级普通杀人罪的成立所必要的"刑事过失"只要具备普通过失就足够了。采取此种立场的似乎只有这两个州。②

采取第三种立场的州可以说占据了多数，采取第一种和第二种立场的州相差无几。

（二）对医疗过失的处罚

1.1980年代中期之前的状况

在1980年代中期以前，美国几乎没有对医疗过失动用过刑事追诉。福田雅章教授在1983年发表的关于美国医疗过失领域刑事判例的研究指出，"美国的医疗过失问题，即使说完全是通过民事途径解决的也并不夸张……在这几十年间，我始终没有在判例集中发现处理医疗过失的刑事责任问题的正式判例"③。现在，通过判例数据库已经可以非常容易地对全美的判例进行检索，可是，虽然笔者尝试了各种各样的检索方法，却仍只发现了下面两件判例。

(1) State v. Weiner, 194 A. 2d 467 (NJ 1963)

身为医师的被告人在未加注意的情况下将受到一名患者的肝炎病毒污染的注射器使用在了其他患者身上，导致15名患者因感染肝炎而死

---

① 俄克拉荷马州的判例，参见Hareless v. State, 759 P. 2d 225 (Okl. 1988)；华盛顿州的判例，参见State v. Brubaker, 385 P. 2d 318 (Wn. 1963)。

② 有学者认为内华达州和南达科他州也属于这种情形。参见Leslie Yalof Garfield, A More Principled Approach to Criminal Negligence: A Prescription for the Legislature, 65 Tenn. L. Rev. 875, 891ff (1998). 不可否认，内华达州法律（Nev. Rev. Stat. 193.018）和南达科他州法律[S. D. Codified Laws 22-1-2(e)]都把过失定义为普通过失，但是，内华达州的判例Bielling v. Sheriff, Clark County, 508 P. 2d 546 (Nev. 1973)认为，成立该州法律中的非故意的普通杀人罪（NRS §200.070）需要具备重大过失，而南达科他州法律则将第二级普通杀人罪限定在轻率的场合，因此，认为两州也处罚普通过失是存在疑问的。

③ 参见福田雅章：《アメリカの医療過誤に関する刑事判例》，载中山研一、泉正夫主编：《医療事故の刑事判例》，成文堂1983年版，第282页以下。

亡。被告人因此被起诉犯有15件非故意的普通杀人罪,其中的12件一审判决犯罪成立。但是,新泽西州上诉法院认为,刑事过失并非普通的过失,而是 reckless、wanton,其性质必须是在有可能致人死亡的境况下完全无视他人的安全,进而以一审中法官没有向陪审团作出上述指示为由,撤销了一审判决要求其重审。

(2)People v. Ketchum, 361 N. Y. S. 2d 911 (1975)

身为医师的被告人在接受了堕胎手术的患者面临生命危险之时怠于采取必要的医疗措施,因而导致该患者死亡。一审法院认定其构成纽约州法的过失致人死亡罪,上诉法院对此也予以了肯定。①

2.1980年代中期之后的状况

1980年代中期以后,美国的状况逐渐发生了变化,对医疗过失追究刑事责任的案件开始增加。下文列举的是在判例数据库中能够确认的判例。

(1)United States v. Billing, 26 M. J. 744 (1988)

1983年到1984年期间,海军医院发生了三起心脏搭桥手术的患者死亡的事故,身为海军医院心脏外科医师的被告人作为执刀医生的辅助者和指导医师参与了这些手术。检察机关指控其在这些手术中存在过失,以普通杀人罪(以及过失致人死亡罪)对其提起了公诉。一审判决被告人在三起案件中均成立普通杀人罪。一审中,法官向陪审团指示,如果能肯定存在重大过失就成立普通杀人罪,如果是普通过失就成立过失致人死亡罪。然而,上诉法院对处罚普通过失的做法表示了强烈的质疑,同时,以一审中连普通过失都没有得到证明为由,撤销了一审的有罪判决,驳回了公诉。

(2)State v. Warden, 784 P. 2d 1204 (Uat 1989)

身为资深妇产科医师的被告人在一名孕妇家中帮助其分娩的过程中,知道出生的婴儿是早产儿且发现其已经出现呼吸障碍综合征,但没有把上述情况告诉婴儿的母亲等就自己回家了,因此导致婴儿的死亡。检察机关指控被告人犯有犹他州刑法的过失致人死亡罪(与《模范刑法典》的规定相同),一审法院认定犯罪成立。上诉法院以证据不足为由撤销了

---

① 被告人曾在狱中向联邦法院申请人身保护令,但联邦法院驳回了其申请。Ketchum v. Benjamin, 422 F. Supp. 934 (1976).

一审判决,但犹他州最高法院又撤销了上诉法院的判决,维持了一审的有罪判决。

(3)People v. Klavana, 15 Cal. Rptr. 2d 512 (1992)

被告人于 1982 年 12 月至 1986 年 9 月期间,在自己的诊所中以不适当的方法帮助产妇分娩,并怠于将必须立即进行治疗的新生儿移送到医院,因此导致 9 名婴儿死亡。检察机关指控被告人犯有 9 件第二级谋杀罪,法院认定指控成立。本案是首件肯定医师的医疗过失行为成立谋杀罪的案件。①

(4)People v. Einaugler, 618 N. Y. S. 2d 414 (App. Div. 1994)

本案被称为最有名的医疗过失刑事案件。身为养老院医师的被告人对住在该院的被害人实施诊疗时,错误地指示护士通过被害人的肾脏透析管向其体内输送了营养液。两天后的凌晨 6 点,护士发觉被害人出现了异状并告知了被告人,被告人遂委托附近医院曾治疗过被害人的医师前来出诊。该医师对被害人进行诊断之后,要求立即把被害人送往医院的急救室,但被告人却怠于行动,被害人直到下午 4 点 30 分才被送往医院,并于 4 天后死亡。检察机关指控被告人在该案中有"轻率地危殆化"(reckless endangerment)和"有意识地疏于照顾"(willful neglect)的行为,一审认定犯罪成立,二审和纽约州最高法院也都认可了一审判决。② 本案并不是作为对死亡结果的过失犯,而是作为故意的危险犯被追诉的。这到底是因为检察官不愿意以过失犯的形式起诉,还是因为被告人的行为和死亡结果之间的因果关系的证明存在问题,不得而知。

(5)United States v. Wood, 207 F. 3d 1222 (10th Cir. 2000)

被告人在短时间内向 86 岁的患者体内注射了大量盐化钾并致其死亡。检察机关指控被告人犯有谋杀罪及普通杀人罪,一审法院否定了谋杀罪的指控,但认定被告人成立普通杀人罪。上诉法院认为,谋杀罪的指控证据不足,但构成非故意的普通杀人罪的证据是充分的(但是,以存在程序上的瑕疵为由,撤销了有罪判决,命令对普通杀人罪部分重新审理)。

---

① Paul R. Van Grunsven, Medical Practice or Criminal Mistake? ——An Analysis of Past and Current Criminal Prosecution for Clinical Mistake and Fatal Errors, 2 Depaul J. Health Care L. 1, 6 (1997).

② 本案被告人也向联邦法院申请了人身保护令,但也被驳回了申请。Einaugler v. Supreme Court of New York, 109 F. 3d 836 (2nd Cir. 1997).

本案可能是对安乐死行为以谋杀罪进行追诉的案件。

(6) People v. Brown, 109 Cal. Rptr. 2d 879 (2001)

被告人因重大医疗过失被加利福尼亚州吊销了医疗执业证之后,跑到墨西哥继续从事无证医疗活动,其间又在圣迭戈与本案的被害患者就手术达成了约定,然后在墨西哥对被害人的腿部实施了截肢手术,但由于手术过程不卫生且手术后没有进行合理的治疗,导致患者死亡。被告人因此被判构成第二级谋杀罪和非法行医罪。

以上列举尚未囊括全部案件。比如,除了上述案件之外,在一篇1997年的论文[①]中还提到了以下案件:①医师被怀疑对一名受到犯人攻击后被送到医院的警察实施了不合理的治疗因而导致其死亡,并因此受到了检察部门和医事监管部门的共同侦查(调查),但最终既没有受到起诉也没有受到处分;②医疗检查公司因为在检查过程中敷衍了事而没有发现病人的癌症,被起诉犯有 reckless homicide,后法院对其判处了2万美元罚金;③医师因在耳部手术过程中没有发现患者的状况恶化导致其死亡而受到起诉,陪审团一致认为其犯有"重大医疗过失"(grossly negligent medical care)因而构成犯罪,但对其是否构成过失致人死亡罪没有达成一致意见,使得该案流于无效审判(mistrial——译者注);④三名护士因给婴儿注射药物时搞错剂量而导致其死亡而受到起诉,其中2人作了有罪答辩,1人接受了审判但被判无罪;⑤护理中心的护士因没有及时把患者送往医院而受到起诉,但法官判决其免诉;⑥医师因没有对送到急救病房的儿童进行合理的治疗而受到起诉,但法官以证据不足为由驳回了公诉;⑦因医疗过失被科处了缓刑的医师又因为在堕胎手术中导致患者失血死亡而受到起诉;⑧无执业证的医师因实施抽脂手术导致患者死亡而受到起诉;等等。此外,在其他论文中,还介绍了以下案件:①麻醉师被判构成 reckless manslaughter;②养老院的医师因没有对糖尿病患者实施合理的

[①] 参见 Paul R. Van Grunsven, Medical Practice or Criminal Mistake? ——An Analysis of Past and Current Criminal Prosecution for Clinical Mistake and Fatal Errors, 2 Depaul J. Health Care L. 45-46 (1997). 另外,参见 Kara M. McCarthy, Note: Doing Time for Clinical Crime: The Prosecution of Incompetent Physicians as an Additional Mechanism to Assure Quality Health Care, 28 Seton Hall L. Rev. 569 (1997).

护理导致其死亡而受到起诉,但检察机关后来又撤销了起诉。①

(三)刑事追诉较少的原因

如上,美国涉及医疗过失的刑事案件虽然有所增加,但追究刑事责任的案件数量较少的状况却依然没有实质性的改变。而我国对医疗关系人追究刑事过失的案件并不少见,相较之下,两国的状况形成了明显的对比。

对于这种差异,首先能想到的原因是,美国采取了比我国更加严格的过失基准。在我国,虽然也有观点认为刑事过失的认定必须比民事过失更加严格②,但是判例对此并没有明确地予以肯定③。如前所述,美国的刑事过失基准确实比我国的要高。

但是,这种过失基准的差异对于医疗过失领域追究刑事责任的频度有何种程度的影响并不明确。比如,没有听说过不区分刑事过失与民事过失的州对医疗过失的追诉率就特别高,在上文列举的涉及医疗过失的刑事案件中,也没有这些州的案件。另外,在美国的医疗过失案件中,也应当有相当多的案件被认定存在重大过失,特别是后文所述的被科处了惩罚性损害赔偿的案件应当更是如此,但是,这些案件也并没有被追究刑事责任。这样看来,对于美国医疗过失领域追究刑事责任的案件较少的现象,仅仅从过失基准的严格性出发恐怕还不足以解释。实际上如下文所述,倒不如说更加重要的原因在于,美国还存在着刑罚以外的制裁等各

---

① Kara M. McCarthy, Note: Doing Time for Clinical Crime: The Prosecution of Incompetent Physicians as an Additional Mechanism to Assure Quality Health Care, 28 Seton Hall L. Rev. 602 n. 144, 610-612 (1997). 另外,在加利福尼亚州的一个医疗过失案件中,检察官为了证明涉案麻醉师构成过失致人死亡罪,针对该麻醉师所在医院的医师资格审查资料和该院同行审查委员会关于该医疗过失案件的审查资料向法院提出了搜查、查封、扣押令状的申请,而医院一方则以证据法上规定了医院的资格审查委员会和同行审查委员会的记录不属于证据开示的范围为由,请求法院驳回检察官的申请,但法院认为证据法的免责规定不适用于刑事诉讼,因而同意了检察官的申请。参见 People v. Superior Court, 234 Cal. App. 3d 363; 286 Cal. Rptr. 478 (1991)。

② 参见町野朔:《刑法総論講義案Ⅰ》(第2版),信山社1995年版,第252页;小早川光郎等:《(座談会)現代における安全問題と法システム(上)》,载《ジュリスト》第1245号(2003年),第18页(広瀬久和发言部分);等等。

③ 当然,实务中刑事责任被肯定的范围要远远窄于侵权行为责任,但这到底是因为两者实体法上的要件存在差异,还是因为证明标准和证据法上的区别,还是因为检察官行使了起诉裁量权,答案尚不明确。

种各样的预防医疗事故的对策。

三、医疗过失的预防措施

在医疗事故的预防方面,美国存在两种制度,一种是旨在查明事故原因的一般性的信息收集制度,一种是旨在发现和处分有医疗过失行为的医疗关系人(不限于医师,下文仅以医师指代)的信息收集制度。

前一种制度的代表是事件报告制度。在美国联邦层面,医疗机构认证联合委员会(JCAHO: Joint Commission of Accreditation for Healthcare Organization)负责收集警示性的事例。虽然JCAHO只是对医院进行评价和认定的民间非营利性组织,但由于多数州都把JCAHO的认定作为认可医疗机构资质的条件,而且,JCAHO的认定也是医院参与medicare(老年医疗保险)和medicaid(医疗援助)体系的条件,所以JCAHO对医院规定的报告义务具有事实上的强制约束力。在把收集的医疗事故制作成数据库的同时,JCAHO还负责对预防事故的对策进行研究。

一个经常被指责的问题是,对事故原因的查明和对医疗过失的责任追究之间是存在冲突的。为了隔断警示性事例的报告与责任追究之间的关系,JCAHO的框架中设置了信息的匿名化和禁止相关信息作为证据使用等制度。[①] 与此相对,后一种信息收集制度由于是以处分有医疗过失行为的医师为目的,所以不存在特定信息的匿名化或者信息保密的问题,反而倒是要求广泛地公开信息,而且,其保护的对象不是有医疗过失行为的医师,而是提供了该医师相关信息的人,或者基于相关信息而对该医师作出了不利益处分的人。

下面,我们从刑罚与其他制裁手段的关系这一角度出发,来看一下医师的医疗过失行为在美国有可能受到哪些类型的处分。

[①] 关于医疗事故信息的收集制度,参见手嶋丰:《アメリカにおける医療事故予防策に関する近時の動向——IOM報告書に対する連邦政府の対応を中心として》,载中井美雄、田井义信主编:《民事責任の規範構造・中川淳先生古稀記念論文集》,世界思想社2001年版;畑中绫子:《医療事故情報システムの機能要件——米国の不法行為改革等との連関に着目して》,载《社会技術研究論文集》第2号(2004年),第295页以下;等等。

(一) 损害赔偿责任

规定过失引发损害的行为人要承担损害赔偿责任的侵权行为法在具有被害填补机能的同时，也具有抑制将来的事故的机能。以诉讼社会闻名的美国，由于医疗过失诉讼的频发导致的保险金的高涨已经成为一个大问题，在媒体上，经常可以看到民事审判中陪审团肯定极其高额的赔偿金的报道。[1]

由此便可以作出这样一种推测，即美国是否因为损害赔偿已经有效地发挥着抑制事故的机能，所以就没有必要动用刑罚了。[2] 然而，一般认为，由于损害赔偿实际上是由保险来承担的，所以对医疗过失并不会带来抑制力。[3] 另外，还有学者指出，与一般的印象相反，美国的医疗过失案件中实际支付的赔偿额其实并没有多高。[4] 根据收集了损害赔偿相关信息的 NPDB(National Practitioner Data Bank，国家执业医师数据库)的报告书[5]，2003 年医疗过失案件赔偿额的中间值是 16 万美元，平均值是

---

[1] 关于联邦层面的动向等，参见 Adam D. Glassman, The Imposition of Federal Caps in Medical Malpractice Liability Actions: Will They Cure the Current Crisis in Health Care?, 37 Akron L. Rev. 417 (2004)。

[2] 比如，笔者认为，对于毁损名誉的行为，美国完全依靠损害赔偿责任来处理，与此相对，我国则需要动用刑罚，其中一个原因可能就是我国名誉毁损案件的赔偿额较低，因而侵权行为法的抑制机能一直以来都未能得到充分发挥。根据美国联邦司法统计局的调查，美国侵权责任诉讼中惩罚性损害赔偿的科处率最高的就是名誉毁损案件。参见 Carol DeFrances et al., Civil Jury Cases and Verdicts in Large Countries, tbl 8 (Bureau of Justice Statistics Special Report, NJC-154346, 1995)。

[3] 比如，有学者认为，侵权行为法的事故预防功能之所以存在边界，一方面是因为损害赔偿落实得不够充分(多数被害人未提起诉讼，被害人在和解中接受了低于实际损害的赔偿额，以及过失和因果关系的证明存在困难)，另一方面是因为保险的存在掩盖了行为的危险性。参见 Richard J. Pierce, Jr., Encouraging Safety: The Limit of Tort Law and Government Regulation, 33 Vand. L. Rev. 1281, 1295ff (1980)。

[4] 参见 Neil Vidmar, Felicia Gross & Mary Rose, Jury Awards for Medical Malpractice and Post-Verdict Adjustments of Those Awards, 48 Depaul L. Rev. 265 (1998)。医疗过失之外的领域也是如此。比如，在有名的麦当劳服务员打翻热咖啡烫伤顾客一案中，一审的陪审团认可了 16 万美元的补偿性损害赔偿和 270 万美元的惩罚性损害赔偿，但在上诉审中，惩罚性损害赔偿被降为了 48 万美元(总赔偿额为 64 万美元)，之后，双方又通过更低的额度达成了和解。参见前引论文，第 266 页。

[5] U. S. Department of Health and Human Services, Health Resources and Services Administration, National Practitioner Data Bank 2003 Annual Report, p. 3 (http://www.npdb-hipdb.com/pubs/stats/2003_NPDB_Annual_Report.pdf)。

294 814美元。从 NPDB 开始收集数据的 1990 年到 2003 年期间,赔偿额的中间值是 10 万美元,平均值是 220 106 美元。

NPDB 的数据中还包含了不是经由审判而是通过和解支付的赔偿额,如果单就民事审判中认定的赔偿额而言,比如,根据美国联邦司法统计局以全美人口最多的 75 个县在截至 1992 年 6 月 30 日之前的一年期间的诉讼为对象所实施的调查,在医疗过失诉讼中法院认定的赔偿额的中间值是 201 000 美元,平均值是 1 484 000 美元。平均值之所以较高,是因为全体案件的 24.8% 判处了 100 万美元以上的赔偿。① 再看另外一组数据。根据 Vidmar 教授等人最近的研究,在纽约市及其周边地区于 1985 年到 1997 年期间发生的 705 件医疗过失诉讼中,有 366 件是原告胜诉②,剔除有疑问的数据后,这些案件赔偿额的中间值为 121 万美元,平均值是 4 383 367 美元。但是,诉讼中认可的赔偿额原告在实际中并不一定能拿得到。Vidmar 教授等人的研究指出,数据得到确认的 286 个案件中法院判决的赔偿额的中间值是 1 211 550 美元,但实际赔偿额的中间值只有 892 125 美元,判决赔偿额的平均值是 4 383 367 美元,但实际赔偿额的平均值却是 2 703 843 美元。比如,在该论文引用的一个导致被害人患上小儿麻痹症等残疾的医疗过失案件中,陪审团肯定了 11 115 375 美元财产性损害的赔偿和 6 520 万美元非财产性损害的赔偿,但后来被告仅支付了 700 万美元便与原告达成了和解。③

---

① Carol DeFrances et al., Civil Jury Cases and Verdicts in Large Countries, tbl 6 (Bureau of Justice Statistics Special Report, NJC-154346, 1995).

② 根据联邦司法统计局的调查,医疗过失诉讼中原告的胜诉率为 30%(侵权责任诉讼的平均胜诉率为 50%)。参见 Carol DeFrances et al., Civil Jury Cases and Verdicts in Large Countries, tbl 5 (Bureau of Justice Statistics Special Report, NJC-154346, 1995). Vidmar 教授认为,纽约州的胜诉率之所以高达 52%,有可能是因为该州被害人多在胜诉几率较大时才选择诉诸诉讼。参见 Neil Vidmar, Felicia Gross & Mary Rose, Jury Awards for Medical Malpractice and Post-Verdict Adjustments of Those Awards, 48 Depaul L. Rev. 282 (1998). 附带提一下,我国医疗过失诉讼中原告的胜诉率为 40% 左右(据最高裁判所《司法统计年报》)。

③ Vidmar 教授对佛罗里达和加利福尼亚两州作了比较研究,佛罗里达州的原告胜诉率为 44%,陪审团认可的赔偿额的中间值为 390 300 美元(原告实际受偿额的中间值为 361 200 美元),平均值为 1 250 135 美元(实际值为 1 147 235 美元);加利福尼亚州的原告胜诉率为 22.5%,陪审团认可的赔偿额的中间值为 344 250 美元(实际值为 307 800 美元),平均值为 172 279 美元(实际值为 1 542 449 美元)。参见 Neil Vidmar, Felicia Gross & Mary Rose, Jury Awards for Medical Malpractice and Post-Verdict Adjustments of Those Awards, 48 Depaul L. Rev. 290ff (1998).

上述研究应当如何评价,是一个难以回答的问题。不可否认,被媒体大肆报道的巨额赔偿金在实际中似乎并不一定会兑现,但由于事前无法预测必须支付何种程度的赔偿,所以即便只有少数案件被判处了极其高额的赔偿,可能也会对医疗过失行为的抑制产生重要的影响。另外,还有学者指出,即便赔偿金本身是保险公司支付的,但对于医师来说,卷入纷争本身无论在精神上还是金钱上也都意味着相当的损耗。①

此外,美国的侵权行为法在通常的损害赔偿之外,还有惩罚性的损害赔偿制度,这便与刑罚有了重要的关系。惩罚性损害赔偿制度的目的是处罚恶劣的行为人②,而美国联邦最高法院也把行为人的可非难程度作为确定惩罚性损害赔偿额度时的最重要指标。③

根据联邦司法统计局的前述调查,医疗过失诉讼中原告胜诉的案件判处惩罚性损害赔偿的比例约为 3%,赔偿额的中间值为 199 000 美元,平均值为 245 000 美元。④ 而根据 Rustang 和 Koenig 两位教授的研究,判处惩罚性损害赔偿的案件比例为 1% 以下,赔偿额的中间值为 228 600 美元,平均值为 1 724 577 美元,最高额为 7 700 万美元(后来通过和解减为 500 万美元)。⑤

(二)诊疗资格审查(staff privilege review)·同行审查(peer review)

在美国,医疗机构中设置有审查医师资格的委员会,负责对是否授予医师在该医疗机构实施诊疗行为的权限(privilege)进行审查。委员会也

---

① Paul C. Weiler 等:《医療過誤対策:全米調査プロジェクト》,大木俊夫、多木诚一郎译,青木书店 2001 年版,第 135 页以下。

② 除了对违法行为的抑制和反应这种与刑罚相同的功能之外,惩罚性损害赔偿还被认为具有促进私人的执法行为以及补充对实际损害的赔偿的功能。参见 Michael Rustad & Tomas Koenig, The Historical Continuity of Punitive Damages Awards: Reforming the Tort Reform, 42 Am. U. L. Rev. 1269 (1993);田中英夫、竹内昭夫:《法の実現における私人の役割》,东京大学出版会 1987 年版,第 133 页以下;等等。

③ BMW of North America v. Gore, 517 U. S. 559, 575 (1996). 联邦最高法院认为,惩罚性损害赔偿应受到《美国联邦宪法第十四修正案》的约束,因而本案一审在 4 000 美元的补偿性损害赔偿之外另行科处的 400 万美元惩罚性损害赔偿(二审减为 200 万美元)是违宪的。

④ Carol DeFrances et al., Civil Jury Cases and Verdicts in Large Countries, tbl 8 (Bureau of Justice Statistics Special Report, NJC-154346, 1995).

⑤ Michael Rustad & Thomas Koenig, Reconceptualizing Punitive Damages in Medical Malpractice, 47 Rutgers L. Rev. 975, 1006ff (1995).

有可能对应医师的能力,限定其有权实施的诊疗行为的种类。另外,在医疗机构中还设置有同行审查委员会,负责对该医疗机构的医师是否实施了错误的治疗或者不必要的治疗行为进行审查。同行审查委员会一旦认定医师实施了不合理的治疗行为,可以向医疗机构的理事会建议取消或者限制该医师的诊疗资格。

这种专家同行实施的内部审查如果能有效发挥作用,便有可能在预防医疗事故方面产生很大的效果,但实际上这种审查却一直被认为几乎没有发挥什么作用。其原因是,医师一般对于批判同行都持极其消极的态度,而且,由于受到不利益处分的医师对委员会的医师提起损害赔偿诉讼的情况屡屡发生,出于对诉讼的担忧,委员会的审查愈加消极。① 为此,联邦议会在 1986 年制定了《医疗品质改善法》(Health Care Quality Improvement Act),规定在一定条件下可以免除审查委员会及其成员的损害赔偿责任。免责的条件是,处分是以提高医疗品质为目的,并且处分过程符合正当程序的要求(在证据的收集上尽到了合理的努力,告知被处分医师相关信息并听取其陈述)。对于信息提供者,除了故意提供虚假信息的情况之外,也免除其赔偿责任。②

《医疗品质改善法》为了防止曾犯有医疗过失行为的危险医师转移到其他州活动,设置了收集全美执业医师信息的数据库 NPDB,并规定在以下场合,必须将犯有医疗过失行为的医师等相关信息向 NPDB 进行报告:第一,因医疗事故支付了 1 万美元以上赔偿的人(包含保险公司),必须向 NPDB 报告引发事故的医师及其所在医疗机构的名称、赔偿额、事故的状况等信息;第二,对医师作出吊销、停止执业许可等行政处分的州的监管部门,必须向 NPDB 报告被处分医师的姓名及作为处分理由的行为的相关信息;第三,对医师作出限制诊疗资格 30 日以上的处分的医疗机构,也必须进行和第二种情形同样的报告。③ NPDB 通过这种方式积累的信息虽然并不作一般性的公开,但却要对医疗机构公开。而且,可以说法律不仅仅是规定医疗机构有权从 NPDB 获得数据。换言之,医疗机构在对医师的诊疗资格进行审查时,必须向 NPDB 咨询该医师的有关信息。法律

---

① See, Scott M. Smith, Construction and Application of Health Care Quality Improvement Act of 1986, 121 A. L. R. Fed. 255 (2005).
② 842 U.S.C.A. §1111, 1112.
③ 42 U.S.C.A. §1132, 1133.

规定,在医疗机构依据的信息是从 NPDB 获取的场合,一旦出现问题,除非医疗机构出于恶意,否则将被免责,同时,对怠于向 NPDB 进行咨询的医疗机构,在医疗过失诉讼中将被视为已经知晓 NPDB 中与该医师有关的信息。①

根据 NPDB2003 年的报告书,NPDB 在 2003 年收到的报告中约七成涉及的是医疗过失的损害赔偿,约三成(7 490 件)涉及的是对医疗关系人的处分。当年 NPDB 收到的信息咨询请求为 320 万件,其中的 11.2% 在 NPDB 中存在记录。②

虽然《医疗品质改善法》规定医疗机构有向 NPDB 报告信息的义务,但也许是由于违反该义务的制裁不过是丧失免责条款保护的原因,该义务在实践中似乎并未得到充分履行。因此,有些州对上述义务还另行规定了其他罚则。比如,加利福尼亚州的法律(Business and Professions Code §805)规定,医疗机构在其同行审查委员会决定剥夺或者限制医师诊疗资格的场合,必须向医事监管部门报告,违反该义务将构成轻罪并被科处 1 200 美元以下的罚金,在 1990 年的法律修正中,该罚金的上限又被提高到 10 000 美元。

上述审查制度和全国性的信息收集制度虽然并不以制裁医疗过失为直接目的,但却很有可能给犯有医疗过失的医师等带来职业上的不利,因此在医疗事故的预防方面可以说具有重要的意义。

(三) 行政处分

美国的医师执业许可是由各州自己颁发的,州的医事监管部门有权对犯有医疗过失的医师作出吊销或停止其医师执业许可的行政处分。③各州的制度在细节方面存在差异,这里仅就纽约州的制度作一个介绍。

在纽约州,对医师等的惩戒处分是由卫生局下设的专业医疗行为委

---

① 42 U. S. C. A. §1135.

② U. S. Department of Health and Human Services, Health Resources and Services Administration, National Practitioner Data Bank 2003 Annual Report, p. 1ff (http://www.npdb-hipdb.com/pubs/stats/2003_NPDB_Annual_Report.pdf).

③ 比如,佛罗里达州的一名医师因搞错患者并对其实施了足部截肢手术而被该州医事监管部门科处了停止医疗执业许可 6 个月、监察 2 年、罚款 1 万美元的行政处分。参见李启充:《アメリカ医療の光と影:医療過誤防止からマネジドケアまで》,医学书院 2000 年版,第 38 页。

员会(Board for Professional Medical Conduct)负责的。2004年,委员会的成员中包含114名医疗专家和54名普通国民。委员会收到审查的请求后,先由其事务局的工作人员对事实进行调查,当收集的证据足以对案件展开审理时,事务局便可以向委员会提出追诉。如果事务局长认为过失的程度比较轻微,经过委员会的同意,也可以仅对当事人作出内部的警告。如果案件被起诉到委员会,将由2名专家和1名普通国民组成合议庭进行审理。在审理中,由作为事务局工作人员的律师负责对案件事实作出证明,接受审判的当事人一方通常也会有律师参与审理。当合议庭认为起诉理由成立时,便可以对该当事人作出行政处分。法律规定的处分类型包括:①警告;②吊销、停止、限制执业许可;③不更新许可、登录或者限制将来的许可、登录;④1万美元以下的制裁金;⑤命令接受再教育、再训练;⑥500小时以内的社会服务命令(Public Health Law §230-a)。

根据委员会的年度报告①,2004年共有6 925件审查请求,委员会对其中的6 711件实施了调查,337人受到了追诉。被追诉的案件中,当事人放弃执业许可的85件,被吊销执业许可的17件,被停止执业许可的116件,被科处警告附加缓刑的55件,被单纯科处警告的41件,驳回起诉的6件。2004年之前的五年期间,科处行政处分的案件数量为平均每年333件,与1992年到1996年这五年间的平均值248件相比增长了34%。

在前述NPDB的框架中,医师的信息并不作一般性地公开,这一制度的合理性以及是否应当修改相关法律的问题,在理论上是有争议的。② 但是纽约州2000年在法律中规定,该州所有登记医师的教育经历、专业资格、在医院中的诊疗资格是否受到限制、医疗过失的历史、犯罪前科、行政处分历史等信息都要在网络上公开。除纽约州外,加利福尼亚州等也采取了这种在网络上公开对医师的行政处分的制度。这种信息公开制度就本来目的而言当然是为了让作为一般消费者的市民能够避开存在问题的医师,但可以说也具有某种制裁的机能。

---

① See, Board for Professional Medical Conduct, 2002-2004 Annual Report (www.health.state.ny.us/professionals/doctors/conduct/annual_reports/2002-2004).

② See, Kara M. McCarthy, Note: Doing Time for Clinical Crime: The Prosecution of Incompetent Physicians as an Additional Mechanism to Assure Quality Health Care, 28 Seton Hall L. Rev. 600 (1997).

通过各州监管部门在全美联合发行的报告书①,可以得知其各自的活动情况。根据消费者团体(Public Citizen's Health Research Group)基于该报告书整理的资料,2002年到2004年期间,各州每1 000名医疗关系人中受行政处分者的平均数情况是,首位的怀俄明州是10.04人,末位的夏威夷州是1.44人,纽约州排第17位,数值是4.29人。②

对于监管部门的行政处分制度,也有学者指出其存在人员和预算不足、信息收集不充分、专家委员怠于对同行科处不利益的处分等问题,认为该制度并未充分发挥预防事故的机能。③ 但是,对比我国的情况来看,美国的制度无论是在处分的频度还是严厉性上都在显著地发挥着作用。根据厚生劳动省的统计,2002年我国的医师数量为262 687人。医道审议会医道分科会2002年6月25日的会议对医师作出处分决定的数量是22件[外加行政指导(警告)1件],12月13日的会议也是22件(外加行政指导2件),如果权且把两者合计的47件当做2002年度的处分数量来计算,每1 000名医师中受处分者的数量就是0.17人,这个数字只有美国最末位的夏威夷州的约1/10。就行政处分的程度而言,1971年到2002年期间,我国被吊销执业许可的医师为60人,其中未有一人因医疗过失被吊销许可。④

(四) 刑罚与其他制裁的关系

美国对医疗过失的刑事追诉开始引人注目是1980年代中后期的事情,这个时期与医疗机构的内部审查及监管部门的行政处分走向强化的时期也是一致的。在这一时期,为了应对医疗事故的频发,刑罚与其他制裁方式同时得到了强化,并无实证研究表明存在其他制裁手段取代了刑罚这样一种关系。然而,1980年代中后期以后是美国社会整体的严罚化

---

① Federation of State Medical Boards, Summary of 2004 Board Actions (www.fsmb.org/pdf/FPDC_Summary_BoardActions_2004.pdf).

② Public Citizen Ranking of the Rate of State Medical Boards' Serious Disciplinary Actions: 2002-2004 (www.citizen.org/publications/release.cfm? ID = 7380&secID = 1158&catID = 126).

③ Kara M. McCarthy, Note: Doing Time for Clinical Crime: The Prosecution of Incompetent Physicians as an Additional Mechanism to Assure Quality Health Care, 28 Seton Hall L. Rev. 585-587 (1997).

④ 参见《每日新聞》医疗问题采访组:《医療事故がとまらない》,集英社2003年版,第210页。

倾向较为显著的时期①,可尽管如此,虽说医疗过失被追究刑事责任的情况有所增加,但仍然只是很少见的现象,之所以会出现这种状况,恐怕终究还是因为大量存在其他的制裁方式。②

四、对我国的启示

上述对美国法的研究给我们带来的启示是,对于医疗事故的预防来说,多种手段的综合运用具有重要意义。

我国在预防医疗事故方面也已经采取了多种多样的措施。③

首先,关于医疗机构的风险管理问题,从2002年10月开始,所有医院以及有病床的诊疗所都要实施下列改善措施:①整备安全管理的方针和指南;②组建安全管理委员会;③组织安全管理方面的研修;④报告医院内发生的事故;等等。另外,从2003年4月开始,特定功能性的医院要推行下列措施:①配备安全管理人员;②设置安全管理部门;③确保建立患者沟通机制。为了通过信息的收集促进事故原因的查明,作为医疗安全对策网络整备工作的一环,厚生劳动省从2001年10月开始以特定功能性的医院为对象收集所谓"险肇事件"④的案例,由专家进行分析之后,再广泛地向医疗机构等提供。接着,从2004年4月开始,财团法人日本医疗机能评价机构开始在更广的范围内收集"险肇事件"的案例,同年10月,该机构又开始着手收集医疗事故方面的信息。

关于对犯有医疗过失的医师的行政处分问题,医道审议会医道分科会在2002年12月13日发表的《关于医师及牙科医师的行政处分问题的

---

① 参见佐伯仁志:《アメリカにおける少年司法制度の動向》,载《ジュリスト》第1087号(1996年),第76页以下;《経済犯罪における重罰化の動向》,载《アメリカ法》1998年第2期,第218页以下(本书第四章第二节)。

② 有学者认为,在非刑事性的制度不能有效发挥功能的场合,应该动用刑事性的制裁。参见 Kara M. McCarthy, Note: Doing Time for Clinical Crime: The Prosecution of Incompetent Physicians as an Additional Mechanism to Assure Quality Health Care, 28 Seton Hall L. Rev. 619 (1997).

③ 关于厚生劳动省的对策,参见厚生劳动省网站医疗安全对策一栏(http://www.mhlw.go.jp/topics/bukyoku/isei/i-anzen/index.html)。

④ 该词的日语为"ヒヤリ・ハット",其词义接近于英语中的"near miss",在医疗、建筑等高风险领域经常使用,意为差一点就酿成事故的意思,多用于警示、提醒隐患的场合。——译者注

意见》中展示了这样一种新的方针,即"为了确保国民对医疗体制的信赖,对于即便不构成刑事案件的医疗过失行为,也要参照提供医疗服务的体制及行为时的医疗水平等因素进行分析,在能够认定行为人明显违反了注意义务的场合,要把行为人纳入行政处分的对象"。另外,此次会议还研究了命令被处分的医师接受再教育的问题。

在现行预防医疗事故的制度中,与刑事责任的追究有重要关系的是《医师法》第21条规定的异状尸体的报告义务。笔者认为,在对犯有医疗过失行为的医师设置报告义务这一点上,这个规定有很大的违宪嫌疑[①],但最高裁判所近来对此作出了合宪的认定(最判平成16·4·13,《刑集》第58卷第4号,第247页)。虽然笔者认为最高裁判所给出的理由并没有说服力[②],但由于沉默权(不被强迫自证其罪的特权)关涉的只是有可能被追究刑事责任的人,所以如果医疗机构对医疗事故的报告和公开成为一般化的制度,上述问题的实际意义可能也并不是很大。[③]

关于异状尸体的报告义务问题,医学界也提出了各种各样的建议。[④] 2004年9月,日本医学会各基础领域的19个分会发出共同声明,要求建立医疗关联死亡的报告制度和由中立的专业机关(其成员也包含行政部门)查明原因的制度。受此声明影响,2005年我国启动了"诊疗行为关联死亡的调查分析模型计划"。[⑤] 这个计划以地域为单位设置由临床医师、

---

① 参见佐伯仁志:《異状死体の届出義務と黙秘権》,载《ジュリスト》第1249号(2003年),第77页以下(同时收录于樋口范雄主编:《ケース·スタディ:生命倫理と法》,有斐阁2004年版)。

② 对法庭决定的批判,参见川出敏裕:《判評》,载《法学教室》第290号(2004年),第4页以下;小川佳树:《判評》,载《平成16年度重要判例解説》,有斐阁2005年版,第187页以下;等等。

③ 有学者建议设置医师自首场合的责任减免制度。参见船山泰范:《医療過誤と過失犯論の役割》,载板仓宏博士古稀祝贺论文集编辑委员会主编:《現代社会型犯罪の諸問題·板倉宏博士古稀祝賀論文集》,劲草书房2004年版,第218页。

④ 日本外科学会的指南建议只对"重大且明显的医疗过失"设置报告义务。参见儿玉安司:《医師法21条をめぐる混迷》,载《ジュリスト》第1249号(2003年),第72页以下(同时收录于樋口范雄主编:《ケース·スタディ:生命倫理と法》,有斐阁2004年版);畑中绫子:《医療事故情報収集システムの課題――特に法的責任の観点から》,载《社会技術研究論文集》第1号(2003年),第407页。另外还可参见日本学术会议第2部、第7部于2005年6月23日提出的报告书《異状死等について――日本学術会議の見解と提言》。作为将来的一种选择,日本外科学会的建议是值得考虑的。

⑤ 载 http://www.mhlw.go.jp/houdou/2005/08/h0810-1.html。

法医及病理医师组成的团队,接受医疗机构对医疗关联死亡的调查委托,对尸体进行解剖并由专业医师对案件进行调查,从而从专业、跨学科的角度查明死因并研究预防再次发生类似情况的对策。该计划的目的"是通过向患者的遗属及提出委托的医疗机构提供合理的死因调查及医疗评价结果,保障医疗的透明性和促进医疗的安全性,而并非追究有关人员的法律责任",然而,根据《尸体解剖保存法》第11条的规定,当解剖中发现尸体有异状且可能涉及犯罪之时,必须向警察部门进行报告,因此该计划仍有触发刑事责任追究的可能性。而且,在查明是医师等的过失导致患者死亡的场合,将该信息告知患者的遗属恐怕也将难以避免地引发其对涉案医师等的法律责任的追究。

在制度设计上,也不是不可以选择优先考虑查明事故的原因而放弃对刑事责任的追究。但是,对被害人的赔偿责任是不可能免除的,同时,对危险的医师不能放任自流,所以也不可能免除其行政处分。如此一来,仅仅在刑事上免责能够对医疗过失的报告产生何种程度的鼓励效果便不得而知。[①] 医学界之所以强烈地反对异状尸体报告制度,与刑事责任的追究本身相比,更加重要的原因在于,不具备专业性的警察从一开始就会介入,而且连(在医学专家看来是)轻微的过失也会被追究刑事责任。

在反垄断法领域,公正交易委员会具有专属的控告权,负责对仅动用行政处分还不足以处罚的恶性案件提出刑事控告。证券交易监视委员会虽然并没有专属的控告权,但事实上其控告也是启动刑事追诉的条件。金融厅的行政处分以前只有业务停止命令,但现在已经引进了课征金制度。在这些领域,之所以授予专业机关第一调查权以及选择仅科处行政处分抑或进一步请求刑事处分的权力,其原因是这些领域的专业性较高。然而就专业性问题而言,医疗领域比反垄断法和证券交易法【金融商品交易法】领域的专业性要高得多。而且,就制裁的程度而言,剥夺或停止医师执业许可的处分也具有很强的制裁效果。既然如此,不妨研究在将来构建这样一种制度,即先由第三方机构对医疗事故的原因进行调查,如果查明事故是过失导致的就向厚生劳动省[②]报告,在过失的性质比较轻微的

---

① 参见川出敏裕:《事故調査と法的責任の追及》,载《ジュリスト》第1245号(2003年),第64页。
② 也可以考虑设置像公正交易委员会和证券交易监视委员会那种具有独立的调查权限和调查人员的独立委员会。

场合就只科处行政处分,只有重大过失或者再犯等性质恶劣的案件,才移交给刑事程序处理。①

五、结语

本来,在对日、美两国的法律制度进行比较之时,也必须分析我国的判例和学说,但本节在这方面未能展开。另外,在美国法部分,本节也未能对各州的法律制度进行详细的研究。在这个意义上,必须承认本节在比较法研究方面是极其不充分的,但笔者仍希望其能够对今后研究的发展贡献微薄之力。

第二节 医疗安全领域刑事司法的现状

一、绪论

下面,笔者想简单地介绍一下目前医疗过失案件中追究刑事责任的状况,在此基础上,对今后应该如何处理医疗过失案件的刑事责任追究问题作一简单的探讨。②

二、刑事医疗过失案件的现状

(一)刑事医疗过失案件的激增

在讨论医疗过失案件中追究刑事责任的状况问题之时,首先必须指出的是,追究刑事责任的医疗过失案件最近正在增加,甚至可以说正在激增。关于这一点并没有正式的统计数据,但根据饭田英男教授(原检察

---

① 有学者认为,"之所以存在依赖于刑事责任的追究这种倾向,是因为刑事追诉所具有的原因查明功能符合被害人的情感。今后,通过将原因查明的任务转移给专业调查机关,上述倾向将得到缓解"。参见畑中绫子:《医療事故情報収集システムの課題——特に法的責任の観点から》,载《社会技術研究論文集》第1号(2003年),第412页。

② 本节原为笔者2006年7月8日在东京大学召开的主题研讨会"医疗安全和法——与医疗安全有关的法律制度的探究"上的演讲,收录于本书时,笔者将原稿改为书面语言,同时还增加了一些必要的注释。

官)收集并整理医疗过失案件的判例形成的《刑事医疗过失》(2001年)和《刑事医疗过失Ⅱ》(2006年)这两册非常珍贵的研究资料,从战后到1999年1月期间,能收集到的判例为137件,与此相对,在1999年1月到2004年4月这短短的5年时间里,能收集到的判例便达到了79件。值得注意的是,1999年1月之前的137个案件中,正式审判的为73件,占总数的53%,通过略式命令处理的为64件,占总数的47%。与此相对,1999年1月之后的79个案件中,正式审判的为20件,占总数的25%,通过略式命令处理的为59件,占总数的75%,运用略式命令的比例出现了增长。这可能是因为之前没有被起诉的轻微过失案件现在也通过略式命令被起诉了,也可能是因为上述资料对1999年1月之前的略式命令案件收集不够全面。但即便1999年1月之前的判例收集存在一些遗漏,医疗过失被追究刑事责任的情况最近正在激增应该是无疑的。

对于这种变化,能够想到的原因是(虽然只是推测):

第一,被害人或者被害人遗属的处罚情感在日益增强。实际上,不仅是医疗过失领域,在包含交通事故等在内的所有刑事司法领域都可以看到这种倾向。

第二,警察部门收到的异状尸体报告数量的增加。1997年到1999年期间,警察部门每年收到的异状尸体报告总数在20件到40件左右,其中,医疗关系人提交的报告在10余件到20件左右。但是,2000年的报告总数很快便大幅增长到124件,其中医疗关系人的报告达到80件。2005年,报告总数进一步增长到214件,其中医疗关系人的报告达到177件。与此同时,移送至检察部门的案件数量,也从1999年之前的每年10件左右或者10件以下,逐渐增长到2000年的24件、2001年的51件,2005年更是达到91件。① 在1999年2月发生的都立广尾医院案件中,该医院院长因违反《医师法》第21条被起诉,受此案影响,日本内科学会随即发布了关于异状尸体报告的指南。显然,上述动向是该指南影响下的产物。

第三,由于媒体对医疗过失案件的大肆报道,国民对医疗关系人的不信任感日益增强。比如,都立广尾医院案件、埼玉医大医院案件、横滨市立大学附属医院案件、慈惠医大青户医院案件等医疗过失案件都引起了

---

① 参见第164届国会参议院厚生劳动委员会2006年3月16日议事录(绳田修警察厅刑事局长发言部分)。

社会的高度关注和不安。

不仅是刑事案件,民事性的医疗过失案件也出现了急速增长。① 一直以来,判处民事损害赔偿的案件数量都要远远超过受到刑事追诉的案件,即便是刑事案件激增的现在,这种倾向基本上也没有改变。民事诉讼认定存在医疗过失的案件中,进一步被追究了刑事责任的只是其中的一部分而已。

(二)刑事过失与民事过失的区别

上述现象的原因何在,是一个非常值得探讨的问题,但其答案却未必清楚。首先可以想到的答案是,刑事过失相较于民事过失要更加严格,刑事过失必须是比民事过失更加重大的过失。这个答案符合人们的常识,并且也有学者明确地提出过这种主张②,但是,判例对此却未曾明确予以肯定。这样,民事案件对过失责任的认定之所以远远超过刑事案件,也许是因为刑事诉讼的证明标准要高于民事诉讼这个诉讼法上的原因。比如,虽然民事诉讼肯定了过失和结果之间的因果关系,但刑事诉讼却难以作出相同的认定。

即便认为刑事过失必须是比民事过失更加重大的过失,但何种场合才构成重大过失,仍然是一个有待回答的问题。有观点认为,认识到结果发生的危险的场合,即所谓的有认识的过失的场合是重大过失。③ 但是,因技术不熟练而连危险也没能预见的场合,或者犯有极其低级的失误的场合,与有认识的过失相比,哪一种类型的责任更加重大,笔者认为是有讨论余地的。④ 无论如何,有必要对这一问题进行更加深入的研究。

---

① 参见近藤昌昭:《医療安全と法——民事訴訟の現状》,载樋口范雄、岩田太主编:《生命倫理と法Ⅱ》,弘文堂2007年版,第222页以下。

② 参见町野朔:《刑法総論講義案Ⅰ》(第2版),信山社1995年版,第252页。另外,还可参见小早川光郎等:《(座談会)現代における安全問題と法システム(上)》,载《ジュリスト》第1245号(2003年),第18页(广瀬久和发言部分)。

③ 认为应将刑事过失限定于有认识的过失的观点,参见田宫裕:《刑事法の理論と現実》,岩波书店2000年版,第87页以下(《過失に対する刑法の機能》部分,原文初次发表于青木清相等编:《過失犯·日沖憲郎博士還暦祝賀(1)》,有斐阁1966年版);甲斐克则:《責任原理と過失犯論》,成文堂2005年版,第127页以下。

④ 关于这一问题的深入探讨,参见道垣内弘人:《重過失》,载《法学教室》第290号(2004年),第35页以下。

（三）医疗过失中的监督管理过失

在医疗过失的刑事责任追究方面值得关注的是，最近出现了在主治医师之外，对更加上位的医师甚至医疗机构的最高责任人追究监督、管理责任的动向。刑法学者把有义务防止引发结果的直接行为人的过失行为的监督者的过失称为监督过失，把有义务整备预防结果发生的物的和人的体制的监督者的过失称为管理过失。比如，如果经营者等怠于设置防火设施或在平时进行避难训练因而导致了火灾事件，就要对其追究刑事责任。在医疗过失领域刑事责任追究的积极化动向中，医疗机构的管理者、监督者的刑事责任也成为追究的对象。

比如，在饭田教授的著作记载的东京简易裁判所平成16年（2004年）4月16日的一件略式命令案件中（公开刊物未刊登），涉案医院的院内感染导致6名患者死亡，而该院理事长兼院长则因没有采取预防感染的措施被认定构成业务上过失致死伤罪。在上述著作介绍的另外一个案件中，一名在采取分担医制的牙科诊疗所就医的患者因麻醉药导致的急性呼吸循环功能不全而死亡。此案中，除了负责治疗的牙科医师之外，作为医疗法人的理事长也被指控在采取分担医制的诊疗体制中存在指挥监督上的过失，因而构成业务上过失致死伤罪。

但是，监督过失与直接过失的区别是非常微妙的。在埼玉医大医院案件（最决平成17·11·15，《刑集》第59卷第9号，第1558页）中，被害患者的主治医师把以周为单位标注的抗癌剂药量误读成了日用药量，因而对该患者使用了过量的药物并导致其死亡。此案中，除了误读抗癌剂药量的主治医师之外，其指导医师和耳鼻喉科科长兼教授也被追究了过失责任。但是，一审认为，指导医师和科长的责任是指导监督上的责任，即便主治医师犯有医疗过失，原则上也不应追究对主治医师处于监督地位的科长的刑事责任。与此相对，二审认为，指导医师和科长都应作为治疗医师承担直接的责任，最高裁判所对此立场也予以肯定。不过，最高裁判所认为，科长所承担的并不是要站在和主治医师完全相同的立场去掌握副作用的发现状况等这样一种注意义务，而是就副作用的处理问题对主治医师等进行事前指导，同时，自己也要通过听取主治医生等的报告之类的方式准确地掌握副作用的发现状况等，这是一种应当防患于未然的注意义务。因此，虽说最高裁判所将科长的责任定性为治疗医师的责任，但却把这种责任和监督者的责任作了浑然一体的理解。

上述这种管理、监督过失虽然追究的是医疗机构的上位者的责任,但其性质却并不是组织本身的责任,说到底,其追究的还是个人的责任。在医疗过失案件中,医疗机构的组织性过失引发事故的情况经常发生,但刑法原则上只追究个人的责任,对组织性责任的追究,只限于存在处罚作为业务主的法人这种特别规定的场合。由于业务上过失致死伤罪中并不存在这种处罚业务主的规定,医疗过失刑事责任的追究因此也就存在一个边界。关于这个问题,笔者稍后再作进一步探讨。

三、医疗过失的责任追究方式

(一)应该停止对医疗过失追究刑事责任吗?

与上述现状相对,在医疗关系人中间这样一种呼声却日益高涨,即对医疗过失追究刑事责任是不当的,因而应当停止这种做法。下面,本书对此种呼声的主要论据作一个介绍,同时也谈一谈笔者自己的看法。

认为应当停止对医疗过失追究刑事责任的第一个理由是,处罚医疗关系人在医疗事故的预防上是没有效果的。确实,对于预防医疗事故的再次发生而言,追究刑事责任所能发挥的作用只是次要的,不应当被过分夸大。但是,刑法在预防事故方面应当发挥何种作用的问题并不是医疗过失领域独有的问题,而是一般性地存在于过失犯中的问题。因此,如果是主张因为处罚过失犯不能产生预防事故的效果所以应当一般性地废除过失犯则另当别论,但如果只是在医疗事故领域提出由于处罚没有效果所以应当停止追究刑事责任的主张,只要不能说明为什么医疗事故领域要比其他领域特别,这种主张就是欠缺说服力的。

第二,有观点认为,如果对医疗过失追究刑事责任,医师就会避免实施危险的治疗行为,从而导致医疗活动陷入萎缩的状态。但是,毫无疑问的是,即便在实施高度危险的手术时导致患者死亡,也并不意味着医师就一定要承担刑事责任。只要医师实施的是必要且符合医疗基准的合理行为,那么就应该构成正当的医疗行为从而阻却违法性。而且,实际上受到追诉的几乎也都是医疗关系人犯有单纯过失的案件,可能导致医疗萎缩的案件,即医师因从事高度危险的治疗而被追究刑事责任的案件在实践中发生过多少,是存在疑问的。恐怕无论如何都不能认为,因为对搞错患者或者搞错药物剂量的行为追究了刑事责任,所以医疗活动就会陷入萎缩吧。

即便存在有可能导致医疗萎缩的不合理追诉,也应当就此个案来讨论其追诉是否合理,而不能因为某一个案件的刑事追诉有失妥当,就全盘否定对医疗过失追究刑事责任的合理性。

第三,有观点认为,追究个人责任的刑事处罚不适宜用来处理组织性的医疗行为的责任。如前文所述,现在的刑法在追究组织性的责任方面确实存在边界,但这并不是医疗过失的特有问题。在企业犯罪等犯罪类型中,多多少少也都存在这个问题,但如果因此就主张放弃追究个人的刑事责任,恐怕是非常草率的。如果对组织性责任的追究存在边界,就应该通过在过失犯中设置处罚业务主的规定(两罚规定)等方法来应对,而不能因为组织性责任的追究存在边界,便主张也要放弃对个人责任的追究。

第四,有观点主张,医疗过失在美国并不是刑事处罚的对象。但是,美国也并不是完全不追究医疗过失的刑事责任①,特别需要注意的是,最近美国追究医疗过失刑事责任的案件也出现了增长。当然,即便如此,与我国相比,美国追究刑事责任的案件确实还是要少很多。但需要注意的是,除了刑罚之外,美国还在积极有效地运用着吊销执业许可等严厉的行政处分以及惩罚性损害赔偿等民事上的高额损害赔偿责任制度等多种多样的制裁手段,所以,两国之间的情况不能进行简单的比较。不过,如后文所述,我国今后也可以考虑更加积极有效地运用刑罚以外的制裁方式。

第五,有观点认为,一旦追究刑事责任,涉案的医疗关系人就会明哲保身,这样就会导致难以查明事故的原因。如果为了查明事故的原因和预防事故的再次发生无论如何都必须放弃追究刑事责任,也不是不可以考虑选择放弃的政策。但是,放弃刑事责任的追究对于事故原因的查明来说是否真的必不可少,是存在疑问的。而且,即便放弃了对刑事责任的追究,也并不意味着民事的赔偿责任也可以一并得到豁免,此外,对技术不熟练的医师也不能免除行政处分。所以,仅仅放弃刑事责任的追究是

---

① Robert B. Leflar:《医療安全と法の日米比較》,载樋口范雄、岩田太主编:《生命倫理と法Ⅱ》,弘文堂2007年版,第171页以下;Robert B. Leflar & Futoshi Iwata, Medical error as Reportable Event, as Tort, as Crime: A Transpacific Comparison, 12 Wieder L. Rev. 189 (2005).

真的更有利于原因的查明,还是会引发责任的逃避,也是存在疑问的。如果放弃对刑事责任的追究所能带来的好处只不过是使得原因的查明在某种程度上变得稍许容易,为了查明原因而放弃追究刑事责任这个选项是否能够为被害人和国民所接受,恐怕同样也是存在疑问的。

第六,有观点指出,由于侦查机关不具备专业的医疗知识,因而无法期待其查明真相,所以有必要设置专业的医疗事故调查机关,从专业的立场出发开展调查。这种观点很有道理,因此,2005年开始实施的"诊疗行为关联死亡的调查分析模型计划"的进展被寄予了期望。但是,是否由专业的机关来查明真相的问题,和在调查之后发现医疗关系人存在过失的场合是否追究刑事责任的问题,是两个不同的问题。

如上,主张停止对医疗过失追究刑事责任的观点并没有提出令人信服的理由。但是,这也并不意味着笔者因此就认为应该维持现状。

(二)今后的政策选择

在医疗事故的处理中需要同时考虑三个问题:查明事故的原因并实施预防事故再次发生的对策、实现被害人或其遗属的被害恢复以及合理地追究责任。这三个方面缺一不可,而不是说,只要能查明原因和预防再犯,责任追究问题便无关紧要。但是,责任追究也并不意味着必须是刑事责任的追究,前述美国的例子启示我们,应当更加积极有效地运用刑罚以外的制裁手段。

我国制裁制度的特色是过于依赖刑罚,这并不是医疗过失领域的特有现象。最近我国开始对这种倾向进行反省,由专业机关负责调查、重视行政制裁以及只对恶性案件追究刑事责任这些主张也逐渐成为现实,反垄断法及金融商品交易法等领域的动向就是其例证。笔者认为,将来可以研究在厚生劳动省内部设置类似证券交易监视委员会这样的专业组织来负责医疗事故的调查和行政处分的科处。

【补论】此后的动向

厚生劳动省内设置的"诊疗行为关联死亡的死因查明制度研究会"建议设立医疗事故调查委员会来负责死因的调查,在此基础上,厚生劳动省在2008年6月公布了《医疗安全调查委员会设置法(草案)(暂定名)大纲》。

该草案规定,要设立医疗安全调查中央委员会及地方委员会,医师等医疗从业人员在出现医疗事故死亡等情况时必须向主管大臣进行报告,而且,在履行了该报告义务的场合,就可以免除《医师法》第21条的报告义务。收到关于医疗事故死亡等的报告之后,主管大臣要向委员会通知相关信息,进而由委员会对事故原因展开调查并制作成报告书,然后将报告书交付给出现医疗事故死亡等的医院及死亡患者的遗属。报告书也要进行一般性的公开。

草案还规定,调查医疗事故的目的是"查清医疗事故死亡等的有关事实并对其进行必要的分析,进而查明事故的原因,从而预防医疗事故的再次发生"。虽然草案明确了调查的目的不是要追究民事或刑事责任,但也并没有完全排除向警察部门通报案件的可能,负责调查的地方委员会在认为案件符合下列三种情形之一时,必须立即将有关情况通知发生医疗事故死亡等的医院、诊疗所或助产所所属辖区的警视总监或者道府县警察总部的长官:

(1)存在故意导致死亡或者死产的嫌疑的场合;

(2)引发死亡或者死产的医疗行为有显著脱逸标准性医疗的嫌疑的场合;

(3)存在以掩饰医疗事故死亡等的有关事实为目的,毁灭、伪造或者变造有关物品的嫌疑的场合,或者存在曾因过失反复引发过类似医疗事故的嫌疑的场合,以及存在实施了其他类似重大违法行为的嫌疑的场合。

在医疗事故中故意导致患者死亡的情形几乎是难以想象的,行为人实施了毁灭证据等犯罪行为的场合通知警方也是理所当然的,所以,主要问题在于第(2)种场合以及第(3)种场合中存在曾因过失反复引发过类似医疗事故的嫌疑的情形。关于第(2)种场合,草案最初采用的表述是"重大的过失",但由于招致了医学界的强烈批判,所以改成了现在这种表述方式。①

现在似乎仍然还有一些人对该草案持反对意见②,但是,让医疗领域成为圣域的想法恐怕并不现实。

---

① 参见《朝日新聞》2008年6月13日夕刊。
② 参见《朝日新聞》2008年8月21日朝刊。

原始出处一览

[第一章]

　　第一节:《制裁》,载岩村正彦等编:《岩波講座現代の法 4——政策と法》,岩波书店 1998 年版

　　第二节:《規制緩和と刑事法》,载《ジュリスト》第 1228 号(2002 年)

　　第三节:《刑事制裁・処遇のあり方》,载《ジュリスト》第 1348 号(2008 年)

[第二章]

　　第一节:《二重処罰の禁止について》,载松尾浩也、芝原邦尔主编:《刑事法学の現代的状況・内藤謙先生古稀祝賀》,有斐阁 1994 年版

　　第二节:《アメリカにおける二重処罰の禁止——最近の発展を中心に》,载广濑健二、多田辰也主编:《田宮裕博士追悼論集(下)》,信山社 2003 年版

　　第三节:《独占禁止法改正と二重処罰の問題》,载《日本経済法学会年報》第 26 号(2005 年)

　　第四节:《法人処罰に関する一考察》,载芝原邦尔等编:《松尾浩也先生古稀祝賀論文集(上)》,有斐阁 1998 年版

[第三章]

　　第一节:《刑罰としての損害賠償——アメリカ合衆国連邦法を素材として》,载内藤谦等编:《平野龍一先生古稀祝賀論文集(下)》,有斐阁 1991 年版

第二节:《刑罰としての損害賠償——アメリカ法の最近の動向》,載《産大法学》第 34 巻第 3 号(2000 年)

第三节:《犯罪被害者への被害回復支援について》,載《ジュリスト》第 1302 号(2005 年)

第四节:新撰

第五节:新撰

[第四章]

第一节:《経済犯罪に対する制裁について》,載《法曹時報》第 53 巻第 11 号(2001 年)

第二节:《経済犯罪における重罰化の動向》,載《アメリカ法》1998 年第 2 期(1998 年)

[第五章]

第一节:《医療過誤に対する法的対応のあり方について——アメリカ合衆国の例》,載斉藤丰治等编:《神山敏雄先生古稀祝賀論文集(1)》,成文堂 2006 年版

第二节:《医療安全に関する刑事司法の現状》,載《ジュリスト》第 1323 号(2006 年)

法令名称对照表

译名	外文原名	外文简称
日本		
反垄断法	私的独占の禁止及び公正取引の確保に関する法律	独占禁止法
证券交易法	証券取引法	
金融商品交易法	金融商品取引法	
风俗业规制法	風俗営業等の規制及び業務の適正化等に関する法律	
公认会计师法	公認会計士法	
住民基本台账法	住民基本台帳法	
非讼案件程序法	非訟事件手続法	
国税犯则取缔法	国税犯則取締法	
国民生活安定紧急措施法	国民生活安定緊急措置法	
烟草专卖法	たばこ専売法	
麻药特例法	国際的な協力の下に規制薬物に係る不正行為を助長する行為等の防止を図るための麻薬及び向精神薬取締法等の特例等に関する法律	麻薬特例法
兴奋剂取缔法	覚せい剤取締法	

外汇和对外贸易管理法	外国為替及び外国貿易管理法	
外汇和对外贸易法	外国為替及び外国貿易法	
资本逃避防止法	資本逃避防止法	
有组织犯罪处罚法	組織的な犯罪の処罰及び犯罪収益の規制等に関する法律	
禁止未成年人饮酒法	未成年者飲酒禁止法	
废弃物处理法	廃棄物の処理及び清掃に関する法律	
特定限额融资合同法	特定融資枠契約に関する法律	
利息限制法	利息制限法	
罚金临时措施法	罰金等臨時措置法	
贷金业法	貸金業法	
犯罪人预防更生法	犯罪者予防更生法	
更生紧急保护法	更生緊急保護法	
缓刑犯保护观察法	執行猶予者保護観察法	
更生保护法	更生保護法	
犯罪被害人基本法	犯罪被害者等基本法	
犯罪被害人权利保护法	犯罪被害者等の権利利益の保護を図るための刑事手続に附随する措置に関する法律	犯罪被害者保護法
犯罪被害人保护法	犯罪被害者等の保護を図るための刑事手続に附随する措置に関する法律	
犯罪被害人给付金支付法	犯罪被害者等給付金の支給等による犯罪被害者等の支援に関する法律	
犯罪被害恢复给付金支付法	犯罪被害財産等による被害回復給付金の支給に関する法律	犯罪被害回復給付金支給法

通过犯罪账户的相关资金支付被害恢复分配金法	犯罪利用預金口座等に係る資金による被害回復分配金の支払等に関する法律	
金融机构顾客本人身份确认法	金融機関等による顧客等の本人確認等及び預金口座等の不正な利用の防止に関する法律	
国税通则法	国税通則法	
法庭秩序维持法	法廷等の秩序維持に関する法律	
劳动基准法	労働基準法	
船员法	船員法	
道路运送车辆法	道路運送車両法	
国立国会图书馆法	国立国会図書館法	
护理保险法	介護保険法	
医师法	医師法	
尸体解剖保存法	死体解剖保存法	
美国		
药物规制法	Controlled Substances Act	
证券交易法	Securities Exchange Act	
武器输出管理法	Arms Export Control Act	
国际武器交易规则	International Traffic in Arms Regulations	
缓刑法	Probation Act	
量刑改革法	Sentencing Reform Act	
破产法	Bankruptcy Code	
被害人和证人保护法	Victim and Witness Protection Act	
犯罪规制法	Crime Control Act	

反虐待女性法	Violence Against Women Act	
针对高龄者的劝诱欺诈对策法	Senior Citizens Against Marketing Scams Act	
犯罪被害人法	Victims of Crime Act	VOCA
内幕交易制裁法	Insider Trading Sanction Act	
清洁水法	Clean Water Act	
制裁金应对通货膨胀调整法	Civil Penalties Inflation Adjustment Act	
谢尔曼法	Sherman Antitrust Act	
金融隐私法	Right to Financial Privacy Act	
内幕交易及证券欺诈执行法	Insider Trading and Securities Fraud Enforcement Act	
金融机构改革恢复执行法	Financial Institution Reform, Recovery and Enforcement Act	
证券执行救济法	Securities Enforcement Remedies Act	
医疗品质改善法	Health Care Quality Improvement Act	
联邦证据规则	Federal Rules of Evidence	
反犯罪组织法	Racketeer Influenced and Corrupt Organization Act	RICO
德国		
秩序违反法	Ordnungswidrigkeitsgesetz	OWiG

索　引

综合

青木纪博　145
阿部泰隆　274
饭田英男　143,316
吊销、停止医师执业许可　311
吊销、停止医师执业许可(美国)　309
异状尸体的报告　317
异状尸体的报告义务　312
板仓宏　138
一事不再理　73
市桥克哉　29,277
医道审议会医道分科会　312
医疗过失　291,316
内幕交易　35,47,114,259,260,274,
　　275,282
内幕交易(美国)　35,266,271,285,287
事件报告(美国)　303
上村达男　160
宇津吕英雄　143,154
报应情感　54,255
太田达也　71
大桥敏道　161
大谷实　144
甲斐克则　318
外汇和对外贸易法　34
戒能通孝　229
垣口克彦　143
社会贫富差距　72
加算税　12,20,97,117
加算税(美国)　84
过失(negligence)(美国)　293,318
收容过剩　55,66
课征金　11,20,64,75,96,113,114,118,

　　131,274,279,282
股东代表诉讼　45,281
神山敏雄　45,124,274,275,292
过料　10,19,20,30,31,118,260
过料(Geldbuße)(德国)　15,26
川出敏裕　57,63,128,314
《监狱法》修正　56
监禁　117
监督管理过失　318
菊田幸一　55
规制改革　33
规制缓和　32,33
北野弘久　74,125
强制拘禁(德国)　31
行政制裁　7,63
行政罚　9
行政犯　9,17
行政法法官(美国)　265,277
京藤哲久　142
取消、停止许可　12,45
银行欺诈(美国)　268,286
金融机构改革恢复执行法(美国)　278
金融隐私法(美国)　264
经济犯罪　257
刑事过失(美国)　293
刑事调停　212
刑事没收(美国)　108
继续处遇　69
刑罚的特质　17,128
考试期间主义　70
高失业率社会　51
香城敏麿　152
更生保护　60

索引　311

交通反则金 63
公认会计师法 64,282
乡原信郎 132,134
公表 13
控告 30,49
普通杀人(manslaughter)(美国) 293
小塚庄一郎 251
后藤孝典 230
John C. Coffee, Jr. 154,159
合规计划 46
合规计划(美国) 150
罪刑均衡 20,95,125,131
罪刑均衡(美国) 17,83,107,248
罪刑法定主义 18
财源 227
裁判员制度 54
佐藤英明 12,24,97
三倍赔偿制(美国) 16
三罚规定 276
盐野宏 7,23,124,259
死刑 52
宍户善一 153
芝原邦尔 23,32,38,46,47,260,276
社会服务命令 65
自由刑 23,41
终身刑 55
重大过失 318
重大过失(美国) 294,295,297
传票(subpena)(美国) 264
证券交易委员会(SEC)(美国) 271
证券交易法(金融商品交易法) 38,47,64,
　114,131,258,275,282
证券交易法(美国) 105
诊疗行为关联死亡的死因查明制度研究
　会 323
诊疗行为关联死亡的调查分析模型计划
　313,322
诊疗资格审查(美国) 307
铃木恭藏 127
铃木茂嗣 95
制裁 7,126
制裁(美国) 84,89
制裁金 44,273,274,279

制裁金(民事罚金)(civil penalty)(美国)
　15,26,86,98,101,261
制裁性慰谢料 229,254
责任主义 19
有组织犯罪处罚法 27,44,60,205,219
反犯罪组织法(美国) 289
染田惠 62,69
曾和俊文 23
损害恢复命令(restitution order)(美国)
　164,192,209
　执行程序 201
　性格 180,199
　损害赔偿的范围 168
　赔偿的范围 194
　判决前调查 173
　被告人的资力 176,189,210
　必要的损害恢复命令 196,210
损害赔偿命令(刑事) 68,183,209,211,227
损害赔偿命令(民事) 69,222
滞纳处分 31
高木光 120,125
竹内昭夫 188,229,254
龙田节 50
田中成明 7
田中利幸 74,128,152
田中英夫 188,229,254
田宫裕 74,111,318
团藤重光 73
秩序违反行为(Ordnungswidrigkeit)(德国)
　15,26
秩序罚 10
惩罚性损害赔偿 229
惩罚性损害赔偿(美国) 16,233,306
　违法行为的最佳抑制 250
　私人总检察官 251
　私人处罚的权利 253
　法经济学 250
货币监理署(OCC)(美国) 268
土田和博 134
正当程序保障 21,131
正当程序保障(美国) 242—249
同行审查(美国) 307
反垄断法 11,20,28,38,64,75,96,113,

258,274,276
反垄断法(美国) 283
《反垄断法》基本问题恳谈会 133
内藤谦 95
永田宪史 60
中野次雄 142
西田典之 19,124,139,146
西原春夫 148
二重处罚 20,64,73,94,98,113,123,280
二重处罚(美国) 77,121,240
二重追诉 94
二倍赔偿(美国) 84
丹羽重博 230
根岸哲 128
无异议函 49
畑中绫子 314
罚金(美国) 283
罚金刑 24,42,57
　日额罚金制 27,59
　浮动罚金制 43,276
　法人重科 26,44,58,160
以罚金为财源的犯罪被害人补偿制度 212,216
林干人 129
犯罪被害财产 219
犯罪被害人基金(美国) 28,214
犯罪被害人基本计划 203,218
犯罪被害人给付金 226
犯罪被害人保护法 191,207
犯罪被害人补偿制度(美国) 213
反则金 11,22,28,213
强制调查 29
被害恢复给付金 205,219
被害恢复分配金 224,227
被害人权利运动(美国) 165
樋口范雄 230,254
必要的假释制度 70
非犯罪化 25,28,33
平野龙一 52,189,190,273
平场安治 152
比例原则 125,131
Brent Fisse 147
福田雅章 298

藤木英雄 138,144
藤永幸治 143
附带民事诉讼 69,191,224
船田正之 130
汇款诈骗 224
分割刑 71
文书提交传票(美国) 264
谋杀(murder)(美国) 293
法人处罚 136
　过失推定说 136
　课征金 161
　股东代表诉讼 139,157
　企业组织体责任论 138,151
　个人抑制模式 146
　合规计划(美国) 150
　组织抑制模式 146
　法人重科 160
　法人的行为责任 143
　法人的犯罪能力 136,141
　两罚规定 136,152,154
法人重科(美国) 289
违法放置金 64
法经济学(美国) 287
Richard A. Posner 153
没收 44
没收、追征 27,60,219,273
町野朔 73,94
松尾浩也 73,125
洗钱 36
洗钱(美国) 108,288
三岛宗彦 229
禁止未成年人饮酒法 40
三井诚 139,188
美浓部达吉 9,17
民事过失(美国) 293
藐视民事法庭(美国) 266
民事没收(civil forfeiture)(美国) 16,85,99,107
模范刑法典(美国) 83,296
森田果 251
山本辉之 129
吉冈一男 56,148,151
利益的上缴(disgorgement)(美国) 16,

索引 313

209,262
略式命令 24,60
量刑指南(美国) 262,267,284
两罚规定 10,321
Robert B. Leflar 321
劳役场留置 26,31,58,59
Bajakajian 案件判决(美国) 108
Halper 案件判决(美国) 85,102,103,121,280
Hudson 案件判决(美国) 101,122,280
RICO 法(美国) 288

美国
吊销、停止医师执业许可 309
内幕交易 35,266,271,285,287
事件报告 303
加算税 84
过失(negligence) 293,318
行政法法官 265,277
银行欺诈 268,286
金融机构改革恢复执行法 278
金融隐私法 264
刑事过失 293
刑事没收 108
普通杀人(manslaughter) 293
合规计划 150
罪刑均衡 17,83,107,248
三倍赔偿制 16
重大过失 294,295,297
传票(subpena) 264
证券交易委员会(SEC) 271
证券交易法 105
诊疗资格审查 307
制裁 84,89
制裁金(民事罚金)(civil penalty) 15,26,86,98,101,261
反犯罪组织法 289
损害恢复命令(restitution order) 164,192,209
　执行程序 201
　性格 180,199

损害赔偿的范围 168
赔偿的范围 194
判决前调查 173
被告人的资力 176,189,210
必要的损害恢复命令 196,210
惩罚性损害赔偿 16,233,306
违法行为的最佳抑制 250
私人总检察官 251
私人处罚的权利 253
法经济学 250
货币监理署(OCC) 268
正当程序保障 242—249
同行审查 307
反垄断法 283
二重处罚 77,121,240
二倍赔偿 84
罚金 283
犯罪被害人基金 28,214
犯罪被害人补偿制度 213
被害恢复命令 209
被害人权利运动 165
文书提交传票 264
谋杀(murder) 293
法人重科 289
法经济学 287
洗钱 108,288
民事过失 293
藐视民事法庭 266
民事没收(civil forfeiture) 16,85,99,107
模范刑法典 83,296
利益的上缴(disgorgement) 16,209,262
量刑指南 262,267,284
Bajakajian 案件判决 108
Halper 案件判决 85,102,103,121,280
Hudson 案件判决 101,122,280
RICO 法 288

德国
过料(Geldbuße) 15,26
强制拘禁 31
秩序违反行为(Ordnungswidrigkeit) 15,26

后　记

想要准确界定本书的性质,是一件困难的事情。从书名来看,本书似乎是一本刑罚理论方面的著作,但实际上本书却超越了刑事制裁的范畴,其研究对象是作为一个有机整体、包含所有法律制裁方式的制裁制度;本书的核心是研究如何完善日本的制裁制度,却又用较大篇幅对欧美的制裁制度作了比较法的研究;本书立足于教义学,但又不拘泥于教义学,试图从刑事政策和立法论的角度探讨制裁制度的理想状态;本书的写作时间和研究对象跨越了多个年代,因此又可以被视为一部日、美制裁制度的变迁小史。正是由于拥有这样宏大的视野并运用了纷繁多样的研究方法,才使得本书成为佐伯仁志教授最重要的代表作之一。

我国刑法学界晚近一段时间都在集中研究犯罪论的基础理论,试图构建中国的刑法教义学体系,因此对于刑罚理论和制裁制度的研究稍显薄弱。但近年来,如何运用多样化的法律治理方式及制裁手段的问题逐渐成为现实的关切,未来,该领域也必将成为理论研究关注的重点。在此背景下,译者期盼本书的翻译出版能给国内学界带来一些有益的启发。

本书的顺利翻译和出版,需要向很多人表示感谢。

几年前当我向佐伯仁志教授表达翻译本书的意愿时,佐伯教授和我作了几个约定之后便愉快地答应了我的请求,这份信任让我十分感激并倍感荣幸。在翻译过程中,佐伯仁志教授始终非常耐心细致地回答我的问题,这种严谨谦卑的精神让我深受触动。在此,需要向佐伯仁志教授表示诚挚的感谢!在我提出要翻译本书时,恩师陈兴良教授对我给予了积极的鼓励,并且帮我协调了出版事宜,本书定稿后,陈老师又在繁忙的工作中拨冗为本书作了一篇长序,在此,需要向恩师表示诚挚的感谢!

在本书翻译过程中,曹志勋、段文波、胡川宁、牟绿叶、汝思思、王梦晓、王银河、吴雨豪、向燕、谢佳君、赵姗姗、郑磊等师友不厌其烦地为我解答了大量专业方面的问题,在此向诸位表示诚挚的感谢!本书初稿完成后,师妹李洁、师弟李国权、学生谭武英、宣雨侬不辞劳苦地细心校对了书稿,在此向诸位表示诚挚的感谢!

  本书的编辑曾健、陆建华和陈康老师为本书的出版提供了极大的便利并付出了辛勤的劳动,在此向三位编辑老师表示诚挚的感谢!

丁胜明

2018年1月6日 重庆

著作权合同登记号　图字：01－2015－3612
图书在版编目(CIP)数据

制裁论/(日)佐伯仁志著；丁胜明译．—北京：北京大学出版社，2018.2
ISBN 978－7－301－29077－4

Ⅰ．①制…　Ⅱ．①佐…②丁…　Ⅲ．①刑事犯罪—法律制裁—研究　Ⅳ．①D914.04

中国版本图书馆 CIP 数据核字(2017)第 327523 号

SEISAIRON
Copyright © 2009 Hitoshi Saeki
Chinese translation rights in simplified characters arranged with
YUHIKAKU PUBLISHING CO．，LTD．
through Japan UNI Agency，Inc．，Tokyo

书　　　名	制裁论 Zhicai Lun
著作责任者	〔日〕佐伯仁志　著　丁胜明　译
策 划 编 辑	陆建华
责 任 编 辑	陈　康
标 准 书 号	ISBN 978－7－301－29077－4
出 版 发 行	北京大学出版社
地　　　址	北京市海淀区成府路 205 号　100871
网　　　址	http://www.pup.cn　http://www.yandayuanzhao.com
电 子 信 箱	yandayuanzhao@163.com
新 浪 微 博	@北京大学出版社　@北大出版社燕大元照法律图书
电　　　话	邮购部 62752015　发行部 62750672　编辑部 62117788
印 刷 者	北京中科印刷有限公司
经 销 者	新华书店 880 毫米×1230 毫米　32 开本　10.625 印张　215 千字 2018 年 2 月第 1 版　2018 年 2 月第 1 次印刷
定　　　价	39.00 元

未经许可，不得以任何方式复制或抄袭本书之部分或全部内容。
版权所有，侵权必究
举报电话：010－62752024　电子信箱：fd@pup.pku.edu.cn
图书如有印装质量问题，请与出版部联系，电话：010－62756370